U0901386

中国经济普查年鉴

China Economic Census Yearbook

2023

第二产业卷|下

国务院第五次全国经济普查领导小组办公室　编著

中国统计出版社
China Statistics Press

图书在版编目（CIP）数据

中国经济普查年鉴. 2023. 第二产业卷. 下册 / 国务院第五次全国经济普查领导小组办公室编著. -- 北京 : 中国统计出版社, 2025. 3. -- ISBN 978-7-5230-0716-7

I. F123-54；F719-54

中国国家版本馆 CIP 数据核字第 20252A1X56 号

中国经济普查年鉴 2023/第二产业卷（下）

作　　者/国务院第五次全国经济普查领导小组办公室
责任编辑/冯诗萌
装帧设计/黄俊杰　李雪燕
出版发行/中国统计出版社有限公司
通信地址/北京市丰台区西三环南路甲 6 号　邮政编码/100073
电　　话/邮购（010）63376909　书店（010）68783171
网　　址/http://www.zgtjcbs.com/
印　　刷/河北鑫兆源印刷有限公司
经　　销/新华书店
开　　本/880mm×1230mm　1/16
字　　数/960 千字
印　　张/30
版　　别/2025 年 3 月第 1 版
版　　次/2025 年 3 月第 1 次印刷
定　　价/890.00 元（全四册附光盘）

本书附同版本 CD-ROM 一张，光盘内容以书面文字为准。
如有印装差错，由本社发行部调换。

编辑委员会

编者说明

为便于社会各界共享第五次全国经济普查成果，更方便地开发利用普查资料，我们将经济普查资料编辑整理，汇编成《中国经济普查年鉴2023》一书。全书共三卷四册，即综合卷、第二产业卷（上、下）和第三产业卷，并随书配送同版本光盘一张。《综合卷》分四篇：第一篇为“综合篇”，第二篇为“企业篇”，第三篇为“文化及相关产业篇”，第四篇为“企业法人数字化情况篇”。《第二产业卷》按内容分为上、下两册。上册两篇：第一篇为“工业企业生产经营及财务状况篇”，第二篇为“主要工业产品产量篇”。下册两篇：第一篇为“规模以上工业企业科技情况篇”，第二篇为“建筑业企业生产经营及财务状况篇”。《第三产业卷》分五篇：第一篇为“批发和零售业企业基本情况及财务状况篇”，第二篇为“住宿和餐饮业企业基本情况及财务状况篇”，第三篇为“房地产开发经营业企业生产经营及财务状况篇”，第四篇为“服务业企业财务状况篇”，第五篇为“服务业行政事业及非企业法人单位篇”，现对有关问题做如下说明：

一、第五次全国经济普查的标准时点为2023年12月31日，时期资料为2023年度；

二、综合卷中综合篇和企业篇汇总表，均不包含少量无分组标识的单位数据。其中，单位数包含兼营第二、三产业活动的农、林、牧、渔业法人单位；从业人员数不包含兼营第二、三产业活动的农、林、牧、渔业法人单位，不包含中国人民银行、金融监管总局、中国证监会、铁路运输部门负责普查的单位；

三、综合卷第一、二篇中企业法人单位为机构类型为企业的法人单位；综合卷第三、四篇，第二产业卷和第三产业卷中企业法人单位，包括机构类型为企业的法人单位，以及执行企业会计制度的事业法人单位、民办非企业法人单位和基金会，农民专业合作社，农村集体经济组织和除宗教活动场所以外的机构类型为其他组织机构的法人单位；

四、本资料建筑业按法人单位注册地，其他行业按法人单位经营地进行汇总；

五、本资料对部分数据由于计量单位取舍不同或四舍五入而产生的误差数均未作机械调整；

六、表中空格表示该项统计指标数值为零、不足最小单位，“#”表示其中的主要项，NA表示数值小于或等于3；

七、为了更准确地使用本年鉴，每卷后附有该卷详细的指标解释。

我们希望此书的出版，能使社会各界对我国第五次全国经济普查有一个全面的了解，更愿本书的内容，能为社会经济研究工作者提供有价值的参考。

第五次全国经济普查资料是全国普查工作者共同辛勤工作的成果，也是广大普查对象积极支持配合的结果。在此，我们向全国所有普查工作者、普查对象和所有参与、支持普查工作的人员致以崇高的敬意和衷心的感谢！

国务院第五次全国经济普查领导小组办公室

2025年3月

第二产业卷（下）　目录

第一篇　规模以上工业企业科技情况篇

A.企业 R&D 及相关活动主要指标

1-A-1　企业 R&D 及相关活动主要指标 ……3
1-A-2　分登记注册统计类别企业 R&D 及相关活动主要指标……4
1-A-3　制造业企业 R&D 及相关活动主要指标 ……6
1-A-4　分地区企业 R&D 及相关活动主要指标 ……12

B.企业 R&D 人员情况

1-B-1　分登记注册统计类别企业 R&D 人员情况……18
1-B-2　分登记注册统计类别大中型企业 R&D 人员情况……19
1-B-3　分行业企业 R&D 人员情况……20
1-B-4　分行业大中型企业 R&D 人员情况……27
1-B-5　分行业内资企业 R&D 人员情况……34
1-B-6　分行业港澳台投资企业 R&D 人员情况……41
1-B-7　分行业外商投资企业 R&D 人员情况……48
1-B-8　各地区企业 R&D 人员情况……55
1-B-9　各地区大中型企业 R&D 人员情况……56
1-B-10　各地区内资企业 R&D 人员情况……57
1-B-11　各地区港澳台投资企业 R&D 人员情况……58
1-B-12　各地区外商投资企业 R&D 人员情况……59

C.企业 R&D 经费支出情况

1.R&D 经费内部支出情况

1-C-1.1　分登记注册统计类别企业 R&D 经费内部支出情况……60
1-C-1.2　分登记注册统计类别大中型企业 R&D 经费内部支出情况……61
1-C-1.3　分行业企业 R&D 经费内部支出情况……62
1-C-1.4　分行业大中型企业 R&D 经费内部支出情况……76
1-C-1.5　分行业内资企业 R&D 经费内部支出情况……90
1-C-1.6　分行业港澳台投资企业 R&D 经费内部支出情况……104
1-C-1.7　分行业外商投资企业 R&D 经费内部支出情况……118
1-C-1.8　各地区企业 R&D 经费内部支出情况……132
1-C-1.9　各地区大中型企业 R&D 经费内部支出情况……133
1-C-1.10　各地区内资企业 R&D 经费内部支出情况……134
1-C-1.11　各地区港澳台投资企业 R&D 经费内部支出情况……135
1-C-1.12　各地区外商投资企业 R&D 经费内部支出情况……136

2.R&D 经费外部支出情况

1-C-2.1　分登记注册统计类别企业 R&D 经费外部支出情况……137

1-C-2.2 分登记注册统计类别大中型企业 R&D 经费外部支出情况......138
1-C-2.3 分行业企业 R&D 经费外部支出情况......139
1-C-2.4 分行业大中型企业 R&D 经费外部支出情况......146
1-C-2.5 分行业内资企业 R&D 经费外部支出情况......153
1-C-2.6 分行业港澳台投资企业 R&D 经费外部支出情况......160
1-C-2.7 分行业外商投资企业 R&D 经费外部支出情况......165
1-C-2.8 各地区企业 R&D 经费外部支出情况......170
1-C-2.9 各地区大中型企业 R&D 经费外部支出情况......171
1-C-2.10 各地区内资企业 R&D 经费外部支出情况......172
1-C-2.11 各地区港澳台投资企业 R&D 经费外部支出情况......173
1-C-2.12 各地区外商投资企业 R&D 经费外部支出情况......174

D.企业新产品开发及销售情况

1-D-1 分登记注册统计类别企业新产品开发及销售情况......175
1-D-2 分登记注册统计类别大中型企业新产品开发及销售情况......176
1-D-3 分行业企业新产品开发及销售情况......177
1-D-4 分行业大中型企业新产品开发及销售情况......184
1-D-5 分行业内资企业新产品开发及销售情况......191
1-D-6 分行业港澳台投资企业新产品开发及销售情况......198
1-D-7 分行业外商投资企业新产品开发及销售情况......205
1-D-8 各地区企业新产品开发及销售情况......212
1-D-9 各地区大中型企业新产品开发及销售情况......213
1-D-10 各地区内资企业新产品开发及销售情况......214
1-D-11 各地区港澳台投资企业新产品开发及销售情况......215
1-D-12 各地区外商投资企业新产品开发及销售情况......216

E.企业自主知识产权及相关情况

1-E-1 分登记注册统计类别企业自主知识产权及相关情况......217
1-E-2 分登记注册统计类别大中型企业自主知识产权及相关情况......218
1-E-3 分行业企业自主知识产权及相关情况......219
1-E-4 分行业大中型企业自主知识产权及相关情况......226
1-E-5 分行业内资企业自主知识产权及相关情况......233
1-E-6 分行业港澳台投资企业自主知识产权及相关情况......240
1-E-7 分行业外商投资企业自主知识产权及相关情况......247
1-E-8 各地区企业自主知识产权及相关情况......254
1-E-9 各地区大中型企业自主知识产权及相关情况......255
1-E-10 各地区内资企业自主知识产权及相关情况......256
1-E-11 各地区港澳台投资企业自主知识产权及相关情况......257
1-E-12 各地区外商投资企业自主知识产权及相关情况......258

第二篇 建筑业企业生产经营及财务状况篇

A.全社会建筑业企业

2-A-1 各地区全社会建筑业企业个数......261

2-A-2 各地区全社会建筑业企业资产总计......262
2-A-3 各地区全社会建筑业企业负债合计......263
2-A-4 各行业全社会建筑业企业个数......264
2-A-5 各行业全社会建筑业企业资产总计......265
2-A-6 各行业全社会建筑业企业负债合计......266
B.总承包和专业承包建筑业企业
1.综合
2-B-1.1 总承包和专业承包建筑业企业主要经济指标完成情况......267
2-B-1.2 总承包和专业承包建筑业企业按登记注册统计类别划分的主要经济指标......268
2-B-1.3 各地区总承包和专业承包建筑业企业签订合同情况......269
2-B-1.4 各地区总承包和专业承包建筑业企业承包工程完成情况......270
2-B-1.5 各地区总承包和专业承包建筑业企业总产值和竣工产值......271
2-B-1.6 各地区总承包和专业承包建筑业企业房屋建筑面积......272
2-B-1.7 各地区按主要用途分的总承包和专业承包建筑业企业房屋竣工面积......273
2-B-1.8 各地区按主要用途分的总承包和专业承包建筑业企业房屋竣工价值......275
2-B-1.9 各地区总承包和专业承包建筑业企业施工机械设备情况......277
2-B-1.10 各地区总承包和专业承包建筑业企业主要生产效益指标......278
2-B-1.11 各地区总承包和专业承包建筑业企业资产构成......279
2-B-1.12 各地区总承包和专业承包建筑业企业固定资产情况......280
2-B-1.13 各地区总承包和专业承包建筑业企业负债及所有者权益......281
2-B-1.14 各地区总承包和专业承包建筑业企业收入情况......282
2-B-1.15 各地区总承包和专业承包建筑业企业费用情况......283
2-B-1.16 各地区总承包和专业承包建筑业企业利润及税金情况......284
2-B-1.17 各地区总承包和专业承包建筑业企业应收工程款及亏损情况......285
2-B-1.18 各地区总承包和专业承包建筑业企业主要经济效益指标......286
2.按登记注册统计类别分组
2-B-2.1 各地区内资总承包和专业承包建筑业企业签订合同情况......287
2-B-2.2 各地区内资总承包和专业承包建筑业企业承包工程完成情况......288
2-B-2.3 各地区内资总承包和专业承包建筑业企业总产值和竣工产值......289
2-B-2.4 各地区内资总承包和专业承包建筑业企业房屋建筑面积......290
2-B-2.5 各地区按主要用途分的内资总承包和专业承包建筑业企业房屋竣工面积......291
2-B-2.6 各地区按主要用途分的内资总承包和专业承包建筑业企业房屋竣工价值......292
2-B-2.7 各地区内资总承包和专业承包建筑业企业施工机械设备情况......294
2-B-2.8 各地区内资总承包和专业承包建筑业企业主要生产效益指标......295
2-B-2.9 各地区内资总承包和专业承包建筑业企业资产构成......296
2-B-2.10 各地区内资总承包和专业承包建筑业企业固定资产情况......297
2-B-2.11 各地区内资总承包和专业承包建筑业企业负债及所有者权益......298
2-B-2.12 各地区内资总承包和专业承包建筑业企业收入情况......299
2-B-2.13 各地区内资总承包和专业承包建筑业企业费用情况......300
2-B-2.14 各地区内资总承包和专业承包建筑业企业利润及税金情况......301
2-B-2.15 各地区内资总承包和专业承包建筑业企业应收工程款及亏损情况......302
2-B-2.16 各地区内资总承包和专业承包建筑业企业主要经济效益指标......303

2-B-2.17 各地区港澳台总承包和专业承包建筑业企业签订合同情况......304
2-B-2.18 各地区港澳台总承包和专业承包建筑业企业承包工程完成情况......305
2-B-2.19 各地区港澳台总承包和专业承包建筑业企业总产值和竣工产值......306
2-B-2.20 各地区港澳台总承包和专业承包建筑业企业房屋建筑面积......307
2-B-2.21 各地区按主要用途分的港澳台总承包和专业承包建筑业企业房屋竣工面积......308
2-B-2.22 各地区按主要用途分的港澳台总承包和专业承包建筑业企业房屋竣工价值......309
2-B-2.23 各地区港澳台总承包和专业承包建筑业企业施工机械设备情况......311
2-B-2.24 各地区港澳台总承包和专业承包建筑业企业主要生产效益指标......312
2-B-2.25 各地区港澳台总承包和专业承包建筑业企业资产构成......313
2-B-2.26 各地区港澳台总承包和专业承包建筑业企业固定资产情况......314
2-B-2.27 各地区港澳台总承包和专业承包建筑业企业负债及所有者权益......315
2-B-2.28 各地区港澳台总承包和专业承包建筑业企业收入情况......316
2-B-2.29 各地区港澳台总承包和专业承包建筑业企业费用情况......317
2-B-2.30 各地区港澳台总承包和专业承包建筑业企业利润及税金情况......318
2-B-2.31 各地区港澳台总承包和专业承包建筑业企业应收工程款及亏损情况......319
2-B-2.32 各地区港澳台总承包和专业承包建筑业企业主要经济效益指标......320
2-B-2.33 各地区外商总承包和专业承包建筑业企业签订合同情况......321
2-B-2.34 各地区外商总承包和专业承包建筑业企业承包工程完成情况......322
2-B-2.35 各地区外商总承包和专业承包建筑业企业总产值和竣工产值......323
2-B-2.36 各地区外商总承包和专业承包建筑业企业房屋建筑面积......324
2-B-2.37 各地区按主要用途分的外商总承包和专业承包建筑业企业房屋竣工面积......325
2-B-2.38 各地区按主要用途分的外商总承包和专业承包建筑业企业房屋竣工价值......326
2-B-2.39 各地区外商总承包和专业承包建筑业企业施工机械设备情况......328
2-B-2.40 各地区外商总承包和专业承包建筑业企业主要生产效益指标......329
2-B-2.41 各地区外商总承包和专业承包建筑业企业资产构成......330
2-B-2.42 各地区外商总承包和专业承包建筑业企业固定资产情况......331
2-B-2.43 各地区外商总承包和专业承包建筑业企业负债及所有者权益......332
2-B-2.44 各地区外商总承包和专业承包建筑业企业收入情况......333
2-B-2.45 各地区外商总承包和专业承包建筑业企业费用情况......334
2-B-2.46 各地区外商总承包和专业承包建筑业企业利润及税金情况......335
2-B-2.47 各地区外商总承包和专业承包建筑业企业应收工程款及亏损情况......336
2-B-2.48 各地区外商总承包和专业承包建筑业企业主要经济效益指标......337
3.按行业分组
2-B-3.1 各行业建筑业企业签订合同情况......338
2-B-3.2 各行业建筑业企业承包工程完成情况......339
2-B-3.3 各行业建筑业企业总产值和竣工产值......340
2-B-3.4 各行业建筑业企业房屋建筑面积......341
2-B-3.5 按主要用途分的各行业建筑业企业房屋竣工面积......342
2-B-3.6 按主要用途分的各行业建筑业企业房屋竣工价值......343
2-B-3.7 各行业总承包和专业承包建筑业企业施工机械设备情况......345
2-B-3.8 各行业建筑业企业主要生产效益指标......346
2-B-3.9 各行业建筑业企业资产构成......347

2-B-3.10 各行业建筑业企业固定资产情况......348
2-B-3.11 各行业建筑业企业负债及所有者权益......349
2-B-3.12 各行业建筑业企业收入情况......350
2-B-3.13 各行业建筑业企业费用情况......351
2-B-3.14 各行业建筑业企业利润及税金情况......352
2-B-3.15 各行业总承包和专业承包建筑业企业应收工程款及亏损情况......353
2-B-3.16 各行业总承包和专业承包建筑业企业主要经济效益指标......354
4.按中央、地方分组
2-B-4.1 各地区中央总承包和专业承包建筑业企业签订合同情况......355
2-B-4.2 各地区中央总承包和专业承包建筑业企业承包工程完成情况......356
2-B-4.3 各地区中央总承包和专业承包建筑业企业总产值和竣工产值......357
2-B-4.4 各地区中央总承包和专业承包建筑业企业房屋建筑面积......358
2-B-4.5 各地区按主要用途分的中央总承包和专业承包建筑业企业房屋竣工面积......359
2-B-4.6 各地区按主要用途分的中央总承包和专业承包建筑业企业房屋竣工价值......360
2-B-4.7 各地区中央总承包和专业承包建筑业企业施工机械设备情况......362
2-B-4.8 各地区中央总承包和专业承包建筑业企业主要生产效益指标......363
2-B-4.9 各地区中央总承包和专业承包建筑业企业资产构成......364
2-B-4.10 各地区中央总承包和专业承包建筑业企业固定资产情况......365
2-B-4.11 各地区中央总承包和专业承包建筑业企业负债及所有者权益......366
2-B-4.12 各地区中央总承包和专业承包建筑业企业收入情况......367
2-B-4.13 各地区中央总承包和专业承包建筑业企业费用情况......368
2-B-4.14 各地区中央总承包和专业承包建筑业企业利润及税金情况......369
2-B-4.15 各地区中央总承包和专业承包建筑业企业应收工程款及亏损情况......370
2-B-4.16 各地区中央总承包和专业承包建筑业企业主要经济效益指标......371
2-B-4.17 各地区地方总承包和专业承包建筑业企业签订合同情况......372
2-B-4.18 各地区地方总承包和专业承包建筑业企业承包工程完成情况......373
2-B-4.19 各地区地方总承包和专业承包建筑业企业总产值和竣工产值......374
2-B-4.20 各地区地方总承包和专业承包建筑业企业房屋建筑面积......375
2-B-4.21 各地区按主要用途分的地方总承包和专业承包建筑业企业房屋竣工面积......376
2-B-4.22 各地区按主要用途分的地方总承包和专业承包建筑业企业房屋竣工价值......377
2-B-4.23 各地区地方总承包和专业承包建筑业企业施工机械设备情况......379
2-B-4.24 各地区地方总承包和专业承包建筑业企业主要生产效益指标......380
2-B-4.25 各地区地方总承包和专业承包建筑业企业资产构成......381
2-B-4.26 各地区地方总承包和专业承包建筑业企业固定资产情况......382
2-B-4.27 各地区地方总承包和专业承包建筑业企业负债及所有者权益......383
2-B-4.28 各地区地方总承包和专业承包建筑业企业收入情况......384
2-B-4.29 各地区地方总承包和专业承包建筑业企业费用情况......385
2-B-4.30 各地区地方总承包和专业承包建筑业企业利润及税金情况......386
2-B-4.31 各地区地方总承包和专业承包建筑业企业应收工程款及亏损情况......387
2-B-4.32 各地区地方总承包和专业承包建筑业企业主要经济效益指标......388
C.总承包建筑业企业
2-C-1 各地区总承包建筑业企业签订合同情况......389

2-C-2 各地区总承包建筑业企业承包工程完成情况……390
2-C-3 各地区总承包建筑业企业总产值和竣工产值……391
2-C-4 各地区总承包建筑业企业房屋建筑面积……392
2-C-5 各地区按主要用途分的总承包建筑业企业房屋竣工面积……393
2-C-6 各地区按主要用途分的总承包建筑业企业房屋竣工价值……394
2-C-7 各地区总承包建筑业企业施工机械设备情况……396
2-C-8 各地区总承包建筑业企业主要生产效益指标……397
2-C-9 各地区总承包建筑业企业资产构成……398
2-C-10 各地区总承包建筑业企业固定资产情况……399
2-C-11 各地区总承包建筑业企业负债及所有者权益……400
2-C-12 各地区总承包建筑业企业收入情况……401
2-C-13 各地区总承包建筑业企业费用情况……402
2-C-14 各地区总承包建筑业企业利润及税金情况……403
2-C-15 各地区总承包建筑业企业应收工程款及亏损情况……404
2-C-16 各地区总承包建筑业企业主要经济效益指标……405
2-C-17 各地区按资质等级划分的总承包建筑业企业单位数……406
2-C-18 各地区按资质等级划分的总承包企业建筑业总产值……407
2-C-19 各地区按资质等级划分的总承包建筑业企业签订合同额……408
2-C-20 各地区按资质等级划分的总承包建筑业企业竣工产值……409
2-C-21 各地区按资质等级划分的总承包建筑业企业房屋施工面积……410
2-C-22 各地区按资质等级划分的总承包建筑业企业房屋竣工面积……411
2-C-23 各地区按资质等级划分的总承包建筑业企业自有施工机械设备台数……412
2-C-24 各地区按资质等级划分的总承包建筑业企业自有施工机械设备总功率……413
2-C-25 各地区按资质等级划分的总承包建筑业企业实收资本……414
2-C-26 各地区按资质等级划分的总承包建筑业企业资产……415
2-C-27 各地区按资质等级划分的总承包建筑业企业所有者权益……416
2-C-28 各地区按资质等级划分的总承包建筑业企业负债……417
2-C-29 各地区按资质等级划分的总承包建筑业企业营业收入……418
2-C-30 各地区按资质等级划分的总承包建筑业企业利税总额……419
2-C-31 各地区按资质等级划分的总承包建筑业企业利润总额……420
2-C-32 各地区按资质等级划分的总承包建筑业企业税金总额……421
2-C-33 各地区按资质等级划分的总承包建筑业企业主营业务收入……422
2-C-34 各地区按资质等级划分的总承包建筑业企业管理费用……423
2-C-35 各地区按资质等级划分的总承包建筑业企业财务费用……424
2-C-36 各地区按资质等级划分的总承包建筑业企业应收工程款……425

D.专业承包建筑业企业

2-D-1 各地区专业承包建筑业企业签订合同情况……426
2-D-2 各地区专业承包建筑业企业承包工程完成情况……427
2-D-3 各地区专业承包建筑业企业总产值和竣工产值……428
2-D-4 各地区专业承包建筑业企业房屋建筑面积……429
2-D-5 各地区按主要用途分的专业承包建筑业企业房屋竣工面积……430
2-D-6 各地区按主要用途分的专业承包建筑业企业房屋竣工价值……431

2-D-7　各地区专业承包建筑业企业施工机械设备情况 433
2-D-8　各地区专业承包建筑业企业主要生产效益指标 434
2-D-9　各地区专业承包建筑业企业资产构成 435
2-D-10　各地区专业承包建筑业企业固定资产情况 436
2-D-11　各地区专业承包建筑业企业负债及所有者权益 437
2-D-12　各地区专业承包建筑业企业收入情况 438
2-D-13　各地区专业承包建筑业企业费用情况 439
2-D-14　各地区专业承包建筑业企业利润及税金情况 440
2-D-15　各地区专业承包建筑业企业应收工程款及亏损情况 441
2-D-16　各地区专业承包建筑业企业主要经济效益指标 442
2-D-17　各地区按资质等级划分的专业承包建筑业企业单位数 443
2-D-18　各地区按资质等级划分的专业承包企业建筑业总产值 444
2-D-19　各地区按资质等级划分的专业承包建筑业企业签订合同额 445
2-D-20　各地区按资质等级划分的专业承包建筑业企业竣工产值 446
2-D-21　各地区按资质等级划分的专业承包建筑业企业房屋施工面积 447
2-D-22　各地区按资质等级划分的专业承包建筑业企业房屋竣工面积 448
2-D-23　各地区按资质等级划分的专业承包建筑业企业自有施工机械设备台数 449
2-D-24　各地区按资质等级划分的专业承包建筑业企业自有施工机械设备总功率 450
2-D-25　各地区按资质等级划分的专业承包建筑业企业实收资本 451
2-D-26　各地区按资质等级划分的专业承包建筑业企业资产 452
2-D-27　各地区按资质等级划分的专业承包建筑业企业所有者权益 453
2-D-28　各地区按资质等级划分的专业承包建筑业企业负债 454
2-D-29　各地区按资质等级划分的专业承包建筑业企业营业收入 455
2-D-30　各地区按资质等级划分的专业承包建筑业企业利税总额 456
2-D-31　各地区按资质等级划分的专业承包建筑业企业利润总额 457
2-D-32　各地区按资质等级划分的专业承包建筑业企业税金总额 458
2-D-33　各地区按资质等级划分的专业承包建筑业企业主营业务收入 459
2-D-34　各地区按资质等级划分的专业承包建筑业企业管理费用 460
2-D-35　各地区按资质等级划分的专业承包建筑业企业财务费用 461
2-D-36　各地区按资质等级划分的专业承包建筑业企业应收工程款 462

附录

主要指标解释 465

第1篇

规模以上工业企业科技情况篇

A.企业R&D及相关活动主要指标

1-A-1　企业R&D及相关活动主要指标

主要指标	单位	总计	大型	中型	小微型
R&D人员情况					
R&D人员合计	人	6396445	2269235	1625918	2501292
#女性	人	1428213	479024	375886	573303
#研究人员	人	1784759	762127	430357	592275
#全时人员	人	4465358	1609523	1119334	1736501
R&D人员折合全时当量	人年	4816705	1729511	1213604	1873589
R&D经费情况					
R&D经费内部支出	万元	209698997	100793209	48665543	60240245
按支出用途分					
1.日常性支出	万元	194427867	93187363	45095643	56144861
#人员劳务费	万元	66572134	33518554	15573902	17479678
2.资产性支出	万元	15271130	7605846	3569900	4095384
#仪器和设备	万元	14912204	7434841	3483077	3994286
按资金来源分					
政府资金	万元	4016788	2490923	813072	712793
企业资金	万元	205166436	98030259	47715257	59420920
境外资金	万元	307715	177172	93399	37144
其他资金	万元	208058	94855	43815	69388
R&D经费外部支出	万元	14066973	9434446	2685444	1947083
对境内研究机构支出	万元	3823798	3002183	466314	355301
对境内高等学校支出	万元	814995	453518	150861	210617
对境内企业支出	万元	8195081	5096249	1868793	1230038
对境外支出	万元	1233099	882496	199476	151127
企业办研发机构情况					
机构数	个	149068	7798	21062	120208
机构人员数	人	4588805	1550277	1191062	1847466
#博士	人	54545	19013	11728	23804
硕士	人	451970	244809	93872	113289
机构经费支出	万元	196264429	92050298	45766259	58447871
仪器和设备原价	万元	151247545	56748858	42482193	52016494
新产品开发及生产情况					
新产品开发项目数	项	1204643	143999	229519	831125
新产品开发经费支出	万元	275638464	120604281	62453794	92580389
新产品销售收入	万元	3413340364	1682742345	804822351	925775668
#新产品出口	万元	554797551	376023156	99830274	78944121
自主知识产权及相关情况					
专利申请数	件	1565960	499876	286508	779576
#发明专利	件	613602	289467	109774	214361
有效发明专利数	件	2227602	935367	379860	912375
#已被实施	件	1251410	527530	251286	472594
拥有注册商标数	件	1494057	511289	354932	627836
形成国家或行业标准数	项	50424	13961	17576	18887

1−A−2 分登记注册统计类别

主要指标	单位	内资企业	有限责任公司	股份有限公司
R&D人员情况				
R&D人员合计	人	5329028	4191802	1090125
#女性	人	1176103	924531	240931
#研究人员	人	1467125	1090286	363735
#全时人员	人	3678803	2864929	784743
R&D人员折合全时当量	人年	3978276	3118130	825413
R&D经费情况				
R&D经费内部支出	万元	172123465	132458049	38281464
按支出用途分				
1.日常性支出	万元	159065089	122163392	35621814
#人员劳务费	万元	52335807	38464639	13484622
2.资产性支出	万元	13058376	10294658	2659650
#仪器和设备	万元	12763861	10076858	2588601
按资金来源分				
政府资金	万元	3664947	2839058	805204
企业资金	万元	168200852	129418441	37423683
境外资金	万元	66097	30036	35107
其他资金	万元	191569	170514	17470
R&D经费外部支出	万元	11556143	9065298	2382335
对境内研究机构支出	万元	3546961	3057205	472966
对境内高等学校支出	万元	740888	505894	209488
对境内企业支出	万元	6667983	5086838	1520734
对境外支出	万元	600311	415361	179147
企业办研发机构情况				
机构数	个	135986	118440	16045
机构人员数	人	3764045	2812216	923908
#博士	人	46612	31624	14187
硕士	人	362433	219372	137835
机构经费支出	万元	157623471	114148664	42277802
仪器和设备原价	万元	124990142	97794478	26177827
新产品开发及生产情况				
新产品开发项目数	项	1069652	895861	165216
新产品开发经费支出	万元	223568696	171716465	50258562
新产品销售收入	万元	2711802539	2077958607	615774343
#新产品出口	万元	340978745	235103936	104823734
自主知识产权及相关情况				
专利申请数	件	1364273	1052619	303740
#发明专利	件	527996	376668	147744
有效发明专利数	件	1900810	1383927	505901
#已被实施	件	1081417	770408	303586
拥有注册商标数	件	1254063	821759	424051
形成国家或行业标准数	项	44726	29011	15417

企业R&D及相关活动主要指标

				港澳台投资企业	外商投资企业
非公司企业法人	个人独资企业	合伙企业	其他内资企业		
28073	15474	3491	63	571909	495508
5415	4301	910	15	134677	117433
8945	3283	851	25	160493	157141
17447	9113	2525	46	431565	354990
21005	11270	2401	57	458589	379840
974247	333126	75828	752	18361276	19214256
884564	321992	72580	748	17226377	18136401
306192	60917	18947	490	6952340	7283988
89683	11133	3248	4	1134899	1077855
84823	10631	2948		1097262	1051081
19779	839	68		132919	218922
951528	330687	75760	752	18114544	18851040
954				108820	132798
1986	1599			4992	11497
103116	4668	726		925746	1585083
15361	1221	208		142613	134225
25117	385	5		29496	44611
57473	2869	70		555320	971777
5166	193	444		198318	434470
467	860	171	3	6863	6219
18234	7543	2124	20	457177	367583
649	135	17		4117	3816
4563	443	219	1	40502	49035
893038	238612	64685	670	18601002	20039956
876894	114686	26212	45	12030921	14226482
3747	3831	977	20	66855	68136
925393	548468	118743	1064	24912212	27157556
10172157	6877162	1007562	12708	352470969	349066856
797481	160055	89156	4383	112757495	101061311
5940	1441	522	11	102724	98963
3195	256	131	2	41888	43718
9296	1177	496	13	165138	161654
6508	576	330	9	82911	87082
5284	1869	1098	2	126652	113342
263	29	6		3119	2579

1－A－3 制造业企业R&D

主要指标	单位	制造业合计	农副食品加工业	食品制造业	酒、饮料和精制茶制造业
R&D人员情况					
R&D人员合计	人	6098785	111442	90830	43681
#女性	人	1387367	34632	34641	12700
#研究人员	人	1684293	24769	21397	10784
#全时人员	人	4338884	71714	59507	24365
R&D人员折合全时当量	人年	4635116	80884	65026	26968
R&D经费情况					
R&D经费内部支出	万元	201079062	3165903	1868130	872397
按支出用途分					
1.日常性支出	万元	186429639	3000709	1768695	813363
#人员劳务费	万元	63882362	581232	540344	234692
2.资产性支出	万元	14649423	165194	99435	59034
#仪器和设备	万元	14314667	160157	97730	56393
按资金来源分					
政府资金	万元	3967590	31603	25530	12096
企业资金	万元	196606203	3131575	1841890	859288
境外资金	万元	306821		135	
其他资金	万元	198448	2725	575	1014
R&D经费外部支出	万元	12851603	22070	80265	23629
对境内研究机构支出	万元	3542723	6547	17849	5675
对境内高等学校支出	万元	577937	6801	20115	8922
对境内企业支出	万元	7499976	8570	31306	8754
对境外支出	万元	1230966	152	10996	279
企业办研发机构情况					
机构数	个	146330	4671	2833	1303
机构人员数	人	4473789	69576	64658	29221
#博士	人	52088	1860	1246	470
硕士	人	432004	6498	6312	2513
机构经费支出	万元	191217268	2802726	1987669	977989
仪器和设备原价	万元	143612492	1795848	1614695	1740618
新产品开发及生产情况					
新产品开发项目数	项	1180044	25943	21050	7712
新产品开发经费支出	万元	269922184	4849945	2880018	1330739
新产品销售收入	万元	3369922062	73961611	36555365	18597986
#新产品出口	万元	554596918	2214681	3140461	420108
自主知识产权及相关情况					
专利申请数	件	1488008	16990	15884	6457
#发明专利	件	562766	4610	5204	1617
有效发明专利数	件	2130386	20586	23987	6961
#已被实施	件	1196176	11344	14874	4298
拥有注册商标数	件	1489176	47854	95349	70848
形成国家或行业标准数	项	48468	576	696	269

及相关活动主要指标

烟草制品业	纺织业	纺织服装、服饰业	皮革、毛皮、羽毛及其制品和制鞋业	木材加工和木、竹、藤、棕、草制品业	家具制造业	造纸及纸制品业
11160	162906	70350	66682	39467	57023	65012
2847	60830	35028	25957	9793	14952	14953
4679	25262	11337	8147	7692	10062	9761
5913	101670	48594	47218	23758	39743	43483
7629	121957	54113	51201	29199	43813	49745
363548	2812582	1015887	1044149	849720	947892	1793057
319924	2609480	984619	1019611	799523	902788	1684604
200757	781632	374340	355114	175005	353408	335614
43624	203102	31267	24538	50198	45104	108453
42976	197756	30223	22756	47880	44211	106483
1247	11293	7508	3436	5642	3687	7036
359089	2798715	1007564	1039944	839722	943670	1784600
	90	526	223	52		129
3212	2484	288	546	4305	536	1292
57555	21718	9567	10837	3622	27466	7728
14311	3039	2318	3008	956	917	1443
14268	8053	1518	2084	730	1274	2303
28976	9282	4335	5694	1909	24901	3810
	1345	1396	50	26	375	173
114	5618	2192	1743	1706	1876	2034
6205	116029	51262	42016	21458	45703	47837
358	912	250	213	282	166	297
1616	3551	1498	726	1219	1310	1178
547011	2848815	1002901	829652	697703	1167677	2045788
550819	2738725	534161	323744	463085	453010	2076468
2218	29727	12121	10844	8388	13459	13381
406237	4309865	1580761	1478450	1194531	1613569	2734531
8473870	55085742	21559439	16158164	17512626	18765994	44388762
750785	8044827	4035738	3149245	1047763	4276509	2620101
11044	21268	8824	8367	5774	17590	10689
4060	4909	1622	1152	1376	2358	2324
10651	22655	7054	5205	5478	10191	11963
5026	11506	4173	2689	2921	5093	6436
28179	20898	29367	14179	7702	22460	12612
132	772	347	214	435	365	328

1-A-3 续表 1

主要指标	单位	印刷和记录媒介复制业	文教、工美、体育和娱乐用品制造业	石油、煤炭及其他燃料加工业	化学原料和化学制品制造业
R&D人员情况					
R&D人员合计	人	51743	75631	46121	332971
#女性	人	13739	23362	7842	82263
#研究人员	人	9306	13486	10311	92435
#全时人员	人	32743	51088	20783	225420
R&D人员折合全时当量	人年	38746	58523	26470	251646
R&D经费情况					
R&D经费内部支出	万元	929706	1208160	1914042	12162533
按支出用途分					
1.日常性支出	万元	842085	1154516	1807890	11260444
#人员劳务费	万元	312608	385352	255664	2748575
2.资产性支出	万元	87622	53645	106152	902090
#仪器和设备	万元	85644	52109	95637	868136
按资金来源分					
政府资金	万元	6292	7445	11571	177590
企业资金	万元	922505	1198712	1902351	11959600
境外资金	万元	57	665		3329
其他资金	万元	853	1338	121	22014
R&D经费外部支出	万元	7759	10780	48482	291635
对境内研究机构支出	万元	665	1318	10117	60325
对境内高等学校支出	万元	1628	2330	12174	58610
对境内企业支出	万元	3770	4910	25986	163441
对境外支出	万元	1697	2222	204	9258
企业办研发机构情况					
机构数	个	1811	2854	591	10062
机构人员数	人	37305	59913	21361	242566
#博士	人	279	387	420	4808
硕士	人	1196	2107	2051	24437
机构经费支出	万元	980339	1328173	2111623	13105443
仪器和设备原价	万元	1207850	697626	6674995	10801490
新产品开发及生产情况					
新产品开发项目数	项	11257	17116	5135	73792
新产品开发经费支出	万元	1377677	1970785	2874527	15167831
新产品销售收入	万元	16645074	21594765	72668181	250029188
#新产品出口	万元	2238353	6551156	1768973	19814824
自主知识产权及相关情况					
专利申请数	件	10655	17635	5266	66480
#发明专利	件	2307	2720	2098	28055
有效发明专利数	件	12245	14228	7921	113474
#已被实施	件	6405	8069	4273	70968
拥有注册商标数	件	4263	33462	3781	144633
形成国家或行业标准数	项	233	500	126	4269

医药制造业	化学纤维制造业	橡胶和塑料制品业	非金属矿物制品业	黑色金属冶炼和压延加工业	有色金属冶炼和压延加工业	金属制品业
253459	46653	222293	290312	156414	144169	282741
122873	11875	50792	57574	19409	22933	51503
97117	7796	40787	57774	36642	31060	54387
188948	28596	152162	180523	83216	84428	188020
191292	33918	170960	207903	101794	102235	213223
10963162	1721998	5332732	7240261	9678563	6423964	7231794
10075501	1583635	4983260	6615966	9332528	6166638	6776676
2978598	349765	1607678	1639186	883554	804307	1906396
887661	138363	349472	624295	346035	257326	455118
873808	137014	341575	610494	336350	252184	444095
177770	20829	36138	56808	34506	130919	106135
10721914	1699217	5289216	7178349	9643604	6289156	7119892
61705		5496	172			3022
1773	1952	1882	4932	453	3889	2745
1545701	10961	123089	67443	112829	106298	56789
410448	2406	13903	14542	32531	44419	11070
52831	4571	13619	15342	18463	20884	9712
1023303	3625	27441	32913	61128	40610	35197
59119	360	68126	4646	706	385	811
4745	889	8652	9886	1526	2873	10441
206602	34198	174643	188192	77545	82385	212797
5831	320	1598	2091	1226	1382	1741
42082	1419	7232	9493	5370	5708	7459
11553664	1512643	5317179	6714816	9528722	5185690	6594727
8239234	1782095	8040130	8010638	5448640	4450666	6157358
62793	6322	59633	59050	18824	22629	73339
13293840	2000006	7611773	9836847	15090033	8303384	9502391
89334805	34526022	90073208	129220885	196720033	165679614	116655350
9001593	2350390	16894346	6564085	7503715	6787935	15497140
34308	5194	54614	61783	26053	25074	69091
17766	1743	12981	16490	11221	8299	15528
81600	7523	60608	68978	31917	31028	74624
51049	4616	32221	37668	22579	20223	38754
167932	5249	43693	36738	4002	11179	42594
3959	494	1692	2036	622	1230	1823

1-A-3 续表 2

主要指标	单位	通用设备制造业	专用设备制造业	汽车制造业	铁路、船舶、航空航天和其他运输设备制造业
R&D人员情况					
R&D人员合计	人	469080	423103	490236	159542
#女性	人	77297	75829	79741	32272
#研究人员	人	132305	139584	162599	60385
#全时人员	人	334311	318537	377540	118193
R&D人员折合全时当量	人年	358481	321797	385540	118087
R&D经费情况					
R&D经费内部支出	万元	12189227	11642127	18022429	6231313
按支出用途分					
1.日常性支出	万元	11330406	10954521	16807118	5747206
#人员劳务费	万元	4592685	4761178	6601133	1929692
2.资产性支出	万元	858822	687607	1215311	484107
#仪器和设备	万元	827505	670764	1177458	471892
按资金来源分					
政府资金	万元	272736	270999	163877	718418
企业资金	万元	11867525	11318447	17831193	5488814
境外资金	万元	42514	46956	11368	7759
其他资金	万元	6452	5726	15990	16322
R&D经费外部支出	万元	369347	361490	2793104	695354
对境内研究机构支出	万元	58084	33288	502555	214997
对境内高等学校支出	万元	46605	39152	22466	32034
对境内企业支出	万元	218211	229371	1996590	408962
对境外支出	万元	46447	59680	271493	39362
企业办研发机构情况					
机构数	个	14066	11470	6769	2062
机构人员数	人	364715	329713	364095	87181
#博士	人	3460	4526	3129	861
硕士	人	30209	37749	51625	12124
机构经费支出	万元	11652168	11246256	19204249	3366434
仪器和设备原价	万元	10253635	6711649	10180944	2831146
新产品开发及生产情况					
新产品开发项目数	项	117031	107200	67596	25885
新产品开发经费支出	万元	16589195	16701444	24912899	4953279
新产品销售收入	万元	173817059	145002534	357616419	59026855
#新产品出口	万元	23032597	21044090	38154657	15192865
自主知识产权及相关情况					
专利申请数	件	136327	146402	108329	29716
#发明专利	件	41253	50378	44398	10567
有效发明专利数	件	169207	187218	107857	40155
#已被实施	件	96132	112478	67026	27070
拥有注册商标数	件	76044	97969	69613	15000
形成国家或行业标准数	项	5334	3700	1780	707

电气机械和器材制造业	计算机、通信和其他电子设备制造业	仪器仪表制造业	其他制造业	废弃资源综合利用业	金属制品、机械和设备修理业
634928	1088924	151504	32060	17290	11058
132340	240448	26334	8046	3441	1121
176372	352938	57043	10411	3930	3735
466686	863981	117818	22782	11021	6123
489251	875515	116909	22738	12237	7317
23773955	43927705	3575131	1034717	886143	256136
21833597	39936608	3366485	883702	832477	235068
6990953	18792997	1869178	308805	126521	105400
1940358	3991098	208647	151015	53666	21069
1904385	3934655	202064	149769	52173	20389
258563	1179719	92652	130849	3002	1697
23474239	42580316	3477198	901053	882763	254084
28001	93855	767			
13151	73816	4514	2815	378	355
929517	4808748	168132	61859	12578	5254
119195	1902418	22756	25245	4674	1705
52980	79522	17265	9108	1994	580
677305	2287297	100410	23253	5751	2969
80037	539511	27701	4252	160	
14958	13642	3422	647	723	151
525746	817431	122861	13574	11845	5156
5190	7033	1387	171	176	18
49047	99715	14541	908	779	332
23976361	37908629	3692401	402164	778754	148899
12277403	24802602	2060557	163669	396296	132695
127563	133541	36078	5445	3123	1849
31532337	59052432	5174401	564116	734857	299483
463318737	617246770	37543998	5940009	14127660	2075338
79635682	245412488	4793726	1895683	111601	650802
239281	271007	45748	5512	4435	2211
86380	160017	17801	1327	1570	635
271989	652396	59786	5511	5283	2107
138358	345687	37670	2610	2558	1402
130203	215119	29527	7412	1023	292
6458	6527	2568	83	153	40

1-A-4 分地区企业R&D

主要指标	单位	东部地区	中部地区	西部地区	东北地区
R&D人员情况					
R&D人员合计	人	4264116	1287434	687878	157017
#女性	人	966650	275578	147797	38188
#研究人员	人	1151456	358967	214641	59695
#全时人员	人	3058249	882555	419797	104757
R&D人员折合全时当量	人年	3312309	940432	457911	106052
R&D经费情况					
R&D经费内部支出	万元	136131536	43804781	23743452	6019228
按支出用途分					
1.日常性支出	万元	126449119	40486619	21793468	5698661
#人员劳务费	万元	46744723	11711498	6464617	1651296
2.资产性支出	万元	9682417	3318162	1949983	320568
#仪器和设备	万元	9482656	3219391	1905231	304926
按资金来源分					
政府资金	万元	1898863	916887	984247	216791
企业资金	万元	133868778	42813189	22698430	5786039
境外资金	万元	241871	49853	6094	9896
其他资金	万元	122025	24852	54680	6502
R&D经费外部支出	万元	9674794	2218638	1633792	539749
对境内研究机构支出	万元	3090504	346614	320765	65915
对境内高等学校支出	万元	453061	160275	155638	46022
对境内企业支出	万元	5111609	1603543	1092193	387735
对境外支出	万元	1019620	108207	65195	40076
企业办研发机构情况					
机构数	个	106663	32730	8531	1144
机构人员数	人	3381447	798256	347842	61260
#博士	人	37034	11308	5254	949
硕士	人	313333	80849	47381	10407
机构经费支出	万元	144283587	33039115	16180937	2760790
仪器和设备原价	万元	98017641	32796482	17769299	2664123
新产品开发及生产情况					
新产品开发项目数	项	853468	208864	112332	29979
新产品开发经费支出	万元	195095519	48266845	25271574	7004526
新产品销售收入	万元	2297578115	751487065	290635691	73639493
#新产品出口	万元	442478866	81848618	22822741	7647326
自主知识产权及相关情况					
专利申请数	件	1098111	275623	153425	38801
#发明专利	件	425014	107356	62955	18277
有效发明专利数	件	1638207	349027	184182	56186
#已被实施	件	906892	203825	107900	32793
拥有注册商标数	件	1123063	179036	165521	26437
形成国家或行业标准数	项	36377	7712	4985	1350

及相关活动主要指标

北京	天津	河北	山西	内蒙古	辽宁	吉林	黑龙江
82701	75301	191158	69757	43778	101996	22990	32031
24095	17868	40011	10173	7311	23836	6600	7752
36484	26931	48446	16605	11490	36695	10594	12406
61264	54146	127844	32491	17223	65868	17897	20992
59993	56539	128602	42266	26554	67329	16859	21864
4410019	2959946	7035030	2175885	1919744	3922250	1036767	1060212
4076430	2752441	6795948	2095364	1751221	3741943	929662	1027056
1908095	985053	1494639	520776	341284	990990	276457	383849
333589	207505	239082	80521	168524	180306	107105	33156
327721	203180	224804	78968	167261	178737	94460	31729
316660	39607	43017	78577	78317	102050	15303	99438
4020640	2863704	6988352	2095682	1841225	3804851	1020688	960500
58238	17695	556	215		9896		
14481	38940	3105	1411	202	5452	777	273
482587	229183	203916	122661	126892	228504	241477	69768
134887	20822	47079	27220	43959	42919	14814	8183
9539	14075	17093	17071	18195	26393	7056	12574
325760	141353	136994	77070	64739	128947	210492	48297
12402	52934	2750	1300		30245	9116	715
516	637	5684	1326	298	669	206	269
50121	40195	144582	56984	14439	33662	13487	14111
1739	720	1323	519	157	394	223	332
15773	6753	11354	4161	1415	5739	2311	2357
3480573	1668738	7298933	1954875	974359	1441055	620523	699213
1491013	1363731	5420883	3348244	720709	1392850	534368	736905
18031	17475	39967	8629	5477	17457	5287	7235
7032647	3060245	9014152	1909004	1949972	3927147	2138062	939316
56484637	41246491	111738833	33068331	25748596	44915467	18184662	10539364
8982306	6385926	11013762	4210583	1320288	6311439	840264	495623
31980	19635	34738	9698	11056	19606	13009	6186
20643	7249	13170	4017	4064	6927	8420	2930
80347	30392	44210	13426	9468	34185	11455	10546
48634	15968	26707	8975	4954	19383	7315	6095
55228	16430	43709	9695	13225	10272	7086	9079
1545	664	1528	356	185	688	375	287

1-A-4 续表 1

主要指标	单位	上海	江苏	浙江	安徽
R&D人员情况					
R&D人员合计	人	145569	922637	819375	260320
#女性	人	34843	213035	187798	52250
#研究人员	人	57283	270495	172645	72795
#全时人员	人	112989	658166	529592	174666
R&D人员折合全时当量	人年	112518	721248	651025	196251
R&D经费情况					
R&D经费内部支出	万元	8110336	33016934	18275760	9269647
按支出用途分					
1.日常性支出	万元	7234647	30308134	17113904	8330876
#人员劳务费	万元	3321839	11283385	6156143	2672986
2.资产性支出	万元	875690	2708800	1161856	938772
#仪器和设备	万元	867393	2649975	1142964	923263
按资金来源分					
政府资金	万元	187271	226163	189325	173691
企业资金	万元	7867927	32686637	18073205	9045615
境外资金	万元	50312	74670	6262	45930
其他资金	万元	4827	29464	6967	4411
R&D经费外部支出	万元	795948	1466623	993215	674620
对境内研究机构支出	万元	69000	173670	203168	51958
对境内高等学校支出	万元	27073	118584	71640	37427
对境内企业支出	万元	578878	896069	617891	542393
对境外支出	万元	120998	278300	100516	42843
企业办研发机构情况					
机构数	个	935	19336	27663	8750
机构人员数	人	85554	555414	812415	200646
#博士	人	2286	7944	5730	2566
硕士	人	22806	57418	47323	18782
机构经费支出	万元	7127154	25381326	28584385	8813680
仪器和设备原价	万元	5176700	23181408	17310780	7825231
新产品开发及生产情况					
新产品开发项目数	项	29520	141304	207990	45238
新产品开发经费支出	万元	12572812	40743988	29587234	11570656
新产品销售收入	万元	103849988	495617097	418362856	195925423
#新产品出口	万元	17792835	114808572	82909771	22760235
自主知识产权及相关情况					
专利申请数	件	45050	234666	180387	82018
#发明专利	件	19761	83835	48296	34015
有效发明专利数	件	88728	328671	181101	101197
#已被实施	件	45005	168455	118019	64265
拥有注册商标数	件	46837	131939	203024	45488
形成国家或行业标准数	项	1819	6789	10308	2044

福　建	江　西	山　东	河　南	湖　北	湖　南	广　东	广　西
272482	162045	572787	259348	252552	283412	1173248	55904
69532	37712	136594	58057	55266	62120	239846	12798
70753	35108	146783	71189	77574	85696	318972	13836
208379	114395	403163	178128	176812	206063	897175	31282
211921	126157	444404	182729	183963	209066	920359	33516
9172900	4840718	18693400	9142432	8956266	9419834	34266367	1551896
8452110	4462385	17555057	8507478	8193798	8896719	31983387	1464911
3336928	1056734	4391025	2555026	2521322	2384655	13831962	404393
720791	378333	1138344	634954	762468	523115	2282979	86985
706325	371604	1110862	625237	743247	477073	2236085	81370
149702	131327	200777	74376	266597	192319	543065	37685
9009000	4708988	18468438	9060848	8678352	9223705	33703802	1513781
9632		12992		2194	1515	11514	
4566	403	11193	7207	9124	2295	7986	430
299545	162143	647497	218888	572457	467870	4472713	103561
37571	49659	145278	36407	123300	58070	2218261	14262
19364	8466	61857	26972	35157	35182	109541	3317
228190	101764	358579	151088	370948	360281	1789591	84752
14421	2254	81783	4422	43053	14336	355319	1229
2213	7095	17176	4470	6651	4438	32372	791
117776	147125	441554	112064	172062	109375	1128306	34308
1162	1482	6687	1695	3212	1834	9381	256
10101	7810	48660	12178	22573	15345	92799	2240
4716468	6049097	20148724	4027637	7355141	4838685	45567421	1219926
3180954	4171712	16359144	8306022	5481355	3663919	24319231	1522045
35207	38801	120033	30162	32209	53825	241406	12372
9216778	6785937	24971529	6115299	10682056	11203893	58461092	2368579
77141442	124701285	471245878	94255387	147224070	156312569	518774584	29752124
16641154	16547101	53348886	25187682	5771171	7371846	130155246	1971036
59409	34785	123645	45208	63597	40317	366916	11790
23148	12220	43358	12661	27742	16701	164853	5136
63781	26071	156453	49860	97938	60535	661500	15301
38660	17455	95324	23720	50693	38717	348533	9569
60660	22650	117441	34517	33237	33449	443228	15746
1471	627	4973	1702	1662	1321	7192	382

1-A-4 续表 2

主要指标	单位	海南	重庆	四川	贵州
R&D人员情况					
R&D人员合计	人	8858	122590	183984	45843
#女性	人	3028	27633	41941	10197
#研究人员	人	2664	39121	60570	13060
#全时人员	人	5531	89336	128049	23735
R&D人员折合全时当量	人年	5700	86802	128074	27878
R&D经费情况					
R&D经费内部支出	万元	190844	4999041	5718223	1261991
按支出用途分					
1.日常性支出	万元	177061	4677453	5190779	1175642
#人员劳务费	万元	35657	1416572	1879839	287262
2.资产性支出	万元	13783	321588	527444	86349
#仪器和设备	万元	13346	315939	518166	85227
按资金来源分					
政府资金	万元	3275	77515	224650	59824
企业资金	万元	187073	4910451	5481096	1182448
境外资金	万元		1067	4251	
其他资金	万元	496	10008	8226	19719
R&D经费外部支出	万元	83568	292233	333683	119072
对境内研究机构支出	万元	40769	25922	45927	29111
对境内高等学校支出	万元	4296	12786	32921	5023
对境内企业支出	万元	38306	200142	249262	84938
对境外支出	万元	198	53384	5573	
企业办研发机构情况					
机构数	个	131	2033	2339	377
机构人员数	人	5530	75382	100731	12605
#博士	人	62	839	1812	120
硕士	人	346	8056	12848	1000
机构经费支出	万元	309866	3933392	4026722	495509
仪器和设备原价	万元	213798	5924802	3058048	653966
新产品开发及生产情况					
新产品开发项目数	项	2535	23069	32723	5920
新产品开发经费支出	万元	435042	5534886	5926139	836460
新产品销售收入	万元	3116309	75867349	60814817	11072480
#新产品出口	万元	440408	12903945	3389225	477236
自主知识产权及相关情况					
专利申请数	件	1685	27116	41770	8290
#发明专利	件	701	11321	17184	3883
有效发明专利数	件	3024	29767	62570	8168
#已被实施	件	1587	18376	37307	3744
拥有注册商标数	件	4567	22450	51907	12263
形成国家或行业标准数	项	88	605	1743	272

云　南	西　藏	陕　西	甘　肃	青　海	宁　夏	新　疆
55700	376	97547	26372	4368	21715	29701
11798	101	20124	5593	827	4294	5180
13618	118	39360	9049	1464	5592	7363
28067	149	67981	13480	2041	8501	9953
37271	236	71868	17229	2137	12038	14308
2101472	11538	3765593	782290	151826	668838	811001
1903115	11232	3456540	627961	135336	625122	774157
359672	3935	1305654	162322	36602	110929	156154
198356	306	309053	154329	16491	43716	36844
193468	306	302082	151487	15164	41018	33743
42625	449	341445	59717	2752	38078	21189
2048506	11089	3420920	720320	149074	630675	788846
		748				29
10341		2480	2252		85	937
110844	1261	357799	33417	13629	46712	94690
42089	1021	76698	7307	3555	10342	20573
12358	240	38200	5314	1899	5532	19855
54944		240141	20085	8176	30817	54198
1453		2760	710		22	64
783	5	904	282	38	414	267
28446	41	41781	9357	2002	14276	14474
410	2	966	164	30	252	246
1989	9	14706	1040	248	1656	2174
1473215	2059	1877439	372398	83979	796192	925748
2587808	1243	1238923	447210	29576	595951	989019
7108	118	16419	2830	364	2699	3233
1872295	13731	3459332	631067	211329	802872	1664914
22045901	146836	32682050	13770262	2056030	8138665	8540581
253018		1600948	597185	22957	156921	129984
13189	128	18424	7154	1744	5486	7278
5256	46	7791	2285	896	1955	3138
14217	265	24558	6664	1352	5295	6557
6577	120	14207	3863	430	4382	4371
19868	357	20745	2270	899	2619	3172
400	7	640	419	42	115	175

B.企业R&D人员情况

1-B-1 分登记注册统计类别企业R&D人员情况

登记注册统计类别	R&D人员合计（人）	#女性	#研究人员	#全时人员	R&D人员折合全时当量（人年）
总　计	**6396445**	**1428213**	**1784759**	**4465358**	**4816705**
内资企业	**5329028**	**1176103**	**1467125**	**3678803**	**3978276**
有限责任公司	4191802	924531	1090286	2864929	3118130
股份有限公司	1090125	240931	363735	784743	825413
非公司企业法人	28073	5415	8945	17447	21005
个人独资企业	15474	4301	3283	9113	11270
合伙企业	3491	910	851	2525	2401
其他内资企业	63	15	25	46	57
港澳台投资企业	**571909**	**134677**	**160493**	**431565**	**458589**
港澳台投资有限责任公司	444789	103784	116097	329499	357640
港澳台投资股份有限公司	112566	27418	40787	91208	89957
港澳台投资合伙企业	8105	2108	2002	6220	6026
其他港澳台投资企业	6449	1367	1607	4638	4966
外商投资企业	**495508**	**117433**	**157141**	**354990**	**379840**
外商投资有限责任公司	390066	92480	121325	278416	299289
外商投资股份有限公司	86871	21610	30465	62735	68733
外商投资合伙企业	11112	2097	2917	8532	8154
其他外商投资企业	7459	1246	2434	5307	3664

1-B-2　分登记注册统计类别大中型企业R&D人员情况

登记注册统计类别	R&D人员合计(人)	#女性	#研究人员	#全时人员	R&D人员折合全时当量(人年)
总　计	**3895153**	**854910**	**1192484**	**2728857**	**2943115**
内资企业	**3029052**	**650870**	**928897**	**2086516**	**2257535**
有限责任公司	2141177	456001	619942	1450756	1587656
股份有限公司	863559	189999	300928	620618	651773
非公司企业法人	22163	4183	7497	13651	16598
个人独资企业	1528	517	311	1031	1163
合伙企业	625	170	219	460	348
其他内资企业					
港澳台投资企业	**477374**	**111901**	**137418**	**363215**	**385900**
港澳台投资有限责任公司	362032	83915	96603	270073	293609
港澳台投资股份有限公司	103366	25035	37773	84057	83202
港澳台投资合伙企业	6675	1806	1711	5237	4981
其他港澳台投资企业	5301	1145	1331	3848	4109
外商投资企业	**388727**	**92139**	**126169**	**279126**	**299679**
外商投资有限责任公司	293905	69744	94188	210698	227340
外商投资股份有限公司	78912	19665	27473	56405	62502
外商投资合伙企业	9335	1648	2379	7363	6900
其他外商投资企业	6575	1082	2129	4660	2937

1-B-3 分行业企业R&D人员情况

行业	R&D人员合计（人）	#女性	#研究人员	#全时人员	R&D人员折合全时当量（人年）
总计	**6396445**	**1428213**	**1784759**	**4465358**	**4816705**
采矿业	**179810**	**19721**	**51483**	**78196**	**112232**
煤炭开采和洗选业	99044	3789	23171	28843	58330
烟煤和无烟煤开采洗选	98208	3732	22946	28551	57807
褐煤开采洗选	678	37	168	207	446
其他煤炭采选	158	20	57	85	77
石油和天然气开采业	28694	9057	12944	21526	19281
石油开采	24750	8127	11011	18955	16933
天然气开采	3944	930	1933	2571	2348
黑色金属矿采选业	9972	1224	2142	5618	6169
铁矿采选	9907	1211	2123	5575	6128
锰矿、铬矿采选	57	11	17	39	39
其他黑色金属矿采选	8	2	2	4	2
有色金属矿采选业	13044	1378	3273	5775	8740
常用有色金属矿采选	6196	705	1582	2721	3928
贵金属矿采选	4398	386	1093	1985	3283
稀有稀土金属矿采选	2450	287	598	1069	1529
非金属矿采选业	11609	1867	2551	7249	8306
土砂石开采	6243	1056	1356	3866	4256
化学矿开采	2435	267	524	1613	1817
采盐	1762	314	438	999	1390
石棉及其他非金属矿采选	1169	230	233	771	842
开采专业及辅助性活动	17421	2403	7397	9175	11384
石油和天然气开采专业及辅助性活动	17401	2400	7392	9158	11367
其他开采专业及辅助性活动	20	3	5	17	17
其他采矿业	26	3	5	10	23
其他采矿业	26	3	5	10	23
制造业	**6098785**	**1387367**	**1684293**	**4338884**	**4635116**
农副食品加工业	111442	34632	24769	71714	80884
谷物磨制	11391	3278	2587	7021	8115
饲料加工	25535	6749	6779	17200	18888
植物油加工	6488	1741	1579	4262	4514
制糖业	1820	348	299	1066	1162

1-B-3　续表 1

行　　业	R&D人员合计(人)	#女性	#研究人员	#全时人员	R&D人员折合全时当量(人年)
屠宰及肉类加工	25994	8133	4671	15163	18668
水产品加工	9795	3848	2040	6363	7111
蔬菜、菌类、水果和坚果加工	13062	4630	2916	8519	9354
其他农副食品加工	17357	5905	3898	12120	13073
食品制造业	90830	34641	21397	59507	65026
焙烤食品制造	12658	4792	2206	7881	8082
糖果、巧克力及蜜饯制造	5321	2042	835	3138	3872
方便食品制造	11924	4425	2095	7126	7475
乳制品制造	9290	4196	2573	5606	6432
罐头食品制造	5385	1980	1126	3486	4037
调味品、发酵制品制造	13262	4675	3421	9432	10089
其他食品制造	32990	12531	9141	22838	25038
酒、饮料和精制茶制造业	43681	12700	10784	24365	26968
酒的制造	25366	7107	6526	13975	15288
饮料制造	12420	3627	2755	6519	7305
精制茶加工	5895	1966	1503	3871	4376
烟草制品业	11160	2847	4679	5913	7629
烟叶复烤	412	90	164	133	163
卷烟制造	9895	2533	4218	5120	6915
其他烟草制品制造	853	224	297	660	551
纺织业	162906	60830	25262	101670	121957
棉纺织及印染精加工	84081	31289	12238	51383	61234
毛纺织及染整精加工	6049	2898	889	3655	4674
麻纺织及染整精加工	1939	779	282	1085	1403
丝绢纺织及印染精加工	3530	1448	426	2013	2729
化纤织造及印染精加工	20119	7080	2663	12173	15182
针织或钩针编织物及其制品制造	10580	4151	1662	6524	8159
家用纺织制成品制造	13339	6047	2821	9337	10399
产业用纺织制成品制造	23269	7138	4281	15500	18175
纺织服装、服饰业	70350	35028	11337	48594	54113
机织服装制造	36638	18551	6253	24785	27284
针织或钩针编织服装制造	23984	11982	3431	17758	19185
服饰制造	9728	4495	1653	6051	7645
皮革、毛皮、羽毛及其制品和制鞋业	66682	25957	8147	47218	51201
皮革鞣制加工	3388	876	524	2518	2710

1-B-3 续表 2

行业	R&D人员合计(人)	#女性	#研究人员	#全时人员	R&D人员折合全时当量(人年)
皮革制品制造	11772	4229	1896	8115	8609
毛皮鞣制及制品加工	1742	601	413	1198	1261
羽毛(绒)加工及制品制造	1827	770	250	1042	1333
制鞋业	47953	19481	5064	34345	37288
木材加工和木、竹、藤、棕、草制品业	39467	9793	7692	23758	29199
木材加工	3369	886	758	2042	2385
人造板制造	23135	5450	4650	13822	17082
木质制品制造	9783	2512	1719	5746	7452
竹、藤、棕、草等制品制造	3180	945	565	2148	2279
家具制造业	57023	14952	10062	39743	43813
木质家具制造	29688	7758	5900	19990	22408
竹、藤家具制造	650	159	96	443	498
金属家具制造	15377	3696	2235	11084	12250
塑料家具制造	1089	404	148	758	827
其他家具制造	10219	2935	1683	7468	7830
造纸和纸制品业	65012	14953	9761	43483	49745
纸浆制造	1616	353	281	1032	1224
造纸	33279	6368	5337	22137	25379
纸制品制造	30117	8232	4143	20314	23141
印刷和记录媒介复制业	51743	13739	9306	32743	38746
印刷	49081	13085	8847	31210	36575
装订及印刷相关服务	2585	634	434	1470	2100
记录媒介复制	77	20	25	63	71
文教、工美、体育和娱乐用品制造业	75631	23362	13486	51088	58523
文教办公用品制造	8257	2558	1860	5200	6308
乐器制造	2356	584	425	1433	1903
工艺美术及礼仪用品制造	29906	9811	5546	20228	23349
体育用品制造	15282	4311	2502	10661	11844
玩具制造	15788	5106	2112	10519	12061
游艺器材及娱乐用品制造	4042	992	1041	3047	3058
石油、煤炭及其他燃料加工业	46121	7842	10311	20783	26470
精炼石油产品制造	28434	5213	6850	13450	15864
煤炭加工	15136	2057	2570	5610	8837
核燃料加工	1202	240	559	823	775
生物质燃料加工	1349	332	332	900	993

1-B-3　续表 3

行　业	R&D人员合计(人)	#女性	#研究人员	#全时人员	R&D人员折合全时当量(人年)
化学原料和化学制品制造业	332971	82263	92435	225420	251646
基础化学原料制造	89164	19423	23231	56796	64492
肥料制造	29835	6396	7877	16984	22236
农药制造	19478	5589	6068	13755	14969
涂料、油墨、颜料及类似产品制造	38236	8643	9841	27910	30215
合成材料制造	52138	10419	15158	35206	39481
专用化学产品制造	69098	18010	19977	49212	53465
炸药、火工及焰火产品制造	10405	2540	3345	7128	7524
日用化学产品制造	24617	11243	6938	18429	19265
医药制造业	253459	122873	97117	188948	191292
化学药品原料药制造	50666	19515	18415	36783	39413
化学药品制剂制造	63129	35429	26313	48065	46601
中药饮片加工	13358	6486	3562	9138	9426
中成药生产	43509	22406	15667	30357	32177
兽用药品制造	8362	3770	3237	6245	6091
生物药品制品制造	46830	24016	21421	37585	35347
卫生材料及医药用品制造	21172	9546	6256	15755	16407
药用辅料及包装材料	6433	1705	2246	5020	5829
化学纤维制造业	46653	11875	7796	28596	33918
纤维素纤维原料及纤维制造	5933	1242	1525	4196	2921
合成纤维制造	37968	9896	5609	22586	29001
生物基材料制造	2752	737	662	1814	1996
橡胶和塑料制品业	222293	50792	40787	152162	170960
橡胶制品业	58411	14081	11764	39711	44924
塑料制品业	163882	36711	29023	112451	126036
非金属矿物制品业	290312	57574	57774	180523	207903
水泥、石灰和石膏制造	40569	5944	5235	15899	23168
石膏、水泥制品及类似制品制造	54855	10384	11786	35169	40412
砖瓦、石材等建筑材料制造	30601	6301	6936	20425	22699
玻璃制造	21125	3272	4159	14315	16240
玻璃制品制造	25847	5455	4383	16964	19263
玻璃纤维和玻璃纤维增强塑料制品制造	16235	3648	4131	10011	11813
陶瓷制品制造	43672	10927	8474	31152	33273
耐火材料制品制造	16119	3177	3415	10144	11982
石墨及其他非金属矿物制品制造	41289	8466	9255	26444	29054

1-B-3 续表 4

行业	R&D人员合计（人）	#女性	#研究人员	#全时人员	R&D人员折合全时当量（人年）
黑色金属冶炼和压延加工业	156414	19409	36642	83216	101794
炼铁	2232	303	298	994	1244
炼钢	19228	2995	3421	10085	12388
钢压延加工	127547	15035	31829	68858	83903
铁合金冶炼	7407	1076	1094	3279	4259
有色金属冶炼和压延加工业	144169	22933	31060	84428	102235
常用有色金属冶炼	49285	5896	11091	23481	32782
贵金属冶炼	6837	968	1852	3451	4813
稀有稀土金属冶炼	5881	1353	1491	3956	4206
有色金属合金制造	14329	2468	3489	9311	10594
有色金属压延加工	67693	12196	13086	44099	49724
金属制品业	282741	51503	54387	188020	213223
结构性金属制品制造	77397	13419	16178	51772	57805
金属工具制造	20400	3985	3919	13581	15550
集装箱及金属包装容器制造	20454	3277	4782	13177	14956
金属丝绳及其制品制造	12502	2331	2173	8463	9250
建筑、安全用金属制品制造	29783	6034	4863	20213	23022
金属表面处理及热处理加工	14746	2788	2710	10153	11559
搪瓷制品制造	1461	284	213	903	1078
金属制日用品制造	22506	5532	2673	13692	17462
铸造及其他金属制品制造	83492	13853	16876	56066	62540
通用设备制造业	469080	77297	132305	334311	358481
锅炉及原动设备制造	39433	7679	15140	27807	28771
金属加工机械制造	57956	7300	16299	41640	43912
物料搬运设备制造	58309	8651	18223	41896	44534
泵、阀门、压缩机及类似机械制造	83813	14408	20496	57777	65219
轴承、齿轮和传动部件制造	44381	8070	9384	29448	34247
烘炉、风机、包装等设备制造	71693	13486	21024	52012	55142
文化、办公用机械制造	14721	3340	4684	11538	11707
通用零部件制造	54515	9404	10582	37210	41651
其他通用设备制造业	44259	4959	16473	34983	33296
专用设备制造业	423103	75829	139584	318537	321797
采矿、冶金、建筑专用设备制造	75048	11046	26616	54130	56565
化工、木材、非金属加工专用设备制造	61203	8641	14119	44490	47646
食品、饮料、烟草及饲料生产专用设备制造	9311	1232	2821	6710	7135

1-B-3　续表 5

行　　业	R&D人员合计(人)	#女性	#研究人员	#全时人员	R&D人员折合全时当量(人年)
印刷、制药、日化及日用品生产专用设备制造	16287	2402	4757	12259	12664
纺织、服装和皮革加工专用设备制造	15258	2408	3616	10697	12162
电子和电工机械专用设备制造	65036	8326	23908	51871	49417
农、林、牧、渔专用机械制造	18603	2566	5578	13236	14195
医疗仪器设备及器械制造	82776	26689	30228	65039	62760
环保、邮政、社会公共服务及其他专用设备制造	79581	12519	27941	60105	59254
汽车制造业	490236	79741	162599	377540	385540
汽车整车制造	151866	20287	70282	130211	126302
汽车用发动机制造	9445	1591	4065	7518	7393
改装汽车制造	10966	1453	4008	8173	8113
低速汽车制造	1533	366	750	1301	589
电车制造	279	46	88	223	235
汽车车身、挂车制造	5644	794	1507	3914	4131
汽车零部件及配件制造	310503	55204	81899	226200	238777
铁路、船舶、航空航天和其他运输设备制造业	159542	32272	60385	118193	118087
电气机械和器材制造业	634928	132340	176372	466686	489251
电机制造	69098	13145	19160	49023	54437
输配电及控制设备制造	211183	41260	64634	154935	158006
电线、电缆、光缆及电工器材制造	77073	17331	16635	52962	58600
电池制造	113703	25372	33356	87934	87996
家用电力器具制造	103649	21557	28472	77305	83061
非电力家用器具制造	7286	1485	1600	4948	5831
照明器具制造	42866	10341	9475	32174	33692
其他电气机械及器材制造	10070	1849	3040	7405	7628
计算机、通信和其他电子设备制造业	1088924	240448	352938	863981	875515
计算机制造	114997	25888	39635	94914	91337
通信设备制造	282809	54790	106684	236422	244216
广播电视设备制造	18872	3864	6761	15365	15298
雷达及配套设备制造	7559	1584	3558	6308	5793
非专业视听设备制造	38012	8271	11714	30011	31154
智能消费设备制造	69677	16257	23945	55872	55991
电子器件制造	245315	56865	83375	194244	194906
电子元件及电子专用材料制造	272970	65557	64723	200098	207164
其他电子设备制造	38654	7352	12536	30710	29615
仪器仪表制造业	151504	26334	57043	117818	116909

1-B-3 续表 6

行 业	R&D人员合计（人）	#女性	#研究人员	#全时人员	R&D人员折合全时当量（人年）
通用仪器仪表制造	94949	15496	35969	73605	73500
专用仪器仪表制造	29150	4808	12017	23437	22494
钟表与计时仪器制造	3584	972	604	2802	2793
光学仪器制造	17738	4059	6344	13224	13431
衡器制造	1967	370	575	1524	1598
其他仪器仪表制造业	4116	629	1534	3226	3094
其他制造业	32060	8046	10411	22782	22738
日用杂品制造	12174	3281	2289	8526	8670
核辐射加工	256	54	99	134	219
其他未列明制造业	19630	4711	8023	14122	13849
废弃资源综合利用业	17290	3441	3930	11021	12237
金属废料和碎屑加工处理	10338	1999	2279	6538	7235
非金属废料和碎屑加工处理	6952	1442	1651	4483	5002
金属制品、机械和设备修理业	11058	1121	3735	6123	7317
金属制品修理	73	5	22	63	61
通用设备修理	790	100	210	463	491
专用设备修理	1868	166	569	905	1260
铁路、船舶、航空航天等运输设备修理	6082	715	2353	3346	3914
电气设备修理	1051	34	227	577	718
仪器仪表修理	249	10	88	144	183
其他机械和设备修理业	945	91	266	625	691
电力、热力、燃气及水生产和供应业	**117850**	**21125**	**48983**	**48278**	**69357**
电力、热力生产和供应业	90124	15268	39960	33703	50319
电力生产	45729	5052	17625	19498	26856
电力供应	39813	9429	20908	11360	20458
热力生产和供应	4582	787	1427	2845	3004
燃气生产和供应业	12886	2401	3946	6573	8911
燃气生产和供应业	12829	2392	3933	6529	8873
生物质燃气生产和供应业	57	9	13	44	38
水的生产和供应业	14840	3456	5077	8002	10128
自来水生产和供应	7956	2041	2872	4132	5270
污水处理及其再生利用	6599	1351	2122	3801	4667
海水淡化处理	57	13	20	16	27
其他水的处理、利用与分配	228	51	63	53	163

1-B-4　分行业大中型企业R&D人员情况

行　业	R&D人员合计（人）	#女性	#研究人员	#全时人员	R&D人员折合全时当量（人年）
总　计	**3895153**	**854910**	**1192484**	**2728857**	**2943115**
采矿业	**161127**	**16837**	**47218**	**67294**	**99646**
煤炭开采和洗选业	96300	3511	22568	27594	56711
烟煤和无烟煤开采洗选	95650	3480	22401	27378	56274
褐煤开采洗选	603	28	150	186	412
其他煤炭采选	47	3	17	30	26
石油和天然气开采业	28058	8942	12693	21219	18852
石油开采	24705	8107	10986	18929	16901
天然气开采	3353	835	1707	2290	1951
黑色金属矿采选业	7081	695	1518	3667	4116
铁矿采选	7071	694	1516	3659	4111
锰矿、铬矿采选	10	1	2	8	5
有色金属矿采选业	9253	857	2404	3961	6222
常用有色金属矿采选	4315	436	1225	1847	2684
贵金属矿采选	3462	310	862	1530	2606
稀有稀土金属矿采选	1476	111	317	584	932
非金属矿采选业	3777	531	835	2218	2919
土砂石开采	629	71	100	351	435
化学矿开采	1435	155	344	921	1114
采盐	1437	256	362	770	1138
石棉及其他非金属矿采选	276	49	29	176	232
开采专业及辅助性活动	16658	2301	7200	8635	10825
石油和天然气开采专业及辅助性活动	16654	2301	7199	8632	10821
其他开采专业及辅助性活动	4		1	3	4
制造业	**3657066**	**823063**	**1110096**	**2634234**	**2799102**
农副食品加工业	40738	13081	8904	26165	30467
谷物磨制	1100	263	271	670	835
饲料加工	6191	1738	1917	4370	4624
植物油加工	1539	378	384	1048	1106
制糖业	1214	229	230	674	739
屠宰及肉类加工	16007	4894	2766	8735	11552
水产品加工	4458	1847	1028	3043	3345
蔬菜、菌类、水果和坚果加工	2454	964	628	1757	1861
其他农副食品加工	7775	2768	1680	5868	6404

1-B-4 续表 1

行业	R&D人员合计(人)	#女性	#研究人员	#全时人员	R&D人员折合全时当量(人年)
食品制造业	46572	17670	10842	29469	33419
焙烤食品制造	7034	2731	1354	4111	4311
糖果、巧克力及蜜饯制造	2554	989	373	1381	1859
方便食品制造	6898	2573	1123	3822	4100
乳制品制造	5960	2629	1719	3592	4234
罐头食品制造	2665	935	529	1802	2180
调味品、发酵制品制造	7377	2419	2002	5231	5822
其他食品制造	14084	5394	3742	9530	10914
酒、饮料和精制茶制造业	27243	7224	6935	14472	15910
酒的制造	20197	5547	5223	10856	11991
饮料制造	6156	1398	1452	2941	3246
精制茶加工	890	279	260	675	673
烟草制品业	10103	2546	4322	5103	6906
烟叶复烤	391	84	156	114	145
卷烟制造	9495	2418	4098	4802	6604
其他烟草制品制造	217	44	68	187	158
纺织业	88923	34291	12973	55587	65398
棉纺织及印染精加工	55546	21151	7558	34310	39844
毛纺织及染整精加工	3268	1706	527	1909	2435
麻纺织及染整精加工	1162	508	131	619	872
丝绢纺织及印染精加工	2031	763	239	1073	1519
化纤织造及印染精加工	8529	2756	1050	5268	6223
针织或钩针编织物及其制品制造	3703	1558	498	2353	2811
家用纺织制成品制造	6366	3097	1411	4612	4959
产业用纺织制成品制造	8318	2752	1559	5443	6736
纺织服装、服饰业	40156	21348	6023	28088	31078
机织服装制造	22733	12114	3638	15296	16972
针织或钩针编织服装制造	14254	7472	1971	10918	11407
服饰制造	3169	1762	414	1874	2699
皮革、毛皮、羽毛及其制品和制鞋业	37526	16142	3676	27861	28617
皮革鞣制加工	1236	326	222	989	1014
皮革制品制造	3596	1195	471	2293	2508
毛皮鞣制及制品加工	589	222	81	511	547

1-B-4 续表 2

行业	R&D人员合计(人)	#女性	#研究人员	#全时人员	R&D人员折合全时当量(人年)
羽毛(绒)加工及制品制造	688	367	87	483	553
制鞋业	31417	14032	2815	23585	23995
木材加工和木、竹、藤、棕、草制品业	7444	1874	1396	4613	5904
木材加工	177	51	50	97	158
人造板制造	3537	761	837	2401	2737
木质制品制造	3180	879	426	1670	2581
竹、藤、棕、草等制品制造	550	183	83	445	428
家具制造业	32564	8888	5998	23079	25577
木质家具制造	16878	4525	3504	11286	12954
竹、藤家具制造	207	50	20	151	163
金属家具制造	9110	2245	1444	6856	7500
塑料家具制造	593	286	86	417	414
其他家具制造	5776	1782	944	4369	4546
造纸和纸制品业	33351	7229	5188	22032	25569
纸浆制造	1197	277	240	664	896
造纸	21842	3994	3631	14849	16898
纸制品制造	10312	2958	1317	6519	7776
印刷和记录媒介复制业	22095	6083	4219	13760	16771
印刷	20313	5628	3946	12814	15310
装订及印刷相关服务	1782	455	273	946	1461
文教、工美、体育和娱乐用品制造业	35993	11157	6122	24562	28248
文教办公用品制造	4311	1348	1136	2636	3246
乐器制造	1418	326	251	803	1176
工艺美术及礼仪用品制造	11509	3867	1941	7861	9222
体育用品制造	8270	2349	1151	5972	6523
玩具制造	8881	2920	1168	5977	6831
游艺器材及娱乐用品制造	1604	347	475	1313	1250
石油、煤炭及其他燃料加工业	39237	6191	8639	16415	21682
精炼石油产品制造	24103	4116	5720	10442	12712
煤炭加工	13783	1803	2315	5021	8073
核燃料加工	1202	240	559	823	775
生物质燃料加工	149	32	45	129	123
化学原料和化学制品制造业	169158	40184	50653	110620	127118

1-B-4 续表 3

行业	R&D人员合计（人）	#女性	#研究人员	#全时人员	R&D人员折合全时当量（人年）
基础化学原料制造	54456	11333	15293	34027	39166
肥料制造	21304	4147	5757	11627	16102
农药制造	12319	3500	4084	8544	9653
涂料、油墨、颜料及类似产品制造	14686	3537	4190	10421	11525
合成材料制造	29342	5432	9458	18977	21891
专用化学产品制造	21726	5702	6648	15760	17240
炸药、火工及焰火产品制造	5064	1374	1911	3544	3581
日用化学产品制造	10261	5159	3312	7720	7960
医药制造业	167336	83580	69143	126240	127904
化学药品原料药制造	35730	14261	13688	25784	28143
化学药品制剂制造	48870	27913	21013	37434	36351
中药饮片加工	2554	1508	888	1811	1662
中成药生产	29489	15191	11524	21007	22034
兽用药品制造	4164	1813	1720	3089	2901
生物药品制品制造	32457	17307	15624	26331	25057
卫生材料及医药用品制造	10196	4754	3101	7595	8051
药用辅料及包装材料	3876	833	1585	3189	3706
化学纤维制造业	33885	8339	5328	20481	24338
纤维素纤维原料及纤维制造	4645	887	1240	3420	2040
合成纤维制造	27997	7154	3792	16243	21396
生物基材料制造	1243	298	296	818	902
橡胶和塑料制品业	94487	20905	18250	65056	73620
橡胶制品业	36874	8818	7798	24685	28672
塑料制品业	57613	12087	10452	40371	44947
非金属矿物制品业	119664	22029	24076	73146	85451
水泥、石灰和石膏制造	20089	2423	2606	7081	11033
石膏、水泥制品及类似制品制造	7229	1035	1895	4587	5718
砖瓦、石材等建筑材料制造	3864	666	967	2679	2906
玻璃制造	14139	1829	2851	9584	11023
玻璃制品制造	13524	2710	2159	9047	10356
玻璃纤维和玻璃纤维增强塑料制品制造	7728	1814	2325	4701	5553
陶瓷制品制造	28720	7011	5621	20588	21899
耐火材料制品制造	4995	947	1141	3103	3739
石墨及其他非金属矿物制品制造	19376	3594	4511	11776	13226

1-B-4　续表 4

行　业	R&D人员合计(人)	#女性	#研究人员	#全时人员	R&D人员折合全时当量(人年)
黑色金属冶炼和压延加工业	135201	16074	32895	69843	86259
炼铁	2031	262	254	880	1073
炼钢	18979	2971	3371	9929	12241
钢压延加工	109125	12132	28618	56906	70243
铁合金冶炼	5066	709	652	2128	2702
有色金属冶炼和压延加工业	93168	13287	21197	50797	64559
常用有色金属冶炼	43275	4835	9924	19493	28481
贵金属冶炼	5310	672	1401	2410	3585
稀有稀土金属冶炼	2942	771	881	2133	2148
有色金属合金制造	5516	898	1479	3720	4094
有色金属压延加工	35981	6059	7461	22911	26136
金属制品业	119074	20605	24258	78237	89755
结构性金属制品制造	27313	4224	5842	17980	20935
金属工具制造	9514	1672	1869	6404	7196
集装箱及金属包装容器制造	10528	1506	2628	6463	7486
金属丝绳及其制品制造	5691	978	950	4010	4332
建筑、安全用金属制品制造	11494	2261	1991	7765	8809
金属表面处理及热处理加工	4712	871	938	3343	3758
搪瓷制品制造	761	119	82	463	572
金属制日用品制造	11971	3067	1286	6639	9113
铸造及其他金属制品制造	37090	5907	8672	25170	27553
通用设备制造业	223679	37541	74040	162840	171664
锅炉及原动设备制造	27858	5787	11822	19989	19930
金属加工机械制造	23128	2673	8202	17123	17830
物料搬运设备制造	35342	5347	12450	25819	26920
泵、阀门、压缩机及类似机械制造	35305	6187	9830	25219	27903
轴承、齿轮和传动部件制造	22387	4048	5432	14778	17218
烘炉、风机、包装等设备制造	33681	6563	11410	24727	26095
文化、办公用机械制造	9610	2228	3350	7628	7789
通用零部件制造	16979	2647	3619	11843	13413
其他通用设备制造业	19389	2061	7925	15714	14566
专用设备制造业	202901	37813	76619	155147	154608
采矿、冶金、建筑专用设备制造	41004	5985	17120	29802	31191
化工、木材、非金属加工专用设备制造	24477	3492	6685	17805	19170

1-B-4 续表 5

行　业	R&D人员合计(人)	#女性	#研究人员	#全时人员	R&D人员折合全时当量(人年)
食品、饮料、烟草及饲料生产专用设备制造	2653	355	965	1781	2200
印刷、制药、日化及日用品生产专用设备制造	7037	1169	2544	5359	5442
纺织、服装和皮革加工专用设备制造	6553	1023	1885	4750	5231
电子和电工机械专用设备制造	35424	3934	14318	29375	27661
农、林、牧、渔专用机械制造	10059	1273	3520	7205	7687
医疗仪器设备及器械制造	47924	16513	18510	37775	35992
环保、邮政、社会公共服务及其他专用设备制造	27770	4069	11072	21295	20035
汽车制造业	363704	56481	133391	286921	289576
汽车整车制造	149638	19910	69307	128348	124675
汽车用发动机制造	8760	1476	3850	7001	6850
改装汽车制造	5567	753	2303	4219	4225
低速汽车制造	1500	361	733	1270	568
电车制造	9	1	4	8	5
汽车车身、挂车制造	3068	398	935	2067	2201
汽车零部件及配件制造	195162	33582	56259	144008	151051
铁路、船舶、航空航天和其他运输设备制造业	118104	24966	49044	88939	87006
电气机械和器材制造业	396402	80632	121007	295749	307776
电机制造	43464	8046	13394	31049	34325
输配电及控制设备制造	117704	21915	39998	86500	86770
电线、电缆、光缆及电工器材制造	34608	7773	8429	24184	26771
电池制造	91868	20656	27230	71557	72390
家用电力器具制造	79202	15852	24249	60457	63999
非电力家用器具制造	3758	704	1010	2587	3059
照明器具制造	21709	4945	5420	16401	17277
其他电气机械及器材制造	4089	741	1277	3014	3185
计算机、通信和其他电子设备制造业	848349	186314	281841	678122	691728
计算机制造	87776	20115	30917	72878	70764
通信设备制造	258504	50105	98159	217135	225640
广播电视设备制造	13240	2519	5034	11035	10914
雷达及配套设备制造	4134	957	1930	3385	3198
非专业视听设备制造	30234	6478	9746	23820	25115
智能消费设备制造	50483	12328	17636	40559	40959
电子器件制造	185309	43184	63582	147173	149480
电子元件及电子专用材料制造	194341	46002	46676	142762	147118
其他电子设备制造	24269	4606	8154	19338	18501

1-B-4　续表 6

行　　业	R&D人员合计(人)	#女性	#研究人员	#全时人员	R&D人员折合全时当量(人年)
仪器仪表制造业	75678	13501	31053	58740	59135
通用仪器仪表制造	44940	7634	18969	35003	35316
专用仪器仪表制造	14543	2296	6465	11707	11430
钟表与计时仪器制造	2284	582	379	1768	1831
光学仪器制造	12048	2666	4518	8811	9092
衡器制造	755	164	270	611	591
其他仪器仪表制造业	1108	159	452	840	876
其他制造业	21889	5507	8197	15526	14843
日用杂品制造	6397	1676	1403	4647	4219
核辐射加工	129	30	55	81	129
其他未列明制造业	15363	3801	6739	10798	10495
废弃资源综合利用业	4547	792	1022	2605	3144
金属废料和碎屑加工处理	3348	630	683	1794	2255
非金属废料和碎屑加工处理	1199	162	339	811	889
金属制品、机械和设备修理业	7895	789	2845	4019	5069
通用设备修理	387	42	137	182	254
专用设备修理	1153	84	367	421	722
铁路、船舶、航空航天等运输设备修理	4778	591	1907	2515	3032
电气设备修理	881	23	194	428	578
仪器仪表修理	179	2	64	110	140
其他机械和设备修理业	517	47	176	363	344
电力、热力、燃气及水生产和供应业	**76960**	**15010**	**35170**	**27329**	**44367**
电力、热力生产和供应业	63887	12138	30492	20988	34871
电力生产	23565	2554	9469	9245	14023
电力供应	39134	9291	20639	10931	20020
热力生产和供应	1188	293	384	812	828
燃气生产和供应业	6334	1270	2132	2829	4749
燃气生产和供应业	6334	1270	2132	2829	4749
水的生产和供应业	6739	1602	2546	3512	4747
自来水生产和供应	4512	1180	1788	2223	3008
污水处理及其再生利用	2187	412	737	1270	1709
其他水的处理、利用与分配	40	10	21	19	29

1—B—5 分行业内资企业R&D人员情况

行业	R&D人员合计(人)	#女性	#研究人员	#全时人员	R&D人员折合全时当量(人年)
总 计	**5329028**	**1176103**	**1467125**	**3678803**	**3978276**
采矿业	**173812**	**19237**	**49770**	**76117**	**108828**
煤炭开采和洗选业	95007	3646	22223	28253	56335
烟煤和无烟煤开采洗选	94195	3593	22012	27961	55818
褐煤开采洗选	654	33	154	207	440
其他煤炭采选	158	20	57	85	77
石油和天然气开采业	27883	8828	12484	20796	18710
石油开采	24127	7949	10657	18394	16514
天然气开采	3756	879	1827	2402	2196
黑色金属矿采选业	9642	1179	2116	5451	5935
铁矿采选	9577	1166	2097	5408	5894
锰矿、铬矿采选	57	11	17	39	39
其他黑色金属矿采选	8	2	2	4	2
有色金属矿采选业	12603	1347	3127	5498	8382
常用有色金属矿采选	5819	679	1442	2495	3617
贵金属矿采选	4334	381	1087	1934	3237
稀有稀土金属矿采选	2450	287	598	1069	1529
非金属矿采选业	11419	1837	2515	7101	8147
土砂石开采	6124	1040	1342	3761	4152
化学矿开采	2427	266	519	1611	1814
采盐	1758	313	436	995	1389
石棉及其他非金属矿采选	1110	218	218	734	792
开采专业及辅助性活动	17232	2397	7300	9008	11295
石油和天然气开采专业及辅助性活动	17212	2394	7295	8991	11278
其他开采专业及辅助性活动	20	3	5	17	17
其他采矿业	26	3	5	10	23
其他采矿业	26	3	5	10	23
制造业	**5048340**	**1137463**	**1372284**	**3559657**	**3807430**
农副食品加工业	98739	30940	22227	65066	71976
谷物磨制	11066	3115	2476	6770	7868
饲料加工	23278	6138	6105	15627	17321
植物油加工	5909	1555	1393	3873	4179
制糖业	1644	329	280	984	1077

1-B-5　续表 1

行　业	R&D人员合计(人)	#女性	#研究人员	#全时人员	R&D人员折合全时当量(人年)
屠宰及肉类加工	20048	6648	3870	13253	14763
水产品加工	8699	3406	1816	5586	6315
蔬菜、菌类、水果和坚果加工	12116	4210	2702	7824	8615
其他农副食品加工	15979	5539	3585	11149	11840
食品制造业	74922	28377	18112	51142	54462
焙烤食品制造	10201	3740	1959	7069	6827
糖果、巧克力及蜜饯制造	3459	1318	613	2240	2647
方便食品制造	8827	3459	1644	5706	5793
乳制品制造	7008	3232	2117	4521	5038
罐头食品制造	4931	1767	1065	3289	3684
调味品、发酵制品制造	10955	3907	2764	7985	8176
其他食品制造	29541	10954	7950	20332	22296
酒、饮料和精制茶制造业	37101	11310	9471	21666	23881
酒的制造	23591	6588	6117	13041	14379
饮料制造	7730	2802	1879	4825	5231
精制茶加工	5780	1920	1475	3800	4271
烟草制品业	11046	2812	4637	5825	7547
烟叶复烤	412	90	164	133	163
卷烟制造	9895	2533	4218	5120	6915
其他烟草制品制造	739	189	255	572	468
纺织业	138590	50975	21235	86011	104021
棉纺织及印染精加工	70834	26112	10084	42834	51533
毛纺织及染整精加工	5217	2499	757	3081	4021
麻纺织及染整精加工	1728	682	259	935	1245
丝绢纺织及印染精加工	3188	1283	379	1855	2449
化纤织造及印染精加工	17020	6030	2135	10228	12959
针织或钩针编织物及其制品制造	9173	3387	1519	5499	7098
家用纺织制成品制造	11485	5100	2442	8084	9077
产业用纺织制成品制造	19945	5882	3660	13495	15639
纺织服装、服饰业	53721	26170	9083	37443	41938
机织服装制造	28127	13895	4958	19606	21578
针织或钩针编织服装制造	17171	8376	2627	12476	13809
服饰制造	8423	3899	1498	5361	6551
皮革、毛皮、羽毛及其制品和制鞋业	52138	19465	6616	36124	40215
皮革鞣制加工	2714	701	447	1937	2103

1-B-5 续表 2

行业	R&D人员合计(人)	#女性	#研究人员	#全时人员	R&D人员折合全时当量(人年)
皮革制品制造	9255	3201	1562	6488	6658
毛皮鞣制及制品加工	1732	597	411	1192	1254
羽毛(绒)加工及制品制造	1754	754	244	1028	1307
制鞋业	36683	14212	3952	25479	28894
木材加工和木、竹、藤、棕、草制品业	38436	9503	7491	23079	28509
木材加工	3345	872	750	2026	2364
人造板制造	22690	5320	4550	13542	16801
木质制品制造	9401	2425	1651	5494	7155
竹、藤、棕、草等制品制造	3000	886	540	2017	2189
家具制造业	48872	12669	8940	33799	36970
木质家具制造	26844	6996	5460	18269	20052
竹、藤家具制造	589	140	92	398	449
金属家具制造	12642	3016	1916	8844	9881
塑料家具制造	944	364	141	678	706
其他家具制造	7853	2153	1331	5610	5883
造纸和纸制品业	51568	12258	7639	34120	39406
纸浆制造	1226	248	199	722	875
造纸	25305	5058	4061	16486	19249
纸制品制造	25037	6952	3379	16912	19283
印刷和记录媒介复制业	44424	11528	8015	28062	33387
印刷	42225	11008	7609	26890	31601
装订及印刷相关服务	2143	511	393	1122	1734
记录媒介复制	56	9	13	50	52
文教、工美、体育和娱乐用品制造业	59982	18182	11062	40509	46088
文教办公用品制造	7540	2328	1705	4706	5747
乐器制造	1792	426	300	1022	1407
工艺美术及礼仪用品制造	25317	8218	4801	17347	19869
体育用品制造	11690	3144	2044	8115	8865
玩具制造	10162	3206	1326	6715	7554
游艺器材及娱乐用品制造	3481	860	886	2604	2645
石油、煤炭及其他燃料加工业	43270	7323	9596	19875	24353
精炼石油产品制造	26675	4800	6321	12935	14495
煤炭加工	14179	1963	2423	5301	8175
核燃料加工	1202	240	559	823	775
生物质燃料加工	1214	320	293	816	908

1-B-5　续表 3

行　业	R&D人员合计(人)	#女性	#研究人员	#全时人员	R&D人员折合全时当量(人年)
化学原料和化学制品制造业	293609	71326	79708	197523	221298
基础化学原料制造	81405	17652	20912	51482	58702
肥料制造	28250	6055	7424	16449	20970
农药制造	17004	4872	5147	12061	13156
涂料、油墨、颜料及类似产品制造	31517	7291	7755	22938	24751
合成材料制造	45355	9067	12953	30362	34320
专用化学产品制造	61193	15812	17255	43377	47297
炸药、火工及焰火产品制造	10335	2529	3336	7100	7479
日用化学产品制造	18550	8048	4926	13754	14624
医药制造业	210345	100692	78706	154612	158124
化学药品原料药制造	42969	16623	15699	31033	33360
化学药品制剂制造	51028	28449	20881	38118	37354
中药饮片加工	12925	6142	3374	8817	9080
中成药生产	39095	20064	13884	27093	28663
兽用药品制造	7446	3411	2827	5630	5537
生物药品制品制造	33225	16426	14850	26178	25029
卫生材料及医药用品制造	17898	8080	5157	13213	13859
药用辅料及包装材料	5759	1497	2034	4530	5242
化学纤维制造业	39288	9952	6829	24380	29065
纤维素纤维原料及纤维制造	4484	1002	1193	3090	2256
合成纤维制造	32232	8239	5019	19633	24948
生物基材料制造	2572	711	617	1657	1861
橡胶和塑料制品业	183126	41466	33069	124257	139804
橡胶制品业	47131	11127	8808	31167	35750
塑料制品业	135995	30339	24261	93090	104054
非金属矿物制品业	268718	53448	53238	166908	191921
水泥、石灰和石膏制造	38366	5680	4934	15233	22021
石膏、水泥制品及类似制品制造	53362	10147	11507	34185	39268
砖瓦、石材等建筑材料制造	29568	6116	6679	19728	21910
玻璃制造	15057	2595	2760	9983	11101
玻璃制品制造	22589	4911	3784	14734	16905
玻璃纤维和玻璃纤维增强塑料制品制造	14860	3164	3854	9137	10706
陶瓷制品制造	41036	9864	7980	29157	31374
耐火材料制品制造	15046	2998	3111	9566	11223
石墨及其他非金属矿物制品制造	38834	7973	8629	25185	27414

1-B-5 续表 4

行　业	R&D 人员合计（人）	#女性	#研究人员	#全时人员	R&D人员折合全时当量（人年）
黑色金属冶炼和压延加工业	142576	18225	33714	75448	92109
炼铁	2232	303	298	994	1244
炼钢	18115	2888	3190	9776	11786
钢压延加工	115208	14033	29200	61501	74990
铁合金冶炼	7021	1001	1026	3177	4089
有色金属冶炼和压延加工业	133654	21064	28437	77336	94976
常用有色金属冶炼	47361	5656	10604	22391	31442
贵金属冶炼	6227	869	1744	3054	4344
稀有稀土金属冶炼	5644	1328	1430	3793	4007
有色金属合金制造	13262	2327	3159	8562	9776
有色金属压延加工	61016	10832	11449	39406	45292
金属制品业	249765	45814	48089	165841	187956
结构性金属制品制造	73511	12690	15341	49135	54734
金属工具制造	17914	3544	3385	11940	13641
集装箱及金属包装容器制造	16336	2864	3957	10980	12197
金属丝绳及其制品制造	10688	2060	1827	7008	7900
建筑、安全用金属制品制造	25314	5215	4092	16953	19502
金属表面处理及热处理加工	13175	2473	2350	9079	10295
搪瓷制品制造	1184	236	184	727	853
金属制日用品制造	18453	4503	2114	11001	14190
铸造及其他金属制品制造	73190	12229	14839	49018	54643
通用设备制造业	398108	65216	109185	281979	302207
锅炉及原动设备制造	33507	6569	12579	24028	24170
金属加工机械制造	51393	6545	14136	36713	38784
物料搬运设备制造	46435	6838	14055	32979	34668
泵、阀门、压缩机及类似机械制造	69107	11782	16037	46745	53579
轴承、齿轮和传动部件制造	40183	7309	8402	26674	31164
烘炉、风机、包装等设备制造	59285	11052	16459	42271	45607
文化、办公用机械制造	10576	2354	3405	8511	8277
通用零部件制造	48524	8358	9563	33050	36868
其他通用设备制造业	39098	4409	14549	31008	29089
专用设备制造业	364138	62571	118990	273192	275935
采矿、冶金、建筑专用设备制造	67181	9864	23422	48159	50177
化工、木材、非金属加工专用设备制造	49674	7125	11173	36028	38441
食品、饮料、烟草及饲料生产专用设备制造	8785	1176	2700	6283	6691

1-B-5　续表 5

行　业	R&D人员合计(人)	#女性	#研究人员	#全时人员	R&D人员折合全时当量(人年)
印刷、制药、日化及日用品生产专用设备制造	14084	2106	4096	10819	10958
纺织、服装和皮革加工专用设备制造	12992	2051	3009	9118	10340
电子和电工机械专用设备制造	58899	7373	21645	47017	44578
农、林、牧、渔专用机械制造	16287	2166	4799	11620	12198
医疗仪器设备及器械制造	62473	19263	22415	48712	48040
环保、邮政、社会公共服务及其他专用设备制造	73763	11447	25731	55436	54514
汽车制造业	325063	56767	99385	245700	251742
汽车整车制造	69137	11305	33878	59039	54306
汽车用发动机制造	5117	850	2029	4220	3823
改装汽车制造	10167	1367	3678	7511	7505
低速汽车制造	1518	364	742	1287	574
电车制造	279	46	88	223	235
汽车车身、挂车制造	4708	696	1110	3281	3475
汽车零部件及配件制造	234137	42139	57860	170139	181823
铁路、船舶、航空航天和其他运输设备制造业	143543	29189	55103	106048	105429
电气机械和器材制造业	547230	112761	151230	402696	420182
电机制造	56798	11019	15394	40623	44479
输配电及控制设备制造	189447	36179	57808	139381	141192
电线、电缆、光缆及电工器材制造	68873	15236	14554	46744	52868
电池制造	97696	21780	29252	75506	74740
家用电力器具制造	82757	17028	22264	61683	66426
非电力家用器具制造	6398	1297	1372	4485	5098
照明器具制造	35700	8474	7662	27245	28175
其他电气机械及器材制造	9561	1748	2924	7029	7204
计算机、通信和其他电子设备制造业	813049	174075	267221	642867	646680
计算机制造	77456	16442	27567	63623	60499
通信设备制造	218696	42154	85369	182288	186265
广播电视设备制造	15414	3125	5255	12502	12431
雷达及配套设备制造	7517	1572	3538	6270	5774
非专业视听设备制造	26812	5497	8158	21040	21877
智能消费设备制造	51279	12037	15903	39860	40299
电子器件制造	176272	39090	61959	138913	138785
电子元件及电子专用材料制造	205613	47820	48509	151206	154802
其他电子设备制造	33931	6318	10956	27128	25908
仪器仪表制造业	129377	21913	49147	102208	99361

1-B-5 续表 6

行业	R&D人员合计(人)	#女性	#研究人员	#全时人员	R&D人员折合全时当量(人年)
通用仪器仪表制造	84825	13469	31875	66234	65374
专用仪器仪表制造	25169	4190	10538	20399	19116
钟表与计时仪器制造	1549	430	254	1214	1217
光学仪器制造	12250	2925	4521	9983	9367
衡器制造	1689	309	476	1298	1362
其他仪器仪表制造业	3895	590	1483	3080	2924
其他制造业	28529	7222	9526	20170	20199
日用杂品制造	9570	2593	1602	6444	6804
核辐射加工	256	54	99	134	219
其他未列明制造业	18703	4575	7825	13592	13176
废弃资源综合利用业	16586	3293	3722	10568	11746
金属废料和碎屑加工处理	10075	1923	2204	6362	7021
非金属废料和碎屑加工处理	6511	1370	1518	4206	4725
金属制品、机械和设备修理业	8827	957	2861	5203	5942
金属制品修理	66	3	22	58	55
通用设备修理	790	100	210	463	491
专用设备修理	1830	164	556	872	1229
铁路、船舶、航空航天等运输设备修理	3988	560	1521	2481	2610
电气设备修理	1051	34	227	577	718
仪器仪表修理	249	10	88	144	183
其他机械和设备修理业	853	86	237	608	657
电力、热力、燃气及水生产和供应业	**106876**	**19403**	**45071**	**43029**	**62018**
电力、热力生产和供应业	86121	14980	38349	31948	47949
电力生产	41959	4799	16082	17936	24669
电力供应	39790	9426	20895	11339	20444
热力生产和供应	4372	755	1372	2673	2835
燃气生产和供应业	7289	1365	2144	3893	4829
燃气生产和供应业	7232	1356	2131	3849	4791
生物质燃气生产和供应业	57	9	13	44	38
水的生产和供应业	13466	3058	4578	7188	9241
自来水生产和供应	7098	1787	2591	3539	4720
污水处理及其再生利用	6123	1217	1925	3599	4360
海水淡化处理	57	13	20	16	27
其他水的处理、利用与分配	188	41	42	34	134

1-B-6　分行业港澳台投资企业R&D人员情况

行　　业	R&D人员合计（人）	#女性	#研究人员	#全时人员	R&D人员折合全时当量（人年）
总　计	**571909**	**134677**	**160493**	**431565**	**458589**
采矿业	**3815**	**320**	**1221**	**1462**	**2359**
煤炭开采和洗选业	2589	111	798	590	1545
烟煤和无烟煤开采洗选	2565	107	784	590	1540
褐煤开采洗选	24	4	14		5
石油和天然气开采业	436	135	247	392	285
石油开采	248	84	141	223	133
天然气开采	188	51	106	169	152
黑色金属矿采选业	323	44	25	163	231
铁矿采选	323	44	25	163	231
有色金属矿采选业	252	19	60	150	194
常用有色金属矿采选	233	18	58	137	185
贵金属矿采选	19	1	2	13	9
非金属矿采选业	60	9	13	31	42
土砂石开采	32	4	5	26	27
化学矿开采	8	1	5	2	3
石棉及其他非金属矿采选	20	4	3	3	11
开采专业及辅助性活动	155	2	78	136	61
石油和天然气开采专业及辅助性活动	155	2	78	136	61
制造业	**561575**	**133297**	**156772**	**427230**	**452054**
农副食品加工业	4249	1355	1065	3026	2967
谷物磨制	206	114	66	167	165
饲料加工	838	177	253	569	598
植物油加工	400	108	110	246	212
制糖业	167	16	16	74	82
屠宰及肉类加工	1150	429	322	891	698
水产品加工	407	144	75	303	296
蔬菜、菌类、水果和坚果加工	488	220	94	377	361
其他农副食品加工	593	147	129	399	556
食品制造业	6289	2566	1511	4018	4801

1-B-6 续表 1

行业	R&D人员合计(人)	#女性	#研究人员	#全时人员	R&D人员折合全时当量(人年)
焙烤食品制造	486	244	127	405	405
糖果、巧克力及蜜饯制造	1180	444	151	752	880
方便食品制造	1009	321	161	544	574
乳制品制造	317	155	161	280	235
罐头食品制造	283	149	24	108	232
调味品、发酵制品制造	1144	353	228	610	1015
其他食品制造	1870	900	659	1319	1460
酒、饮料和精制茶制造业	2564	597	432	1131	1158
酒的制造	660	191	122	453	201
饮料制造	1789	360	282	607	852
精制茶加工	115	46	28	71	106
烟草制品业	114	35	42	88	82
其他烟草制品制造	114	35	42	88	82
纺织业	17886	7304	3063	11414	13504
棉纺织及印染精加工	10030	3933	1706	6194	7696
毛纺织及染整精加工	540	239	98	340	462
麻纺织及染整精加工	211	97	23	150	159
丝绢纺织及印染精加工	196	75	23	131	157
化纤织造及印染精加工	2359	832	432	1571	1739
针织或钩针编织物及其制品制造	1167	629	120	891	848
家用纺织制成品制造	1003	568	254	759	666
产业用纺织制成品制造	2380	931	407	1378	1777
纺织服装、服饰业	11839	6161	1617	7717	8585
机织服装制造	6038	3213	955	3186	3975
针织或钩针编织服装制造	5198	2693	595	4130	4118
服饰制造	603	255	67	401	492
皮革、毛皮、羽毛及其制品和制鞋业	9207	3990	997	6868	6817
皮革鞣制加工	559	157	49	488	526
皮革制品制造	1527	682	203	1026	1206
毛皮鞣制及制品加工	7	2	1	6	5
羽毛(绒)加工及制品制造	65	14	4	8	19
制鞋业	7049	3135	740	5340	5061

1-B-6　续表 2

行　业	R&D人员合计(人)	#女性	#研究人员	#全时人员	R&D人员折合全时当量(人年)
木材加工和木、竹、藤、棕、草制品业	562	175	92	388	355
木材加工	11	9	2	5	9
人造板制造	265	84	49	202	153
木质制品制造	171	48	31	108	124
竹、藤、棕、草等制品制造	115	34	10	73	68
家具制造业	5490	1379	689	4040	4646
木质家具制造	2230	545	332	1373	1842
竹、藤家具制造	61	19	4	45	49
金属家具制造	1968	467	206	1678	1705
塑料家具制造	127	31	6	66	104
其他家具制造	1104	317	141	878	946
造纸和纸制品业	9475	1805	1356	6711	7591
纸浆制造	331	88	74	275	295
造纸	5569	837	741	3909	4477
纸制品制造	3575	880	541	2527	2818
印刷和记录媒介复制业	5503	1626	888	3602	4291
印刷	5057	1501	838	3245	3924
装订及印刷相关服务	425	114	38	344	348
记录媒介复制	21	11	12	13	19
文教、工美、体育和娱乐用品制造业	11181	3887	1586	7439	8924
文教办公用品制造	423	142	90	299	364
乐器制造	387	92	93	296	343
工艺美术及礼仪用品制造	3108	1189	487	1955	2378
体育用品制造	2194	758	233	1537	1837
玩具制造	4823	1633	625	3178	3809
游艺器材及娱乐用品制造	246	73	58	174	192
石油、煤炭及其他燃料加工业	1616	206	357	669	1106
精炼石油产品制造	701	132	208	319	472
煤炭加工	780	62	110	266	549
生物质燃料加工	135	12	39	84	85
化学原料和化学制品制造业	20009	5622	6182	14839	15748
基础化学原料制造	4484	1085	1309	3119	3364

1-B-6 续表 3

行业	R&D人员合计（人）	#女性	#研究人员	#全时人员	R&D人员折合全时当量（人年）
肥料制造	326	69	105	177	247
农药制造	1014	282	442	777	736
涂料、油墨、颜料及类似产品制造	4105	923	1157	2970	3381
合成材料制造	2759	469	855	2205	2289
专用化学产品制造	3657	1002	1113	2816	2913
炸药、火工及焰火产品制造	54	4	6	14	32
日用化学产品制造	3610	1788	1195	2761	2786
医药制造业	26494	13294	10843	20707	19650
化学药品原料药制造	5395	1928	1641	3851	4188
化学药品制剂制造	7527	4326	3422	6335	5736
中药饮片加工	340	292	146	257	265
中成药生产	3659	1872	1459	2696	2924
兽用药品制造	344	129	137	277	157
生物药品制品制造	7515	4032	3512	6093	4968
卫生材料及医药用品制造	1587	680	471	1101	1295
药用辅料及包装材料	127	35	55	97	117
化学纤维制造业	4614	1038	643	2913	3224
纤维素纤维原料及纤维制造	985	171	251	692	472
合成纤维制造	3545	861	366	2148	2700
橡胶和塑料制品业	25814	6215	4538	18744	20772
橡胶制品业	6407	1854	1514	5142	5436
塑料制品业	19407	4361	3024	13602	15336
非金属矿物制品业	13215	2281	2625	9073	9916
水泥、石灰和石膏制造	1447	195	154	491	720
石膏、水泥制品及类似制品制造	1139	177	232	781	858
砖瓦、石材等建筑材料制造	589	104	145	402	443
玻璃制造	4577	505	886	3506	3870
玻璃制品制造	2039	285	414	1543	1585
玻璃纤维和玻璃纤维增强塑料制品制造	895	377	153	617	742
陶瓷制品制造	1180	364	239	914	842
耐火材料制品制造	336	38	108	171	182
石墨及其他非金属矿物制品制造	1013	236	294	648	671

1-B-6　续表 4

行　　业	R&D 人员合计 (人)	#女性	#研究人员	#全时人员	R&D人员折合全时当量 (人年)
黑色金属冶炼和压延加工业	9479	802	1869	6201	7152
炼钢	346	42	90	102	247
钢压延加工	9033	753	1778	6094	6851
铁合金冶炼	100	7	1	5	54
有色金属冶炼和压延加工业	5372	820	970	3655	4048
常用有色金属冶炼	829	78	88	471	622
贵金属冶炼	439	91	54	392	439
稀有稀土金属冶炼	35	2	11	18	28
有色金属合金制造	413	39	94	243	307
有色金属压延加工	3656	610	723	2531	2652
金属制品业	19049	3164	3088	12840	14765
结构性金属制品制造	2165	337	413	1448	1726
金属工具制造	1819	285	372	1190	1380
集装箱及金属包装容器制造	1918	155	247	1017	1235
金属丝绳及其制品制造	1149	146	197	929	941
建筑、安全用金属制品制造	2530	471	300	1712	1994
金属表面处理及热处理加工	817	164	141	537	709
搪瓷制品制造	268	47	27	168	216
金属制日用品制造	3062	705	401	2073	2422
铸造及其他金属制品制造	5321	854	990	3766	4142
通用设备制造业	24762	4544	7413	18986	19983
锅炉及原动设备制造	985	229	341	620	789
金属加工机械制造	2435	258	839	1763	1962
物料搬运设备制造	3766	805	1028	3226	3503
泵、阀门、压缩机及类似机械制造	4158	677	1051	3014	3250
轴承、齿轮和传动部件制造	1156	198	186	867	869
烘炉、风机、包装等设备制造	6586	1311	2477	5329	4971
文化、办公用机械制造	1777	415	671	1322	1506
通用零部件制造	2517	458	386	1860	2016
其他通用设备制造业	1382	193	434	985	1116
专用设备制造业	26623	6233	8858	20155	20463
采矿、冶金、建筑专用设备制造	1455	278	562	1079	986

1-B-6 续表 5

行业	R&D人员合计(人)	#女性	#研究人员	#全时人员	R&D人员折合全时当量(人年)
化工、木材、非金属加工专用设备制造	6992	795	1853	5133	5570
食品、饮料、烟草及饲料生产专用设备制造	245	24	67	206	189
印刷、制药、日化及日用品生产专用设备制造	1038	139	292	684	797
纺织、服装和皮革加工专用设备制造	1002	157	282	607	784
电子和电工机械专用设备制造	2450	375	752	1879	1965
农、林、牧、渔专用机械制造	1638	314	558	1132	1408
医疗仪器设备及器械制造	10122	3864	3850	8102	7333
环保、邮政、社会公共服务及其他专用设备制造	1681	287	642	1333	1433
汽车制造业	71094	6539	29872	60694	63767
汽车整车制造	50449	3373	23857	45032	47510
汽车用发动机制造	2412	512	1324	2171	2092
改装汽车制造	259	22	116	226	202
汽车车身、挂车制造	48	7	18	42	44
汽车零部件及配件制造	17926	2625	4557	13223	13919
铁路、船舶、航空航天和其他运输设备制造业	6789	1433	2364	5365	5424
电气机械和器材制造业	48048	10166	11955	35480	38001
电机制造	6949	1038	2152	4754	6015
输配电及控制设备制造	9414	2041	2616	6816	7417
电线、电缆、光缆及电工器材制造	3499	894	591	2531	2689
电池制造	12460	2899	2992	9798	10147
家用电力器具制造	11817	2376	2820	8714	8589
非电力家用器具制造	323	68	33	144	293
照明器具制造	3443	828	731	2603	2737
其他电气机械及器材制造	143	22	20	120	114
计算机、通信和其他电子设备制造业	159545	37041	47336	130694	133251
计算机制造	25163	5625	8307	21184	21754
通信设备制造	39732	8936	12607	34589	35996
广播电视设备制造	2191	419	1014	1782	1890
非专业视听设备制造	6490	1708	1923	5256	5582
智能消费设备制造	9790	1911	4181	8581	8272
电子器件制造	39064	9693	10053	32102	30685
电子元件及电子专用材料制造	35343	8336	8753	25784	27549
其他电子设备制造	1772	413	498	1416	1521

1-B-6　续表 6

行　　业	R&D人员合计（人）	#女性	#研究人员	#全时人员	R&D人员折合全时当量（人年）
仪器仪表制造业	11385	2486	3723	7717	8897
通用仪器仪表制造	4084	867	1553	3138	3483
专用仪器仪表制造	429	81	141	333	334
钟表与计时仪器制造	1994	535	347	1551	1536
光学仪器制造	4580	927	1591	2481	3312
衡器制造	130	47	51	116	104
其他仪器仪表制造业	168	29	40	98	128
其他制造业	1559	373	164	998	1006
日用杂品制造	972	283	95	724	600
其他未列明制造业	587	90	69	274	405
废弃资源综合利用业	589	118	161	356	408
金属废料和碎屑加工处理	211	58	56	133	169
非金属废料和碎屑加工处理	378	60	105	223	239
金属制品、机械和设备修理业	1160	42	473	702	751
金属制品修理	1	1			1
专用设备修理	30	1	9	27	27
铁路、船舶、航空航天等运输设备修理	1115	38	462	664	711
其他机械和设备修理业	14	2	2	11	13
电力、热力、燃气及水生产和供应业	**6519**	**1060**	**2500**	**2873**	**4176**
电力、热力生产和供应业	2898	204	1178	1230	1552
电力生产	2711	178	1125	1064	1407
电力供应	23	3	13	21	14
热力生产和供应	164	23	40	145	131
燃气生产和供应业	2741	581	991	1148	2026
燃气生产和供应业	2741	581	991	1148	2026
水的生产和供应业	880	275	331	495	597
自来水生产和供应	508	175	156	338	368
污水处理及其再生利用	332	90	154	138	200
其他水的处理、利用与分配	40	10	21	19	29

1-B-7　分行业外商投资企业R&D人员情况

行　业	R&D人员合计(人)	#女性	#研究人员	#全时人员	R&D人员折合全时当量(人年)
总　计	**495508**	**117433**	**157141**	**354990**	**379840**
采矿业	**2183**	**164**	**492**	**617**	**1045**
煤炭开采和洗选业	1448	32	150		449
烟煤和无烟煤开采洗选	1448	32	150		449
石油和天然气开采业	375	94	213	338	285
石油开采	375	94	213	338	285
黑色金属矿采选业	7	1	1	4	3
铁矿采选	7	1	1	4	3
有色金属矿采选业	189	12	86	127	163
常用有色金属矿采选	144	8	82	89	126
贵金属矿采选	45	4	4	38	37
非金属矿采选业	130	21	23	117	116
土砂石开采	87	12	9	79	77
采盐	4	1	2	4	1
石棉及其他非金属矿采选	39	8	12	34	38
开采专业及辅助性活动	34	4	19	31	28
石油和天然气开采专业及辅助性活动	34	4	19	31	28
制造业	**488870**	**116607**	**155237**	**351997**	**375632**
农副食品加工业	8454	2337	1477	3622	5941
谷物磨制	119	49	45	84	82
饲料加工	1419	434	421	1004	970
植物油加工	179	78	76	143	123
制糖业	9	3	3	8	2
屠宰及肉类加工	4796	1056	479	1019	3207
水产品加工	689	298	149	474	501
蔬菜、菌类、水果和坚果加工	458	200	120	318	379
其他农副食品加工	785	219	184	572	677
食品制造业	9619	3698	1774	4347	5763
焙烤食品制造	1971	808	120	407	850

1-B-7　续表 1

行　业	R&D人员合计(人)	#女性	#研究人员	#全时人员	R&D人员折合全时当量(人年)
糖果、巧克力及蜜饯制造	682	280	71	146	344
方便食品制造	2088	645	290	876	1108
乳制品制造	1965	809	295	805	1160
罐头食品制造	171	64	37	89	121
调味品、发酵制品制造	1163	415	429	837	898
其他食品制造	1579	677	532	1187	1282
酒、饮料和精制茶制造业	4016	793	881	1568	1929
酒的制造	1115	328	287	481	708
饮料制造	2901	465	594	1087	1221
纺织业	6430	2551	964	4245	4431
棉纺织及印染精加工	3217	1244	448	2355	2005
毛纺织及染整精加工	292	160	34	234	191
丝绢纺织及印染精加工	146	90	24	27	123
化纤织造及印染精加工	740	218	96	374	484
针织或钩针编织物及其制品制造	240	135	23	134	213
家用纺织制成品制造	851	379	125	494	656
产业用纺织制成品制造	944	325	214	627	760
纺织服装、服饰业	4790	2697	637	3434	3591
机织服装制造	2473	1443	340	1993	1730
针织或钩针编织服装制造	1615	913	209	1152	1259
服饰制造	702	341	88	289	602
皮革、毛皮、羽毛及其制品和制鞋业	5337	2502	534	4226	4168
皮革鞣制加工	115	18	28	93	82
皮革制品制造	990	346	131	601	744
毛皮鞣制及制品加工	3	2	1		3
羽毛(绒)加工及制品制造	8	2	2	6	6
制鞋业	4221	2134	372	3526	3333
木材加工和木、竹、藤、棕、草制品业	469	115	109	291	335
木材加工	13	5	6	11	12
人造板制造	180	46	51	78	128
木质制品制造	211	39	37	144	173
竹、藤、棕、草等制品制造	65	25	15	58	22

1-B-7 续表 2

行业	R&D人员合计(人)	#女性	#研究人员	#全时人员	R&D人员折合全时当量(人年)
家具制造业	2661	904	433	1904	2197
木质家具制造	614	217	108	348	514
金属家具制造	767	213	113	562	665
塑料家具制造	18	9	1	14	17
其他家具制造	1262	465	211	980	1002
造纸和纸制品业	3969	890	766	2652	2747
纸浆制造	59	17	8	35	54
造纸	2405	473	535	1742	1653
纸制品制造	1505	400	223	875	1040
印刷和记录媒介复制业	1816	585	403	1079	1069
印刷	1799	576	400	1075	1051
装订及印刷相关服务	17	9	3	4	18
文教、工美、体育和娱乐用品制造业	4468	1293	838	3140	3511
文教办公用品制造	294	88	65	195	196
乐器制造	177	66	32	115	154
工艺美术及礼仪用品制造	1481	404	258	926	1101
体育用品制造	1398	409	225	1009	1142
玩具制造	803	267	161	626	698
游艺器材及娱乐用品制造	315	59	97	269	220
石油、煤炭及其他燃料加工业	1235	313	358	239	1010
精炼石油产品制造	1058	281	321	196	897
煤炭加工	177	32	37	43	113
化学原料和化学制品制造业	19353	5315	6545	13058	14599
基础化学原料制造	3275	686	1010	2195	2425
肥料制造	1259	272	348	358	1018
农药制造	1460	435	479	917	1077
涂料、油墨、颜料及类似产品制造	2614	429	929	2002	2084
合成材料制造	4024	883	1350	2639	2872
专用化学产品制造	4248	1196	1609	3019	3255
炸药、火工及焰火产品制造	16	7	3	14	13
日用化学产品制造	2457	1407	817	1914	1855

1-B-7　续表 3

行　　业	R&D人员合计(人)	#女性	#研究人员	#全时人员	R&D人员折合全时当量(人年)
医药制造业	16620	8887	7568	13629	13517
化学药品原料药制造	2302	964	1075	1899	1865
化学药品制剂制造	4574	2654	2010	3612	3511
中药饮片加工	93	52	42	64	80
中成药生产	755	470	324	568	590
兽用药品制造	572	230	273	338	397
生物药品制品制造	6090	3558	3059	5314	5350
卫生材料及医药用品制造	1687	786	628	1441	1253
药用辅料及包装材料	547	173	157	393	471
化学纤维制造业	2751	885	324	1303	1629
纤维素纤维原料及纤维制造	464	69	81	414	193
合成纤维制造	2191	796	224	805	1352
生物基材料制造	96	20	19	84	84
橡胶和塑料制品业	13353	3111	3180	9161	10384
橡胶制品业	4873	1100	1442	3402	3739
塑料制品业	8480	2011	1738	5759	6645
非金属矿物制品业	8379	1845	1911	4542	6066
水泥、石灰和石膏制造	756	69	147	175	427
石膏、水泥制品及类似制品制造	354	60	47	203	286
砖瓦、石材等建筑材料制造	444	81	112	295	346
玻璃制造	1491	172	513	826	1269
玻璃制品制造	1219	259	185	687	772
玻璃纤维和玻璃纤维增强塑料制品制造	480	107	124	257	365
陶瓷制品制造	1456	699	255	1081	1057
耐火材料制品制造	737	141	196	407	576
石墨及其他非金属矿物制品制造	1442	257	332	611	968
黑色金属冶炼和压延加工业	4359	382	1059	1567	2533
炼钢	767	65	141	207	355
钢压延加工	3306	249	851	1263	2063
铁合金冶炼	286	68	67	97	116

1-B-7 续表 4

行　业	R&D人员合计（人）	#女性	#研究人员	#全时人员	R&D人员折合全时当量（人年）
有色金属冶炼和压延加工业	5143	1049	1653	3437	3211
常用有色金属冶炼	1095	162	399	619	718
贵金属冶炼	171	8	54	5	30
稀有稀土金属冶炼	202	23	50	145	172
有色金属合金制造	654	102	236	506	511
有色金属压延加工	3021	754	914	2162	1780
金属制品业	13927	2525	3210	9339	10502
结构性金属制品制造	1721	392	424	1189	1345
金属工具制造	667	156	162	451	529
集装箱及金属包装容器制造	2200	258	578	1180	1524
金属丝绳及其制品制造	665	125	149	526	409
建筑、安全用金属制品制造	1939	348	471	1548	1526
金属表面处理及热处理加工	754	151	219	537	555
搪瓷制品制造	9	1	2	8	9
金属制日用品制造	991	324	158	618	850
铸造及其他金属制品制造	4981	770	1047	3282	3754
通用设备制造业	46210	7537	15707	33346	36291
锅炉及原动设备制造	4941	881	2220	3159	3812
金属加工机械制造	4128	497	1324	3164	3166
物料搬运设备制造	8108	1008	3140	5691	6363
泵、阀门、压缩机及类似机械制造	10548	1949	3408	8018	8391
轴承、齿轮和传动部件制造	3042	563	796	1907	2213
烘炉、风机、包装等设备制造	5822	1123	2088	4412	4565
文化、办公用机械制造	2368	571	608	1705	1924
通用零部件制造	3474	588	633	2300	2767
其他通用设备制造业	3779	357	1490	2990	3090
专用设备制造业	32342	7025	11736	25190	25398
采矿、冶金、建筑专用设备制造	6412	904	2632	4892	5402
化工、木材、非金属加工专用设备制造	4537	721	1093	3329	3635
食品、饮料、烟草及饲料生产专用设备制造	281	32	54	221	255
印刷、制药、日化及日用品生产专用设备制造	1165	157	369	756	910

1-B-7　续表 5

行　业	R&D 人员合计 (人)				R&D人员折合全时当量 (人年)
		#女性	#研究人员	#全时人员	
纺织、服装和皮革加工专用设备制造	1264	200	325	972	1038
电子和电工机械专用设备制造	3687	578	1511	2975	2875
农、林、牧、渔专用机械制造	678	86	221	484	589
医疗仪器设备及器械制造	10181	3562	3963	8225	7388
环保、邮政、社会公共服务及其他专用设备制造	4137	785	1568	3336	3308
汽车制造业	94079	16435	33342	71146	70031
汽车整车制造	32280	5609	12547	26140	24486
汽车用发动机制造	1916	229	712	1127	1478
改装汽车制造	540	64	214	436	406
低速汽车制造	15	2	8	14	15
汽车车身、挂车制造	888	91	379	591	612
汽车零部件及配件制造	58440	10440	19482	42838	43034
铁路、船舶、航空航天和其他运输设备制造业	9210	1650	2918	6780	7233
电气机械和器材制造业	39650	9413	13187	28510	31068
电机制造	5351	1088	1614	3646	3943
输配电及控制设备制造	12322	3040	4210	8738	9398
电线、电缆、光缆及电工器材制造	4701	1201	1490	3687	3043
电池制造	3547	693	1112	2630	3109
家用电力器具制造	9075	2153	3388	6908	8046
非电力家用器具制造	565	120	195	319	440
照明器具制造	3723	1039	1082	2326	2780
其他电气机械及器材制造	366	79	96	256	310
计算机、通信和其他电子设备制造业	116330	29332	38381	90420	95584
计算机制造	12378	3821	3761	10107	9084
通信设备制造	24381	3700	8708	19545	21955
广播电视设备制造	1267	320	492	1081	978
雷达及配套设备制造	42	12	20	38	19
非专业视听设备制造	4710	1066	1633	3715	3695
智能消费设备制造	8608	2309	3861	7431	7420
电子器件制造	29979	8082	11363	23229	25436

1-B-7 续表 6

行业	R&D人员合计（人）	#女性	#研究人员	#全时人员	R&D人员折合全时当量（人年）
电子元件及电子专用材料制造	32014	9401	7461	23108	24812
其他电子设备制造	2951	621	1082	2166	2186
仪器仪表制造业	10742	1935	4173	7893	8651
通用仪器仪表制造	6040	1160	2541	4233	4642
专用仪器仪表制造	3552	537	1338	2705	3043
钟表与计时仪器制造	41	7	3	37	39
光学仪器制造	908	207	232	760	752
衡器制造	148	14	48	110	132
其他仪器仪表制造业	53	10	11	48	42
其他制造业	1972	451	721	1614	1533
日用杂品制造	1632	405	592	1358	1266
其他未列明制造业	340	46	129	256	267
废弃资源综合利用业	115	30	47	97	83
金属废料和碎屑加工处理	52	18	19	43	45
非金属废料和碎屑加工处理	63	12	28	54	39
金属制品、机械和设备修理业	1071	122	401	218	624
金属制品修理	6	1		5	5
专用设备修理	8	1	4	6	4
铁路、船舶、航空航天等运输设备修理	979	117	370	201	593
其他机械和设备修理业	78	3	27	6	22
电力、热力、燃气及水生产和供应业	**4455**	**662**	**1412**	**2376**	**3163**
电力、热力生产和供应业	1105	84	433	525	818
电力生产	1059	75	418	498	779
热力生产和供应	46	9	15	27	38
燃气生产和供应业	2856	455	811	1532	2056
燃气生产和供应业	2856	455	811	1532	2056
水的生产和供应业	494	123	168	319	290
自来水生产和供应	350	79	125	255	183
污水处理及其再生利用	144	44	43	64	107

1-B-8　各地区企业R&D人员情况

地　区	R&D人员合计(人)	#女性	#研究人员	#全时人员	R&D人员折合全时当量(人年)
全　国	**6396445**	**1428213**	**1784759**	**4465358**	**4816705**
北　京	82701	24095	36484	61264	59993
天　津	75301	17868	26931	54146	56539
河　北	191158	40011	48446	127844	128602
山　西	69757	10173	16605	32491	42266
内 蒙 古	43778	7311	11490	17223	26554
辽　宁	101996	23836	36695	65868	67329
吉　林	22990	6600	10594	17897	16859
黑 龙 江	32031	7752	12406	20992	21864
上　海	145569	34843	57283	112989	112518
江　苏	922637	213035	270495	658166	721248
浙　江	819375	187798	172645	529592	651025
安　徽	260320	52250	72795	174666	196251
福　建	272482	69532	70753	208379	211921
江　西	162045	37712	35108	114395	126157
山　东	572787	136594	146783	403163	444404
河　南	259348	58057	71189	178128	182729
湖　北	252552	55266	77574	176812	183963
湖　南	283412	62120	85696	206063	209066
广　东	1173248	239846	318972	897175	920359
广　西	55904	12798	13836	31282	33516
海　南	8858	3028	2664	5531	5700
重　庆	122590	27633	39121	89336	86802
四　川	183984	41941	60570	128049	128074
贵　州	45843	10197	13060	23735	27878
云　南	55700	11798	13618	28067	37271
西　藏	376	101	118	149	236
陕　西	97547	20124	39360	67981	71868
甘　肃	26372	5593	9049	13480	17229
青　海	4368	827	1464	2041	2137
宁　夏	21715	4294	5592	8501	12038
新　疆	29701	5180	7363	9953	14308

1−B−9　各地区大中型企业R&D人员情况

地　区	R&D人员合计（人）	#女性	#研究人员	#全时人员	R&D人员折合全时当量（人年）
全　国	**3895153**	**854910**	**1192484**	**2728857**	**2943115**
北　京	60968	18276	27518	44183	44165
天　津	49985	11924	18680	35018	37988
河　北	124510	24063	34755	83463	83658
山　西	59013	8041	14117	25745	35583
内蒙古	36788	5964	9938	14382	22555
辽　宁	64239	15121	25527	40769	41823
吉　林	18451	5188	8996	14506	13774
黑龙江	22075	5067	9525	14265	14801
上　海	93752	23645	40139	73800	74275
江　苏	496348	114883	154448	357007	391822
浙　江	434125	100006	108618	286457	342112
安　徽	153373	28329	47113	102564	115125
福　建	169200	43701	48029	131530	132396
江　西	90655	20690	20846	63300	69689
山　东	327345	77261	93673	232506	257609
河　南	158082	33531	45890	106770	112935
湖　北	145852	31612	48495	103680	106292
湖　南	135971	28859	42897	101088	102516
广　东	815935	165675	243137	623803	648966
广　西	38660	8212	10675	21510	22052
海　南	5916	2184	1931	3497	3592
重　庆	79877	17957	28084	60408	57220
四　川	118514	27314	42512	83909	84175
贵　州	31437	6776	9553	15669	19069
云　南	35169	6856	9210	16992	23209
西　藏	291	65	89	79	179
陕　西	69613	13202	30033	48809	52990
甘　肃	18403	3675	6938	9148	12331
青　海	3598	658	1236	1648	1760
宁　夏	13591	2292	3755	5076	7399
新　疆	23417	3883	6127	7276	11056

1-B-10　各地区内资企业R&D人员情况

地　区	R&D人员合计(人)	#女性	#研究人员	#全时人员	R&D人员折合全时当量(人年)
全　国	**5329028**	**1176103**	**1467125**	**3678803**	**3978276**
北　京	62560	17257	27283	45728	43640
天　津	62034	14282	22415	45082	46762
河　北	157777	34210	36802	102346	104785
山　西	67539	9979	16288	32073	41278
内蒙古	40826	6690	10834	15660	24710
辽　宁	84473	19387	30680	53668	56240
吉　林	18033	5446	8109	13574	12961
黑龙江	31435	7598	12179	20604	21504
上　海	91015	21235	33843	69949	69184
江　苏	711233	158739	204196	502212	554550
浙　江	702579	160027	138170	448998	555092
安　徽	238132	46712	65236	157717	179432
福　建	213462	53653	56335	163123	165661
江　西	143892	32833	30174	100538	111603
山　东	508040	119022	127625	356719	394105
河　南	243318	54487	67312	169623	171462
湖　北	226507	50650	69053	156800	164024
湖　南	255473	56048	77880	183401	187388
广　东	866820	175445	242002	667077	672294
广　西	47657	11154	11603	25805	27538
海　南	8007	2779	2448	5103	5111
重　庆	105681	23701	33637	76095	74517
四　川	172235	39099	57257	119736	119758
贵　州	43995	9893	12643	22910	26848
云　南	53738	11373	13142	27093	35952
西　藏	376	101	118	149	236
陕　西	92187	18606	37093	64039	67443
甘　肃	26097	5566	8970	13303	17039
青　海	4368	827	1464	2041	2137
宁　夏	20628	4212	5164	7796	11262
新　疆	28911	5092	7170	9841	13760

1-B-11 各地区港澳台投资企业R&D人员情况

地区	R&D人员合计(人)	#女性	#研究人员	#全时人员	R&D人员折合全时当量(人年)
全国	**571909**	**134677**	**160493**	**431565**	**458589**
北京	8966	3331	4487	7503	7431
天津	5404	1337	1650	3662	4156
河北	21498	3438	8236	17793	16073
山西	407	119	85	276	304
内蒙古	1930	264	360	1016	1331
辽宁	5148	1663	1928	3887	3188
吉林	573	109	136	444	350
黑龙江	373	124	134	265	268
上海	15733	4328	6383	12719	12911
江苏	91154	23692	28521	67576	71839
浙江	61265	14952	17874	43883	50704
安徽	10690	3019	3552	8044	7802
福建	37675	10361	8601	29706	30179
江西	6725	2131	1086	4795	5241
山东	30395	7637	8579	21003	23808
河南	5695	1417	1628	3995	3956
湖北	11965	1948	3359	9385	9326
湖南	21840	4647	5938	18460	17281
广东	211992	45435	51742	161669	176422
广西	2030	494	239	951	1204
海南	494	139	128	253	304
重庆	8769	1989	2549	6998	6701
四川	6583	1309	1989	4686	4684
贵州	1290	125	218	547	740
云南	1285	276	349	716	909
西藏					
陕西	1162	336	420	753	856
甘肃	175	17	34	91	113
青海					
宁夏	606	25	261	440	469
新疆	87	15	27	49	38

1-B-12　各地区外商投资企业R&D人员情况

地　区	R&D人员合计(人)	#女性	#研究人员	#全时人员	R&D人员折合全时当量(人年)
全　国	**495508**	**117433**	**157141**	**354990**	**379840**
北　京	11175	3507	4714	8033	8923
天　津	7863	2249	2866	5402	5621
河　北	11883	2363	3408	7705	7745
山　西	1811	75	232	142	684
内蒙古	1022	357	296	547	512
辽　宁	12375	2786	4087	8313	7901
吉　林	4384	1045	2349	3879	3548
黑龙江	223	30	93	123	92
上　海	38821	9280	17057	30321	30423
江　苏	120250	30604	37778	88378	94859
浙　江	55531	12819	16601	36711	45229
安　徽	11498	2519	4007	8905	9017
福　建	21345	5518	5817	15550	16080
江　西	11428	2748	3848	9062	9313
山　东	34352	9935	10579	25441	26491
河　南	10335	2153	2249	4510	7311
湖　北	14080	2668	5162	10627	10613
湖　南	6099	1425	1878	4202	4397
广　东	94436	18966	25228	68429	71644
广　西	6217	1150	1994	4526	4774
海　南	357	110	88	175	284
重　庆	8140	1943	2935	6243	5583
四　川	5166	1533	1324	3627	3632
贵　州	558	179	199	278	290
云　南	677	149	127	258	409
西　藏					
陕　西	4198	1182	1847	3189	3569
甘　肃	100	10	45	86	77
青　海					
宁　夏	481	57	167	265	307
新　疆	703	73	166	63	510

C.企业R&D经费支出情况

1.R&D经费内部支出情况

1－C－1.1 分登记注册统计类别企业R&D经费内部支出情况

单位：万元

登记注册统计类别	R&D经费内部支出	日常性支出	#人员劳务费	资产性支出	#仪器和设备	#政府资金	#企业资金
总　计	**209698997**	**194427867**	**66572134**	**15271130**	**14912204**	**4016788**	**205166436**
内资企业	**172123465**	**159065089**	**52335807**	**13058376**	**12763861**	**3664947**	**168200852**
有限责任公司	132458049	122163392	38464639	10294658	10076858	2839058	129418441
股份有限公司	38281464	35621814	13484622	2659650	2588601	805204	37423683
非公司企业法人	974247	884564	306192	89683	84823	19779	951528
个人独资企业	333126	321992	60917	11133	10631	839	330687
合伙企业	75828	72580	18947	3248	2948	68	75760
其他内资企业	752	748	490	4			752
港澳台投资企业	**18361276**	**17226377**	**6952340**	**1134899**	**1097262**	**132919**	**18114544**
港澳台投资有限责任公司	13294223	12326926	4970759	967297	937962	63328	13120539
港澳台投资股份有限公司	4553088	4400579	1798884	152509	144945	68293	4482984
港澳台投资合伙企业	249243	238514	112208	10729	10072	952	248291
其他港澳台投资企业	264722	260358	70489	4364	4284	346	262730
外商投资企业	**19214256**	**18136401**	**7283988**	**1077855**	**1051081**	**218922**	**18851040**
外商投资有限责任公司	14904762	14104920	5727252	799843	778528	102069	14679622
外商投资股份有限公司	3611038	3391094	1321962	219944	214600	100426	3490026
外商投资合伙企业	365962	330439	163956	35522	35450	665	364765
其他外商投资企业	332495	309948	70818	22546	22504	15762	316627

1-C-1.2　分登记注册统计类别大中型企业R&D经费内部支出情况

单位：万元

登记注册统计类别	R&D经费内部支出	日常性支出	#人员劳务费	资产性支出	#仪器和设备	#政府资金	#企业资金
总　计	**149458752**	**138283006**	**49092456**	**11175746**	**10917918**	**3303995**	**145745516**
内资企业	**117222066**	**107866241**	**36877642**	**9355824**	**9153364**	**3024333**	**114018960**
有限责任公司	83746883	76763534	25118614	6983349	6848803	2309182	81307248
股份有限公司	32564838	30282371	11476234	2282468	2219439	697173	31821289
非公司企业法人	854300	768518	269663	85782	81156	17678	834679
个人独资企业	39627	36591	7064	3035	3007	300	39327
合伙企业	16418	15228	6068	1190	960		16418
其他内资企业							
港澳台投资企业	**15995782**	**15031625**	**6132682**	**964157**	**931486**	**113605**	**15775042**
港澳台投资有限责任公司	11305534	10488599	4298813	816935	792363	51819	11148226
港澳台投资股份有限公司	4230817	4096515	1672415	134302	126907	60579	4170239
港澳台投资合伙企业	219601	210228	101206	9373	8731	940	218662
其他港澳台投资企业	239829	236283	60248	3546	3484	267	237916
外商投资企业	**16240904**	**15385140**	**6082132**	**855765**	**833068**	**166057**	**15951514**
外商投资有限责任公司	12362151	11746704	4698876	615447	597425	75810	12184197
外商投资股份有限公司	3282227	3090473	1186580	191754	187188	89143	3172533
外商投资合伙企业	302362	275929	139794	26433	26361	354	301476
其他外商投资企业	294164	272033	56883	22131	22094	750	293308

1-C-1.3 分行业企业R&D

行业	R&D经费内部支出	日常性支出	#人员劳务费
总计	**209698997**	**194427867**	**66572134**
采矿业	**5185097**	**4914526**	**1715956**
煤炭开采和洗选业	2206325	2024606	804825
烟煤和无烟煤开采洗选	2182584	2001201	798007
褐煤开采洗选	19275	19180	5859
其他煤炭采选	4466	4225	960
石油和天然气开采业	1375573	1358332	546431
石油开采	989563	975287	452844
天然气开采	386010	383045	93587
黑色金属矿采选业	451033	420171	69556
铁矿采选	447477	416772	69313
锰矿、铬矿采选	3555	3398	242
其他黑色金属矿采选	1	1	1
有色金属矿采选业	386433	376493	93496
常用有色金属矿采选	165481	162215	43685
贵金属矿采选	118620	113129	31007
稀有稀土金属矿采选	102331	101150	18805
非金属矿采选业	293974	282513	65374
土砂石开采	150867	143820	30044
化学矿开采	70983	68785	15354
采盐	41978	41148	13648
石棉及其他非金属矿采选	30146	28760	6328
开采专业及辅助性活动	470752	451412	136088
石油和天然气开采专业及辅助性活动	470383	451042	135914
其他开采专业及辅助性活动	369	369	174
其他采矿业	1008	999	186
其他采矿业	1008	999	186
制造业	**201079062**	**186429639**	**63882362**
农副食品加工业	3165903	3000709	581232
谷物磨制	305908	284387	41616
饲料加工	985445	941083	189674
植物油加工	236073	226469	27020
制糖业	48547	43430	7859

经费内部支出情况

单位：万元

资产性支出	#仪器和设备	#政府资金	#企业资金
15271130	**14912204**	**4016788**	**205166436**
270571	**261777**	**22649**	**5158178**
181718	178711	6205	2198491
181384	178414	5584	2175371
94	62	621	18654
241	235		4466
17242	12826	9177	1366263
14276	9998	5107	984323
2965	2828	4070	381940
30862	30507	686	450348
30705	30367	686	446792
157	140		3555
			1
9939	9573	2330	384103
3266	3146	1334	164148
5491	5300	34	118586
1182	1127	962	101370
11461	11005	2052	290067
7048	6841	664	148349
2198	2082	932	70051
830	758	232	41746
1386	1325	224	29922
19340	19147	2200	467898
19340	19147	2200	467528
			369
9	9		1008
9	9		1008
14649423	**14314667**	**3967590**	**196606203**
165194	160157	31603	3131575
21520	20881	2016	303769
44362	43175	13941	969859
9604	8871	2425	233469
5117	5102	250	48297

1-C-1.3 续表 1

行业	R&D经费内部支出	日常性支出	#人员劳务费
屠宰及肉类加工	578991	547676	133653
水产品加工	231242	216950	47564
蔬菜、菌类、水果和坚果加工	259138	245401	51896
其他农副食品加工	520560	495312	81950
食品制造业	1868130	1768695	540344
焙烤食品制造	197300	188041	67743
糖果、巧克力及蜜饯制造	88050	84168	23284
方便食品制造	171851	161004	50069
乳制品制造	197199	185419	67649
罐头食品制造	86039	80861	23149
调味品、发酵制品制造	358073	345957	97203
其他食品制造	769619	723245	211246
酒、饮料和精制茶制造业	872397	813363	234692
酒的制造	598026	561978	161211
饮料制造	228556	207200	61352
精制茶加工	45816	44185	12129
烟草制品业	363548	319924	200757
烟叶复烤	3598	3465	2274
卷烟制造	339342	297558	186144
其他烟草制品制造	20608	18901	12340
纺织业	2812582	2609480	781632
棉纺织及印染精加工	1469260	1354594	387428
毛纺织及染整精加工	99327	93230	29236
麻纺织及染整精加工	27926	26763	7608
丝绢纺织及印染精加工	50383	47652	12569
化纤织造及印染精加工	343508	312454	103170
针织或钩针编织物及其制品制造	195706	187979	53197
家用纺织制成品制造	201109	194138	60971
产业用纺织制成品制造	425362	392669	127452
纺织服装、服饰业	1015887	984619	374340
机织服装制造	519670	506409	201010
针织或钩针编织服装制造	374317	364424	134239
服饰制造	121899	113787	39091
皮革、毛皮、羽毛及其制品和制鞋业	1044149	1019611	355114
皮革鞣制加工	67166	64337	16776

单位：万元

资产性支出	#仪器和设备	#政府资金	#企业资金
31315	30551	4762	574052
14291	13911	1606	229636
13737	13199	3267	255729
25248	24468	3336	516764
99435	97730	25530	1841890
9259	9130	546	196569
3882	3763	639	87385
10847	10674	2132	169719
11780	11608	6515	190646
5178	4986	1752	84267
12115	11914	3250	354698
46374	45655	10696	758606
59034	56393	12096	859288
36047	33912	8231	589052
21356	21014	2673	225688
1631	1467	1192	44548
43624	42976	1247	359089
132	132		3558
41785	41325	1075	335095
1707	1519	172	20436
203102	197756	11293	2798715
114666	112208	4527	1463186
6097	5900	372	98955
1164	1160	10	27916
2730	2712	319	49763
31054	29852	975	342533
7727	7361	237	194915
6971	6824	794	200225
32693	31740	4059	421222
31267	30223	7508	1007564
13261	12676	1967	517559
9893	9605	5023	368793
8113	7943	519	121213
24538	22756	3436	1039944
2829	2737	180	66830

1-C-1.3 续表 2

行业	R&D经费内部支出	日常性支出	#人员劳务费
皮革制品制造	189554	184795	57319
毛皮鞣制及制品加工	25201	24753	10320
羽毛(绒)加工及制品制造	35019	34320	6192
制鞋业	727209	711406	264508
木材加工和木、竹、藤、棕、草制品业	849720	799523	175005
木材加工	80610	75737	14375
人造板制造	514528	487786	100119
木质制品制造	185078	170120	48098
竹、藤、棕、草等制品制造	69504	65881	12413
家具制造业	947892	902788	353408
木质家具制造	500220	469018	180771
竹、藤家具制造	12245	11622	2664
金属家具制造	263011	253571	104288
塑料家具制造	15934	15287	4630
其他家具制造	156484	153290	61055
造纸和纸制品业	1793057	1684604	335614
纸浆制造	52165	50144	7283
造纸	1106005	1058109	172836
纸制品制造	634887	576351	155495
印刷和记录媒介复制业	929706	842085	312608
印刷	897811	811222	297343
装订及印刷相关服务	30275	29265	14691
记录媒介复制	1620	1598	574
文教、工美、体育和娱乐用品制造业	1208160	1154516	385352
文教办公用品制造	129942	124084	49778
乐器制造	28896	25095	12088
工艺美术及礼仪用品制造	521081	499417	156108
体育用品制造	254895	249231	74940
玩具制造	188187	179168	64405
游艺器材及娱乐用品制造	85159	77522	28033
石油、煤炭及其他燃料加工业	1914042	1807890	255664
精炼石油产品制造	1168115	1082252	163155
煤炭加工	666660	654026	78524
核燃料加工	40654	36250	7576
生物质燃料加工	38613	35362	6409

单位：万元

资产性支出	#仪器和设备	#政府资金	#企业资金
4759	4523	803	188633
448	327	18	25183
699	669	2	35017
15803	14500	2434	724281
50198	47880	5642	839722
4874	4192	947	79499
26743	25892	3643	506735
14958	14440	532	184504
3623	3357	520	68984
45104	44211	3687	943670
31202	30622	2399	497386
623	620	571	11674
9439	9265	363	262603
647	613	20	15914
3193	3091	335	156092
108453	106483	7036	1784600
2020	1973	60	52105
47897	46739	5010	1099609
58536	57772	1965	632886
87622	85644	6292	922505
86589	84705	5278	891623
1010	917	347	29928
22	22	667	953
53645	52109	7445	1198712
5859	5809	325	129429
3802	3745	181	28715
21664	20965	1886	518218
5664	5408	1101	253282
9019	8662	2971	184892
7637	7520	981	84178
106152	95637	11571	1902351
85863	75848	5658	1162457
12634	12192	4311	662254
4404	4401	1402	39227
3251	3196	200	38413

1-C-1.3 续表 3

行　　业	R&D经费内部支出	日常性支出	#人员劳务费
化学原料和化学制品制造业	12162533	11260444	2748575
基础化学原料制造	4169833	3916458	696153
肥料制造	1104777	1034509	186755
农药制造	609837	571288	162913
涂料、油墨、颜料及类似产品制造	982983	936258	324227
合成材料制造	2339480	2051807	520339
专用化学产品制造	2210382	2044871	606063
炸药、火工及焰火产品制造	242883	224332	62264
日用化学产品制造	502358	480921	189862
医药制造业	10963162	10075501	2978598
化学药品原料药制造	1348033	1214548	468947
化学药品制剂制造	3669235	3462805	926804
中药饮片加工	358547	338583	76070
中成药生产	1204168	1141124	379274
兽用药品制造	190773	173924	74635
生物药品制品制造	3576026	3182403	836865
卫生材料及医药用品制造	502519	457991	172849
药用辅料及包装材料	113860	104123	43154
化学纤维制造业	1721998	1583635	349765
纤维素纤维原料及纤维制造	229874	212304	42633
合成纤维制造	1407446	1293951	288161
生物基材料制造	84678	77380	18971
橡胶和塑料制品业	5332732	4983260	1607678
橡胶制品业	1577484	1475871	467305
塑料制品业	3755248	3507389	1140373
非金属矿物制品业	7240261	6615966	1639186
水泥、石灰和石膏制造	1087784	951647	178346
石膏、水泥制品及类似制品制造	1262604	1192212	272294
砖瓦、石材等建筑材料制造	731859	686512	161105
玻璃制造	629788	540714	163566
玻璃制品制造	556883	504655	145523
玻璃纤维和玻璃纤维增强塑料制品制造	392910	344316	104277
陶瓷制品制造	756714	706493	241799
耐火材料制品制造	391242	376058	100501
石墨及其他非金属矿物制品制造	1430477	1313360	271776

单位：万元

资产性支出	#仪器和设备	#政府资金	#企业资金
902090	868136	177590	11959600
253375	240494	36817	4131184
70268	68955	13096	1076067
38549	37897	6471	601546
46725	44913	19695	962019
287674	276700	34142	2305155
165511	160960	35011	2170838
18552	17642	21654	221230
21437	20575	10704	491561
887661	873808	177770	10721914
133485	131701	13765	1333673
206430	203230	50641	3601274
19965	19387	4598	353775
63045	61637	30980	1173003
16850	16118	6427	184346
393623	388935	63979	3473981
44528	43560	6798	488836
9736	9240	581	113027
138363	137014	20829	1699217
17570	17348	807	229067
113496	112447	18867	1386627
7298	7219	1156	83523
349472	341575	36138	5289216
101613	98703	12645	1559489
247859	242872	23494	3729727
624295	610494	56808	7178349
136137	133532	4288	1083043
70392	67693	5341	1256314
45347	43955	3671	726500
89074	87212	4090	625264
52228	51601	4989	551531
48594	47601	8602	384276
50221	48803	5995	750597
15184	14568	2202	388926
117117	115529	17631	1411899

1-C-1.3 续表 4

行业	R&D经费内部支出	日常性支出	#人员劳务费
黑色金属冶炼和压延加工业	9678563	9332528	883554
炼铁	86145	84170	10158
炼钢	1128768	1074976	92531
钢压延加工	8193223	7909780	750364
铁合金冶炼	270428	263602	30501
有色金属冶炼和压延加工业	6423964	6166638	804307
常用有色金属冶炼	2055158	1987999	248460
贵金属冶炼	614363	602181	57871
稀有稀土金属冶炼	345704	324679	39502
有色金属合金制造	515775	473594	99866
有色金属压延加工	2889997	2775219	358083
金属制品业	7231794	6776676	1906396
结构性金属制品制造	2134869	2032105	515892
金属工具制造	378656	335453	131166
集装箱及金属包装容器制造	592506	554714	174210
金属丝绳及其制品制造	467681	434200	91407
建筑、安全用金属制品制造	560918	537168	175672
金属表面处理及热处理加工	467748	449965	100590
搪瓷制品制造	24938	23801	6794
金属制日用品制造	335505	319657	114049
铸造及其他金属制品制造	2268974	2089613	596616
通用设备制造业	12189227	11330406	4592685
锅炉及原动设备制造	1334830	1244291	505366
金属加工机械制造	1378746	1277607	497645
物料搬运设备制造	1944940	1865867	682872
泵、阀门、压缩机及类似机械制造	2073347	1896909	735930
轴承、齿轮和传动部件制造	1062177	921896	344680
烘炉、风机、包装等设备制造	1801284	1704578	742894
文化、办公用机械制造	311761	296830	165660
通用零部件制造	1186852	1081071	396640
其他通用设备制造业	1095290	1041357	520999
专用设备制造业	11642127	10954521	4761178
采矿、冶金、建筑专用设备制造	2677775	2553738	895963
化工、木材、非金属加工专用设备制造	1325710	1225926	536658
食品、饮料、烟草及饲料生产专用设备制造	208821	198517	80359

单位：万元

资产性支出	#仪器和设备	#政府资金	#企业资金
346035	336350	34506	9643604
1974	1972	30	86115
53792	51566	4492	1124276
283443	276407	28045	8164851
6827	6406	1939	268363
257326	252184	130919	6289156
67159	64726	24232	2028823
12182	11887	9065	605298
21025	20857	13842	331862
42181	41744	15996	499643
114779	112970	67723	2820625
455118	444095	106135	7119892
102764	99375	12386	2120317
43202	42677	4127	373605
37791	37091	10787	581588
33480	32896	1389	465967
23750	22737	2095	558691
17783	17250	2612	464625
1137	1088	162	24776
15849	15377	388	335118
179362	175606	72190	2195205
858822	827505	272736	11867525
90539	87280	64700	1268520
101140	99888	62208	1306914
79074	75025	26248	1916688
176438	161234	26610	2044476
140281	139170	36525	1024181
96707	94765	12909	1759445
14931	14226	4846	306295
105781	102792	10425	1175391
53933	53126	28267	1065615
687607	670764	270999	11318447
124038	117986	68813	2575060
99783	98056	8018	1317018
10304	10076	3320	203935

1-C-1.3 续表 5

行 业	R&D经费内部支出	日常性支出	#人员劳务费
印刷、制药、日化及日用品生产专用设备制造	359265	339934	153885
纺织、服装和皮革加工专用设备制造	325629	311264	123809
电子和电工机械专用设备制造	1922159	1714795	844831
农、林、牧、渔专用机械制造	439636	421802	167614
医疗仪器设备及器械制造	2435807	2311498	1152969
环保、邮政、社会公共服务及其他专用设备制造	1947326	1877048	805091
汽车制造业	18022429	16807118	6601133
汽车整车制造	7922976	7641918	2849065
汽车用发动机制造	426072	366179	145825
改装汽车制造	383073	371916	113399
低速汽车制造	47300	27736	11807
电车制造	5551	4254	1710
汽车车身、挂车制造	153210	143962	46365
汽车零部件及配件制造	9084248	8251154	3432962
铁路、船舶、航空航天和其他运输设备制造业	6231313	5747206	1929692
电气机械和器材制造业	23773955	21833597	6990953
电机制造	2193778	2020620	742529
输配电及控制设备制造	8528349	7917178	2355920
电线、电缆、光缆及电工器材制造	3646640	3449234	644482
电池制造	4799624	4074794	1571346
家用电力器具制造	3399235	3213258	1195164
非电力家用器具制造	177071	170466	60831
照明器具制造	791000	763027	328867
其他电气机械及器材制造	238258	225020	91814
计算机、通信和其他电子设备制造业	43927705	39936608	18792997
计算机制造	3406201	3245723	1724941
通信设备制造	15916052	14763261	7876852
广播电视设备制造	480527	458832	257813
雷达及配套设备制造	259544	245525	105817
非专业视听设备制造	1228124	1158918	492629
智能消费设备制造	2136600	2052671	1085988
电子器件制造	11232092	9546453	4131605
电子元件及电子专用材料制造	8057518	7320142	2608198
其他电子设备制造	1209406	1143617	508342
仪器仪表制造业	3575131	3366485	1869178

单位：万元

资产性支出	#仪器和设备	#政府资金	#企业资金
19331	18895	1470	357629
14365	14205	3156	322205
207364	205772	85000	1837158
17835	17074	19214	414559
124309	120629	40281	2388429
70277	68071	41727	1902452
1215311	1177458	163877	17831193
281058	259872	109249	7813351
59893	59257	2228	420694
11157	10606	5129	377038
19564	19564	646	46655
1297	1292	123	5428
9248	9029	1123	151810
833094	817838	45380	9016219
484107	471892	718418	5488814
1940358	1904385	258563	23474239
173158	170083	27978	2162470
611171	602119	146924	8352192
197407	192374	25741	3617619
724830	712726	37956	4761616
185977	180442	13287	3381756
6605	6432	975	175699
27973	27200	4558	785775
13238	13010	1146	237112
3991098	3934655	1179719	42580316
160478	158061	47894	3265849
1152790	1146292	326808	15586349
21695	21404	5767	474760
14019	13814	13461	244400
69205	66115	21882	1205995
83929	80422	10911	2115162
1685640	1660010	469655	10744207
737376	723751	163257	7871329
65789	64612	120083	1070622
208647	202064	92652	3477198

1-C-1.3 续表 6

行业	R&D经费内部支出	日常性支出	#人员劳务费
通用仪器仪表制造	2257063	2169433	1236916
专用仪器仪表制造	688580	649958	357173
钟表与计时仪器制造	38772	38185	18091
光学仪器制造	457261	383262	187742
衡器制造	39515	38374	21370
其他仪器仪表制造业	93941	87273	47886
其他制造业	1034717	883702	308805
日用杂品制造	216756	210500	81277
核辐射加工	8886	4947	1573
其他未列明制造业	809076	668254	225955
废弃资源综合利用业	886143	832477	126521
金属废料和碎屑加工处理	639880	604414	77199
非金属废料和碎屑加工处理	246263	228063	49323
金属制品、机械和设备修理业	256136	235068	105400
金属制品修理	2078	2074	758
通用设备修理	10748	10640	4837
专用设备修理	39759	35769	15413
铁路、船舶、航空航天等运输设备修理	167821	151225	67878
电气设备修理	11310	11241	7006
仪器仪表修理	4048	3999	2183
其他机械和设备修理业	20373	20120	7326
电力、热力、燃气及水生产和供应业	**3434837**	**3083702**	**973817**
电力、热力生产和供应业	2675077	2415115	747556
电力生产	1848695	1698085	402606
电力供应	689193	594493	307950
热力生产和供应	137189	122537	37000
燃气生产和供应业	435884	415224	125123
燃气生产和供应业	434911	414272	124898
生物质燃气生产和供应业	973	952	225
水的生产和供应业	323876	253363	101137
自来水生产和供应	190939	130045	51583
污水处理及其再生利用	124681	115920	46764
海水淡化处理	1073	1073	438
其他水的处理、利用与分配	7183	6325	2352

单位：万元

资产性支　出	#仪器和设　备	#政府资金	#企业资金
87629	83663	57488	2198126
38622	38110	19402	667135
587	546	88	38387
73999	72076	11975	443843
1141	1134	290	39176
6668	6535	3410	90531
151015	149769	130849	901053
6255	5953	419	216337
3938	3937		8886
140822	139878	130430	675830
53666	52173	3002	882763
35466	34290	1997	637664
18200	17884	1005	245098
21069	20389	1697	254084
4	4		2078
108	108	112	10637
3990	3987	716	38730
16597	15946	426	167353
69	67	21	11290
48	35	261	3787
253	242	162	20211
351136	**335761**	**26549**	**3402056**
259962	247969	21944	2647195
150610	145399	8878	1834570
94700	88228	11923	676580
14652	14343	1143	136045
20661	17972	1076	434808
20640	17951	1076	433835
21	21		973
70513	69820	3529	320052
60894	60577	1517	189128
8761	8386	1761	122920
		200	873
858	857	50	7133

1-C-1.4 分行业大中型企业R&D

行　　业	R&D经费内部支出	日常性支出	#人员劳务费
总　计	**149458752**	**138283006**	**49092456**
采矿业	**4560476**	**4307748**	**1613689**
煤炭开采和洗选业	2129902	1949333	787285
烟煤和无烟煤开采洗选	2110959	1930644	782228
褐煤开采洗选	16493	16479	4870
其他煤炭采选	2450	2209	187
石油和天然气开采业	1294010	1277127	538592
石油开采	987747	973480	452087
天然气开采	306263	303646	86505
黑色金属矿采选业	333583	305347	56200
铁矿采选	333583	305347	56200
有色金属矿采选业	252116	244951	71824
常用有色金属矿采选	109431	107943	35049
贵金属矿采选	95243	89946	23508
稀有稀土金属矿采选	47443	47063	13267
非金属矿采选业	94410	92521	27349
土砂石开采	18132	17971	4758
化学矿开采	38317	37335	9686
采盐	34133	33556	11676
石棉及其他非金属矿采选	3828	3659	1228
开采专业及辅助性活动	456454	438471	132440
石油和天然气开采专业及辅助性活动	456454	438471	132440
制造业	**142718686**	**132067640**	**46801889**
农副食品加工业	1142393	1076837	246072
谷物磨制	37649	30154	6641
饲料加工	234114	220699	56495
植物油加工	67053	63603	6967
制糖业	28554	28249	5301
屠宰及肉类加工	348917	326546	95113
水产品加工	110391	104835	23409
蔬菜、菌类、水果和坚果加工	49106	47551	13107
其他农副食品加工	266609	255200	39040

经费内部支出情况

单位：万元

资产性支出	#仪器和设备	#政府资金	#企业资金
11175746	**10917918**	**3303995**	**145745516**
252727	**244852**	**15822**	**4542487**
180569	177871	5496	2123027
180315	177635	4875	2104705
14		621	15873
241	235		2450
16884	12499	5771	1288106
14267	9990	5107	982507
2617	2509	665	305599
28237	27990	608	332975
28237	27990	608	332975
7165	6947	1156	250960
1488	1462	1065	108365
5297	5123	32	95211
380	363	58	47384
1889	1753	1211	93199
161	155	20	18112
983	914	929	37389
577	515	223	33910
169	169	40	3788
17983	17793	1580	454220
17983	17793	1580	454220
10651046	**10410699**	**3269437**	**139044517**
65557	64038	10730	1131663
7495	7468	70	37579
13415	13186	6299	227815
3451	3203	168	66885
306	297	188	28367
22371	21829	2275	346642
5556	5432	725	109666
1555	1447	441	48665
11409	11176	565	266044

1-C-1.4 续表 1

行业	R&D经费内部支出	日常性支出	#人员劳务费
食品制造业	1064639	1019648	322559
焙烤食品制造	115123	110990	46660
糖果、巧克力及蜜饯制造	45475	43644	13199
方便食品制造	94156	88349	30581
乳制品制造	137647	130144	50653
罐头食品制造	43861	40236	13309
调味品、发酵制品制造	237860	231734	64545
其他食品制造	390518	374550	103612
酒、饮料和精制茶制造业	646767	608102	180133
酒的制造	517356	488160	140739
饮料制造	118965	109584	35855
精制茶加工	10446	10357	3539
烟草制品业	339366	297559	187633
烟叶复烤	3425	3341	2201
卷烟制造	330731	289518	182432
其他烟草制品制造	5210	4700	3000
纺织业	1544625	1426397	469156
棉纺织及印染精加工	957792	875048	275611
毛纺织及染整精加工	54906	52255	18130
麻纺织及染整精加工	15648	14652	4593
丝绢纺织及印染精加工	32069	29778	7766
化纤织造及印染精加工	160506	144146	54087
针织或钩针编织物及其制品制造	62644	59293	22583
家用纺织制成品制造	103243	101817	31843
产业用纺织制成品制造	157817	149408	54543
纺织服装、服饰业	602332	586962	253387
机织服装制造	324847	317018	143670
针织或钩针编织服装制造	241290	236027	94948
服饰制造	36194	33917	14769
皮革、毛皮、羽毛及其制品和制鞋业	600354	586889	235717
皮革鞣制加工	21213	20105	7212
皮革制品制造	66920	64975	23201
毛皮鞣制及制品加工	8661	8661	5159
羽毛(绒)加工及制品制造	8927	8848	2521
制鞋业	494633	484300	197624

单位：万元

资产性支出	#仪器和设备	#政府资金	#企业资金
44991	44300	14744	1049673
4133	4051	331	114608
1831	1808	81	45395
5806	5759	969	93187
7503	7390	5733	131877
3624	3533	554	43306
6126	6098	2367	235493
15968	15661	4710	385809
38665	36612	8713	637372
29195	27268	7126	509663
9380	9285	994	117932
89	59	593	9777
41807	41164	1075	335079
84	84		3385
41213	40754	1075	326484
510	327		5210
118228	115270	5207	1538391
82744	81677	2672	954144
2651	2588	280	54626
996	994	10	15638
2291	2276	142	31927
16360	15320	383	160123
3351	3081		62644
1426	1407	156	103087
8409	7928	1564	156201
15370	14989	5504	596816
7829	7520	830	324005
5263	5210	4292	236998
2277	2259	382	35813
13464	12513	2494	597704
1108	1040	150	20907
1945	1889	339	66581
			8661
79	79		8927
10333	9505	2005	492629

1-C-1.4 续表 2

行业	R&D经费内部支出	日常性支出	#人员劳务费
木材加工和木、竹、藤、棕、草制品业	146244	134617	43998
木材加工	3638	3635	1151
人造板制造	82145	72490	21872
木质制品制造	51112	49498	17813
竹、藤、棕、草等制品制造	9349	8994	3162
家具制造业	603308	577183	249071
木质家具制造	313511	293329	129687
竹、藤家具制造	4810	4382	1348
金属家具制造	184236	180694	77304
塑料家具制造	8745	8248	2219
其他家具制造	92008	90531	38513
造纸和纸制品业	1128672	1088173	193031
纸浆制造	42022	40774	5688
造纸	823672	810112	124176
纸制品制造	262978	237287	63167
印刷和记录媒介复制业	403352	378780	158567
印刷	386864	362800	149288
装订及印刷相关服务	16488	15980	9279
文教、工美、体育和娱乐用品制造业	599498	571639	212986
文教办公用品制造	77484	73753	33894
乐器制造	19408	15887	8547
工艺美术及礼仪用品制造	188241	182017	68029
体育用品制造	154479	151515	44057
玩具制造	115329	109708	41841
游艺器材及娱乐用品制造	44558	38760	16618
石油、煤炭及其他燃料加工业	1691965	1595508	220013
精炼石油产品制造	1015739	935954	138298
煤炭加工	623574	611609	72793
核燃料加工	40654	36250	7576
生物质燃料加工	11998	11696	1346
化学原料和化学制品制造业	7556960	6984693	1610094
基础化学原料制造	2977551	2820878	461526
肥料制造	851563	799089	146690

单位：万元

资产性支出	#仪器和设备	#政府资金	#企业资金
11627	11523	1992	142331
3		254	3384
9656	9609	1423	78801
1614	1559	246	50867
355	355	69	9280
26125	25754	2488	600820
20182	19997	2071	311440
428	426	138	4672
3542	3414		184236
497	467		8745
1477	1451	279	91729
40499	39831	3584	1125088
1248	1203	60	41962
13561	13147	2972	820701
25690	25481	552	262426
24572	23614	1353	401456
24064	23140	1353	384968
508	474		16488
27860	27167	3644	595855
3731	3714	45	77439
3522	3482		19408
6225	6011	346	187895
2964	2785	370	154109
5622	5416	2660	112670
5797	5759	225	44333
96456	86136	10050	1681794
79785	69865	4670	1011069
11965	11569	3977	619501
4404	4401	1402	39227
302	301	1	11998
572266	547502	119326	7419894
156673	146409	18139	2959412
52474	51735	10225	825815

1-C-1.4 续表 3

行业	R&D经费内部支出	日常性支出	#人员劳务费
农药制造	414997	387052	115799
涂料、油墨、颜料及类似产品制造	463051	446102	158294
合成材料制造	1627435	1393501	356090
专用化学产品制造	844201	781212	235519
炸药、火工及焰火产品制造	119897	109766	33306
日用化学产品制造	258266	247095	102871
医药制造业	8640979	7933602	2316223
化学药品原料药制造	996677	896404	356979
化学药品制剂制造	3252993	3085176	802405
中药饮片加工	67108	62702	23672
中成药生产	925914	879398	301806
兽用药品制造	117745	105211	45598
生物药品制品制造	2959257	2616526	662586
卫生材料及医药用品制造	257835	230296	96926
药用辅料及包装材料	63450	57889	26252
化学纤维制造业	1314124	1204470	267341
纤维素纤维原料及纤维制造	182120	167343	33942
合成纤维制造	1093591	1000616	224532
生物基材料制造	38413	36511	8868
橡胶和塑料制品业	2591278	2430713	850253
橡胶制品业	1154902	1090000	341563
塑料制品业	1436377	1340714	508691
非金属矿物制品业	3423204	3090190	812760
水泥、石灰和石膏制造	584544	514421	102492
石膏、水泥制品及类似制品制造	208770	201962	49171
砖瓦、石材等建筑材料制造	95697	90182	29341
玻璃制造	490267	408875	127694
玻璃制品制造	333590	300340	87202
玻璃纤维和玻璃纤维增强塑料制品制造	226002	189422	61047
陶瓷制品制造	500880	466384	173606
耐火材料制品制造	145574	143156	38267
石墨及其他非金属矿物制品制造	837880	775449	143939
黑色金属冶炼和压延加工业	8991452	8674140	777530
炼铁	78529	77333	9436

单位：万元

资产性支出	#仪器和设备	#政府资金	#企业资金
27946	27559	4281	409117
16949	16124	10001	453050
233933	224138	28733	1598702
62989	61392	18734	824850
10131	9521	21179	98718
11171	10625	8035	250230
707377	697023	134846	8445895
100273	99131	10334	985978
167817	164913	44850	3191115
4406	4328	908	66200
46516	45473	22710	903181
12534	11952	4230	113515
342731	339104	47761	2875558
27540	27041	3550	247400
5561	5081	503	62947
109654	108874	16094	1298029
14777	14650	785	181335
92975	92323	14994	1078597
1902	1901	315	38098
160565	157161	23025	2563281
64902	62737	10748	1139278
95663	94424	12276	1424003
333014	326847	30121	3391744
70124	68310	1248	582883
6808	6585	1344	207426
5515	5472	436	94642
81392	80113	2976	487291
33250	32857	3458	330132
36580	36232	4924	221077
34496	33587	4090	496790
2418	2251	1250	144324
62431	61441	10394	827180
317313	308407	31989	8959337
1196	1196		78529

1-C-1.4 续表 4

行业	R&D经费内部支出	日常性支出	#人员劳务费
炼钢	1117893	1064158	90861
钢压延加工	7622806	7363302	657950
铁合金冶炼	172224	169347	19283
有色金属冶炼和压延加工业	4340608	4172279	541261
常用有色金属冶炼	1771699	1715119	217688
贵金属冶炼	434563	427605	43968
稀有稀土金属冶炼	227777	212244	25359
有色金属合金制造	227057	204813	46727
有色金属压延加工	1676546	1609533	206992
金属制品业	3428914	3216904	968550
结构性金属制品制造	905015	864032	221510
金属工具制造	189098	171638	71220
集装箱及金属包装容器制造	352414	329822	110484
金属丝绳及其制品制造	233847	215345	46435
建筑、安全用金属制品制造	195762	189086	81028
金属表面处理及热处理加工	208351	203015	40764
搪瓷制品制造	9240	8721	2996
金属制日用品制造	184727	176448	69951
铸造及其他金属制品制造	1150460	1058798	324163
通用设备制造业	7061002	6588121	2785857
锅炉及原动设备制造	1062819	991386	415314
金属加工机械制造	644004	592991	244180
物料搬运设备制造	1410444	1362081	508823
泵、阀门、压缩机及类似机械制造	1120038	1014896	403317
轴承、齿轮和传动部件制造	649638	573379	210312
烘炉、风机、包装等设备制造	984516	929986	449054
文化、办公用机械制造	214473	205769	123924
通用零部件制造	444741	405406	155649
其他通用设备制造业	530330	512227	275285
专用设备制造业	6421560	6101604	2797994
采矿、冶金、建筑专用设备制造	1799363	1723071	618655
化工、木材、非金属加工专用设备制造	627961	591170	267686
食品、饮料、烟草及饲料生产专用设备制造	71239	68481	34825
印刷、制药、日化及日用品生产专用设备制造	179803	169112	84493

单位：万元

资产性支出	#仪器和设备	#政府资金	#企业资金
53736	51524	4492	1113401
259504	253056	26554	7596252
2877	2631	943	171155
168329	165658	99963	4237634
56580	54900	22684	1746912
6959	6806	904	433660
15534	15469	7659	220119
22243	22028	12722	214250
67013	66455	55933	1619789
212010	208140	87849	3340208
40984	40017	5249	899767
17460	17239	3408	185689
22592	22109	10206	342208
18502	18411	454	233068
6676	6106	843	194919
5336	5174	550	207365
519	517	146	9094
8279	8091	144	184583
91662	90477	66848	1083515
472881	449995	205573	6813456
71433	69580	59299	1002033
51013	50671	38033	597304
48363	44927	23129	1385634
105142	91647	14878	1104886
76259	76012	32809	615815
54530	53292	6813	949771
8705	8046	4438	209415
39335	37854	6476	438265
18103	17966	19699	510334
319957	309283	188430	6190549
76292	71111	60543	1706268
36791	36270	5240	622632
2758	2682	1052	68622
10690	10397	815	178988

1-C-1.4 续表 5

行　业	R&D经费内部支出	日常性支出	#人员劳务费
纺织、服装和皮革加工专用设备制造	148809	143051	63444
电子和电工机械专用设备制造	1056448	976764	507859
农、林、牧、渔专用机械制造	256113	248124	112236
医疗仪器设备及器械制造	1549628	1468883	765798
环保、邮政、社会公共服务及其他专用设备制造	732197	712948	342998
汽车制造业	15057460	14087825	5603252
汽车整车制造	7804796	7527553	2816961
汽车用发动机制造	413545	353920	140359
改装汽车制造	228936	226253	70456
低速汽车制造	46927	27363	11529
电车制造	4	4	2
汽车车身、挂车制造	89698	87650	31545
汽车零部件及配件制造	6473556	5865083	2532401
铁路、船舶、航空航天和其他运输设备制造业	5136399	4766178	1581344
电气机械和器材制造业	17442750	15874475	5223390
电机制造	1579258	1454414	550336
输配电及控制设备制造	6101607	5640451	1583215
电线、电缆、光缆及电工器材制造	1933976	1817096	365285
电池制造	4145840	3470189	1371558
家用电力器具制造	3007430	2841897	1056522
非电力家用器具制造	113729	108909	43346
照明器具制造	465515	452997	214166
其他电气机械及器材制造	95395	88522	38961
计算机、通信和其他电子设备制造业	37487979	33979227	16271862
计算机制造	2796069	2662230	1441237
通信设备制造	15357548	14223851	7602688
广播电视设备制造	370511	356885	204647
雷达及配套设备制造	165533	155892	55212
非专业视听设备制造	1073474	1010664	431700
智能消费设备制造	1660130	1602625	877988
电子器件制造	9157755	7665266	3280522
电子元件及电子专用材料制造	6000168	5447604	2004305
其他电子设备制造	905147	852745	372750

单位：万元

资产性支出	#仪器和设备	#政府资金	#企业资金
5757	5703	2356	146452
79683	78960	57799	998649
7989	7717	11894	238964
80746	77776	26487	1522291
19249	18667	22245	707684
969635	937898	130538	14909460
277243	256069	94015	7710405
59625	59003	2169	408226
2683	2395	4211	223818
19564	19564	586	46341
			4
2048	2033	1075	88622
608473	598834	28483	6432044
370221	359121	664314	4457012
1568276	1540700	212046	17196960
124844	122236	20614	1556817
461156	454893	135185	5939559
116880	114174	13292	1920444
675651	665195	29033	4116755
165533	160372	12080	2991321
4821	4734	147	113201
12518	12255	1447	463717
6873	6842	248	95148
3508752	3461494	1073731	36260435
133839	132392	40193	2665041
1133698	1127620	318476	15037437
13627	13521	5283	365228
9641	9541	12084	151767
62810	59897	21318	1052156
57505	54338	4799	1645090
1492489	1468724	428780	8713860
552564	543404	125121	5859399
52402	51882	117677	768815

1-C-1.4 续表6

行 业	R&D经费内部支出	日常性支出	#人员劳务费
仪器仪表制造业	1983931	1866774	1063723
通用仪器仪表制造	1231907	1181720	708407
专用仪器仪表制造	377738	353130	190369
钟表与计时仪器制造	19207	19090	10400
光学仪器制造	311455	274269	134166
衡器制造	19777	19406	11534
其他仪器仪表制造业	23847	19159	8847
其他制造业	814388	670391	237503
日用杂品制造	130917	128847	55385
核辐射加工	7043	3159	312
其他未列明制造业	676428	538385	181807
废弃资源综合利用业	317990	302117	40217
金属废料和碎屑加工处理	239559	223921	28320
非金属废料和碎屑加工处理	78432	78196	11896
金属制品、机械和设备修理业	194194	175644	80415
通用设备修理	6036	5964	2410
专用设备修理	29581	26550	11055
铁路、船舶、航空航天等运输设备修理	141244	125901	54623
电气设备修理	7375	7367	5855
仪器仪表修理	2686	2679	1729
其他机械和设备修理业	7272	7184	4743
电力、热力、燃气及水生产和供应业	**2179591**	**1907618**	**676878**
电力、热力生产和供应业	1825068	1622875	543284
电力生产	1116763	1014034	233447
电力供应	673927	579606	301410
热力生产和供应	34379	29235	8428
燃气生产和供应业	187191	176876	82380
燃气生产和供应业	187191	176876	82380
水的生产和供应业	167331	107867	51214
自来水生产和供应	121434	65489	31168
污水处理及其再生利用	42795	39519	18780
其他水的处理、利用与分配	3102	2859	1266

单位：万元

资产性支出	#仪器和设备	#政府资金	#企业资金
117157	113320	58776	1923847
50187	47248	37317	1194590
24608	24315	9612	368125
117	111	74	18912
37186	36613	10078	300292
372	372	70	19707
4688	4661	1625	22222
143997	143137	119337	692497
2070	2011	20	130897
3884	3884		7043
138043	137242	119317	554557
15873	15325	820	317170
15637	15157	635	238924
236	168	186	78246
18550	17905	1085	193066
72	72	77	5960
3031	3028	620	28960
15343	14708	352	140850
8	8	21	7355
8		16	2670
88	88		7272
271972	**262367**	**18736**	**2158512**
202193	193729	17314	1805412
102728	100771	5695	1109416
94321	87863	11619	661617
5144	5096		34379
10315	9512	62	187129
10315	9512	62	187129
59464	59125	1360	165971
55946	55834	396	121038
3276	3048	964	41831
243	243		3102

1-C-1.5 分行业内资企业R&D

行业	R&D经费内部支出	日常性支出	#人员劳务费
总计	**172123465**	**159065089**	**52335807**
采矿业	**4966007**	**4701550**	**1651081**
煤炭开采和洗选业	2123552	1946685	767204
烟煤和无烟煤开采洗选	2100440	1923908	760983
褐煤开采洗选	18646	18552	5262
其他煤炭采选	4466	4225	960
石油和天然气开采业	1273626	1257048	528201
石油开采	930774	917128	434613
天然气开采	342852	339921	93587
黑色金属矿采选业	441377	410516	68411
铁矿采选	437821	407117	68168
锰矿、铬矿采选	3555	3398	242
其他黑色金属矿采选	1	1	1
有色金属矿采选业	374770	365358	88460
常用有色金属矿采选	154406	151666	39051
贵金属矿采选	118033	112542	30604
稀有稀土金属矿采选	102331	101150	18805
非金属矿采选业	289363	277973	64312
土砂石开采	148274	141232	29372
化学矿开采	70295	68162	15238
采盐	41978	41148	13648
石棉及其他非金属矿采选	28817	27431	6054
开采专业及辅助性活动	462311	442971	134308
石油和天然气开采专业及辅助性活动	461942	442601	134134
其他开采专业及辅助性活动	369	369	174
其他采矿业	1008	999	186
其他采矿业	1008	999	186
制造业	**164127077**	**151650648**	**49825679**
农副食品加工业	2845753	2713935	493098
谷物磨制	301382	280013	39188
饲料加工	894558	854777	170975
植物油加工	222914	213679	24162
制糖业	45509	40411	7290

经费内部支出情况

单位：万元

资产性支出	#仪器和设备	#政府资金	#企业资金
13058376	**12763861**	**3664947**	**168200852**
264457	**255747**	**20897**	**4940840**
176867	173859	5275	2116648
176532	173562	4654	2094157
94	62	621	18025
241	235		4466
16577	12204	8831	1264662
13647	9376	4761	925880
2931	2828	4070	338782
30861	30507	686	440692
30704	30367	686	437136
157	140		3555
			1
9412	9059	2095	372675
2739	2632	1099	153306
5491	5300	34	117999
1182	1127	962	101370
11391	10963	2048	285461
7043	6837	664	145756
2133	2044	932	69362
830	758	232	41746
1386	1325	220	28597
19340	19147	1963	459695
19340	19147	1963	459325
			369
9	9		1008
9	9		1008
12476430	**12204283**	**3618038**	**160260055**
131818	127461	30344	2812684
21369	20731	1966	299294
39782	38740	13573	879340
9234	8689	2425	220310
5097	5082	250	45259

1-C-1.5 续表 1

行业	R&D经费内部支出	日常性支出	#人员劳务费
屠宰及肉类加工	447812	433216	87232
水产品加工	203918	193183	41171
蔬菜、菌类、水果和坚果加工	244218	231245	48144
其他农副食品加工	485444	467412	74937
食品制造业	1543273	1465563	426063
焙烤食品制造	172798	165896	55225
糖果、巧克力及蜜饯制造	61252	58092	14482
方便食品制造	137973	131389	38408
乳制品制造	141035	133823	44132
罐头食品制造	81135	76168	20937
调味品、发酵制品制造	292293	282234	77062
其他食品制造	656788	617961	175817
酒、饮料和精制茶制造业	775311	728242	202969
酒的制造	578860	544176	155135
饮料制造	152031	141269	36208
精制茶加工	44419	42797	11626
烟草制品业	360579	316977	199323
烟叶复烤	3598	3465	2274
卷烟制造	339342	297558	186144
其他烟草制品制造	17639	15954	10906
纺织业	2361622	2186760	628001
棉纺织及印染精加工	1216781	1120857	306013
毛纺织及染整精加工	81596	76385	24407
麻纺织及染整精加工	24843	23780	6649
丝绢纺织及印染精加工	44407	41913	10804
化纤织造及印染精加工	280971	256157	83023
针织或钩针编织物及其制品制造	176500	169203	45424
家用纺织制成品制造	169477	163377	48805
产业用纺织制成品制造	367048	335087	102875
纺织服装、服饰业	779761	753108	270375
机织服装制造	405216	394518	147204
针织或钩针编织服装制造	267725	259040	89698
服饰制造	106819	99551	33472
皮革、毛皮、羽毛及其制品和制鞋业	835237	815333	277920
皮革鞣制加工	56539	53748	12531

单位：万元

资产性支出	#仪器和设备	#政府资金	#企业资金
14596	14153	4264	443371
10735	10362	1462	202456
12973	12452	3155	240921
18031	17252	3250	481733
77710	76138	21054	1521509
6902	6776	546	172067
3160	3043	639	60586
6584	6417	1624	136349
7212	7046	3961	137036
4967	4777	1703	79413
10058	9940	2940	289228
38827	38139	9642	646829
47069	45213	10815	763558
34684	33268	8044	570074
10762	10483	1844	149992
1623	1462	927	43493
43602	42960	1241	356127
132	132		3558
41785	41325	1075	335095
1686	1502	166	17473
174862	170062	10618	2348482
95925	93903	4201	1211033
5211	5027	252	81344
1063	1059	10	24833
2494	2476	319	43787
24814	23647	938	280033
7297	6931	237	175710
6099	5966	759	168628
31961	31053	3903	363115
26653	25740	3652	775426
10699	10207	1885	403279
8685	8415	1248	266014
7269	7119	519	106133
19903	18356	2292	832399
2791	2699	162	56221

1-C-1.5 续表 2

行业	R&D经费内部支出	日常性支出	#人员劳务费
皮革制品制造	140557	137536	41880
毛皮鞣制及制品加工	25058	24609	10288
羽毛(绒)加工及制品制造	33632	32932	5960
制鞋业	579451	566508	207262
木材加工和木、竹、藤、棕、草制品业	828970	779199	169766
木材加工	79091	74412	14216
人造板制造	504920	478252	98400
木质制品制造	177998	163197	45646
竹、藤、棕、草等制品制造	66961	63338	11504
家具制造业	842761	800900	307981
木质家具制造	467014	438143	167692
竹、藤家具制造	11516	10898	2394
金属家具制造	225102	216270	88565
塑料家具制造	14793	14154	4273
其他家具制造	124336	121435	45057
造纸和纸制品业	1319443	1226709	250718
纸浆制造	38180	36663	4641
造纸	772298	727892	123394
纸制品制造	508964	462155	122684
印刷和记录媒介复制业	801823	729196	261082
印刷	776120	704512	249353
装订及印刷相关服务	24652	23655	11402
记录媒介复制	1051	1029	328
文教、工美、体育和娱乐用品制造业	989829	952489	290004
文教办公用品制造	120441	115018	45350
乐器制造	18817	17916	7569
工艺美术及礼仪用品制造	446222	427758	127490
体育用品制造	212052	207451	51124
玩具制造	126988	120984	36282
游艺器材及娱乐用品制造	65310	63362	22189
石油、煤炭及其他燃料加工业	1796174	1706028	234916
精炼石油产品制造	1117175	1040540	150080
煤炭加工	609931	603773	71972
核燃料加工	40654	36250	7576
生物质燃料加工	28415	25465	5288

单位：万元

资产性支出	#仪器和设备	#政府资金	#企业资金
3022	2833	800	139758
448	327	18	25040
699	669	2	33630
12943	11828	1310	577751
49771	47458	5328	819285
4679	3997	947	77980
26668	25817	3329	497440
14801	14287	532	177424
3623	3357	520	66441
41861	41002	3524	838701
28871	28311	2266	464314
618	616	571	10945
8832	8663	333	224725
639	605	20	14774
2901	2807	335	123944
92733	90955	6531	1311526
1517	1470		38180
44406	43281	4765	766148
46810	46204	1766	507198
72627	70854	5694	795276
71608	69928	5250	770018
997	904	347	24305
22	22	98	953
37340	35992	4742	983631
5423	5385	325	119927
901	844	181	18636
18465	17892	1760	443520
4601	4362	876	211176
6004	5673	620	126045
1947	1836	981	64328
90146	83722	11393	1784661
76635	70586	5499	1111677
6158	5839	4293	605543
4404	4401	1402	39227
2949	2895	200	28215

1-C-1.5 续表 3

行　业	R&D经费内部支出	日常性支出	#人员劳务费
化学原料和化学制品制造业	10769091	9951150	2294187
基础化学原料制造	3823401	3588712	621923
肥料制造	1025822	956134	169485
农药制造	527617	495180	141816
涂料、油墨、颜料及类似产品制造	785406	747680	236531
合成材料制造	2054417	1780957	432866
专用化学产品制造	1936819	1802931	505414
炸药、火工及焰火产品制造	241829	223348	61948
日用化学产品制造	373780	356207	124205
医药制造业	8030376	7392748	2170969
化学药品原料药制造	1116762	999073	388598
化学药品制剂制造	2665368	2487052	642434
中药饮片加工	349192	330014	70133
中成药生产	1030877	975905	338757
兽用药品制造	158901	144173	62015
生物药品制品制造	2216437	2005316	499102
卫生材料及医药用品制造	396206	362154	133076
药用辅料及包装材料	96634	89061	36854
化学纤维制造业	1422528	1293748	294773
纤维素纤维原料及纤维制造	131405	119523	26244
合成纤维制造	1212982	1102998	250680
生物基材料制造	78141	71227	17849
橡胶和塑料制品业	4345367	4055806	1224815
橡胶制品业	1186922	1106859	329094
塑料制品业	3158445	2948947	895721
非金属矿物制品业	6655652	6074302	1466764
水泥、石灰和石膏制造	1038796	907162	167988
石膏、水泥制品及类似制品制造	1231939	1163319	262656
砖瓦、石材等建筑材料制造	707768	665715	154361
玻璃制造	448307	373913	95308
玻璃制品制造	452192	409440	119866
玻璃纤维和玻璃纤维增强塑料制品制造	363427	316055	93241
陶瓷制品制造	709848	665222	223634
耐火材料制品制造	365202	350815	90867
石墨及其他非金属矿物制品制造	1338173	1222660	258843

单位：万元

资产性支出		#政府资金	#企业资金
	#仪器和设备		
817941	785580	168801	10575412
234689	222082	34800	3786768
69688	68399	12864	997344
32437	31811	6065	519733
37725	36550	18788	765425
273460	262687	32994	2021405
133888	129730	31502	1901009
18481	17574	21654	220176
17573	16747	10134	363553
637628	626615	126916	7898440
117688	115998	9913	1106428
178316	176033	35620	2627326
19178	18680	4380	311638
54972	54012	26073	1004693
14729	14289	5701	153200
211120	207228	39001	2175600
34052	33293	5954	390251
7573	7082	272	96305
128781	127590	20357	1400219
11882	11763	716	130689
109984	108992	18556	1192474
6914	6836	1086	77056
289562	282800	28287	4315050
80064	77454	8796	1177848
209498	205345	19491	3137202
581350	568924	55664	6594924
131634	129187	3888	1034494
68620	65981	5163	1225827
42052	40664	3656	702425
74394	73149	3700	444172
42752	42397	4977	446851
47372	46435	8563	354831
44626	43318	5960	703767
14387	13861	2198	362890
115514	113933	17559	1319667

1-C-1.5 续表 4

行　业	R&D经费内部支出	日常性支出	#人员劳务费
黑色金属冶炼和压延加工业	8836620	8518419	773207
炼铁	86145	84170	10158
炼钢	1045584	992452	87569
钢压延加工	7445148	7188752	646312
铁合金冶炼	259743	253045	29168
有色金属冶炼和压延加工业	6040442	5792827	736767
常用有色金属冶炼	1936549	1870258	241220
贵金属冶炼	594369	582189	50917
稀有稀土金属冶炼	333801	314208	38579
有色金属合金制造	481003	441863	88352
有色金属压延加工	2691754	2581344	317172
金属制品业	6456400	6049946	1642937
结构性金属制品制造	2045781	1945681	485120
金属工具制造	339195	298547	116125
集装箱及金属包装容器制造	467085	434445	136906
金属丝绳及其制品制造	402716	376529	74615
建筑、安全用金属制品制造	476192	456431	138094
金属表面处理及热处理加工	412208	396553	85516
搪瓷制品制造	21211	20127	5528
金属制日用品制造	273044	258740	90577
铸造及其他金属制品制造	2018968	1862893	510457
通用设备制造业	9939047	9220217	3560326
锅炉及原动设备制造	1101463	1026795	408408
金属加工机械制造	1215666	1119788	420320
物料搬运设备制造	1515917	1446322	493407
泵、阀门、压缩机及类似机械制造	1543352	1425254	516010
轴承、齿轮和传动部件制造	955067	821516	293463
烘炉、风机、包装等设备制造	1383559	1303471	524556
文化、办公用机械制造	215499	205680	111178
通用零部件制造	1058830	967585	342822
其他通用设备制造业	949694	903806	450161
专用设备制造业	9711097	9126553	3884155
采矿、冶金、建筑专用设备制造	2331876	2220365	752958
化工、木材、非金属加工专用设备制造	1052504	974658	412155
食品、饮料、烟草及饲料生产专用设备制造	196550	188186	75330

单位：万元

资产性支出	#仪器和设备	#政府资金	#企业资金
318201	308707	33045	8803123
1974	1972	30	86115
53133	50978	4492	1041092
256396	249471	26794	7418028
6698	6287	1729	257888
247615	242690	121192	5915362
66291	63991	24060	1910385
12180	11887	8945	585424
19593	19425	13712	320089
39141	38727	15297	465570
110410	108660	59117	2630989
406454	396514	104426	6347135
100100	96732	11485	2032130
40648	40166	3901	334538
32640	32073	10667	456288
26187	25626	1353	401363
19761	19180	1922	474138
15654	15228	2602	409531
1084	1044	162	21049
14304	13874	338	272707
156075	152592	71998	1945392
718829	703252	234089	9696321
74668	72431	42333	1057520
95878	94734	60845	1154506
69595	66114	23031	1490943
118098	115855	24428	1517667
133551	132620	36239	917802
80088	78545	10941	1372377
9819	9362	4107	211393
91245	88451	10190	1047804
45888	45140	21976	926310
584544	571472	232885	9436703
111511	107484	67222	2231048
77846	76743	5927	1045947
8364	8137	3308	191675

1-C-1.5 续表 5

行　业	R&D经费内部支出	日常性支出	#人员劳务费
印刷、制药、日化及日用品生产专用设备制造	300460	282939	127960
纺织、服装和皮革加工专用设备制造	278211	266239	100206
电子和电工机械专用设备制造	1711143	1527313	749250
农、林、牧、渔专用机械制造	375090	357734	139747
医疗仪器设备及器械制造	1672913	1582754	797116
环保、邮政、社会公共服务及其他专用设备制造	1792351	1726366	729433
汽车制造业	10785460	9913459	3925703
汽车整车制造	3761151	3602187	1490175
汽车用发动机制造	241533	209663	91599
改装汽车制造	361344	350795	104314
低速汽车制造	46927	27363	11529
电车制造	5551	4254	1710
汽车车身、挂车制造	120038	115552	34320
汽车零部件及配件制造	6248917	5603645	2192056
铁路、船舶、航空航天和其他运输设备制造业	5632884	5182104	1724829
电气机械和器材制造业	20505547	18756760	5727567
电机制造	1669728	1541797	553671
输配电及控制设备制造	7552725	7008796	2054372
电线、电缆、光缆及电工器材制造	3318721	3137759	544551
电池制造	4178687	3493732	1270153
家用电力器具制造	2735462	2568078	902535
非电力家用器具制造	151087	144847	46701
照明器具制造	672537	648263	269261
其他电气机械及器材制造	226601	213490	86323
计算机、通信和其他电子设备制造业	33865560	30499271	14341034
计算机制造	2189775	2098757	1132254
通信设备制造	13056368	11986746	6607382
广播电视设备制造	376188	355594	199093
雷达及配套设备制造	254728	240709	102898
非专业视听设备制造	840801	802495	348913
智能消费设备制造	1416349	1347590	667657
电子器件制造	8430630	6993049	2949263
电子元件及电子专用材料制造	6266527	5685858	1895187
其他电子设备制造	1032552	987008	437576
仪器仪表制造业	3027741	2844304	1569556

单位：万元

资产性支出	#仪器和设备	#政府资金	#企业资金
17522	17093	1444	298851
11971	11843	2359	275737
183831	182361	63175	1647968
17356	16619	19025	355457
90158	87367	30694	1640548
65985	63826	39731	1749474
872001	842930	124009	10645205
158963	142967	76010	3684765
31870	31456	1900	239634
10549	10040	2748	357688
19564	19564	586	46341
1297	1292	123	5428
4486	4278	1123	118638
645272	633333	41519	6192711
450781	438975	714311	4897000
1748787	1718399	247025	20245107
127931	125122	25170	1644185
543930	536702	145773	7398596
180962	176013	22946	3293523
684955	675614	36886	4141748
167384	162413	10353	2723352
6240	6074	931	149759
24274	23578	3821	668489
13111	12884	1146	225455
3366290	3321822	1070667	32722818
91018	89235	46518	2102191
1069622	1064926	325632	12728160
20594	20359	5687	370501
14019	13814	13461	239583
38306	37290	19497	821229
68759	67921	7798	1399422
1437581	1414805	405488	8021025
580669	568535	127263	6125957
45544	44764	119323	913109
183437	177357	83828	2939697

1-C-1.5 续表6

行业	R&D经费内部支出	日常性支出	#人员劳务费
通用仪器仪表制造	1956715	1877485	1055557
专用仪器仪表制造	588868	553373	302953
钟表与计时仪器制造	22282	21797	9778
光学仪器制造	342750	281453	139606
衡器制造	30464	29726	15563
其他仪器仪表制造业	86662	80469	46100
其他制造业	953501	804569	269226
日用杂品制造	153721	147673	49133
核辐射加工	8886	4947	1573
其他未列明制造业	790894	651948	218520
废弃资源综合利用业	869297	816684	121983
金属废料和碎屑加工处理	631723	597242	75656
非金属废料和碎屑加工处理	237574	219441	46327
金属制品、机械和设备修理业	199935	183346	84667
金属制品修理	2078	2074	758
通用设备修理	10748	10640	4837
专用设备修理	38913	34923	14762
铁路、船舶、航空航天等运输设备修理	113779	101627	48103
电气设备修理	11310	11241	7006
仪器仪表修理	4048	3999	2183
其他机械和设备修理业	19059	18842	7018
电力、热力、燃气及水生产和供应业	**3030380**	**2712891**	**859047**
电力、热力生产和供应业	2492481	2255438	713309
电力生产	1676703	1547468	370457
电力供应	688006	593305	307779
热力生产和供应	127772	114665	35074
燃气生产和供应业	241632	229903	56979
燃气生产和供应业	240659	228952	56754
生物质燃气生产和供应业	973	952	225
水的生产和供应业	296267	227549	88759
自来水生产和供应	176771	117087	44514
污水处理及其再生利用	114343	105924	42721
海水淡化处理	1073	1073	438
其他水的处理、利用与分配	4081	3466	1086

单位：万元

资产性支出	#仪器和设备	#政府资金	#企业资金
79230	75598	51492	1904461
35495	34993	18908	567918
485	446	14	22268
61297	59470	9715	331674
738	732	290	30125
6192	6117	3410	83251
148932	147690	130821	820082
6048	5748	391	153331
3938	3937		8886
138946	138005	130430	657866
52613	51145	2988	865994
34481	33329	1983	629584
18132	17816	1005	236409
16589	15910	1500	198201
4	4		2078
108	108	112	10637
3990	3987	716	37965
12152	11502	229	113549
69	67	21	11290
48	35	261	3787
218	208	162	18897
317490	**303830**	**26013**	**2999957**
237043	225905	21614	2466751
129235	124879	8598	1664681
94700	88228	11923	675392
13107	12798	1093	126679
11729	9839	1066	240566
11708	9818	1066	239593
21	21		973
68718	68086	3332	292640
59684	59374	1433	175044
8419	8098	1650	112693
		200	873
615	614	50	4031

1-C-1.6 分行业港澳台投资

行业	R&D经费内部支出	日常性支出	#人员劳务费
总计	**18361276**	**17226377**	**6952340**
采矿业	**175891**	**174435**	**51302**
煤炭开采和洗选业	62194	61994	30248
烟煤和无烟煤开采洗选	61566	61366	29651
褐煤开采洗选	628	628	597
石油和天然气开采业	87343	86686	15638
石油开采	44184	43562	15638
天然气开采	43159	43124	
黑色金属矿采选业	9618	9617	1113
铁矿采选	9618	9617	1113
有色金属矿采选业	7214	6687	2508
常用有色金属矿采选	7033	6506	2371
贵金属矿采选	181	181	136
非金属矿采选业	1318	1248	190
土砂石开采	449	444	63
化学矿开采	688	623	116
石棉及其他非金属矿采选	181	181	12
开采专业及辅助性活动	8203	8203	1605
石油和天然气开采专业及辅助性活动	8203	8203	1605
制造业	**17941201**	**16831318**	**6825512**
农副食品加工业	102899	98816	21295
谷物磨制	3669	3576	1738
饲料加工	38721	38344	6531
植物油加工	7421	7114	1449
制糖业	2910	2890	450
屠宰及肉类加工	17314	16596	3854
水产品加工	13442	11528	2861
蔬菜、菌类、水果和坚果加工	7084	6525	1447
其他农副食品加工	12339	12243	2966
食品制造业	146210	138759	48420

企业R&D经费内部支出情况

单位：万元

资产性支出	#仪器和设备	#政府资金	#企业资金
1134899	**1097262**	**132919**	**18114544**
1455	**1378**	**1411**	**174480**
200	200	930	61264
200	200	930	60636
			628
657	622	243	87100
622	622	243	43941
35			43159
1			9618
1			9618
527	514	234	6980
527	514	234	6799
			181
70	42	4	1314
5	4		449
65	38		688
		4	177
			8203
			8203
1109884	**1073807**	**131063**	**17697972**
4083	3875	582	102317
92	91	50	3619
377	367	247	38474
307	119		7421
20	20		2910
718	718	158	17155
1914	1914	88	13354
559	549	21	7064
97	97	18	12321
7451	7416	3712	142498

1-C-1.6 续表 1

行业	R&D经费内部支出	日常性支出	#人员劳务费
焙烤食品制造	9690	9433	5376
糖果、巧克力及蜜饯制造	18670	18612	5678
方便食品制造	13612	9816	3878
乳制品制造	18407	17594	8527
罐头食品制造	3402	3210	1570
调味品、发酵制品制造	20235	19363	4708
其他食品制造	62195	60732	18684
酒、饮料和精制茶制造业	37079	30829	11962
酒的制造	3852	3809	963
饮料制造	31831	25632	10496
精制茶加工	1396	1388	503
烟草制品业	2969	2948	1435
其他烟草制品制造	2969	2948	1435
纺织业	331346	309967	109145
棉纺织及印染精加工	193666	177317	59376
毛纺织及染整精加工	12508	11954	2876
麻纺织及染整精加工	3084	2983	959
丝绢纺织及印染精加工	1942	1875	581
化纤织造及印染精加工	50688	47819	16547
针织或钩针编织物及其制品制造	14264	14055	6301
家用纺织制成品制造	18272	17575	7240
产业用纺织制成品制造	36923	36388	15265
纺织服装、服饰业	167345	164211	73789
机织服装制造	80203	78231	36834
针织或钩针编织服装制造	80956	80487	34513
服饰制造	6185	5494	2442
皮革、毛皮、羽毛及其制品和制鞋业	132707	130181	47693
皮革鞣制加工	7852	7820	3615
皮革制品制造	22493	21827	7609
羽毛(绒)加工及制品制造	1331	1331	223
制鞋业	101031	99202	36247
木材加工和木、竹、藤、棕、草制品业	12253	11875	3044

单位：万元

资产性支出	#仪器和设备	#政府资金	#企业资金
257	256		9690
58	56		18670
3796	3793	466	13146
813	813	1940	16467
192	192		3402
872	866	263	19972
1463	1441	1043	61152
6250	6186	1134	35869
42	41	50	3802
6199	6140	819	31012
8	5	265	1055
21	17	6	2963
21	17	6	2963
21380	20864	238	331057
16349	15913	26	193640
554	545	120	12388
101	101		3084
67	67		1942
2869	2840	1	50687
209	209		14264
697	690		18272
535	499	91	36781
3133	3074	390	166823
1972	1931	54	80056
470	452	335	80582
692	691		6185
2527	2377	1097	131506
32	32	17	7835
666	648		22493
			1331
1829	1697	1080	99847
378	373	193	12060

1-C-1.6 续表 2

行　业	R&D经费内部支出	日常性支出	#人员劳务费
木材加工	542	347	98
人造板制造	6306	6251	1115
木质制品制造	4222	4093	1503
竹、藤、棕、草等制品制造	1183	1183	328
家具制造业	65077	62225	26984
木质家具制造	24407	22259	9409
竹、藤家具制造	729	724	270
金属家具制造	24508	23915	9909
塑料家具制造	1141	1132	357
其他家具制造	14291	14195	7040
造纸和纸制品业	322031	311334	61631
纸浆制造	13984	13482	2642
造纸	209095	207196	34339
纸制品制造	98951	90656	24650
印刷和记录媒介复制业	82153	78394	35268
印刷	76001	72254	31738
装订及印刷相关服务	5582	5571	3283
记录媒介复制	569	569	247
文教、工美、体育和娱乐用品制造业	146975	137254	61285
文教办公用品制造	5077	4664	1833
乐器制造	7787	5601	3436
工艺美术及礼仪用品制造	52869	50153	17841
体育用品制造	25823	24845	13373
玩具制造	51302	48323	23290
游艺器材及娱乐用品制造	4117	3668	1513
石油、煤炭及其他燃料加工业	76186	61410	9822
精炼石油产品制造	18449	10431	3562
煤炭加工	47538	41081	5140
生物质燃料加工	10199	9897	1121
化学原料和化学制品制造业	681542	636068	197403
基础化学原料制造	223866	214780	41245
肥料制造	17878	17842	2796

单位：万元

资产性支出	#仪器和设备	#政府资金	#企业资金
194	194		542
54	54	193	6113
129	124		4222
			1183
2852	2817	163	64914
2148	2129	133	24275
5	3		729
594	589	30	24478
8	8		1141
96	89		14291
10697	10536	152	321879
503	503	60	13924
1899	1895		209095
8296	8138	92	98859
3760	3732	597	81556
3748	3720	28	75973
12	12		5582
		569	
9721	9616	2547	144428
412	400		5077
2185	2185		7787
2717	2658	60	52809
979	976	225	25598
2979	2952	2262	49040
449	444		4117
14776	11658	176	76010
8018	5024	158	18292
6456	6333	18	47520
302	301	1	10198
45475	44664	3900	677478
9087	8987	590	223276
36	36	118	17760

1-C-1.6 续表 3

行　业	R&D经费内部支出	日常性支出	#人员劳务费
农药制造	29671	23959	9944
涂料、油墨、颜料及类似产品制造	121284	114039	51182
合成材料制造	97855	94994	22958
专用化学产品制造	125791	108241	38350
炸药、火工及焰火产品制造	581	581	227
日用化学产品制造	64616	61632	30701
医药制造业	1941066	1746586	515690
化学药品原料药制造	164185	151717	50209
化学药品制剂制造	676631	660282	190127
中药饮片加工	6369	5779	5197
中成药生产	152196	145709	33628
兽用药品制造	12298	12185	4752
生物药品制品制造	863815	710401	207874
卫生材料及医药用品制造	63283	58562	22631
药用辅料及包装材料	2289	1952	1272
化学纤维制造业	208202	199655	39771
纤维素纤维原料及纤维制造	72955	67418	13923
合成纤维制造	133343	130673	25656
橡胶和塑料制品业	625804	586124	228960
橡胶制品业	224065	209398	70957
塑料制品业	401739	376726	158003
非金属矿物制品业	365288	346544	109032
水泥、石灰和石膏制造	28832	26451	5434
石膏、水泥制品及类似制品制造	22138	20468	7038
砖瓦、石材等建筑材料制造	10501	9975	2598
玻璃制造	142293	133314	51269
玻璃制品制造	65319	63969	17151
玻璃纤维和玻璃纤维增强塑料制品制造	19918	19182	6245
陶瓷制品制造	23890	22194	9307
耐火材料制品制造	7670	7464	3662
石墨及其他非金属矿物制品制造	44730	43526	6327
黑色金属冶炼和压延加工业	575638	551146	87218

单位：万元

资产性支出	#仪器和设备	#政府资金	#企业资金
5712	5710	15	29656
7244	6648	467	120817
2862	2832	170	97521
17551	17500	2018	123774
			581
2984	2951	522	64094
194481	192916	23649	1916218
12469	12396	2655	161430
16350	15586	8191	668148
591	576		6369
6487	6040	3954	148167
113	86		12298
153414	153231	8462	854622
4721	4670	88	63195
337	332	300	1989
8546	8440	93	208108
5536	5434	62	72892
2670	2666	31	133311
39680	39140	7725	617902
14667	14573	3835	220231
25013	24568	3890	397671
18745	18117	1034	364254
2381	2380	399	28433
1670	1661	178	21960
525	524	10	10491
8979	8416	390	141903
1350	1333	12	65307
736	736		19918
1696	1666	35	23855
206	205		7670
1203	1197	10	44720
24492	24414	615	575023

1-C-1.6 续表 4

行业	R&D经费内部支出	日常性支出	#人员劳务费
炼钢	6536	6441	162
钢压延加工	563167	538770	86524
铁合金冶炼	5936	5935	533
有色金属冶炼和压延加工业	223206	214980	38207
常用有色金属冶炼	97828	97282	4046
贵金属冶炼	15976	15976	6021
稀有稀土金属冶炼	1885	1000	277
有色金属合金制造	11839	8916	2552
有色金属压延加工	95677	91805	25311
金属制品业	410098	378300	127044
结构性金属制品制造	48353	46300	12954
金属工具制造	27713	26184	10201
集装箱及金属包装容器制造	71462	68397	16511
金属丝绳及其制品制造	42292	38141	10288
建筑、安全用金属制品制造	42956	39519	14766
金属表面处理及热处理加工	22607	22171	5848
搪瓷制品制造	3727	3674	1267
金属制日用品制造	41169	40085	15117
铸造及其他金属制品制造	109818	93830	40094
通用设备制造业	708375	646365	327438
锅炉及原动设备制造	27116	23860	10414
金属加工机械制造	60287	58757	26854
物料搬运设备制造	95306	92987	39984
泵、阀门、压缩机及类似机械制造	142761	106323	48562
轴承、齿轮和传动部件制造	22124	20176	9431
烘炉、风机、包装等设备制造	227816	221902	129535
文化、办公用机械制造	47781	44732	28026
通用零部件制造	45250	43307	19265
其他通用设备制造业	39935	34321	15366
专用设备制造业	849967	811632	374151
采矿、冶金、建筑专用设备制造	56719	55375	22211

单位：万元

资产性支出	#仪器和设备	#政府资金	#企业资金
95	95		6536
24397	24319	532	562635
		83	5852
8226	8038	3230	219975
546	414	20	97808
		120	15856
885	885	30	1855
2923	2923	410	11429
3872	3817	2651	93027
31798	30958	686	409412
2053	2051	257	48096
1529	1507	191	27523
3065	2939	120	71342
4151	4147	36	42256
3437	3073	68	42888
436	335	10	22597
53	44		3727
1085	1047		41169
15988	15815	5	109813
62010	47928	2462	668806
3256	2314	81	27035
1530	1485	1078	50032
2319	2311	88	95218
36438	23739	224	142537
1948	1876	286	21838
5913	5820	492	199392
3049	2932	39	47742
1943	1854	79	45171
5613	5596	95	39840
38335	37087	9109	840668
1344	1327	453	56266

1-C-1.6 续表 5

行业	R&D经费内部支出	日常性支出	#人员劳务费
化工、木材、非金属加工专用设备制造	170412	155480	71630
食品、饮料、烟草及饲料生产专用设备制造	4945	4436	1936
印刷、制药、日化及日用品生产专用设备制造	26022	25421	11764
纺织、服装和皮革加工专用设备制造	23188	21098	10603
电子和电工机械专用设备制造	64792	62922	34265
农、林、牧、渔专用机械制造	48415	48058	20044
医疗仪器设备及器械制造	402833	386875	182130
环保、邮政、社会公共服务及其他专用设备制造	52642	51969	19570
汽车制造业	2247716	2158668	964488
汽车整车制造	1673372	1642449	717574
汽车用发动机制造	71539	49602	25763
改装汽车制造	10202	9648	3153
汽车车身、挂车制造	972	771	368
汽车零部件及配件制造	491631	456199	217631
铁路、船舶、航空航天和其他运输设备制造业	227752	222259	91683
电气机械和器材制造业	1804762	1672843	656904
电机制造	355765	323171	124018
输配电及控制设备制造	497317	450454	118253
电线、电缆、光缆及电工器材制造	142585	133359	27034
电池制造	509151	477708	258485
家用电力器具制造	242936	233361	102817
非电力家用器具制造	4964	4698	2575
照明器具制造	50228	48323	22779
其他电气机械及器材制造	1816	1768	944
计算机、通信和其他电子设备制造业	5127981	4822274	2393148
计算机制造	768267	705095	399422
通信设备制造	1507550	1487482	808624
广播电视设备制造	65689	64866	34156
非专业视听设备制造	237025	214192	74185
智能消费设备制造	346497	337814	195413
电子器件制造	1204470	1104824	504892

单位：万元

资产性支出	#仪器和设备	#政府资金	#企业资金
14932	14368	1243	169125
510	508		4945
601	597	15	26008
2090	2071	503	22685
1870	1796	251	64541
357	347	105	48193
15958	15413	5704	397099
674	660	837	51806
89048	87567	16107	2229728
30923	30529	12204	1661168
21937	21930	255	71284
554	514	2265	7937
201	190		972
35433	34404	1382	488368
5493	5298	521	227231
131920	127142	4935	1791121
32595	32537	2165	352470
46863	45375	569	490202
9226	9193	931	140626
31443	28780	441	508710
9574	9113	720	242216
266	266		4964
1905	1830	111	50117
48	47		1816
305707	300958	42679	5023704
63172	62956	933	721720
20068	19245	898	1506652
823	777		65689
22834	22356	2311	234543
8683	7458	1572	344924
99646	98211	6963	1183835

1-C-1.6 续表 6

行业	R&D经费内部支出	日常性支出	#人员劳务费
电子元件及电子专用材料制造	955114	865767	355591
其他电子设备制造	43369	42234	20864
仪器仪表制造业	269213	253563	140276
通用仪器仪表制造	133795	130808	81471
专用仪器仪表制造	12215	12176	7620
钟表与计时仪器制造	15982	15880	8021
光学仪器制造	95563	83757	38446
衡器制造	4762	4511	3248
其他仪器仪表制造业	6896	6431	1470
其他制造业	21445	20129	8804
日用杂品制造	10969	10774	5327
其他未列明制造业	10476	9355	3478
废弃资源综合利用业	14348	13295	3339
金属废料和碎屑加工处理	6994	6009	1278
非金属废料和碎屑加工处理	7354	7287	2061
金属制品、机械和设备修理业	13569	12685	10183
专用设备修理	593	593	562
铁路、船舶、航空航天等运输设备修理	12817	11969	9578
其他机械和设备修理业	159	123	44
电力、热力、燃气及水生产和供应业	**244184**	**220624**	**75526**
电力、热力生产和供应业	142208	126979	26800
电力生产	134551	119322	24909
电力供应	1188	1188	171
热力生产和供应	6469	6469	1720
燃气生产和供应业	79225	72677	38410
燃气生产和供应业	79225	72677	38410
水的生产和供应业	22751	20969	10317
自来水生产和供应	11518	10308	5818
污水处理及其再生利用	8131	7802	3232
其他水的处理、利用与分配	3102	2859	1266

单位：万元

资产性支出	#仪器和设备	#政府资金	#企业资金
89347	88855	29993	922980
1136	1099	9	43361
15650	15374	3290	265466
2987	2854	949	132769
39	38	7	12208
102	100	74	15610
11806	11723	2260	93222
252	252		4762
465	407		6896
1316	1312	28	21200
194	192	28	10941
1121	1119		10259
1053	1029	14	14271
986	961	14	6917
67	67		7354
884	883		13528
			593
849	849		12777
35	35		159
23560	**22077**	**445**	**242092**
15229	14441	280	140282
15229	14441	280	132625
			1188
			6469
6548	5915	10	79215
6548	5915	10	79215
1783	1721	155	22596
1210	1203	44	11475
330	275	112	8019
243	243		3102

1-C-1.7 分行业外商投资

行业	R&D经费内部支出	日常性支出	#人员劳务费
总计	**19214256**	**18136401**	**7283988**
采矿业	**43200**	**38541**	**13574**
煤炭开采和洗选业	20578	15927	7373
烟煤和无烟煤开采洗选	20578	15927	7373
石油和天然气开采业	14605	14597	2593
石油开采	14605	14597	2593
黑色金属矿采选业	38	38	33
铁矿采选	38	38	33
有色金属矿采选业	4448	4448	2529
常用有色金属矿采选	4042	4042	2263
贵金属矿采选	406	406	266
非金属矿采选业	3292	3292	872
土砂石开采	2144	2144	609
石棉及其他非金属矿采选	1148	1148	263
开采专业及辅助性活动	238	238	175
石油和天然气开采专业及辅助性活动	238	238	175
制造业	**19010783**	**17947674**	**7231171**
农副食品加工业	217251	187958	66838
谷物磨制	857	799	691
饲料加工	52166	47963	12168
植物油加工	5739	5676	1409
制糖业	129	129	119
屠宰及肉类加工	113866	97865	42568
水产品加工	13881	12240	3533
蔬菜、菌类、水果和坚果加工	7836	7631	2305
其他农副食品加工	22777	15657	4047
食品制造业	178646	164372	65862
焙烤食品制造	14812	12713	7142

企业R&D经费内部支出情况

单位：万元

资产性支出	#仪器和设备	#政府资金	#企业资金
1077855	**1051081**	**218922**	**18851040**
4659	**4651**	**341**	**42859**
4651	4651		20578
4651	4651		20578
8		103	14502
8		103	14502
			38
			38
			4448
			4042
			406
			3292
			2144
			1148
		238	
		238	
1063110	**1036576**	**218490**	**18648176**
29292	28822	677	216574
59	59		857
4203	4068	121	52045
63	63		5739
			129
16001	15680	340	113526
1642	1635	56	13826
205	198	92	7744
7120	7119	68	22709
14274	14176	764	177882
2100	2098		14812

1-C-1.7 续表 1

行业	R&D经费内部支出	日常性支出	#人员劳务费
糖果、巧克力及蜜饯制造	8128	7464	3125
方便食品制造	20266	19799	7784
乳制品制造	37757	34003	14990
罐头食品制造	1502	1483	642
调味品、发酵制品制造	45545	44360	15434
其他食品制造	50636	44552	16745
酒、饮料和精制茶制造业	60008	54292	19761
酒的制造	15314	13993	5113
饮料制造	44694	40299	14649
纺织业	119614	112754	44486
棉纺织及印染精加工	58814	56421	22039
毛纺织及染整精加工	5223	4891	1953
丝绢纺织及印染精加工	4034	3864	1184
化纤织造及印染精加工	11850	8478	3600
针织或钩针编织物及其制品制造	4942	4720	1472
家用纺织制成品制造	13361	13186	4926
产业用纺织制成品制造	21391	21194	9311
纺织服装、服饰业	68782	67300	30177
机织服装制造	34251	33660	16972
针织或钩针编织服装制造	25636	24898	10027
服饰制造	8895	8742	3177
皮革、毛皮、羽毛及其制品和制鞋业	76205	74097	29501
皮革鞣制加工	2775	2768	631
皮革制品制造	26503	25432	7830
毛皮鞣制及制品加工	144	144	32
羽毛(绒)加工及制品制造	56	56	10
制鞋业	46727	45697	20999
木材加工和木、竹、藤、棕、草制品业	8498	8449	2195
木材加工	978	978	61
人造板制造	3303	3283	605

单位：万元

资产性支出	#仪器和设备	#政府资金	#企业资金
664	664		8128
467	465	43	20224
3754	3749	615	37143
19	17	49	1452
1185	1108	47	45499
6084	6074	11	50625
5715	4994	147	59861
1321	603	137	15177
4394	4391	10	44684
6860	6831	437	119177
2393	2392	301	58513
332	327		5223
170	170		4034
3372	3365	37	11813
221	221		4942
175	167	35	13326
197	188	65	21326
1482	1409	3467	65315
591	539	27	34224
738	738	3440	22197
152	133		8895
2108	2022	47	76039
6	6		2775
1071	1042	3	26382
			144
			56
1031	974	44	46683
48	48	121	8377
			978
20	20	121	3182

1-C-1.7 续表 2

行　业	R&D经费内部支出	日常性支出	#人员劳务费
木质制品制造	2858	2830	949
竹、藤、棕、草等制品制造	1360	1360	580
家具制造业	40055	39663	18443
木质家具制造	8798	8615	3670
金属家具制造	13400	13387	5815
其他家具制造	17857	17661	8958
造纸和纸制品业	151584	146561	23265
造纸	124612	123020	15104
纸制品制造	26972	23541	8162
印刷和记录媒介复制业	45730	34495	16258
印刷	45690	34456	16252
装订及印刷相关服务	41	39	6
文教、工美、体育和娱乐用品制造业	71356	64773	34063
文教办公用品制造	4425	4401	2595
乐器制造	2293	1577	1083
工艺美术及礼仪用品制造	21989	21507	10776
体育用品制造	17020	16935	10444
玩具制造	9897	9861	4834
游艺器材及娱乐用品制造	15732	10491	4332
石油、煤炭及其他燃料加工业	41682	40452	10925
精炼石油产品制造	32490	31280	9512
煤炭加工	9192	9172	1413
化学原料和化学制品制造业	711900	673226	256985
基础化学原料制造	122566	112966	32985
肥料制造	61077	60534	14474
农药制造	52549	52149	11152
涂料、油墨、颜料及类似产品制造	76293	74538	36513
合成材料制造	187208	175856	64516
专用化学产品制造	147772	133700	62299
炸药、火工及焰火产品制造	473	402	89
日用化学产品制造	63962	63082	34956

单位：万元

资产性支出	#仪器和设备	#政府资金	#企业资金
28	28		2858
			1360
392	391		40055
183	182		8798
13	13		13400
196	196		17857
5023	4993	353	151195
1592	1563	246	124367
3431	3430	107	26829
11235	11059		45673
11234	11057		45632
2	2		41
6584	6501	156	70653
24	24		4425
716	716		2293
482	414	66	21889
85	70		16507
36	36	90	9807
5241	5241		15732
1230	258	2	41680
1210	238	2	32488
20	20		9192
38673	37892	4889	706710
9600	9425	1426	121140
543	520	115	60963
400	376	391	52158
1755	1715	441	75778
11352	11181	978	186230
14072	13730	1492	146056
71	69		473
880	877	48	63914

1-C-1.7 续表 3

行　业	R&D经费内部支出	日常性支出	#人员劳务费
医药制造业	991720	936167	291939
化学药品原料药制造	67086	63758	30140
化学药品制剂制造	327235	315471	94243
中药饮片加工	2986	2790	740
中成药生产	21096	19509	6889
兽用药品制造	19575	17567	7868
生物药品制品制造	495775	466686	129889
卫生材料及医药用品制造	43030	37275	17143
药用辅料及包装材料	14937	13111	5027
化学纤维制造业	91269	90232	15221
纤维素纤维原料及纤维制造	25514	25363	2466
合成纤维制造	61122	60281	11825
生物基材料制造	4632	4589	930
橡胶和塑料制品业	361560	341331	153902
橡胶制品业	166496	159614	67253
塑料制品业	195064	181717	86649
非金属矿物制品业	219321	195121	63390
水泥、石灰和石膏制造	20156	18034	4924
石膏、水泥制品及类似制品制造	8527	8425	2600
砖瓦、石材等建筑材料制造	13591	10821	4146
玻璃制造	39188	33487	16989
玻璃制品制造	39373	31246	8506
玻璃纤维和玻璃纤维增强塑料制品制造	9566	9079	4791
陶瓷制品制造	22976	19077	8858
耐火材料制品制造	18371	17779	5972
石墨及其他非金属矿物制品制造	47574	47174	6606
黑色金属冶炼和压延加工业	266305	262963	23129
炼钢	76648	76084	4800
钢压延加工	184908	182258	17529
铁合金冶炼	4750	4622	800

单位：万元

资产性支出	#仪器和设备	#政府资金	#企业资金
55553	54276	27205	907256
3328	3307	1197	65815
11764	11611	6830	305800
196	131	218	2769
1586	1584	953	20142
2008	1744	726	18849
29089	28476	16516	443758
5755	5597	756	35390
1826	1826	9	14734
1036	983	378	90891
152	151	28	25486
842	789	280	60842
43	43	70	4562
20229	19635	127	356264
6882	6676	14	161411
13347	12959	113	194854
24200	23453	110	219171
2122	1966		20116
103	51		8527
2769	2768	6	13585
5701	5648		39188
8127	7871		39373
487	431	39	9527
3899	3819		22976
592	503	4	18367
400	399	61	47513
3342	3229	846	265459
564	494		76648
2650	2616	719	184189
128	119	127	4622

1-C-1.7 续表 4

行业	R&D经费内部支出	日常性支出	#人员劳务费
有色金属冶炼和压延加工业	160316	158831	29333
常用有色金属冶炼	20781	20460	3194
贵金属冶炼	4018	4017	933
稀有稀土金属冶炼	10018	9470	646
有色金属合金制造	22933	22815	8962
有色金属压延加工	102566	102069	15600
金属制品业	365297	348430	136415
结构性金属制品制造	40735	40124	17818
金属工具制造	11747	10722	4841
集装箱及金属包装容器制造	53958	51872	20793
金属丝绳及其制品制造	22673	19531	6505
建筑、安全用金属制品制造	41770	41218	22813
金属表面处理及热处理加工	32934	31241	9226
金属制日用品制造	21291	20832	8355
铸造及其他金属制品制造	140188	132889	46066
通用设备制造业	1541805	1463823	704922
锅炉及原动设备制造	206251	193636	86543
金属加工机械制造	102793	99062	50471
物料搬运设备制造	333717	326558	149480
泵、阀门、压缩机及类似机械制造	387233	365332	171358
轴承、齿轮和传动部件制造	84986	80204	41786
烘炉、风机、包装等设备制造	189910	179205	88803
文化、办公用机械制造	48482	46418	26456
通用零部件制造	82772	70179	34553
其他通用设备制造业	105662	103230	55472
专用设备制造业	1081064	1016335	502872
采矿、冶金、建筑专用设备制造	289181	277998	120794
化工、木材、非金属加工专用设备制造	102794	95788	52872
食品、饮料、烟草及饲料生产专用设备制造	7326	5895	3093

单位：万元

资产性支出	#仪器和设备	#政府资金	#企业资金
1485	1456	6497	153819
322	322	152	20630
2			4018
548	547	100	9918
118	95	289	22644
496	493	5956	96610
16867	16624	1023	363345
611	592	645	40091
1025	1004	35	11544
2086	2080		53958
3142	3124		22348
552	484	105	41665
1692	1687		32497
459	455	50	21241
7299	7199	188	140000
77982	76326	36186	1502398
12615	12534	22286	183966
3732	3669	284	102375
7159	6600	3129	330527
21901	21640	1958	384271
4783	4674		84541
10705	10401	1476	187676
2063	1931	701	47160
12593	12487	156	82417
2432	2391	6196	99466
64728	62205	29005	1041075
11182	9176	1139	287746
7006	6945	848	101946
1431	1431	12	7314

1-C-1.7 续表 5

行业	R&D经费内部支出	日常性支出	#人员劳务费
印刷、制药、日化及日用品生产专用设备制造	32783	31574	14162
纺织、服装和皮革加工专用设备制造	24230	23926	13000
电子和电工机械专用设备制造	146224	124560	61316
农、林、牧、渔专用机械制造	16132	16010	7824
医疗仪器设备及器械制造	360062	341869	173722
环保、邮政、社会公共服务及其他专用设备制造	102333	98714	56087
汽车制造业	4989253	4734991	1710942
汽车整车制造	2488453	2397282	641316
汽车用发动机制造	113000	106914	28462
改装汽车制造	11528	11473	5933
低速汽车制造	374	374	279
汽车车身、挂车制造	32200	27639	11677
汽车零部件及配件制造	2343699	2191310	1023275
铁路、船舶、航空航天和其他运输设备制造业	370677	342843	113180
电气机械和器材制造业	1463646	1403994	606482
电机制造	168285	155653	64840
输配电及控制设备制造	478306	457928	183296
电线、电缆、光缆及电工器材制造	185334	178116	72896
电池制造	111786	103355	42709
家用电力器具制造	420837	411819	189812
非电力家用器具制造	21020	20921	11555
照明器具制造	68235	66441	36827
其他电气机械及器材制造	9841	9762	4547
计算机、通信和其他电子设备制造业	4934164	4615063	2058816
计算机制造	448159	441871	193265
通信设备制造	1352134	1289033	460846
广播电视设备制造	38650	38372	24564
雷达及配套设备制造	4817	4817	2920
非专业视听设备制造	150297	142232	69532
智能消费设备制造	373754	367267	222918

单位：万元

资产性支出	#仪器和设备	#政府资金	#企业资金
1209	1206	12	32771
304	291	293	23783
21664	21614	21574	124650
122	108	84	10910
18192	17849	3884	350782
3619	3585	1160	101173
254262	246960	23762	4956260
91171	86376	21035	2467418
6086	5871	73	109777
55	52	116	11412
		60	314
4561	4561		32200
152389	150101	2479	2335140
27833	27619	3586	364582
59651	58845	6603	1438011
12632	12424	643	165815
20378	20042	582	463395
7219	7169	1864	183470
8432	8332	628	111158
9018	8916	2215	416188
99	92	44	20976
1794	1792	626	67169
79	79		9841
319101	311875	66373	4833794
6288	5870	443	441939
63101	62121	278	1351537
277	268	80	38570
			4817
8066	6469	74	150224
6488	5043	1541	370816

1-C-1.7 续表 6

行业	R&D经费内部支出	日常性支出	#人员劳务费
电子器件制造	1596993	1448580	677450
电子元件及电子专用材料制造	835877	768517	357420
其他电子设备制造	133485	114375	49903
仪器仪表制造业	278178	268618	159345
通用仪器仪表制造	166553	161140	99887
专用仪器仪表制造	87497	84409	46600
钟表与计时仪器制造	509	509	292
光学仪器制造	18948	18051	9691
衡器制造	4289	4138	2558
其他仪器仪表制造业	383	372	317
其他制造业	59771	59004	30775
日用杂品制造	52066	52053	26817
其他未列明制造业	7705	6951	3957
废弃资源综合利用业	2498	2498	1199
金属废料和碎屑加工处理	1163	1163	265
非金属废料和碎屑加工处理	1335	1335	935
金属制品、机械和设备修理业	42633	39037	10550
专用设备修理	253	253	89
铁路、船舶、航空航天等运输设备修理	41225	37629	10197
其他机械和设备修理业	1155	1155	264
电力、热力、燃气及水生产和供应业	**160273**	**150187**	**39243**
电力、热力生产和供应业	40389	32699	7447
电力生产	37441	31295	7241
热力生产和供应	2948	1403	207
燃气生产和供应业	115028	112644	29735
燃气生产和供应业	115028	112644	29735
水的生产和供应业	4857	4844	2061
自来水生产和供应	2650	2650	1251
污水处理及其再生利用	2207	2194	811

单位：万元

资产性支出	#仪器和设备	#政府资金	#企业资金
148413	146995	57205	1539347
67360	66361	6001	822392
19109	18749	752	114153
9560	9333	5534	272035
5413	5210	5047	160897
3088	3079	487	87010
			509
896	882		18948
151	151		4289
11	11		383
767	767		59771
13	13		52066
754	754		7705
			2498
			1163
			1335
3596	3596	198	42355
			173
3596	3596	198	41027
			1155
10086	**9854**	**91**	**160006**
7690	7623	50	40162
6146	6079		37265
1544	1544	50	2898
2384	2218		115028
2384	2218		115028
13	13	41	4816
		41	2609
13	13		2207

1-C-1.8 各地区企业R&D经费内部支出情况

单位：万元

地区	R&D经费内部支出	日常性支出	#人员劳务费	资产性支出	#仪器和设备	#政府资金	#企业资金
全国	**209698997**	**194427867**	**66572134**	**15271130**	**14912204**	**4016788**	**205166436**
北京	4410019	4076430	1908095	333589	327721	316660	4020640
天津	2959946	2752441	985053	207505	203180	39607	2863704
河北	7035030	6795948	1494639	239082	224804	43017	6988352
山西	2175885	2095364	520776	80521	78968	78577	2095682
内蒙古	1919744	1751221	341284	168524	167261	78317	1841225
辽宁	3922250	3741943	990990	180306	178737	102050	3804851
吉林	1036767	929662	276457	107105	94460	15303	1020688
黑龙江	1060212	1027056	383849	33156	31729	99438	960500
上海	8110336	7234647	3321839	875690	867393	187271	7867927
江苏	33016934	30308134	11283385	2708800	2649975	226163	32686637
浙江	18275760	17113904	6156143	1161856	1142964	189325	18073205
安徽	9269647	8330876	2672986	938772	923263	173691	9045615
福建	9172900	8452110	3336928	720791	706325	149702	9009000
江西	4840718	4462385	1056734	378333	371604	131327	4708988
山东	18693400	17555057	4391025	1138344	1110862	200777	18468438
河南	9142432	8507478	2555026	634954	625237	74376	9060848
湖北	8956266	8193798	2521322	762468	743247	266597	8678352
湖南	9419834	8896719	2384655	523115	477073	192319	9223705
广东	34266367	31983387	13831962	2282979	2236085	543065	33703802
广西	1551896	1464911	404393	86985	81370	37685	1513781
海南	190844	177061	35657	13783	13346	3275	187073
重庆	4999041	4677453	1416572	321588	315939	77515	4910451
四川	5718223	5190779	1879839	527444	518166	224650	5481096
贵州	1261991	1175642	287262	86349	85227	59824	1182448
云南	2101472	1903115	359672	198356	193468	42625	2048506
西藏	11538	11232	3935	306	306	449	11089
陕西	3765593	3456540	1305654	309053	302082	341445	3420920
甘肃	782290	627961	162322	154329	151487	59717	720320
青海	151826	135336	36602	16491	15164	2752	149074
宁夏	668838	625122	110929	43716	41018	38078	630675
新疆	811001	774157	156154	36844	33743	21189	788846

1-C-1.9　各地区大中型企业R&D经费内部支出情况

单位：万元

地　区	R&D经费内部支出	日常性支出	#人员劳务费	资产性支出	#仪器和设备	#政府资金	#企业资金
全　国	**149458752**	**138283006**	**49092456**	**11175746**	**10917918**	**3303995**	**145745516**
北　京	3538501	3226937	1488753	311564	305895	289145	3184360
天　津	2250939	2076460	716546	174479	171168	34251	2160824
河　北	5360380	5197899	1193153	162481	150367	25949	5331619
山　西	1927827	1856417	458223	71411	70066	75217	1851555
内蒙古	1707646	1551156	302436	156491	155392	71458	1635986
辽　宁	3023429	2877441	700376	145988	144843	87018	2922100
吉　林	948847	846706	249342	102142	89648	11490	936580
黑龙江	846795	819921	315040	26874	25536	82619	764096
上　海	6321248	5520677	2430050	800571	793518	159748	6115665
江　苏	20701554	19163575	7112061	1537980	1503844	162002	20466094
浙　江	11998145	11258474	4202071	739671	726963	114855	11876365
安　徽	6385421	5732657	1925258	652765	642990	131742	6205639
福　建	6450477	5860070	2438232	590407	579179	125391	6315551
江　西	3058200	2801361	776682	256839	253184	105428	2952437
山　东	12729886	11935956	3149701	793930	774129	144308	12574687
河　南	6429820	6031762	1792691	398058	391795	59109	6366960
湖　北	5945530	5433773	1827641	511757	502769	244844	5695639
湖　南	4761694	4476000	1485252	285694	254234	124335	4634840
广　东	28361548	26359621	11792141	2001927	1962665	472810	27874205
广　西	1214937	1138644	323804	76293	70959	31912	1182994
海　南	145733	135977	29051	9756	9357	1659	143579
重　庆	3652659	3415571	1083791	237088	232905	54535	3589388
四　川	4249798	3820637	1390135	429162	423042	198439	4043790
贵　州	935493	869533	212372	65959	64991	43592	875556
云　南	1543962	1386134	256478	157827	154355	30038	1503653
西　藏	9912	9606	3206	306	306	416	9495
陕　西	3061056	2801930	1063429	259127	253330	331339	2727395
甘　肃	638025	491560	130070	146466	144000	53469	582829
青　海	131340	115384	32501	15956	14631	1859	129480
宁　夏	460495	430428	75451	30067	27891	22138	438272
新　疆	667455	640743	136519	26712	23969	12879	653884

1－C－1.10 各地区内资企业R&D经费内部支出情况

单位：万元

地区	R&D经费内部支出	日常性支出	#人员劳务费	资产性支出	#仪器和设备	#政府资金	#企业资金
全国	**172123465**	**159065089**	**52335807**	**13058376**	**12763861**	**3664947**	**168200852**
北京	3062922	2894730	1311942	168193	165411	302090	2714219
天津	2456371	2285945	774585	170426	167208	31717	2385572
河北	5481083	5267606	973835	213477	199814	40233	5437188
山西	2135557	2060125	507153	75433	73880	78322	2055610
内蒙古	1780346	1622560	316089	157785	156701	74279	1705865
辽宁	3139121	2994183	755389	144938	143726	82725	3047199
吉林	616875	558750	180577	58125	48040	15200	601552
黑龙江	1042564	1009427	375972	33137	31710	97711	944656
上海	5086900	4353830	1873899	733070	730841	149727	4926508
江苏	24554329	22420312	7876667	2134017	2089841	204359	24319524
浙江	14833420	13842154	4717391	991266	974866	157131	14667296
安徽	8454236	7564053	2342158	890183	875483	159270	8290355
福建	7340527	6753161	2547604	587367	576695	132746	7203688
江西	4158758	3813476	868750	345282	339311	127112	4031243
山东	16357462	15369180	3751081	988282	962373	182145	16162225
河南	8620575	8011449	2367514	609127	599808	71964	8541404
湖北	8063619	7348580	2164511	715038	697003	262918	7789990
湖南	8614622	8154604	2101254	460018	428527	162535	8448277
广东	26193875	24282640	11002689	1911235	1872664	460743	25726877
广西	1258077	1184343	307679	73734	68831	29883	1227764
海南	163560	153042	33771	10517	10121	3235	159829
重庆	4252005	3954279	1176692	297726	292791	57515	4186583
四川	5378433	4913501	1750580	464932	455909	220801	5146338
贵州	1226460	1142731	275124	83729	82618	58994	1147787
云南	2047425	1853018	343769	194407	189662	41132	1995953
西藏	11538	11232	3935	306	306	449	11089
陕西	3430265	3134107	1175137	296158	289214	340342	3086695
甘肃	778152	623823	161076	154329	151487	59517	716382
青海	151826	135336	36602	16491	15164	2752	149074
宁夏	649500	606676	106866	42825	40128	36724	612692
新疆	783064	746239	155518	36825	33726	20677	761421

1-C-1.11　各地区港澳台投资企业R&D经费内部支出情况

单位：万元

地　区	R&D经费内部支出	日常性支出	#人员劳务费	资产性支出	#仪器和设备	#政府资金	#企业资金
全　国	**18361276**	**17226377**	**6952340**	**1134899**	**1097262**	**132919**	**18114544**
北　京	733565	601849	324381	131716	130984	5364	726328
天　津	159848	149549	76773	10299	9279	1583	144686
河　北	1062412	1051623	377245	10789	10402	1119	1061293
山　西	6678	6606	3894	72	72		6678
内蒙古	88457	81390	17563	7067	6943	275	88182
辽　宁	305633	300724	87223	4909	4717	1745	303547
吉　林	17352	13765	3146	3587	3169		17352
黑龙江	15017	15014	6781	4	4	1728	13214
上　海	817473	782112	424531	35361	30881	5176	811076
江　苏	4010110	3700271	1460570	309839	304772	13532	3958057
浙　江	1864632	1778988	785676	85644	84315	15548	1849084
安　徽	398162	378660	147959	19502	19161	5444	347117
福　建	1228565	1141602	506697	86962	85623	8068	1218396
江　西	306960	289002	50145	17959	17397	1150	305810
山　东	1062424	992330	269379	70094	69451	8859	1053448
河　南	188215	181643	65254	6572	6524	1869	186346
湖　北	389264	362205	141747	27059	26288	607	388657
湖　南	558839	510172	210428	48667	34603	28448	530390
广　东	4356073	4169525	1765152	186548	181334	25749	4320003
广　西	32358	31814	10237	543	543	449	31908
海　南	16630	16559	968	71	30		16630
重　庆	402140	395451	112007	6689	6114	133	402007
四　川	224135	165340	72565	58795	58649	2485	221587
贵　州	20641	19163	7035	1478	1467	393	20249
云　南	38603	35281	10681	3322	3193	1393	37210
西　藏							
陕　西	42413	41303	11651	1110	1109	622	41791
甘　肃	3819	3819	1072			200	3619
青　海							
宁　夏	9425	9198	1184	227	226	469	8956
新　疆	1434	1420	399	14	13	511	922

1-C-1.12 各地区外商投资企业R&D经费内部支出情况

单位：万元

地区	R&D经费内部支出	日常性支出	#人员劳务费	资产性支出	#仪器和设备	#政府资金	#企业资金
全国	**19214256**	**18136401**	**7283988**	**1077855**	**1051081**	**218922**	**18851040**
北京	613531	579851	271771	33680	31326	9205	580094
天津	343727	316947	133695	26780	26693	6307	333446
河北	491536	476720	143559	14816	14588	1665	489871
山西	33650	28633	9729	5017	5017	255	33395
内蒙古	50941	47271	7632	3671	3617	3764	47178
辽宁	477496	447036	148378	30459	30294	17581	454105
吉林	402540	357147	92735	45393	43251	103	401783
黑龙江	2630	2615	1096	15	15		2630
上海	2205964	2098705	1023409	107259	105670	32369	2130344
江苏	4452495	4187551	1946148	264945	255362	8272	4409056
浙江	1577709	1492762	653076	84946	83783	16646	1556825
安徽	417249	388163	182869	29086	28618	8978	408143
福建	603809	557347	282628	46462	44007	8888	586917
江西	375000	359907	137839	15093	14896	3066	371935
山东	1273513	1193547	370565	79967	79039	9773	1252764
河南	333642	314387	122258	19255	18904	543	333099
湖北	503383	483012	215063	20371	19956	3071	499704
湖南	246373	231943	72972	14430	13944	1335	245038
广东	3716419	3531223	1064122	185196	182086	56573	3656923
广西	261462	248754	86478	12707	11996	7353	254109
海南	10654	7460	918	3195	3195	40	10614
重庆	344896	327723	127874	17173	17034	19868	321860
四川	115655	111938	56694	3717	3609	1364	113171
贵州	14890	13749	5103	1142	1141	438	14412
云南	15444	14817	5222	627	613	101	15343
西藏							
陕西	292915	281129	118867	11785	11759	481	292433
甘肃	319	319	174				319
青海							
宁夏	9913	9249	2880	664	664	885	9028
新疆	26503	26498	237	5	5		26503

2.R&D经费外部支出情况

1-C-2.1 分登记注册统计类别企业R&D经费外部支出情况

单位：万元

登记注册统计类别	R&D经费外部支出	#对境内研究机构支出	#对境内高等学校支出
总　计	**14066973**	**3823798**	**814995**
内资企业	**11556143**	**3546961**	**740888**
有限责任公司	9065298	3057205	505894
股份有限公司	2382335	472966	209488
非公司企业法人	103116	15361	25117
个人独资企业	4668	1221	385
合伙企业	726	208	5
其他内资企业			
港澳台投资企业	**925746**	**142613**	**29496**
港澳台投资有限责任公司	638051	75461	14773
港澳台投资股份有限公司	182972	44552	10305
港澳台投资合伙企业	62973	59	539
其他港澳台投资企业	41751	22541	3879
外商投资企业	**1585083**	**134225**	**44611**
外商投资有限责任公司	1300171	80385	33107
外商投资股份有限公司	233045	52297	8871
外商投资合伙企业	21013	291	394
其他外商投资企业	30854	1252	2240

1-C-2.2 分登记注册统计类别大中型企业R&D经费外部支出情况

单位：万元

登记注册统计类别	R&D经费外部支出	#对境内研究机构支出	#对境内高等学校支出
总　计	**12119890**	**3468497**	**604379**
内资企业	**9972546**	**3222949**	**542876**
有限责任公司	7730329	2771619	346605
股份有限公司	2141869	435943	171320
非公司企业法人	99208	15106	24766
个人独资企业	492	77	185
合伙企业	649	205	
其他内资企业			
港澳台投资企业	**781596**	**132785**	**22647**
港澳台投资有限责任公司	530032	66332	10470
港澳台投资股份有限公司	148989	43854	8000
港澳台投资合伙企业	62724	59	325
其他港澳台投资企业	39852	22541	3852
外商投资企业	**1365748**	**112763**	**38856**
外商投资有限责任公司	1164491	69747	28842
外商投资股份有限公司	176294	41503	7393
外商投资合伙企业	7816	291	386
其他外商投资企业	17147	1222	2235

1-C-2.3　分行业企业R&D经费外部支出情况

单位：万元

行　业	R&D经费外部支出	#对境内研究机构支出	#对境内高等学校支出
总　计	**14066973**	**3823798**	**814995**
采矿业	**416872**	**73079**	**114989**
煤炭开采和洗选业	156675	30206	36292
烟煤和无烟煤开采洗选	155481	30041	35724
褐煤开采洗选	1195	165	568
石油和天然气开采业	188795	28196	54071
石油开采	85020	12158	30900
天然气开采	103776	16038	23171
黑色金属矿采选业	20694	6429	8272
铁矿采选	20694	6429	8272
有色金属矿采选业	19986	5202	5469
常用有色金属矿采选	7247	1125	2672
贵金属矿采选	3222	451	583
稀有稀土金属矿采选	9517	3626	2215
非金属矿采选业	4982	1730	1112
土砂石开采	2399	733	572
化学矿开采	1979	920	301
采盐	326	66	81
石棉及其他非金属矿采选	278	11	157
开采专业及辅助性活动	25740	1316	9772
石油和天然气开采专业及辅助性活动	25740	1316	9772
制造业	**12851603**	**3542723**	**577937**
农副食品加工业	22070	6547	6801
谷物磨制	2373	1408	749
饲料加工	7237	1506	1560
植物油加工	3485	1289	447
制糖业	395		
屠宰及肉类加工	1946	1047	618
水产品加工	690	175	438
蔬菜、菌类、水果和坚果加工	1477	505	516
其他农副食品加工	4468	617	2474
食品制造业	80265	17849	20115

1−C−2.3 续表 1

单位：万元

行业	R&D经费外部支出	#对境内研究机构支出	#对境内高等学校支出
焙烤食品制造	1331	125	1187
糖果、巧克力及蜜饯制造	134	51	48
方便食品制造	1237	111	254
乳制品制造	21484	1235	3779
罐头食品制造	811	339	442
调味品、发酵制品制造	20202	2855	3364
其他食品制造	35067	13133	11041
酒、饮料和精制茶制造业	23629	5675	8922
酒的制造	14704	5167	7745
饮料制造	8078	327	768
精制茶加工	847	181	408
烟草制品业	57555	14311	14268
烟叶复烤	227	29	19
卷烟制造	56054	13794	13746
其他烟草制品制造	1274	487	503
纺织业	21718	3039	8053
棉纺织及印染精加工	12137	1005	3674
毛纺织及染整精加工	489	307	160
丝绢纺织及印染精加工	328	101	133
化纤织造及印染精加工	1607	1038	357
针织或钩针编织物及其制品制造	1672	1	652
家用纺织制成品制造	1256	165	488
产业用纺织制成品制造	4228	422	2589
纺织服装、服饰业	9567	2318	1518
机织服装制造	7698	1787	766
针织或钩针编织服装制造	1526	531	626
服饰制造	343	1	126
皮革、毛皮、羽毛及其制品和制鞋业	10837	3008	2084
皮革鞣制加工	666	606	34
皮革制品制造	387	202	185
毛皮鞣制及制品加工	3		3
羽毛(绒)加工及制品制造	3		3
制鞋业	9778	2201	1859
木材加工和木、竹、藤、棕、草制品业	3622	956	730

1-C-2.3　续表 2　单位：万元

行　业	R&D经费外部支出	#对境内研究机构支出	#对境内高等学校支出
木材加工	362	203	158
人造板制造	2128	709	146
木质制品制造	611	39	384
竹、藤、棕、草等制品制造	521	5	43
家具制造业	27466	917	1274
木质家具制造	3635	207	90
竹、藤家具制造	64		59
金属家具制造	21963	122	322
塑料家具制造	54		
其他家具制造	1749	588	803
造纸和纸制品业	7728	1443	2303
纸浆制造	93	69	24
造纸	3672	323	1899
纸制品制造	3963	1051	380
印刷和记录媒介复制业	7759	665	1628
印刷	7758	665	1626
装订及印刷相关服务	2		2
文教、工美、体育和娱乐用品制造业	10780	1318	2330
文教办公用品制造	1262	12	470
乐器制造	234	46	100
工艺美术及礼仪用品制造	2865	277	965
体育用品制造	2916	903	176
玩具制造	3105	80	619
游艺器材及娱乐用品制造	398		
石油、煤炭及其他燃料加工业	48482	10117	12174
精炼石油产品制造	44685	9412	11281
煤炭加工	2200	611	368
核燃料加工	962		
生物质燃料加工	634	94	525
化学原料和化学制品制造业	291635	60325	58610
基础化学原料制造	85815	21780	17003
肥料制造	10752	2230	5389
农药制造	26714	4347	4038
涂料、油墨、颜料及类似产品制造	20592	3701	5165

1-C-2.3 续表 3

单位：万元

行　业	R&D经费外部支出	#对境内研究机构支出	#对境内高等学校支出
合成材料制造	58464	11075	9546
专用化学产品制造	54808	8743	13666
炸药、火工及焰火产品制造	2284	719	807
日用化学产品制造	32205	7731	2997
医药制造业	1545701	410448	52831
化学药品原料药制造	253444	53746	9092
化学药品制剂制造	700446	206816	11137
中药饮片加工	15010	6627	2377
中成药生产	257947	65203	14649
兽用药品制造	20792	6960	4029
生物药品制品制造	274040	63459	8775
卫生材料及医药用品制造	17462	2592	2310
药用辅料及包装材料	6561	5047	463
化学纤维制造业	10961	2406	4571
纤维素纤维原料及纤维制造	2173	721	911
合成纤维制造	7572	1686	3430
生物基材料制造	1216		230
橡胶和塑料制品业	123089	13903	13619
橡胶制品业	75205	10836	3951
塑料制品业	47883	3067	9668
非金属矿物制品业	67443	14542	15342
水泥、石灰和石膏制造	3152	809	1424
石膏、水泥制品及类似制品制造	13285	1664	2081
砖瓦、石材等建筑材料制造	5996	2154	1648
玻璃制造	1329	192	641
玻璃制品制造	3806	265	1912
玻璃纤维和玻璃纤维增强塑料制品制造	8140	1780	579
陶瓷制品制造	7712	1139	1570
耐火材料制品制造	2803	277	956
石墨及其他非金属矿物制品制造	21221	6263	4531
黑色金属冶炼和压延加工业	112829	32531	18463
炼铁	7	6	1
炼钢	3596	387	830

1-C-2.3　续表 4　　　　单位：万元

行　　业	R&D经费外部支出	#对境内研究机构支出	#对境内高等学校支出
钢压延加工	107520	31936	17034
铁合金冶炼	1706	203	599
有色金属冶炼和压延加工业	106298	44419	20884
常用有色金属冶炼	32935	12258	5860
贵金属冶炼	15796	2208	1760
稀有稀土金属冶炼	26127	15159	4802
有色金属合金制造	7515	1602	3834
有色金属压延加工	23910	13193	4627
金属制品业	56789	11070	9712
结构性金属制品制造	23326	4920	1967
金属工具制造	4920	483	1109
集装箱及金属包装容器制造	1848	139	772
金属丝绳及其制品制造	1756	81	828
建筑、安全用金属制品制造	4879	224	542
金属表面处理及热处理加工	1695	166	861
搪瓷制品制造	272		
金属制日用品制造	638	99	195
铸造及其他金属制品制造	17455	4958	3439
通用设备制造业	369347	58084	46605
锅炉及原动设备制造	115260	19681	11727
金属加工机械制造	22505	3573	4395
物料搬运设备制造	45805	6455	6431
泵、阀门、压缩机及类似机械制造	45856	6311	9699
轴承、齿轮和传动部件制造	13464	877	3524
烘炉、风机、包装等设备制造	74852	15682	4633
文化、办公用机械制造	13168	224	574
通用零部件制造	8780	1909	1942
其他通用设备制造业	29657	3371	3682
专用设备制造业	361490	33288	39152
采矿、冶金、建筑专用设备制造	41780	6326	9657
化工、木材、非金属加工专用设备制造	12635	2141	4496
食品、饮料、烟草及饲料生产专用设备制造	2559	123	720
印刷、制药、日化及日用品生产专用设备制造	2151	158	1463

1-C-2.3 续表 5

单位：万元

行 业	R&D经费外部支出	#对境内研究机构支出	#对境内高等学校支出
纺织、服装和皮革加工专用设备制造	4054	617	1827
电子和电工机械专用设备制造	65427	3439	5190
农、林、牧、渔专用机械制造	7707	1024	1044
医疗仪器设备及器械制造	183683	13566	5992
环保、邮政、社会公共服务及其他专用设备制造	41496	5894	8764
汽车制造业	2793104	502555	22466
汽车整车制造	1409954	392149	5336
汽车用发动机制造	53730	3441	233
改装汽车制造	13338	1179	1047
低速汽车制造	2574	501	1283
电车制造	528	8	
汽车车身、挂车制造	5586	1568	1004
汽车零部件及配件制造	1307394	103710	13562
铁路、船舶、航空航天和其他运输设备制造业	695354	214997	32034
电气机械和器材制造业	929517	119195	52980
电机制造	73710	6873	5660
输配电及控制设备制造	183680	31021	27980
电线、电缆、光缆及电工器材制造	29643	4866	5712
电池制造	478068	39180	6647
家用电力器具制造	132501	34807	3986
非电力家用器具制造	2036	173	254
照明器具制造	22285	1465	1299
其他电气机械及器材制造	7595	810	1442
计算机、通信和其他电子设备制造业	4808748	1902418	79522
计算机制造	378848	18133	2742
通信设备制造	3122975	1798349	35790
广播电视设备制造	3159	446	417
雷达及配套设备制造	15898	1784	538
非专业视听设备制造	53346	627	1220
智能消费设备制造	262699	27180	1627
电子器件制造	752122	43072	18858
电子元件及电子专用材料制造	156035	10853	16377
其他电子设备制造	63607	1967	1948

1-C-2.3　续表 6

单位：万元

行　业	R&D经费外部支出	#对境内研究机构支出	#对境内高等学校支出
仪器仪表制造业	168132	22756	17265
通用仪器仪表制造	94501	10067	12356
专用仪器仪表制造	51003	9161	3062
钟表与计时仪器制造	803	23	22
光学仪器制造	13941	2919	1085
衡器制造	535	252	222
其他仪器仪表制造业	7349	334	519
其他制造业	61859	25245	9108
日用杂品制造	6469	1128	650
核辐射加工	596	25	
其他未列明制造业	54794	24091	8458
废弃资源综合利用业	12578	4674	1994
金属废料和碎屑加工处理	7034	1692	1375
非金属废料和碎屑加工处理	5544	2981	618
金属制品、机械和设备修理业	5254	1705	580
通用设备修理	349	32	71
专用设备修理	1930	1285	238
铁路、船舶、航空航天等运输设备修理	2294	388	201
电气设备修理	508		24
仪器仪表修理	2		2
其他机械和设备修理业	171		44
电力、热力、燃气及水生产和供应业	**798498**	**207996**	**122069**
电力、热力生产和供应业	770837	204946	119360
电力生产	277462	102601	12103
电力供应	490267	101459	106890
热力生产和供应	3109	887	367
燃气生产和供应业	19246	2392	478
燃气生产和供应业	19246	2392	478
水的生产和供应业	8415	659	2231
自来水生产和供应	5597	268	1089
污水处理及其再生利用	2710	338	1087
其他水的处理、利用与分配	108	53	55

1－C－2.4 分行业大中型企业R&D经费外部支出情况

单位：万元

行　　业	R&D经费外部支出	#对境内研究机构支出	#对境内高等学校支出
总　计	**12119890**	**3468497**	**604379**
采矿业	**392339**	**70593**	**110435**
煤炭开采和洗选业	153963	30030	35918
烟煤和无烟煤开采洗选	152768	29866	35350
褐煤开采洗选	1195	165	568
石油和天然气开采业	174454	27388	52322
石油开采	84862	12158	30900
天然气开采	89592	15230	21422
黑色金属矿采选业	20224	6395	8227
铁矿采选	20224	6395	8227
有色金属矿采选业	15650	4133	3853
常用有色金属矿采选	6724	917	2487
贵金属矿采选	2010	169	212
稀有稀土金属矿采选	6915	3047	1154
非金属矿采选业	2372	1331	379
土砂石开采	344	344	
化学矿开采	1595	920	300
采盐	323	66	79
石棉及其他非金属矿采选	110		
开采专业及辅助性活动	25676	1316	9737
石油和天然气开采专业及辅助性活动	25676	1316	9737
制造业	**11017223**	**3230547**	**375870**
农副食品加工业	11406	3752	2982
谷物磨制	841	804	32
饲料加工	3651	1040	579
植物油加工	1606	418	
制糖业	395		
屠宰及肉类加工	1356	859	464
水产品加工	234	5	226
蔬菜、菌类、水果和坚果加工	621	372	233
其他农副食品加工	2703	255	1448

1-C-2.4　续表 1　　单位：万元

行　业	R&D经费外部支出	#对境内研究机构支出	#对境内高等学校支出
食品制造业	61539	12254	13227
焙烤食品制造	995	32	964
糖果、巧克力及蜜饯制造	3	3	
方便食品制造	1015	102	166
乳制品制造	19581	1227	2632
罐头食品制造	561	291	269
调味品、发酵制品制造	18805	2579	2541
其他食品制造	20579	8020	6655
酒、饮料和精制茶制造业	19019	4866	7847
酒的制造	13672	4665	7435
饮料制造	5149	196	381
精制茶加工	198	4	32
烟草制品业	56342	13846	13838
烟叶复烤	227	29	19
卷烟制造	56011	13794	13746
其他烟草制品制造	104	23	74
纺织业	14905	1449	5496
棉纺织及印染精加工	10087	558	2901
毛纺织及染整精加工	181	39	141
丝绢纺织及印染精加工	233	101	133
化纤织造及印染精加工	410	359	49
针织或钩针编织物及其制品制造	869		212
家用纺织制成品制造	359	119	237
产业用纺织制成品制造	2766	274	1823
纺织服装、服饰业	8489	1885	1168
机织服装制造	6924	1354	575
针织或钩针编织服装制造	1451	531	590
服饰制造	114	1	4
皮革、毛皮、羽毛及其制品和制鞋业	9749	2289	1822
皮革鞣制加工	17		17
皮革制品制造	168	151	17
制鞋业	9565	2138	1788

1-C-2.4 续表 2 单位：万元

行业	R&D经费外部支出	#对境内研究机构支出	#对境内高等学校支出
木材加工和木、竹、藤、棕、草制品业	426	133	39
木材加工	40	7	33
人造板制造	287	120	6
木质制品制造	89	6	
竹、藤、棕、草等制品制造	11		
家具制造业	25647	597	996
木质家具制造	3023	28	74
金属家具制造	21003		158
其他家具制造	1622	569	765
造纸和纸制品业	3896	782	1746
纸浆制造	69	69	
造纸	2952	146	1542
纸制品制造	875	567	204
印刷和记录媒介复制业	5831	224	1080
印刷	5831	224	1080
文教、工美、体育和娱乐用品制造业	5851	663	1043
文教办公用品制造	725		62
乐器制造	139	25	100
工艺美术及礼仪用品制造	1466	188	279
体育用品制造	869	450	80
玩具制造	2604		523
游艺器材及娱乐用品制造	47		
石油、煤炭及其他燃料加工业	40266	9616	10693
精炼石油产品制造	37141	9022	10341
煤炭加工	2163	594	351
核燃料加工	962		
化学原料和化学制品制造业	173016	39267	33270
基础化学原料制造	54671	17306	12096
肥料制造	8758	1295	4652
农药制造	19007	1768	3219
涂料、油墨、颜料及类似产品制造	5772	827	1556

1-C-2.4　续表 3　　单位：万元

行　　业	R&D经费外部支出	#对境内研究机构支出	#对境内高等学校支出
合成材料制造	40486	7557	5437
专用化学产品制造	18142	3293	4249
炸药、火工及焰火产品制造	2220	719	766
日用化学产品制造	23961	6503	1295
医药制造业	1169188	302198	35639
化学药品原料药制造	190761	32920	6912
化学药品制剂制造	538544	158327	8619
中药饮片加工	5275	3265	508
中成药生产	203580	46195	12007
兽用药品制造	13608	4179	2392
生物药品制品制造	211254	56533	4184
卫生材料及医药用品制造	6074	778	1017
药用辅料及包装材料	93		
化学纤维制造业	5684	1315	1929
纤维素纤维原料及纤维制造	564	37	211
合成纤维制造	5110	1278	1708
生物基材料制造	10		10
橡胶和塑料制品业	81382	10594	4335
橡胶制品业	68441	9720	1292
塑料制品业	12941	875	3043
非金属矿物制品业	34189	7471	5485
水泥、石灰和石膏制造	2360	696	1061
石膏、水泥制品及类似制品制造	682	160	208
砖瓦、石材等建筑材料制造	97	14	21
玻璃制造	824	7	399
玻璃制品制造	1610	154	53
玻璃纤维和玻璃纤维增强塑料制品制造	7302	1539	278
陶瓷制品制造	5195	754	698
耐火材料制品制造	1465	116	199
石墨及其他非金属矿物制品制造	14655	4032	2570
黑色金属冶炼和压延加工业	106778	31653	17587
炼钢	3596	387	830

1-C-2.4 续表 4 单位：万元

行　业	R&D经费外部支出	#对境内研究机构支出	#对境内高等学校支出
钢压延加工	101888	31166	16317
铁合金冶炼	1295	100	440
有色金属冶炼和压延加工业	87673	36063	16830
常用有色金属冶炼	32314	12123	5684
贵金属冶炼	15066	2022	1694
稀有稀土金属冶炼	25477	15107	4708
有色金属合金制造	4057	1006	2822
有色金属压延加工	10744	5806	1922
金属制品业	24312	6629	4504
结构性金属制品制造	5947	3242	675
金属工具制造	2044	354	636
集装箱及金属包装容器制造	1142	61	485
金属丝绳及其制品制造	1042		195
建筑、安全用金属制品制造	1972		69
金属表面处理及热处理加工	643	12	371
金属制日用品制造	327	11	174
铸造及其他金属制品制造	11194	2949	1897
通用设备制造业	266385	44927	29890
锅炉及原动设备制造	89816	16569	10556
金属加工机械制造	12322	1968	2231
物料搬运设备制造	38376	5610	5550
泵、阀门、压缩机及类似机械制造	32731	4854	5525
轴承、齿轮和传动部件制造	9449	403	2757
烘炉、风机、包装等设备制造	56536	14375	1522
文化、办公用机械制造	10442	110	275
通用零部件制造	3766	479	592
其他通用设备制造业	12948	559	883
专用设备制造业	235204	17973	16905
采矿、冶金、建筑专用设备制造	27923	3080	6509
化工、木材、非金属加工专用设备制造	6329	1677	1276
食品、饮料、烟草及饲料生产专用设备制造	1380		99
印刷、制药、日化及日用品生产专用设备制造	844	66	682

1-C-2.4　续表 5　　　　单位：万元

行　　业	R&D经费外部支出	#对境内研究机构支出	#对境内高等学校支出
纺织、服装和皮革加工专用设备制造	2183	97	858
电子和电工机械专用设备制造	40722	1722	1777
农、林、牧、渔专用机械制造	4539	808	330
医疗仪器设备及器械制造	133489	8450	2572
环保、邮政、社会公共服务及其他专用设备制造	17795	2074	2802
汽车制造业	2652682	489535	15454
汽车整车制造	1386564	391778	5336
汽车用发动机制造	52212	2470	233
改装汽车制造	10445	797	310
低速汽车制造	2541	501	1283
汽车车身、挂车制造	2977	1369	885
汽车零部件及配件制造	1197944	92620	7407
铁路、船舶、航空航天和其他运输设备制造业	655197	210061	28299
电气机械和器材制造业	805495	102545	33104
电机制造	61709	3659	3603
输配电及控制设备制造	138231	24501	17979
电线、电缆、光缆及电工器材制造	16938	1717	2089
电池制造	443472	37608	4920
家用电力器具制造	123965	34683	3506
非电力家用器具制造	1527	40	106
照明器具制造	17681	339	896
其他电气机械及器材制造	1972		4
计算机、通信和其他电子设备制造业	4302343	1835388	53940
计算机制造	291095	13983	1029
通信设备制造	3055938	1770236	33294
广播电视设备制造	2378	341	284
雷达及配套设备制造	3668	872	300
非专业视听设备制造	44560	560	695
智能消费设备制造	204730	21736	843
电子器件制造	540658	20841	6584
电子元件及电子专用材料制造	113425	6063	9815
其他电子设备制造	45833	750	1093

1-C-2.4 续表 6

单位：万元

行 业	R&D经费外部支出	#对境内研究机构支出	#对境内高等学校支出
仪器仪表制造业	92526	15649	6927
通用仪器仪表制造	43791	6874	5231
专用仪器仪表制造	36357	6727	1135
钟表与计时仪器制造	110		
光学仪器制造	9250	1940	517
衡器制造	107	107	
其他仪器仪表制造业	2910		43
其他制造业	55277	24072	8625
日用杂品制造	5074	100	517
核辐射加工	570		
其他未列明制造业	49633	23972	8109
废弃资源综合利用业	2581	1258	769
金属废料和碎屑加工处理	2210	1146	675
非金属废料和碎屑加工处理	371	113	94
金属制品、机械和设备修理业	3947	1593	403
通用设备修理	5		
专用设备修理	1750	1205	182
铁路、船舶、航空航天等运输设备修理	2153	388	198
电气设备修理	39		24
电力、热力、燃气及水生产和供应业	**710329**	**167357**	**118073**
电力、热力生产和供应业	698847	165515	115939
电力生产	208257	64281	9116
电力供应	488975	100853	106822
热力生产和供应	1615	381	
燃气生产和供应业	5470	1583	424
燃气生产和供应业	5470	1583	424
水的生产和供应业	6013	260	1710
自来水生产和供应	4984	172	947
污水处理及其再生利用	1028	88	763

1-C-2.5　分行业内资企业R&D经费外部支出情况

单位：万元

行　业	R&D经费外部支出	#对境内研究机构支出	#对境内高等学校支出
总　计	**11556143**	**3546961**	**740888**
采矿业	**390863**	**72383**	**106683**
煤炭开采和洗选业	148805	29681	34203
烟煤和无烟煤开采洗选	147610	29516	33635
褐煤开采洗选	1195	165	568
石油和天然气开采业	171349	28027	48206
石油开采	75070	12057	28140
天然气开采	96280	15970	20067
黑色金属矿采选业	20674	6426	8254
铁矿采选	20674	6426	8254
有色金属矿采选业	19548	5202	5260
常用有色金属矿采选	6997	1125	2462
贵金属矿采选	3035	451	583
稀有稀土金属矿采选	9517	3626	2215
非金属矿采选业	4762	1730	1002
土砂石开采	2290	733	463
化学矿开采	1979	920	301
采盐	326	66	81
石棉及其他非金属矿采选	168	11	157
开采专业及辅助性活动	25725	1316	9758
石油和天然气开采专业及辅助性活动	25725	1316	9758
制造业	**10436858**	**3290110**	**513309**
农副食品加工业	17668	5486	6506
谷物磨制	2079	1322	747
饲料加工	5603	1329	1532
植物油加工	1341	552	435
制糖业	395		
屠宰及肉类加工	1790	997	512
水产品加工	670	166	431
蔬菜、菌类、水果和坚果加工	1389	505	439
其他农副食品加工	4402	614	2411
食品制造业	58021	15872	15545

1-C-2.5 续表 1

单位：万元

行　　业	R&D经费外部支出	#对境内研究机构支出	#对境内高等学校支出
焙烤食品制造	1331	125	1187
糖果、巧克力及蜜饯制造	134	51	48
方便食品制造	684	109	251
乳制品制造	16980	664	2076
罐头食品制造	811	339	442
调味品、发酵制品制造	9224	2843	3242
其他食品制造	28858	11742	8298
酒、饮料和精制茶制造业	21413	5251	8770
酒的制造	14003	4763	7638
饮料制造	6562	308	724
精制茶加工	847	181	408
烟草制品业	57555	14311	14268
烟叶复烤	227	29	19
卷烟制造	56054	13794	13746
其他烟草制品制造	1274	487	503
纺织业	10863	2571	4638
棉纺织及印染精加工	4787	885	2338
毛纺织及染整精加工	489	307	160
丝绢纺织及印染精加工	266	101	70
化纤织造及印染精加工	1099	710	176
针织或钩针编织物及其制品制造	898	1	535
家用纺织制成品制造	1196	165	431
产业用纺织制成品制造	2128	402	927
纺织服装、服饰业	7356	1024	1374
机织服装制造	5699	493	633
针织或钩针编织服装制造	1441	531	616
服饰制造	216	1	126
皮革、毛皮、羽毛及其制品和制鞋业	7143	2161	1975
皮革鞣制加工	63	3	34
皮革制品制造	237	69	168
毛皮鞣制及制品加工	3		3
羽毛(绒)加工及制品制造	3		3
制鞋业	6838	2089	1768
木材加工和木、竹、藤、棕、草制品业	3323	843	705

1-C-2.5　续表 2　　　　单位：万元

行　业	R&D经费外部支出	#对境内研究机构支出	#对境内高等学校支出
木材加工	362	203	158
人造板制造	1830	595	121
木质制品制造	611	39	384
竹、藤、棕、草等制品制造	521	5	43
家具制造业	27354	917	1202
木质家具制造	3628	207	83
竹、藤家具制造	64		59
金属家具制造	21867	122	263
塑料家具制造	54		
其他家具制造	1741	588	797
造纸和纸制品业	7048	1428	1931
纸浆制造	93	69	24
造纸	3283	323	1603
纸制品制造	3672	1036	304
印刷和记录媒介复制业	7129	660	1397
印刷	7129	660	1397
文教、工美、体育和娱乐用品制造业	7549	1293	2068
文教办公用品制造	1262	12	470
乐器制造	94	21	
工艺美术及礼仪用品制造	2427	277	871
体育用品制造	2697	903	176
玩具制造	964	80	551
游艺器材及娱乐用品制造	105		
石油、煤炭及其他燃料加工业	38528	8878	10758
精炼石油产品制造	34732	8173	9865
煤炭加工	2200	611	368
核燃料加工	962		
生物质燃料加工	634	94	525
化学原料和化学制品制造业	256497	53985	55324
基础化学原料制造	80166	20459	16186
肥料制造	10462	2195	5346
农药制造	22244	4222	3915
涂料、油墨、颜料及类似产品制造	19268	3470	4579

1-C-2.5 续表 3

单位：万元

行业	R&D经费外部支出	#对境内研究机构支出	#对境内高等学校支出
合成材料制造	47136	7551	9098
专用化学产品制造	46327	7945	12690
炸药、火工及焰火产品制造	2284	719	807
日用化学产品制造	28609	7425	2702
医药制造业	1259595	365449	47129
化学药品原料药制造	217524	40383	8591
化学药品制剂制造	556551	192891	9697
中药饮片加工	14990	6627	2357
中成药生产	241747	58585	12926
兽用药品制造	17107	5071	3294
生物药品制品制造	195111	59380	7706
卫生材料及医药用品制造	15368	2453	2231
药用辅料及包装材料	1198	60	327
化学纤维制造业	10230	2369	4216
纤维素纤维原料及纤维制造	1522	684	624
合成纤维制造	7492	1686	3363
生物基材料制造	1216		230
橡胶和塑料制品业	56696	6457	12785
橡胶制品业	24697	3770	3658
塑料制品业	31998	2687	9127
非金属矿物制品业	58004	10764	14093
水泥、石灰和石膏制造	2717	805	1098
石膏、水泥制品及类似制品制造	13206	1657	2009
砖瓦、石材等建筑材料制造	5996	2154	1648
玻璃制造	813	177	363
玻璃制品制造	3267	263	1912
玻璃纤维和玻璃纤维增强塑料制品制造	7744	1776	578
陶瓷制品制造	5676	1134	1403
耐火材料制品制造	1634	248	940
石墨及其他非金属矿物制品制造	16951	2550	4142
黑色金属冶炼和压延加工业	106120	29308	17544
炼铁	7	6	1
炼钢	2207	382	830

1−C−2.5　续表 4　　　　单位：万元

行　　业	R&D经费外部支出	#对境内研究机构支出	#对境内高等学校支出
钢压延加工	102279	28730	16180
铁合金冶炼	1627	190	532
有色金属冶炼和压延加工业	104376	43611	20019
常用有色金属冶炼	32767	12227	5822
贵金属冶炼	14758	1443	1613
稀有稀土金属冶炼	26097	15159	4772
有色金属合金制造	7511	1602	3830
有色金属压延加工	23228	13180	3981
金属制品业	53874	11037	9033
结构性金属制品制造	22262	4920	1959
金属工具制造	4681	482	1107
集装箱及金属包装容器制造	1204	139	631
金属丝绳及其制品制造	1675	81	747
建筑、安全用金属制品制造	4638	224	440
金属表面处理及热处理加工	1443	158	628
搪瓷制品制造	272		
金属制日用品制造	612	99	180
铸造及其他金属制品制造	17087	4934	3340
通用设备制造业	257128	37731	42271
锅炉及原动设备制造	67508	9473	10022
金属加工机械制造	20062	3570	4284
物料搬运设备制造	36063	5262	5897
泵、阀门、压缩机及类似机械制造	29183	4648	8666
轴承、齿轮和传动部件制造	12189	857	3380
烘炉、风机、包装等设备制造	45140	8799	4276
文化、办公用机械制造	11751	173	574
通用零部件制造	8121	1617	1734
其他通用设备制造业	27111	3333	3440
专用设备制造业	249390	30029	36183
采矿、冶金、建筑专用设备制造	38183	6003	9036
化工、木材、非金属加工专用设备制造	10064	2081	3583
食品、饮料、烟草及饲料生产专用设备制造	2501	123	720
印刷、制药、日化及日用品生产专用设备制造	1857	152	1322

1-C-2.5 续表 5

单位：万元

行 业	R&D经费外部支出	#对境内研究机构支出	#对境内高等学校支出
纺织、服装和皮革加工专用设备制造	3329	580	1703
电子和电工机械专用设备制造	36294	3046	5027
农、林、牧、渔专用机械制造	7542	1024	1044
医疗仪器设备及器械制造	109353	11160	5094
环保、邮政、社会公共服务及其他专用设备制造	40268	5860	8654
汽车制造业	2015700	422203	19243
汽车整车制造	1208912	337960	4423
汽车用发动机制造	40799	3441	52
改装汽车制造	12703	823	954
低速汽车制造	2541	501	1283
电车制造	528	8	
汽车车身、挂车制造	3570	1568	909
汽车零部件及配件制造	746647	77902	11621
铁路、船舶、航空航天和其他运输设备制造业	650385	210571	31208
电气机械和器材制造业	770062	90756	48019
电机制造	30628	6490	5251
输配电及控制设备制造	156751	13105	26905
电线、电缆、光缆及电工器材制造	24951	4849	5344
电池制造	430597	38597	5680
家用电力器具制造	108352	25396	1963
非电力家用器具制造	731	173	237
照明器具制造	10458	1336	1198
其他电气机械及器材制造	7595	810	1442
计算机、通信和其他电子设备制造业	4121282	1869053	56976
计算机制造	267708	13624	2728
通信设备制造	2977851	1797945	17386
广播电视设备制造	2695	105	295
雷达及配套设备制造	13783	1784	538
非专业视听设备制造	24640	601	1175
智能消费设备制造	71824	9015	1424
电子器件制造	611885	33931	17349
电子元件及电子专用材料制造	122445	10078	14233
其他电子设备制造	28392	1964	1846

1-C-2.5　续表 6　　　　单位：万元

行　　业	R&D经费外部支出	#对境内研究机构支出	#对境内高等学校支出
仪器仪表制造业	126285	15106	16803
通用仪器仪表制造	83373	7146	12120
专用仪器仪表制造	23037	4626	2836
钟表与计时仪器制造	702		22
光学仪器制造	12968	2748	1085
衡器制造	535	252	222
其他仪器仪表制造业	5672	334	519
其他制造业	53192	25227	8769
日用杂品制造	2150	1128	311
核辐射加工	596	25	
其他未列明制造业	50447	24073	8458
废弃资源综合利用业	11938	4054	1978
金属废料和碎屑加工处理	7034	1692	1375
非金属废料和碎屑加工处理	4904	2361	603
金属制品、机械和设备修理业	5155	1705	580
通用设备修理	349	32	71
专用设备修理	1905	1285	238
铁路、船舶、航空航天等运输设备修理	2219	388	201
电气设备修理	508		24
仪器仪表修理	2		2
其他机械和设备修理业	171		44
电力、热力、燃气及水生产和供应业	**728422**	**184468**	**120896**
电力、热力生产和供应业	704689	182243	118395
电力生产	211468	79897	11238
电力供应	490206	101459	106884
热力生产和供应	3015	887	273
燃气生产和供应业	15918	1638	439
燃气生产和供应业	15918	1638	439
水的生产和供应业	7816	588	2062
自来水生产和供应	5281	268	1080
污水处理及其再生利用	2427	268	927
其他水的处理、利用与分配	108	53	55

1-C-2.6 分行业港澳台投资企业R&D经费外部支出情况

单位：万元

行业	R&D经费外部支出	#对境内研究机构支出	#对境内高等学校支出
总计	**925746**	**142613**	**29496**
采矿业	**18879**	**648**	**5887**
煤炭开采和洗选业	7806	512	2079
烟煤和无烟煤开采洗选	7806	512	2079
石油和天然气开采业	11022	134	3800
石油开采	3526	67	695
天然气开采	7496	68	3105
黑色金属矿采选业	3	3	
铁矿采选	3	3	
有色金属矿采选业	49		8
常用有色金属矿采选	49		8
制造业	**846281**	**119342**	**22601**
农副食品加工业	2650	915	89
谷物磨制	206		
饲料加工	1609	177	3
植物油加工	737	728	9
屠宰及肉类加工	1		1
水产品加工	14	10	5
蔬菜、菌类、水果和坚果加工	21		9
其他农副食品加工	63		63
食品制造业	6912	1469	2816
方便食品制造	551		2
乳制品制造	3066	433	1017
调味品、发酵制品制造	53	13	41
其他食品制造	3242	1023	1756
酒、饮料和精制茶制造业	695	19	86
酒的制造	87		61
饮料制造	608	19	25
纺织业	9623	15	3117
棉纺织及印染精加工	7128		1305
针织或钩针编织物及其制品制造	774		117
家用纺织制成品制造	51		48
产业用纺织制成品制造	1670	15	1646

1-C-2.6　续表 1　　单位：万元

行　业	R&D经费外部支出	#对境内研究机构支出	#对境内高等学校支出
纺织服装、服饰业	773		143
机织服装制造	695		133
针织或钩针编织服装制造	78		10
皮革、毛皮、羽毛及其制品和制鞋业	3283	612	91
皮革鞣制加工	603	603	
皮革制品制造	4	4	
制鞋业	2676	5	91
木材加工和木、竹、藤、棕、草制品业	273	113	
人造板制造	273	113	
家具制造业	59		59
金属家具制造	59		59
造纸和纸制品业	268	14	239
造纸	163		163
纸制品制造	105	14	76
印刷和记录媒介复制业	619	5	219
印刷	619	5	219
文教、工美、体育和娱乐用品制造业	2583	25	253
乐器制造	139	25	100
工艺美术及礼仪用品制造	354		85
玩具制造	1796		68
游艺器材及娱乐用品制造	294		
石油、煤炭及其他燃料加工业	3493	1239	1319
精炼石油产品制造	3493	1239	1319
化学原料和化学制品制造业	15377	3737	1876
基础化学原料制造	3118	941	553
肥料制造	61	27	
农药制造	1918		
涂料、油墨、颜料及类似产品制造	483	231	252
合成材料制造	2894	1841	67
专用化学产品制造	5882	391	770
日用化学产品制造	1021	306	234
医药制造业	225563	27932	2465

1-C-2.6 续表 2

单位：万元

行　　业	R&D经费外部支出	#对境内研究机构支出	#对境内高等学校支出
化学药品原料药制造	27928	12576	191
化学药品制剂制造	120411	7341	399
中成药生产	11408	3395	1191
兽用药品制造	2250	1276	214
生物药品制品制造	63402	3329	448
卫生材料及医药用品制造	71	16	22
药用辅料及包装材料	93		
化学纤维制造业	639	37	274
纤维素纤维原料及纤维制造	629	37	264
合成纤维制造	9		9
橡胶和塑料制品业	2687	532	476
橡胶制品业	1616	303	160
塑料制品业	1071	230	315
非金属矿物制品业	7669	3769	994
水泥、石灰和石膏制造	430		326
石膏、水泥制品及类似制品制造	79	7	72
玻璃制造	516	15	278
玻璃制品制造	2	2	
玻璃纤维和玻璃纤维增强塑料制品制造	52		2
陶瓷制品制造	1811	5	167
耐火材料制品制造	902	29	2
石墨及其他非金属矿物制品制造	3878	3712	148
黑色金属冶炼和压延加工业	4134	2352	249
炼钢	1389	6	
钢压延加工	2745	2347	249
有色金属冶炼和压延加工业	644		620
有色金属合金制造	4		4
有色金属压延加工	640		616
金属制品业	1774	33	340
结构性金属制品制造	1047		
金属工具制造	238	1	1
集装箱及金属包装容器制造	93		88
建筑、安全用金属制品制造	5		

1-C-2.6 续表 3

单位：万元

行业	R&D经费外部支出	#对境内研究机构支出	#对境内高等学校支出
金属表面处理及热处理加工	252	8	233
金属制日用品制造	16		4
铸造及其他金属制品制造	124	24	15
通用设备制造业	33342	9030	716
锅炉及原动设备制造	12623		7
金属加工机械制造	1371	4	41
物料搬运设备制造	1073	565	67
泵、阀门、压缩机及类似机械制造	3013	1635	267
轴承、齿轮和传动部件制造	410		36
烘炉、风机、包装等设备制造	13997	6483	83
文化、办公用机械制造	163	51	
通用零部件制造	425	293	89
其他通用设备制造业	267		127
专用设备制造业	58020	1435	1398
采矿、冶金、建筑专用设备制造	612	91	47
化工、木材、非金属加工专用设备制造	2273	55	843
印刷、制药、日化及日用品生产专用设备制造	153	6	
纺织、服装和皮革加工专用设备制造	249	36	119
电子和电工机械专用设备制造	685	53	140
农、林、牧、渔专用机械制造	73		
医疗仪器设备及器械制造	53895	1178	224
环保、邮政、社会公共服务及其他专用设备制造	82	16	25
汽车制造业	91700	26346	412
汽车整车制造	26560	23468	
汽车用发动机制造	11148		131
汽车零部件及配件制造	53992	2877	281
铁路、船舶、航空航天和其他运输设备制造业	23316	403	175
电气机械和器材制造业	93204	13559	1264
电机制造	24163		160
输配电及控制设备制造	18846	12617	425
电线、电缆、光缆及电工器材制造	2429		250
电池制造	43928	262	269
家用电力器具制造	3451	587	74
照明器具制造	387	93	86

1-C-2.6 续表 4

单位：万元

行业	R&D经费外部支出	#对境内研究机构支出	#对境内高等学校支出
计算机、通信和其他电子设备制造业	247175	23023	2569
计算机制造	51480	2623	
通信设备制造	35637	249	498
广播电视设备制造	464	341	123
非专业视听设备制造	7937	27	45
智能消费设备制造	61941	15141	29
电子器件制造	70092	3929	470
电子元件及电子专用材料制造	19613	711	1402
其他电子设备制造	11	3	3
仪器仪表制造业	9268	2709	229
通用仪器仪表制造	7205	2673	151
专用仪器仪表制造	79		79
钟表与计时仪器制造	101	23	
光学仪器制造	206	13	
其他仪器仪表制造业	1677		
其他制造业	445	19	98
日用杂品制造	98		98
其他未列明制造业	347	19	
废弃资源综合利用业	20		16
非金属废料和碎屑加工处理	20		16
金属制品、机械和设备修理业	75		
铁路、船舶、航空航天等运输设备修理	75		
电力、热力、燃气及水生产和供应业	**60586**	**22622**	**1009**
电力、热力生产和供应业	60115	22441	965
电力生产	59961	22441	864
电力供应	61		6
热力生产和供应	94		94
燃气生产和供应业	331	111	13
燃气生产和供应业	331	111	13
水的生产和供应业	140	71	31
污水处理及其再生利用	140	71	31

1-C-2.7　分行业外商投资企业R&D经费外部支出情况

单位：万元

行　　业	R&D经费外部支出	#对境内研究机构支出	#对境内高等学校支出
总　计	**1585083**	**134225**	**44611**
采矿业	**7130**	**48**	**2419**
煤炭开采和洗选业	65	13	10
烟煤和无烟煤开采洗选	65	13	10
石油和天然气开采业	6424	34	2065
石油开采	6424	34	2065
黑色金属矿采选业	18		18
铁矿采选	18		18
有色金属矿采选业	389		202
常用有色金属矿采选	202		202
贵金属矿采选	187		
非金属矿采选业	220		110
土砂石开采	110		110
石棉及其他非金属矿采选	110		
开采专业及辅助性活动	15		15
石油和天然气开采专业及辅助性活动	15		15
制造业	**1568464**	**133272**	**42028**
农副食品加工业	1752	147	206
谷物磨制	88	86	2
饲料加工	25		25
植物油加工	1407	9	3
屠宰及肉类加工	156	50	106
水产品加工	6		3
蔬菜、菌类、水果和坚果加工	67		67
其他农副食品加工	3	3	
食品制造业	15332	508	1754
方便食品制造	2	2	
乳制品制造	1439	139	685
调味品、发酵制品制造	10925		82
其他食品制造	2967	368	987
酒、饮料和精制茶制造业	1521	404	65
酒的制造	613	404	45
饮料制造	908		20
纺织业	1232	452	298

1-C-2.7 续表 1

单位：万元

行业	R&D经费外部支出	#对境内研究机构支出	#对境内高等学校支出
棉纺织及印染精加工	222	120	30
丝绢纺织及印染精加工	63		63
化纤织造及印染精加工	508	328	181
家用纺织制成品制造	9		9
产业用纺织制成品制造	430	5	15
纺织服装、服饰业	1438	1294	
机织服装制造	1304	1294	
针织或钩针编织服装制造	8		
服饰制造	126		
皮革、毛皮、羽毛及其制品和制鞋业	411	236	17
皮革制品制造	146	129	17
制鞋业	265	107	
木材加工和木、竹、藤、棕、草制品业	25		25
人造板制造	25		25
家具制造业	53		13
木质家具制造	7		7
塑料家具制造	38		
其他家具制造	9		7
造纸和纸制品业	412		133
造纸	226		133
纸制品制造	186		
印刷和记录媒介复制业	12		12
印刷	10		10
装订及印刷相关服务	2		2
文教、工美、体育和娱乐用品制造业	649		9
工艺美术及礼仪用品制造	84		9
体育用品制造	219		
玩具制造	346		
石油、煤炭及其他燃料加工业	6461		97
精炼石油产品制造	6461		97
化学原料和化学制品制造业	19761	2603	1411
基础化学原料制造	2531	380	263
肥料制造	229	7	43
农药制造	2552	126	123
涂料、油墨、颜料及类似产品制造	842		334

1-C-2.7　续表 2　　　　单位：万元

行　　业	R&D经费外部支出	#对境内研究机构支出	#对境内高等学校支出
合成材料制造	8434	1683	381
专用化学产品制造	2599	407	206
日用化学产品制造	2575		60
医药制造业	60542	17068	3237
化学药品原料药制造	7991	787	310
化学药品制剂制造	23484	6584	1041
中药饮片加工	20		20
中成药生产	4792	3224	531
兽用药品制造	1435	613	520
生物药品制品制造	15527	750	621
卫生材料及医药用品制造	2023	123	57
药用辅料及包装材料	5271	4987	137
化学纤维制造业	93		81
纤维素纤维原料及纤维制造	23		23
合成纤维制造	70		59
橡胶和塑料制品业	63706	6913	359
橡胶制品业	48892	6763	133
塑料制品业	14814	151	226
非金属矿物制品业	1770	9	256
水泥、石灰和石膏制造	4	4	
玻璃制品制造	537		
玻璃纤维和玻璃纤维增强塑料制品制造	344	4	
陶瓷制品制造	226		
耐火材料制品制造	267		14
石墨及其他非金属矿物制品制造	391		242
黑色金属冶炼和压延加工业	2575	871	671
钢压延加工	2496	859	604
铁合金冶炼	79	13	66
有色金属冶炼和压延加工业	1278	808	245
常用有色金属冶炼	168	32	39
贵金属冶炼	1038	764	147
稀有稀土金属冶炼	30		30
有色金属压延加工	42	12	30
金属制品业	1141		339
结构性金属制品制造	17		8

1-C-2.7 续表 3

单位：万元

行　　业	R&D经费外部支出	#对境内研究机构支出	#对境内高等学校支出
集装箱及金属包装容器制造	551		54
金属丝绳及其制品制造	81		81
建筑、安全用金属制品制造	236		102
金属制日用品制造	11		11
铸造及其他金属制品制造	245		83
通用设备制造业	78878	11323	3619
锅炉及原动设备制造	35130	10208	1699
金属加工机械制造	1072		71
物料搬运设备制造	8668	628	467
泵、阀门、压缩机及类似机械制造	13660	28	766
轴承、齿轮和传动部件制造	865	20	108
烘炉、风机、包装等设备制造	15715	400	274
文化、办公用机械制造	1255		
通用零部件制造	234		120
其他通用设备制造业	2279	39	115
专用设备制造业	54080	1824	1571
采矿、冶金、建筑专用设备制造	2985	233	574
化工、木材、非金属加工专用设备制造	297	5	70
食品、饮料、烟草及饲料生产专用设备制造	58		
印刷、制药、日化及日用品生产专用设备制造	142		142
纺织、服装和皮革加工专用设备制造	476		4
电子和电工机械专用设备制造	28449	340	23
农、林、牧、渔专用机械制造	93		
医疗仪器设备及器械制造	20435	1228	675
环保、邮政、社会公共服务及其他专用设备制造	1147	18	85
汽车制造业	685704	54007	2811
汽车整车制造	174482	30720	912
汽车用发动机制造	1783		50
改装汽车制造	635	356	93
低速汽车制造	33		
汽车车身、挂车制造	2016		95
汽车零部件及配件制造	506755	22930	1660
铁路、船舶、航空航天和其他运输设备制造业	21653	4022	651
电气机械和器材制造业	66251	14880	3697
电机制造	18919	383	249

1-C-2.7　续表 4

单位：万元

行　业	R&D经费外部支出	#对境内研究机构支出	#对境内高等学校支出
输配电及控制设备制造	8083	5300	650
电线、电缆、光缆及电工器材制造	2263	17	119
电池制造	3543	320	698
家用电力器具制造	20699	8824	1949
非电力家用器具制造	1305		18
照明器具制造	11440	36	15
计算机、通信和其他电子设备制造业	440291	10341	19977
计算机制造	59660	1886	15
通信设备制造	109487	155	17906
雷达及配套设备制造	2115		
非专业视听设备制造	20768		
智能消费设备制造	128934	3025	174
电子器件制造	70144	5212	1040
电子元件及电子专用材料制造	13977	64	742
其他电子设备制造	35204		100
仪器仪表制造业	32578	4942	233
通用仪器仪表制造	3924	248	86
专用仪器仪表制造	27887	4535	147
光学仪器制造	767	159	
其他制造业	8222		241
日用杂品制造	4222		241
其他未列明制造业	4000		
废弃资源综合利用业	620	620	
非金属废料和碎屑加工处理	620	620	
金属制品、机械和设备修理业	25		
专用设备修理	25		
电力、热力、燃气及水生产和供应业	**9490**	**906**	**164**
电力、热力生产和供应业	6033	263	
电力生产	6033	263	
燃气生产和供应业	2997	643	26
燃气生产和供应业	2997	643	26
水的生产和供应业	459		138
自来水生产和供应	317		10
污水处理及其再生利用	143		128

1-C-2.8 各地区企业R&D经费外部支出情况

单位：万元

地 区	R&D经费外部支出	#对境内研究机构支出	#对境内高等学校支出
全 国	**14066973**	**3823798**	**814995**
北 京	482587	134887	9539
天 津	229183	20822	14075
河 北	203916	47079	17093
山 西	122661	27220	17071
内蒙古	126892	43959	18195
辽 宁	228504	42919	26393
吉 林	241477	14814	7056
黑龙江	69768	8183	12574
上 海	795948	69000	27073
江 苏	1466623	173670	118584
浙 江	993215	203168	71640
安 徽	674620	51958	37427
福 建	299545	37571	19364
江 西	162143	49659	8466
山 东	647497	145278	61857
河 南	218888	36407	26972
湖 北	572457	123300	35157
湖 南	467870	58070	35182
广 东	4472713	2218261	109541
广 西	103561	14262	3317
海 南	83568	40769	4296
重 庆	292233	25922	12786
四 川	333683	45927	32921
贵 州	119072	29111	5023
云 南	110844	42089	12358
西 藏	1261	1021	240
陕 西	357799	76698	38200
甘 肃	33417	7307	5314
青 海	13629	3555	1899
宁 夏	46712	10342	5532
新 疆	94690	20573	19855

1-C-2.9　各地区大中型企业R&D经费外部支出情况

单位：万元

地　区	R&D经费外部支出	#对境内研究机构支出	#对境内高等学校支出
全　国	**12119890**	**3468497**	**604379**
北　京	417301	131811	7489
天　津	189373	8496	9836
河　北	156128	39565	13032
山　西	104708	22043	16069
内蒙古	117560	43060	17065
辽　宁	198605	37640	23133
吉　林	234561	12631	6714
黑龙江	54833	6015	10965
上　海	719270	51351	22363
江　苏	1076144	125500	64530
浙　江	797520	151022	41991
安　徽	574173	38272	26839
福　建	233310	30453	13156
江　西	129824	35995	6127
山　东	538279	119607	48273
河　南	153429	29425	16054
湖　北	450321	102276	22609
湖　南	402490	36827	18266
广　东	4219115	2189492	94636
广　西	98697	12660	2565
海　南	60865	33045	3918
重　庆	260102	22250	10987
四　川	252512	37947	27993
贵　州	107557	27942	4031
云　南	71721	15759	11274
西　藏	1153	913	240
陕　西	328762	72264	33020
甘　肃	29237	6158	4931
青　海	12169	3497	1899
宁　夏	45379	9782	5246
新　疆	84791	14800	19129

1-C-2.10 各地区内资企业R&D经费外部支出情况

单位：万元

地区	R&D经费外部支出	#对境内研究机构支出	#对境内高等学校支出
全国	**11556143**	**3546961**	**740888**
北京	427612	131712	9163
天津	200694	14635	12956
河北	185390	43924	16271
山西	122198	27179	17016
内蒙古	120834	43568	17215
辽宁	148236	41137	24338
吉林	124094	11858	7056
黑龙江	61225	7854	11629
上海	503404	41657	18970
江苏	790907	139055	108369
浙江	742257	169902	64070
安徽	591702	44865	34832
福建	261730	23612	18372
江西	125639	45994	7608
山东	488643	104021	57330
河南	178518	35962	26413
湖北	483073	100834	33350
湖南	446246	57406	33684
广东	4041976	2161322	82378
广西	94900	7368	2764
海南	72355	35653	4296
重庆	261356	25155	12539
四川	311483	43300	32617
贵州	117682	28379	4819
云南	109563	41769	12357
西藏	1261	1021	240
陕西	354765	76043	37669
甘肃	33405	7307	5314
青海	13629	3555	1899
宁夏	46675	10342	5500
新疆	94690	20573	19855

1－C－2.11　各地区港澳台投资企业R&D经费外部支出情况

单位：万元

地　区	R&D经费外部支出	#对境内研究机构支出	#对境内高等学校支出
全　国	**925746**	**142613**	**29496**
北　京	19624	2931	37
天　津	899		154
河　北	8197	13	77
山　西	311	16	10
内蒙古	1679	96	212
辽　宁	10314	652	798
吉　林	1609	16	
黑龙江	8420	329	820
上　海	97048	7993	4562
江　苏	249114	19140	4874
浙　江	53482	1888	4884
安　徽	35298	1713	199
福　建	16595	1575	626
江　西	4016	739	79
山　东	125308	39485	3147
河　南	4507	395	160
湖　北	55501	16157	974
湖　南	18757	428	1417
广　东	177389	45884	5660
广　西	597		326
海　南	6004		
重　庆	11623	219	226
四　川	17056	2626	173
贵　州	294	62	71
云　南	484	258	
西　藏			
陕　西	1609		12
甘　肃	12		
青　海			
宁　夏			
新　疆			

1-C-2.12 各地区外商投资企业R&D经费外部支出情况

单位：万元

地区	R&D经费外部支出	#对境内研究机构支出	#对境内高等学校支出
全国	**1585083**	**134225**	**44611**
北京	35351	244	339
天津	27590	6187	965
河北	10329	3142	745
山西	152	26	46
内蒙古	4379	296	768
辽宁	69954	1130	1257
吉林	115774	2939	
黑龙江	124		124
上海	195497	19350	3542
江苏	426601	15476	5341
浙江	197475	31377	2686
安徽	47620	5380	2396
福建	21220	12384	366
江西	32487	2927	779
山东	33545	1772	1380
河南	35863	50	399
湖北	33882	6309	834
湖南	2866	236	81
广东	253347	11056	21503
广西	8064	6894	227
海南	5210	5117	
重庆	19254	548	21
四川	5145		131
贵州	1096	671	132
云南	796	62	
西藏			
陕西	1425	655	519
甘肃			
青海			
宁夏	37		32
新疆			

D.企业新产品开发及销售情况

1-D-1　分登记注册统计类别企业新产品开发及销售情况

登记注册统计类别	新产品开发项目数(项)	新产品开发经费支出(万元)	新产品销售收入(万元)	#出口
总　计	**1204643**	**275638464**	**3413340364**	**554797551**
内资企业	**1069652**	**223568696**	**2711802539**	**340978745**
有限责任公司	895861	171716465	2077958607	235103936
股份有限公司	165216	50258562	615774343	104823734
非公司企业法人	3747	925393	10172157	797481
个人独资企业	3831	548468	6877162	160055
合伙企业	977	118743	1007562	89156
其他内资企业	20	1064	12708	4383
港澳台投资企业	**66855**	**24912212**	**352470969**	**112757495**
港澳台投资有限责任公司	54478	18446043	273703061	90864554
港澳台投资股份有限公司	10368	5788643	71010301	19023637
港澳台投资合伙企业	1116	357683	4405850	2417977
其他港澳台投资企业	893	319843	3351756	451328
外商投资企业	**68136**	**27157556**	**349066856**	**101061311**
外商投资有限责任公司	55496	20842917	275211772	85228072
外商投资股份有限公司	10777	5342484	58236528	11222364
外商投资合伙企业	1031	450855	6178064	4202438
其他外商投资企业	832	521300	9440492	408437

1-D-2　分登记注册统计类别大中型企业新产品开发及销售情况

登记注册统计类别	新产品开发项目数(项)	新产品开发经费支出(万元)	新产品销售收入(万元)	#出口
总　计	**373518**	**183058075**	**2487564696**	**475853430**
内资企业	**300834**	**139830807**	**1866023035**	**278436171**
有限责任公司	206567	97534948	1324857249	181362488
股份有限公司	91864	41437759	531120280	96321859
非公司企业法人	2012	731295	8287578	715091
个人独资企业	284	98936	1470075	13093
合伙企业	107	27868	287853	23641
其他内资企业				
港澳台投资企业	**36695**	**20868857**	**313719865**	**105355281**
港澳台投资有限责任公司	27620	15023814	240584167	84730157
港澳台投资股份有限公司	7901	5267306	66145362	17892341
港澳台投资合伙企业	626	295845	4091335	2347723
其他港澳台投资企业	548	281893	2899002	385061
外商投资企业	**35989**	**22358412**	**307821795**	**92061977**
外商投资有限责任公司	26544	16878768	238588290	76861219
外商投资股份有限公司	8342	4722022	55077914	10687856
外商投资合伙企业	568	365932	5658533	4124805
其他外商投资企业	535	391689	8497059	388098

1-D-3　分行业企业新产品开发及销售情况

行　　业	新产品开发项目数(项)	新产品开发经费支出(万元)	新产品销售收入(万元)	#出口
总　计	**1204643**	**275638464**	**3413340364**	**554797551**
采矿业	**9767**	**2934287**	**24536954**	**90002**
煤炭开采和洗选业	2998	1082227	7460251	
烟煤和无烟煤开采洗选	2960	1063285	7168867	
褐煤开采洗选	31	14492	285084	
其他煤炭采选	7	4450	6300	
石油和天然气开采业	939	482290	1494026	
石油开采	589	253686	677356	
天然气开采	350	228604	816670	
黑色金属矿采选业	882	310814	3976132	2219
铁矿采选	857	299777	3900542	2219
锰矿、铬矿采选	24	10992	75590	
其他黑色金属矿采选	1	45		
有色金属矿采选业	1329	317939	3897239	23048
常用有色金属矿采选	663	145395	1559340	7347
贵金属矿采选	316	96805	1268250	
稀有稀土金属矿采选	350	75739	1069650	15701
非金属矿采选业	1717	298725	4817117	58465
土砂石开采	1136	184360	2547155	16527
化学矿开采	134	45864	928211	63
采盐	194	30671	631823	17218
石棉及其他非金属矿采选	253	37830	709929	24658
开采专业及辅助性活动	1898	441192	2873500	6270
石油和天然气开采专业及辅助性活动	1894	440701	2873500	6270
其他开采专业及辅助性活动	4	491		
其他采矿业	4	1101	18689	
其他采矿业	4	1101	18689	
制造业	**1180044**	**269922184**	**3369922062**	**554596918**
农副食品加工业	25943	4849945	73961611	2214681
谷物磨制	3173	593435	9609723	6133
饲料加工	7538	1438115	19591154	301117
植物油加工	1880	431637	8585728	29902
制糖业	218	52744	375534	3125

1-D-3 续表 1

行业	新产品开发项目数（项）	新产品开发经费支出（万元）	新产品销售收入（万元）	#出口
屠宰及肉类加工	4443	946799	19659724	320266
水产品加工	2208	299340	2660402	580345
蔬菜、菌类、水果和坚果加工	3163	430344	4775244	645757
其他农副食品加工	3320	657532	8704102	328037
食品制造业	21050	2880018	36555365	3140461
焙烤食品制造	2671	303154	3306106	30254
糖果、巧克力及蜜饯制造	1268	153047	1995344	79883
方便食品制造	2268	282060	3351482	51078
乳制品制造	2100	358261	6384775	3741
罐头食品制造	996	133899	1689370	218094
调味品、发酵制品制造	3123	504637	6356140	896682
其他食品制造	8624	1144961	13472148	1860729
酒、饮料和精制茶制造业	7712	1330739	18597986	420108
酒的制造	2629	682639	11699235	227044
饮料制造	2746	375885	4113233	72138
精制茶加工	2337	272215	2785518	120926
烟草制品业	2218	406237	8473870	750785
烟叶复烤	42	1623	23724	
卷烟制造	1971	372975	8235135	718838
其他烟草制品制造	205	31640	215011	31946
纺织业	29727	4309865	55085742	8044827
棉纺织及印染精加工	10761	2062337	28275594	3455108
毛纺织及染整精加工	1098	165348	2202542	317576
麻纺织及染整精加工	338	55253	749185	81531
丝绢纺织及印染精加工	711	99778	1315431	56083
化纤织造及印染精加工	4068	533305	6346275	677874
针织或钩针编织物及其制品制造	2811	327844	3092836	585282
家用纺织制成品制造	3060	356935	4650793	1351704
产业用纺织制成品制造	6880	709066	8453086	1519669
纺织服装、服饰业	12121	1580761	21559439	4035738
机织服装制造	5619	801572	12037797	1556671
针织或钩针编织服装制造	4384	561828	7232443	1838445
服饰制造	2118	217361	2289200	640621
皮革、毛皮、羽毛及其制品和制鞋业	10844	1478450	16158164	3149245
皮革鞣制加工	645	101576	1530502	157313

1-D-3　续表 2

行　　业	新产品开发项目数（项）	新产品开发经费支出（万元）	新产品销售收入（万元）	#出口
皮革制品制造	2805	305818	3636651	862216
毛皮鞣制及制品加工	198	35644	596217	160595
羽毛(绒)加工及制品制造	371	54290	1089184	120252
制鞋业	6825	981122	9305610	1848870
木材加工和木、竹、藤、棕、草制品业	8388	1194531	17512626	1047763
木材加工	802	106982	1239273	76210
人造板制造	4482	712852	11444912	335904
木质制品制造	2345	279202	3743688	511963
竹、藤、棕、草等制品制造	759	95496	1084754	123687
家具制造业	13459	1613569	18765994	4276509
木质家具制造	6709	833176	11237431	1135932
竹、藤家具制造	180	18315	147889	45591
金属家具制造	3644	453096	4299329	1988028
塑料家具制造	332	32832	219436	102934
其他家具制造	2594	276150	2861910	1004024
造纸和纸制品业	13381	2734531	44388762	2620101
纸浆制造	129	48227	647705	17109
造纸	4875	1623848	30869594	1466551
纸制品制造	8377	1062456	12871463	1136442
印刷和记录媒介复制业	11257	1377677	16645074	2238353
印刷	10948	1317987	15650807	1951740
装订及印刷相关服务	283	57314	980885	285258
记录媒介复制	26	2376	13382	1355
文教、工美、体育和娱乐用品制造业	17116	1970785	21594765	6551156
文教办公用品制造	2456	232529	3063291	534957
乐器制造	500	50994	382088	116755
工艺美术及礼仪用品制造	6190	767385	9166898	2350775
体育用品制造	3410	412132	3463569	1434498
玩具制造	3423	365030	4126236	1644666
游艺器材及娱乐用品制造	1137	142716	1392684	469506
石油、煤炭及其他燃料加工业	5135	2874527	72668181	1768973
精炼石油产品制造	3592	2084448	60665624	1249496
煤炭加工	955	737584	10985168	226139
核燃料加工	145	2361		
生物质燃料加工	443	50134	1017389	293337

1-D-3 续表 3

行业	新产品开发项目数（项）	新产品开发经费支出（万元）	新产品销售收入（万元）	
				#出口
化学原料和化学制品制造业	73792	15167831	250029188	19814824
基础化学原料制造	12662	4496580	99076995	6676050
肥料制造	4010	1093858	20366345	482532
农药制造	3988	710760	11011430	2712506
涂料、油墨、颜料及类似产品制造	11804	1505732	17431395	1102782
合成材料制造	11887	3179382	49356841	4304131
专用化学产品制造	20204	3078550	40502722	3257739
炸药、火工及焰火产品制造	1542	233068	3268129	57956
日用化学产品制造	7695	869901	9015332	1221129
医药制造业	62793	13293840	89334805	9001593
化学药品原料药制造	9105	1450922	19384043	5512690
化学药品制剂制造	18598	4470056	26486525	593075
中药饮片加工	2909	404090	4998411	23624
中成药生产	10356	1419257	19020247	151053
兽用药品制造	3373	287525	2014224	202170
生物药品制品制造	10738	4393163	10937908	861515
卫生材料及医药用品制造	6506	714385	4661035	1159399
药用辅料及包装材料	1208	154443	1832412	498068
化学纤维制造业	6322	2000006	34526022	2350390
纤维素纤维原料及纤维制造	599	188613	4154266	316085
合成纤维制造	5141	1722066	28660185	1873087
生物基材料制造	582	89326	1711571	161218
橡胶和塑料制品业	59633	7611773	90073208	16894346
橡胶制品业	10766	2067680	28887306	8385963
塑料制品业	48867	5544094	61185903	8508383
非金属矿物制品业	59050	9836847	129220885	6564085
水泥、石灰和石膏制造	4059	1046268	10346470	89
石膏、水泥制品及类似制品制造	14909	2007648	22227821	122582
砖瓦、石材等建筑材料制造	9294	1075182	12617994	328757
玻璃制造	3309	742904	11665228	804761
玻璃制品制造	5054	871344	14644977	1565255
玻璃纤维和玻璃纤维增强塑料制品制造	3513	519661	6529282	773282
陶瓷制品制造	6612	1122678	15138658	1096877
耐火材料制品制造	3716	542655	6123253	450177
石墨及其他非金属矿物制品制造	8584	1908508	29927203	1422304

1-D-3　续表 4

行　　业	新产品开发项目数(项)	新产品开发经费支出(万元)	新产品销售收入(万元)	
				#出口
黑色金属冶炼和压延加工业	18824	15090033	196720033	7503715
炼铁	131	77690	1448564	
炼钢	1311	2024624	25002478	788524
钢压延加工	16758	12682486	165605838	6638092
铁合金冶炼	624	305234	4663153	77100
有色金属冶炼和压延加工业	22629	8303384	165679614	6787935
常用有色金属冶炼	3254	2104269	53375388	2322743
贵金属冶炼	486	410144	11140119	9973
稀有稀土金属冶炼	1094	430760	9260192	218501
有色金属合金制造	3556	798305	10693194	455579
有色金属压延加工	14232	4559906	81210723	3781138
金属制品业	73339	9502391	116655350	15497140
结构性金属制品制造	20503	2770904	33994414	2555932
金属工具制造	5873	609662	5636944	1336897
集装箱及金属包装容器制造	4536	722832	9902222	2556108
金属丝绳及其制品制造	2890	571706	9904771	656302
建筑、安全用金属制品制造	9299	874214	9788911	1899629
金属表面处理及热处理加工	3918	617895	9508850	843998
搪瓷制品制造	274	34842	609528	74445
金属制日用品制造	5787	585074	6056821	2002441
铸造及其他金属制品制造	20259	2715263	31252890	3571388
通用设备制造业	117031	16589195	173817059	23032597
锅炉及原动设备制造	6202	1554738	22227780	1211503
金属加工机械制造	16620	1999046	17591537	1597125
物料搬运设备制造	11269	2386059	29303524	4344460
泵、阀门、压缩机及类似机械制造	23618	2958750	32859522	5016801
轴承、齿轮和传动部件制造	10500	1369241	13198926	1495203
烘炉、风机、包装等设备制造	18068	2470195	27028918	4206135
文化、办公用机械制造	2912	502065	4230869	1783863
通用零部件制造	16437	1697291	16615486	2217485
其他通用设备制造业	11405	1651811	10760497	1160022
专用设备制造业	107200	16701444	145002534	21044090
采矿、冶金、建筑专用设备制造	16875	3373769	36847601	6773764
化工、木材、非金属加工专用设备制造	16818	1927413	21427869	3370878
食品、饮料、烟草及饲料生产专用设备制造	3041	342810	3401880	339709

1-D-3 续表 5

行　　业	新产品开发项目数（项）	新产品开发经费支出（万元）	新产品销售收入（万元）	#出口
印刷、制药、日化及日用品生产专用设备制造	4810	562865	6013957	1076795
纺织、服装和皮革加工专用设备制造	3673	451190	5312037	853257
电子和电工机械专用设备制造	13019	2831762	20585948	1618462
农、林、牧、渔专用机械制造	4828	639994	7285780	1312611
医疗仪器设备及器械制造	23100	3926545	17348340	3748907
环保、邮政、社会公共服务及其他专用设备制造	21036	2645096	26779123	1949707
汽车制造业	67596	24912899	357616419	38154657
汽车整车制造	4012	11115077	190952382	22227537
汽车用发动机制造	1454	599397	7771396	89399
改装汽车制造	2943	501551	6556251	209691
低速汽车制造	205	83525	821479	41758
电车制造	79	8813	128851	21895
汽车车身、挂车制造	1517	232727	3107213	437502
汽车零部件及配件制造	57386	12371808	148278846	15126876
铁路、船舶、航空航天和其他运输设备制造业	25885	4953279	59026855	15192865
电气机械和器材制造业	127563	31532337	463318737	79635682
电机制造	13993	2956197	38982839	5444976
输配电及控制设备制造	47215	10825059	170752870	26309250
电线、电缆、光缆及电工器材制造	19160	4464282	69093283	2526363
电池制造	11853	6047943	85312063	13836145
家用电力器具制造	17192	5281669	78493833	26384524
非电力家用器具制造	1937	252134	3118271	780150
照明器具制造	13341	1355420	14286300	4066024
其他电气机械及器材制造	2872	349632	3279279	288250
计算机、通信和其他电子设备制造业	133541	59052432	617246770	245412488
计算机制造	14995	4654154	72468580	41156536
通信设备制造	14058	21742180	197819588	91564559
广播电视设备制造	2903	653064	6829740	1965923
雷达及配套设备制造	1197	142493	520409	10514
非专业视听设备制造	5050	1610029	29202799	11833205
智能消费设备制造	9944	3221134	42776068	22171765
电子器件制造	34727	15119171	117495997	38007515
电子元件及电子专用材料制造	43502	10235249	136951485	36003531
其他电子设备制造	7028	1674957	13182104	2698941
仪器仪表制造业	36078	5174401	37543998	4793726

1-D-3　续表 6

行　　业	新产品开发项目数（项）	新产品开发经费支出（万元）	新产品销售收入（万元）	#出口
通用仪器仪表制造	23576	3389156	27013135	2915316
专用仪器仪表制造	6994	1009264	6074336	824208
钟表与计时仪器制造	755	69134	648638	255710
光学仪器制造	2925	499394	2250633	500365
衡器制造	619	65474	458475	158840
其他仪器仪表制造业	1209	141979	1098781	139287
其他制造业	5445	564116	5940009	1895683
日用杂品制造	2721	356984	4103513	1656645
核辐射加工	33	1438	15368	
其他未列明制造业	2691	205694	1821128	239038
废弃资源综合利用业	3123	734857	14127660	111601
金属废料和碎屑加工处理	1600	505178	10407318	4231
非金属废料和碎屑加工处理	1523	229679	3720343	107371
金属制品、机械和设备修理业	1849	299483	2075338	650802
金属制品修理	26	2858	5884	112
通用设备修理	155	10281	29128	5257
专用设备修理	317	39329	184434	
铁路、船舶、航空航天等运输设备修理	1110	210411	1602682	630372
电气设备修理	56	8416	64573	
仪器仪表修理	14	2461	4414	
其他机械和设备修理业	171	25727	184223	15061
电力、热力、燃气及水生产和供应业	**14832**	**2781992**	**18881348**	**110631**
电力、热力生产和供应业	11332	2120912	8638395	84778
电力生产	5869	1478390	7274779	84778
电力供应	4830	542986	273962	
热力生产和供应	633	99536	1089654	
燃气生产和供应业	1687	398319	8733809	22454
燃气生产和供应业	1655	396471	8726431	22454
生物质燃气生产和供应业	32	1848	7378	
水的生产和供应业	1813	262761	1509144	3399
自来水生产和供应	807	150691	749070	
污水处理及其再生利用	969	102083	736896	3391
海水淡化处理	14	981	8322	
其他水的处理、利用与分配	23	9006	14856	8

1-D-4 分行业大中型企业新产品开发及销售情况

行业	新产品开发项目数(项)	新产品开发经费支出(万元)	新产品销售收入(万元)	#出口
总计	**373518**	**183058075**	**2487564696**	**475853430**
采矿业	**6761**	**2277732**	**17444445**	**51670**
煤炭开采和洗选业	2729	1000136	7007046	
烟煤和无烟煤开采洗选	2709	987985	6736321	
褐煤开采洗选	17	9002	268770	
其他煤炭采选	3	3149	1955	
石油和天然气开采业	714	389569	661957	
石油开采	576	248469	649826	
天然气开采	138	141100	12131	
黑色金属矿采选业	492	194103	2697387	
铁矿采选	489	191973	2684845	
锰矿、铬矿采选	3	2130	12542	
有色金属矿采选业	803	198299	2883782	7345
常用有色金属矿采选	356	88442	1053995	7345
贵金属矿采选	242	82952	1119038	
稀有稀土金属矿采选	205	26905	710749	
非金属矿采选业	313	74224	1456867	38055
土砂石开采	65	18068	220849	
化学矿开采	85	27566	503476	63
采盐	143	23215	554176	17218
石棉及其他非金属矿采选	20	5376	178365	20774
开采专业及辅助性活动	1710	421401	2737407	6270
石油和天然气开采专业及辅助性活动	1710	421401	2737407	6270
制造业	**358501**	**179046091**	**2459585768**	**475713826**
农副食品加工业	5285	1614821	29955978	949947
谷物磨制	196	73712	1159615	3112
饲料加工	1167	347748	4070763	128258
植物油加工	278	113419	3151591	6248
制糖业	110	26473	302881	
屠宰及肉类加工	1621	515825	13878594	264856
水产品加工	732	143407	1278213	295750
蔬菜、菌类、水果和坚果加工	429	85223	931240	60630
其他农副食品加工	752	309014	5183082	191094

1-D-4　续表 1

行　　业	新产品开发项目数（项）	新产品开发经费支出（万元）	新产品销售收入（万元）	#出口
食品制造业	6390	1478907	21713540	2056853
焙烤食品制造	823	151086	1844138	21635
糖果、巧克力及蜜饯制造	415	74882	568948	18443
方便食品制造	776	133685	2092551	6166
乳制品制造	1080	246772	5362069	2822
罐头食品制造	341	64456	875564	55867
调味品、发酵制品制造	1270	314726	4628303	813946
其他食品制造	1685	493300	6341967	1137974
酒、饮料和精制茶制造业	2550	783963	13555761	215367
酒的制造	1573	557264	10605697	211490
饮料制造	785	179665	2187142	3169
精制茶加工	192	47034	762922	709
烟草制品业	1828	355023	8178756	654390
烟叶复烤	35	1576	23724	
卷烟制造	1736	345457	8056801	640303
其他烟草制品制造	57	7990	98231	14087
纺织业	7445	2013153	30544337	5304028
棉纺织及印染精加工	3830	1203830	17992930	2816512
毛纺织及染整精加工	284	88754	1385142	251978
麻纺织及染整精加工	101	33756	503968	38216
丝绢纺织及印染精加工	231	60564	849207	10732
化纤织造及印染精加工	777	193703	2783549	265947
针织或钩针编织物及其制品制造	354	75065	1058331	312221
家用纺织制成品制造	641	149225	2736854	872890
产业用纺织制成品制造	1227	208256	3234357	735534
纺织服装、服饰业	3843	844928	14486857	2717808
机织服装制造	2109	474540	8718530	972495
针织或钩针编织服装制造	1403	312535	5008159	1427583
服饰制造	331	57853	760168	317731
皮革、毛皮、羽毛及其制品和制鞋业	3176	719401	8222796	1797580
皮革鞣制加工	116	25963	426510	76748
皮革制品制造	414	87025	1156592	278248
毛皮鞣制及制品加工	42	10285	201005	120778

1-D-4 续表 2

行业	新产品开发项目数(项)	新产品开发经费支出(万元)	新产品销售收入(万元)	
				#出口
羽毛(绒)加工及制品制造	87	14708	164122	38649
制鞋业	2517	581420	6274568	1283157
木材加工和木、竹、藤、棕、草制品业	839	190184	3495408	515968
木材加工	37	6093	75807	35348
人造板制造	375	100085	1845750	148401
木质制品制造	364	70225	1379709	279603
竹、藤、棕、草等制品制造	63	13781	194143	52617
家具制造业	3733	867664	12003173	2817390
木质家具制造	2046	448453	7453090	597571
竹、藤家具制造	30	5315	53641	27903
金属家具制造	961	276496	2826999	1496546
塑料家具制造	47	12097	71605	60546
其他家具制造	649	125302	1597838	634824
造纸和纸制品业	3411	1621132	31495312	2066200
纸浆制造	69	38602	458047	
造纸	1930	1193778	25020918	1312514
纸制品制造	1412	388752	6016347	753686
印刷和记录媒介复制业	2295	523719	7943703	1644857
印刷	2211	486782	7175476	1363710
装订及印刷相关服务	84	36937	768227	281147
文教、工美、体育和娱乐用品制造业	3928	823110	11161289	3747085
文教办公用品制造	604	109749	2149244	351823
乐器制造	157	27823	238283	80775
工艺美术及礼仪用品制造	1281	242055	3891484	1085115
体育用品制造	803	206378	1940522	930453
玩具制造	876	175330	2312674	957201
游艺器材及娱乐用品制造	207	61775	629082	341718
石油、煤炭及其他燃料加工业	3003	2481251	67356757	1589856
精炼石油产品制造	2058	1796080	56872428	1211068
煤炭加工	743	670444	10187723	100285
核燃料加工	145	2361		
生物质燃料加工	57	12367	296607	278503
化学原料和化学制品制造业	18386	8150770	166724353	14785446
基础化学原料制造	4801	3045480	78014604	5517346

1-D-4　续表 3

行　业	新产品开发项目数(项)	新产品开发经费支出(万元)	新产品销售收入(万元)	#出口
肥料制造	1332	701067	15825045	435088
农药制造	1441	442696	7549628	2263312
涂料、油墨、颜料及类似产品制造	2144	586711	7978088	659218
合成材料制造	3163	1907524	33639734	3282234
专用化学产品制造	3248	1008703	17430544	1903572
炸药、火工及焰火产品制造	553	69324	1102861	15167
日用化学产品制造	1704	389267	5183849	709509
医药制造业	31615	10084542	67377038	7781196
化学药品原料药制造	4820	1029708	15065976	5051328
化学药品制剂制造	12131	3838687	22937972	557755
中药饮片加工	263	69216	1093040	4355
中成药生产	5771	1037389	15136003	133659
兽用药品制造	1177	150056	1249688	162832
生物药品制品制造	5355	3553199	8565170	677570
卫生材料及医药用品制造	1862	334084	2431406	876836
药用辅料及包装材料	236	72204	897783	316860
化学纤维制造业	2770	1457482	28511581	1978989
纤维素纤维原料及纤维制造	289	134777	3727479	219609
合成纤维制造	2314	1281706	23685074	1624614
生物基材料制造	167	41000	1099028	134766
橡胶和塑料制品业	11421	3301580	47719493	12306734
橡胶制品业	3432	1419958	22706224	7524985
塑料制品业	7989	1881622	25013269	4781749
非金属矿物制品业	11779	4173397	69925998	4622817
水泥、石灰和石膏制造	1440	511639	5537520	
石膏、水泥制品及类似制品制造	1261	317231	4289404	30704
砖瓦、石材等建筑材料制造	623	126023	2039144	176696
玻璃制造	1016	509061	9360297	712772
玻璃制品制造	1419	492653	10300880	1267534
玻璃纤维和玻璃纤维增强塑料制品制造	1060	272320	3852136	544080
陶瓷制品制造	2513	693881	10887730	640753
耐火材料制品制造	615	188461	2435545	309456
石墨及其他非金属矿物制品制造	1832	1062129	21223344	940821
黑色金属冶炼和压延加工业	12850	13975067	181193890	7228194

1-D-4 续表 4

行业	新产品开发项目数（项）	新产品开发经费支出（万元）	新产品销售收入（万元）	
				#出口
炼铁	94	69989	1206128	
炼钢	1277	2013205	24588230	788524
钢压延加工	11234	11688012	152045972	6417417
铁合金冶炼	245	203862	3353560	22254
有色金属冶炼和压延加工业	8150	5129405	113117883	5827858
常用有色金属冶炼	2290	1808349	46105397	2288807
贵金属冶炼	203	246879	8118384	
稀有稀土金属冶炼	337	246839	4948909	69887
有色金属合金制造	780	311697	4587802	286072
有色金属压延加工	4533	2515641	49357392	3183093
金属制品业	15094	3866618	56633399	10192687
结构性金属制品制造	3158	1016743	16770694	1760384
金属工具制造	1603	274321	2696753	744621
集装箱及金属包装容器制造	1226	379112	6308143	2189431
金属丝绳及其制品制造	645	257353	4133661	502561
建筑、安全用金属制品制造	1494	261806	3685154	1054739
金属表面处理及热处理加工	535	253791	4061908	434518
搪瓷制品制造	78	13903	213156	36627
金属制日用品制造	1299	268292	3569863	1221542
铸造及其他金属制品制造	5056	1141298	15194067	2248264
通用设备制造业	27702	8483930	102480132	15422451
锅炉及原动设备制造	3155	1194377	18048885	913886
金属加工机械制造	3290	793269	8032408	798529
物料搬运设备制造	3609	1599420	21275966	3614716
泵、阀门、压缩机及类似机械制造	5115	1375410	18681461	3245370
轴承、齿轮和传动部件制造	2976	723067	7372778	904583
烘炉、风机、包装等设备制造	4096	1245636	15285348	2837110
文化、办公用机械制造	770	300368	2945926	1383291
通用零部件制造	2527	545656	6249663	971471
其他通用设备制造业	2164	706726	4587697	753495
专用设备制造业	26010	8492352	83727141	14847185
采矿、冶金、建筑专用设备制造	5447	2147743	25475717	5741768
化工、木材、非金属加工专用设备制造	3394	795112	11048013	1871496
食品、饮料、烟草及饲料生产专用设备制造	540	116662	1373847	114807

1-D-4　续表 5

行　　业	新产品开发项目数(项)	新产品开发经费支出(万元)	新产品销售收入(万元)	
				#出口
印刷、制药、日化及日用品生产专用设备制造	885	236054	3394516	682536
纺织、服装和皮革加工专用设备制造	714	168374	2285706	476427
电子和电工机械专用设备制造	2931	1422513	12584905	1058493
农、林、牧、渔专用机械制造	1436	348797	4305533	833940
医疗仪器设备及器械制造	7056	2334828	12158297	2772850
环保、邮政、社会公共服务及其他专用设备制造	3607	922270	11100608	1294867
汽车制造业	29177	20547779	314895229	34837845
汽车整车制造	3701	10898604	188864874	22196629
汽车用发动机制造	1219	579976	7418492	82878
改装汽车制造	911	257558	3479566	125129
低速汽车制造	182	80189	806138	41758
电车制造	6	118		
汽车车身、挂车制造	472	138105	1943941	349472
汽车零部件及配件制造	22686	8593230	112382218	12041979
铁路、船舶、航空航天和其他运输设备制造业	12198	3468408	47122038	12395197
电气机械和器材制造业	39496	21883721	357348683	69050686
电机制造	5415	1995181	29163479	4141874
输配电及控制设备制造	13129	7171911	134663829	23570633
电线、电缆、光缆及电工器材制造	4471	2191463	37313124	1714693
电池制造	5572	5095580	72859123	12265030
家用电力器具制造	7038	4512285	71037404	24196209
非电力家用器具制造	439	142252	1974814	591296
照明器具制造	2909	654062	8642054	2373150
其他电气机械及器材制造	523	120987	1694857	197800
计算机、通信和其他电子设备制造业	51491	48458509	531518793	233104409
计算机制造	5278	3398730	59271981	39304348
通信设备制造	6124	20740289	190364709	90515668
广播电视设备制造	1031	462764	5366076	1590139
雷达及配套设备制造	353	31476	142350	1572
非专业视听设备制造	2023	1316010	25448270	10687309
智能消费设备制造	3388	2385985	36874150	21027737
电子器件制造	13743	11922245	100125291	35047876
电子元件及电子专用材料制造	17420	7064672	105969107	32967432
其他电子设备制造	1994	1136337	7956859	1962330

1-D-4 续表 6

行业	新产品开发项目数（项）	新产品开发经费支出（万元）	新产品销售收入（万元）	#出口
仪器仪表制造业	9386	2506334	21607557	3159871
通用仪器仪表制造	6079	1615780	15532238	1944593
专用仪器仪表制造	1722	466386	3831263	616632
钟表与计时仪器制造	308	34857	349492	142544
光学仪器制造	960	323130	1284287	318789
衡器制造	165	31668	246607	131551
其他仪器仪表制造业	152	34513	363670	5763
其他制造业	1850	272408	3221297	1447143
日用杂品制造	691	212762	2714512	1374667
核辐射加工	1			
其他未列明制造业	1158	59646	506785	72477
废弃资源综合利用业	368	253493	4741853	25247
金属废料和碎屑加工处理	275	186865	3069925	31
非金属废料和碎屑加工处理	93	66628	1671929	25216
金属制品、机械和设备修理业	1032	223044	1605744	622542
通用设备修理	59	4346	10688	
专用设备修理	122	26474	78592	
铁路、船舶、航空航天等运输设备修理	762	175901	1390300	607951
电气设备修理	19	4922	11302	
仪器仪表修理	4	1554		
其他机械和设备修理业	66	9847	114862	14591
电力、热力、燃气及水生产和供应业	**8256**	**1734252**	**10534483**	**87935**
电力、热力生产和供应业	7306	1436017	3838131	84543
电力生产	2594	900408	3377580	84543
电力供应	4647	519228	116416	
热力生产和供应	65	16381	344135	
燃气生产和供应业	440	160569	6151800	
燃气生产和供应业	440	160569	6151800	
水的生产和供应业	510	137666	544552	3391
自来水生产和供应	379	98533	373574	
污水处理及其再生利用	123	32496	170979	3391
其他水的处理、利用与分配	8	6638		

1-D-5　分行业内资企业新产品开发及销售情况

行　　业	新产品开发项　目　数(项)	新产品开发经费支出(万元)	新　产　品销售收入(万元)	#出口
总　计	**1069652**	**223568696**	**2711802539**	**340978745**
采矿业	**9393**	**2706528**	**23613317**	**85427**
煤炭开采和洗选业	2812	1019347	6944690	
烟煤和无烟煤开采洗选	2775	1001033	6653306	
褐煤开采洗选	30	13864	285084	
其他煤炭采选	7	4450	6300	
石油和天然气开采业	884	351155	1494026	
石油开采	556	166538	677356	
天然气开采	328	184617	816670	
黑色金属矿采选业	849	296113	3872323	2219
铁矿采选	824	285076	3796733	2219
锰矿、铬矿采选	24	10992	75590	
其他黑色金属矿采选	1	45		
有色金属矿采选业	1294	314299	3845912	23048
常用有色金属矿采选	639	142543	1541947	7347
贵金属矿采选	305	96017	1234315	
稀有稀土金属矿采选	350	75739	1069650	15701
非金属矿采选业	1681	294854	4676035	53890
土砂石开采	1111	182016	2448226	16527
化学矿开采	134	45864	916759	63
采盐	194	30671	631823	17218
石棉及其他非金属矿采选	242	36303	679227	20083
开采专业及辅助性活动	1869	429659	2761643	6270
石油和天然气开采专业及辅助性活动	1865	429168	2761643	6270
其他开采专业及辅助性活动	4	491		
其他采矿业	4	1101	18689	
其他采矿业	4	1101	18689	
制造业	**1046786**	**218392778**	**2677456452**	**340782687**
农副食品加工业	24028	4394745	64737029	1796535
谷物磨制	3069	579749	9038756	6133
饲料加工	6961	1318895	18072079	237099
植物油加工	1761	392142	7217552	26938
制糖业	215	52486	358968	3125

1-D-5 续表 1

行　业	新产品开发项目数(项)	新产品开发经费支出(万元)	新产品销售收入(万元)	
				#出口
屠宰及肉类加工	4037	798655	15379131	176088
水产品加工	1979	255181	2443707	476718
蔬菜、菌类、水果和坚果加工	2909	398882	4398053	572752
其他农副食品加工	3097	598755	7828784	297684
食品制造业	18087	2326447	30002045	2639332
焙烤食品制造	2275	257220	2986463	27692
糖果、巧克力及蜜饯制造	956	99672	1757066	54575
方便食品制造	1903	236218	2927311	26936
乳制品制造	1600	246984	3855455	919
罐头食品制造	943	127361	1612147	212689
调味品、发酵制品制造	2754	394574	5243393	859548
其他食品制造	7656	964418	11620212	1456972
酒、饮料和精制茶制造业	6792	1187936	17288391	368673
酒的制造	2408	650262	11299377	216533
饮料制造	2070	266933	3223284	31681
精制茶加工	2314	270742	2765730	120459
烟草制品业	2187	401714	8417353	727656
烟叶复烤	42	1623	23724	
卷烟制造	1970	371363	8232955	718838
其他烟草制品制造	175	28729	160673	8817
纺织业	26383	3666766	46729444	5706732
棉纺织及印染精加工	9397	1739054	23725141	2270500
毛纺织及染整精加工	936	119009	1783621	186830
麻纺织及染整精加工	310	49813	643758	43393
丝绢纺织及印染精加工	654	89881	1153080	36922
化纤织造及印染精加工	3590	447133	5281719	533985
针织或钩针编织物及其制品制造	2587	296433	2692244	450851
家用纺织制成品制造	2697	305768	4017325	1094631
产业用纺织制成品制造	6212	619676	7432558	1089620
纺织服装、服饰业	10500	1255045	15648571	2333679
机织服装制造	4949	654574	9480521	985813
针织或钩针编织服装制造	3649	410440	4136509	845024
服饰制造	1902	190031	2031541	502842
皮革、毛皮、羽毛及其制品和制鞋业	9581	1219641	12763603	2434804
皮革鞣制加工	570	87717	1351376	122652

1-D-5　续表 2

行　　业	新产品开发项目数(项)	新产品开发经费支出(万元)	新产品销售收入(万元)	#出口
皮革制品制造	2463	246714	2984208	693540
毛皮鞣制及制品加工	193	34612	587919	160595
羽毛(绒)加工及制品制造	354	51276	1050597	115179
制鞋业	6001	799322	6789502	1342838
木材加工和木、竹、藤、棕、草制品业	8106	1156093	17071368	970066
木材加工	790	104421	1191473	57544
人造板制造	4382	696047	11300087	310218
木质制品制造	2229	264031	3567657	496092
竹、藤、棕、草等制品制造	705	91595	1012150	106212
家具制造业	12227	1422938	16528919	3488571
木质家具制造	6239	747637	10066267	960331
竹、藤家具制造	162	16785	125835	28871
金属家具制造	3279	397698	3749818	1687425
塑料家具制造	304	29334	184083	75898
其他家具制造	2243	231484	2402916	736045
造纸和纸制品业	11513	1915096	29031940	1217025
纸浆制造	91	27488	523586	17109
造纸	4062	1071613	18809000	403307
纸制品制造	7360	815995	9699354	796610
印刷和记录媒介复制业	10132	1179746	13803025	1302759
印刷	9876	1129425	12943249	1102841
装订及印刷相关服务	235	48679	847003	198563
记录媒介复制	21	1643	12773	1355
文教、工美、体育和娱乐用品制造业	14718	1616999	17495876	4184720
文教办公用品制造	2207	210665	2815085	386617
乐器制造	406	34066	239993	67962
工艺美术及礼仪用品制造	5511	665068	7891787	1850271
体育用品制造	2813	334692	2705892	816506
玩具制造	2751	255322	2759688	838350
游艺器材及娱乐用品制造	1030	117187	1083431	225015
石油、煤炭及其他燃料加工业	4687	2689478	71557962	1450059
精炼石油产品制造	3296	2037863	60391997	1248775
煤炭加工	855	609704	10358695	109110
核燃料加工	145	2361		
生物质燃料加工	391	39550	807271	92174

1-D-5 续表 3

行业	新产品开发项目数(项)	新产品开发经费支出(万元)	新产品销售收入(万元)	
				#出口
化学原料和化学制品制造业	65955	13166722	224268537	16614765
基础化学原料制造	11566	4029523	91877015	6178734
肥料制造	3837	1045026	19675619	478678
农药制造	3686	605033	10010502	2260042
涂料、油墨、颜料及类似产品制造	10120	1192383	13811742	888566
合成材料制造	10592	2732840	42723357	3275115
专用化学产品制造	18152	2676464	35910633	2494646
炸药、火工及焰火产品制造	1534	231942	3248438	56430
日用化学产品制造	6468	653511	7011231	982554
医药制造业	54424	9834064	72132704	6946426
化学药品原料药制造	8086	1216302	16164974	4360827
化学药品制剂制造	15825	3193361	20439555	501905
中药饮片加工	2840	392679	4982313	22840
中成药生产	9393	1233230	15047459	62051
兽用药品制造	2996	243658	1809128	201213
生物药品制品制造	8382	2848705	8478492	685266
卫生材料及医药用品制造	5851	581949	3808510	744543
药用辅料及包装材料	1051	124180	1402273	367782
化学纤维制造业	5541	1688915	27399283	1917297
纤维素纤维原料及纤维制造	452	124306	1930197	264649
合成纤维制造	4532	1483674	24061114	1499202
生物基材料制造	557	80934	1407972	153447
橡胶和塑料制品业	52950	6283063	74277650	12499307
橡胶制品业	9574	1624463	22953449	6748020
塑料制品业	43376	4658600	51324201	5751286
非金属矿物制品业	55879	8931866	115256970	4725236
水泥、石灰和石膏制造	3871	994240	10097890	89
石膏、水泥制品及类似制品制造	14547	1954554	21622614	71161
砖瓦、石材等建筑材料制造	8976	1028723	12214197	289328
玻璃制造	2861	511586	7415859	367535
玻璃制品制造	4561	707683	11046219	859012
玻璃纤维和玻璃纤维增强塑料制品制造	3255	465320	5902541	688231
陶瓷制品制造	6251	1057077	14533403	885370
耐火材料制品制造	3470	506735	5647290	411362
石墨及其他非金属矿物制品制造	8087	1705949	26776957	1153148

1-D-5　续表 4

行　　业	新产品开发项目数(项)	新产品开发经费支出(万元)	新产品销售收入(万元)	#出口
黑色金属冶炼和压延加工业	16769	13800839	182601503	7193945
炼铁	131	77690	1448564	
炼钢	1135	1798401	21180467	704825
钢压延加工	14915	11630270	155315602	6412206
铁合金冶炼	588	294478	4656870	76915
有色金属冶炼和压延加工业	21257	7645682	149875074	5777658
常用有色金属冶炼	3116	2000147	45734960	2013489
贵金属冶炼	476	393557	11130934	9973
稀有稀土金属冶炼	1030	408872	8997037	192188
有色金属合金制造	3312	738126	10176953	413497
有色金属压延加工	13316	4104980	73835191	3148511
金属制品业	67154	8448055	103761045	10604785
结构性金属制品制造	19517	2623691	32279797	1763513
金属工具制造	5258	537066	4879150	1124420
集装箱及金属包装容器制造	3892	568104	7587247	1196568
金属丝绳及其制品制造	2616	492312	8665096	438598
建筑、安全用金属制品制造	8331	748671	8394680	1340435
金属表面处理及热处理加工	3553	555173	9237082	811217
搪瓷制品制造	221	27344	466723	49092
金属制日用品制造	5156	496221	5221382	1522693
铸造及其他金属制品制造	18610	2399474	27029889	2358250
通用设备制造业	104898	13563723	139022304	15721040
锅炉及原动设备制造	5389	1242084	17653184	1001757
金属加工机械制造	15233	1767053	15024716	1258801
物料搬运设备制造	10062	1855915	22144742	3006395
泵、阀门、压缩机及类似机械制造	20858	2286733	25757866	3546953
轴承、齿轮和传动部件制造	9592	1224609	11755675	1241208
烘炉、风机、包装等设备制造	15873	1913233	20854025	2507119
文化、办公用机械制造	2439	341072	2603071	695775
通用零部件制造	14981	1506580	14169448	1602239
其他通用设备制造业	10471	1426445	9059578	860792
专用设备制造业	95382	13664491	120742512	14612476
采矿、冶金、建筑专用设备制造	15757	2940803	31341768	4822262
化工、木材、非金属加工专用设备制造	14654	1544466	16804295	2336912
食品、饮料、烟草及饲料生产专用设备制造	2841	312993	3233667	279978

1-D-5 续表 5

行　业	新产品开发项目数(项)	新产品开发经费支出(万元)	新产品销售收入(万元)	
				#出口
印刷、制药、日化及日用品生产专用设备制造	4213	453480	4544445	622411
纺织、服装和皮革加工专用设备制造	3308	380954	4313512	597235
电子和电工机械专用设备制造	11923	2425899	18708469	1234723
农、林、牧、渔专用机械制造	4461	550068	6808206	1210717
医疗仪器设备及器械制造	18703	2645368	10845255	1921383
环保、邮政、社会公共服务及其他专用设备制造	19522	2410460	24142895	1586856
汽车制造业	54345	14616841	201460219	21482051
汽车整车制造	3148	5016824	82866260	12556058
汽车用发动机制造	908	349759	4540504	63133
改装汽车制造	2798	471684	6092534	183657
低速汽车制造	197	80805	821479	41758
电车制造	79	8813	128851	21895
汽车车身、挂车制造	1404	194545	2503185	320262
汽车零部件及配件制造	45811	8494411	104507406	8295287
铁路、船舶、航空航天和其他运输设备制造业	23672	4266237	48921140	10502136
电气机械和器材制造业	115113	27097438	395722069	59703503
电机制造	12241	2242609	29290569	3178037
输配电及控制设备制造	43368	9499505	150443244	21954455
电线、电缆、光缆及电工器材制造	17735	4049437	63275723	1789546
电池制造	10851	5286974	70319547	8358277
家用电力器具制造	14600	4325373	64287353	20620251
非电力家用器具制造	1805	217010	2821727	622336
照明器具制造	11783	1148226	12256403	3014222
其他电气机械及器材制造	2730	328302	3027502	166381
计算机、通信和其他电子设备制造业	112574	45208999	409757611	118943917
计算机制造	12538	2861456	30245576	5807456
通信设备制造	12076	18300544	130985840	48403344
广播电视设备制造	2531	527664	5465172	1188210
雷达及配套设备制造	1155	135405	517147	10514
非专业视听设备制造	4230	1089470	19206267	7260648
智能消费设备制造	8525	2130288	27202376	13570852
电子器件制造	28763	10971827	81546306	20021270
电子元件及电子专用材料制造	36276	7758347	103761789	20641723
其他电子设备制造	6343	1433998	10827138	2039899
仪器仪表制造业	32622	4391786	31186951	3426524

1-D-5　续表 6

行　业	新产品开发项目数(项)	新产品开发经费支出(万元)	新产品销售收入(万元)	
				#出口
通用仪器仪表制造	21617	2954069	23692827	2232123
专用仪器仪表制造	6351	869365	4253179	591366
钟表与计时仪器制造	457	36550	312352	93169
光学仪器制造	2525	351055	1700487	341116
衡器制造	535	51557	397398	141417
其他仪器仪表制造业	1137	129189	830709	27334
其他制造业	4905	417041	4372135	802711
日用杂品制造	2372	240242	2740690	646260
核辐射加工	33	1438	15368	
其他未列明制造业	2500	175361	1616078	156451
废弃资源综合利用业	3010	718610	13820495	111601
金属废料和碎屑加工处理	1558	497348	10241542	4231
非金属废料和碎屑加工处理	1452	221262	3578953	107371
金属制品、机械和设备修理业	1395	215763	1802724	576698
金属制品修理	25	2827	5772	
通用设备修理	155	10281	29128	5257
专用设备修理	296	38204	184149	
铁路、船舶、航空航天等运输设备修理	704	129869	1371258	556380
电气设备修理	56	8416	64573	
仪器仪表修理	14	2461	4414	
其他机械和设备修理业	145	23705	143431	15061
电力、热力、燃气及水生产和供应业	**13473**	**2469391**	**10732770**	**110631**
电力、热力生产和供应业	10695	1980497	7486972	84778
电力生产	5294	1355281	6266836	84778
电力供应	4802	535586	273962	
热力生产和供应	599	89630	946174	
燃气生产和供应业	1129	250242	1855740	22454
燃气生产和供应业	1097	248394	1848361	22454
生物质燃气生产和供应业	32	1848	7378	
水的生产和供应业	1649	238651	1390059	3399
自来水生产和供应	730	139387	680319	
污水处理及其再生利用	890	95916	686562	3391
海水淡化处理	14	981	8322	
其他水的处理、利用与分配	15	2368	14856	8

1-D-6 分行业港澳台投资企业新产品开发及销售情况

行业	新产品开发项目数(项)	新产品开发经费支出(万元)	新产品销售收入(万元)	#出口
总计	**66855**	**24912212**	**352470969**	**112757495**
采矿业	**288**	**167898**	**773592**	
煤炭开采和洗选业	150	37543	515561	
烟煤和无烟煤开采洗选	149	36915	515561	
褐煤开采洗选	1	628		
石油和天然气开采业	37	103277		
石油开采	15	59290		
天然气开采	22	43987		
黑色金属矿采选业	32	14662	103809	
铁矿采选	32	14662	103809	
有色金属矿采选业	24	2852	17393	
常用有色金属矿采选	24	2852	17393	
非金属矿采选业	24	1580	24973	
土砂石开采	17	1065	9260	
化学矿开采			11452	
石棉及其他非金属矿采选	7	515	4260	
开采专业及辅助性活动	21	7984	111857	
石油和天然气开采专业及辅助性活动	21	7984	111857	
制造业	**65706**	**24573740**	**346008777**	**112757495**
农副食品加工业	964	197471	3928702	113487
谷物磨制	77	7386	428728	
饲料加工	264	53478	620038	4135
植物油加工	70	26179	1022145	
制糖业	2	206		
屠宰及肉类加工	204	46852	1286589	42926
水产品加工	104	24013	73671	40727
蔬菜、菌类、水果和坚果加工	155	18641	175891	18038
其他农副食品加工	88	20716	321641	7662
食品制造业	1426	242527	1967009	348610
焙烤食品制造	269	22950	278653	2508

1-D-6　续表 1

行　　业	新产品开发项目数(项)	新产品开发经费支出(万元)	新产品销售收入(万元)	
				#出口
糖果、巧克力及蜜饯制造	184	40609	181828	20084
方便食品制造	131	15021	125408	10386
乳制品制造	150	42567	438512	
罐头食品制造	28	4162	13951	
调味品、发酵制品制造	198	24298	116651	18698
其他食品制造	466	92920	812007	296934
酒、饮料和精制茶制造业	372	68681	481732	22044
酒的制造	84	14616	79138	2376
饮料制造	265	52592	382805	19202
精制茶加工	23	1473	19788	466
烟草制品业	30	2911	54338	23129
其他烟草制品制造	30	2911	54338	23129
纺织业	2384	487988	6311874	1750507
棉纺织及印染精加工	1058	260710	3723670	952648
毛纺织及染整精加工	121	37479	401994	123009
麻纺织及染整精加工	28	5440	105427	38137
丝绢纺织及印染精加工	27	3868	70452	19161
化纤织造及印染精加工	350	66973	765504	118725
针织或钩针编织物及其制品制造	157	23195	261229	112775
家用纺织制成品制造	205	31921	398850	84687
产业用纺织制成品制造	438	58403	584748	301366
纺织服装、服饰业	995	221291	4277387	1237310
机织服装制造	385	96815	1481986	353080
针织或钩针编织服装制造	476	109336	2652219	844744
服饰制造	134	15140	143183	39486
皮革、毛皮、羽毛及其制品和制鞋业	875	170555	2418188	547563
皮革鞣制加工	58	10819	130864	6987
皮革制品制造	221	34448	290664	138909
毛皮鞣制及制品加工	3	742	6262	
羽毛(绒)加工及制品制造	8	1143	31457	2856
制鞋业	585	123403	1958940	398811
木材加工和木、竹、藤、棕、草制品业	155	21842	191030	56687

1-D-6 续表 2

行业	新产品开发项目数(项)	新产品开发经费支出(万元)	新产品销售收入(万元)	#出口
木材加工	2	1259	23526	14636
人造板制造	64	11611	108337	22764
木质制品制造	46	6786	41483	6658
竹、藤、棕、草等制品制造	43	2186	17684	12629
家具制造业	861	138386	1711437	448832
木质家具制造	351	64650	1019184	86885
竹、藤家具制造	18	1530	22054	16720
金属家具制造	272	44165	456445	231632
塑料家具制造	16	3099	32972	24912
其他家具制造	204	24942	180782	88683
造纸和纸制品业	1245	515199	8850447	351283
纸浆制造	29	18694	124119	
造纸	528	335169	6446861	146099
纸制品制造	688	161336	2279467	205185
印刷和记录媒介复制业	837	138935	2087678	719251
印刷	789	130218	1954577	632555
装订及印刷相关服务	43	7983	132493	86695
记录媒介复制	5	734	609	
文教、工美、体育和娱乐用品制造业	1589	240620	2962926	1661211
文教办公用品制造	166	14842	181043	103462
乐器制造	44	11662	91157	28627
工艺美术及礼仪用品制造	458	72569	962981	381272
体育用品制造	322	48005	428946	387339
玩具制造	539	85312	1243384	742644
游艺器材及娱乐用品制造	60	8231	55416	17869
石油、煤炭及其他燃料加工业	321	151065	672448	201164
精炼石油产品制造	201	26111	184634	
煤炭加工	68	114371	277696	
生物质燃料加工	52	10583	210118	201164
化学原料和化学制品制造业	4078	924297	12779814	1128365
基础化学原料制造	509	244802	3782533	229128
肥料制造	73	17937	337588	

1-D-6　续表 3

行　业	新产品开发项目数(项)	新产品开发经费支出(万元)	新产品销售收入(万元)	
				#出口
农药制造	110	31289	136738	41623
涂料、油墨、颜料及类似产品制造	1013	186211	2199814	122720
合成材料制造	577	142201	3185057	413254
专用化学产品制造	987	179020	2126051	220076
炸药、火工及焰火产品制造	6	645	8912	1441
日用化学产品制造	803	122193	1003121	100123
医药制造业	4311	2182637	13150386	1395805
化学药品原料药制造	597	143603	2217383	825369
化学药品制剂制造	1432	835063	4682253	77492
中药饮片加工	18	6568		
中成药生产	786	159964	3803789	89002
兽用药品制造	151	15482	50751	
生物药品制品制造	987	938574	1793928	80252
卫生材料及医药用品制造	305	75382	548672	319238
药用辅料及包装材料	35	8000	53610	4454
化学纤维制造业	517	216032	5096689	330640
纤维素纤维原料及纤维制造	111	47877	1477893	48663
合成纤维制造	401	164979	3406936	274799
橡胶和塑料制品业	4141	845419	10511215	3122461
橡胶制品业	628	240305	3414473	1348107
塑料制品业	3513	605114	7096743	1774353
非金属矿物制品业	1801	551081	9718164	1025174
水泥、石灰和石膏制造	119	35130	192391	
石膏、水泥制品及类似制品制造	261	41655	473435	43220
砖瓦、石材等建筑材料制造	200	28305	333284	25053
玻璃制造	334	202880	3972866	318974
玻璃制品制造	243	95505	2381932	417909
玻璃纤维和玻璃纤维增强塑料制品制造	180	29964	546474	58618
陶瓷制品制造	182	30089	254549	41161
耐火材料制品制造	52	8306	138016	2496
石墨及其他非金属矿物制品制造	230	79247	1425218	117742
黑色金属冶炼和压延加工业	844	668237	9114150	187621

1-D-6 续表 4

行业	新产品开发项目数（项）	新产品开发经费支出（万元）	新产品销售收入（万元）	#出口
炼钢	84	88562	963117	25422
钢压延加工	752	576046	8150840	162013
铁合金冶炼	8	3628	192	186
有色金属冶炼和压延加工业	769	328901	7020172	416158
常用有色金属冶炼	43	61650	2611841	
贵金属冶炼	10	16587	9185	
稀有稀土金属冶炼	18	2551	24544	17657
有色金属合金制造	96	24012	209753	25550
有色金属压延加工	602	224101	4164849	372951
金属制品业	3494	578809	7361602	3122432
结构性金属制品制造	552	86925	1056151	543128
金属工具制造	379	45893	576214	164360
集装箱及金属包装容器制造	301	89807	1360387	842122
金属丝绳及其制品制造	155	43932	763701	160402
建筑、安全用金属制品制造	594	75050	918019	295985
金属表面处理及热处理加工	184	23190	146144	15197
搪瓷制品制造	32	5827	131652	17453
金属制日用品制造	492	64071	450575	289200
铸造及其他金属制品制造	805	144115	1958759	794586
通用设备制造业	4297	979573	9181357	2426237
锅炉及原动设备制造	211	60472	939425	93423
金属加工机械制造	486	86101	1222231	142239
物料搬运设备制造	307	113975	552556	68416
泵、阀门、压缩机及类似机械制造	902	190474	1245096	303532
轴承、齿轮和传动部件制造	305	32539	309114	65916
烘炉、风机、包装等设备制造	1025	276231	2740349	850471
文化、办公用机械制造	260	71483	728384	453243
通用零部件制造	545	70534	855385	241117
其他通用设备制造业	256	77765	588818	207881
专用设备制造业	5250	1328427	11292723	2598731
采矿、冶金、建筑专用设备制造	290	67094	696641	375380

1-D-6　续表 5

行　　业	新产品开发项目数(项)	新产品开发经费支出(万元)	新产品销售收入(万元)	
				#出口
化工、木材、非金属加工专用设备制造	1257	238850	3040965	619764
食品、饮料、烟草及饲料生产专用设备制造	104	8934	71412	22545
印刷、制药、日化及日用品生产专用设备制造	269	46888	501921	133127
纺织、服装和皮革加工专用设备制造	225	40633	495975	78007
电子和电工机械专用设备制造	381	76851	596731	48980
农、林、牧、渔专用机械制造	132	56010	248970	58227
医疗仪器设备及器械制造	2153	719435	4709701	1170312
环保、邮政、社会公共服务及其他专用设备制造	439	73733	930408	92390
汽车制造业	3129	3156325	55037564	6580493
汽车整车制造	236	2363949	46689929	5391135
汽车用发动机制造	409	102021	325855	
改装汽车制造	51	12525	137242	12897
汽车车身、挂车制造	15	1621	8815	235
汽车零部件及配件制造	2418	676209	7875724	1176226
铁路、船舶、航空航天和其他运输设备制造业	944	283568	3958830	1352242
电气机械和器材制造业	6821	2337938	38505280	11881382
电机制造	887	423874	5950772	869079
输配电及控制设备制造	1841	614606	10720784	3056591
电线、电缆、光缆及电工器材制造	765	187587	2674991	347195
电池制造	623	601497	11785583	3572655
家用电力器具制造	1757	409229	6370950	3376443
非电力家用器具制造	28	4738	145307	125947
照明器具制造	857	90764	800090	524822
其他电气机械及器材制造	63	5644	56804	8649
计算机、通信和其他电子设备制造业	11227	7162093	114233993	69004635
计算机制造	1500	1197486	24523405	19015211
通信设备制造	1139	1790925	46430113	30901408
广播电视设备制造	189	77123	1071414	657988
非专业视听设备制造	513	319060	6745768	2922874
智能消费设备制造	844	556521	3147013	1098357
电子器件制造	2974	1793288	16511709	8733512
电子元件及电子专用材料制造	3703	1356178	15265404	5483091
其他电子设备制造	365	71512	539166	192193

1-D-6 续表 6

行　　业	新产品开发项目数(项)	新产品开发经费支出(万元)	新产品销售收入(万元)	
				#出口
仪器仪表制造业	1438	364767	2385597	562488
通用仪器仪表制造	770	166786	1205351	167956
专用仪器仪表制造	134	25446	140853	16814
钟表与计时仪器制造	282	31455	336286	162541
光学仪器制造	180	125393	446526	109418
衡器制造	20	5058	801	431
其他仪器仪表制造业	52	10629	255781	105327
其他制造业	314	33217	351655	132390
日用杂品制造	201	16695	272827	94445
其他未列明制造业	113	16521	78828	37945
废弃资源综合利用业	87	13662	246311	
金属废料和碎屑加工处理	32	7396	165630	
非金属废料和碎屑加工处理	55	6266	80681	
金属制品、机械和设备修理业	190	21290	148079	9169
金属制品修理	1	31		
专用设备修理	7	376		
铁路、船舶、航空航天等运输设备修理	178	20768	143632	9169
其他机械和设备修理业	4	116	4448	
电力、热力、燃气及水生产和供应业	**861**	**170575**	**5688599**	
电力、热力生产和供应业	519	110687	759431	
电力生产	468	96547	624405	
电力供应	28	7400		
热力生产和供应	23	6740	135026	
燃气生产和供应业	228	40105	4836008	
燃气生产和供应业	228	40105	4836008	
水的生产和供应业	114	19783	93160	
自来水生产和供应	50	8507	47978	
污水处理及其再生利用	56	4638	45182	
其他水的处理、利用与分配	8	6638		

1-D-7　分行业外商投资企业新产品开发及销售情况

行　　业	新产品开发项目数(项)	新产品开发经费支出(万元)	新产品销售收入(万元)	#出口
总　计	**68136**	**27157556**	**349066856**	**101061311**
采矿业	**86**	**59862**	**150045**	**4575**
煤炭开采和洗选业	36	25337		
烟煤和无烟煤开采洗选	36	25337		
石油和天然气开采业	18	27859		
石油开采	18	27859		
黑色金属矿采选业	1	38		
铁矿采选	1	38		
有色金属矿采选业	11	788	33935	
贵金属矿采选	11	788	33935	
非金属矿采选业	12	2292	116110	4575
土砂石开采	8	1280	89669	
石棉及其他非金属矿采选	4	1012	26441	4575
开采专业及辅助性活动	8	3549		
石油和天然气开采专业及辅助性活动	8	3549		
制造业	**67552**	**26955667**	**346456833**	**101056736**
农副食品加工业	951	257730	5295880	304658
谷物磨制	27	6300	142239	
饲料加工	313	65742	899037	59884
植物油加工	49	13316	346031	2964
制糖业	1	51	16567	
屠宰及肉类加工	202	101291	2994004	101253
水产品加工	125	20146	143023	62900
蔬菜、菌类、水果和坚果加工	99	12821	201300	54967
其他农副食品加工	135	38062	553678	22691
食品制造业	1537	311044	4586310	152520
焙烤食品制造	127	22984	40991	55
糖果、巧克力及蜜饯制造	128	12766	56450	5225
方便食品制造	234	30821	298763	13756

1-D-7 续表 1

行业	新产品开发项目数(项)	新产品开发经费支出(万元)	新产品销售收入(万元)	#出口
乳制品制造	350	68709	2090808	2822
罐头食品制造	25	2376	63273	5405
调味品、发酵制品制造	171	85765	996097	18435
其他食品制造	502	87623	1039929	106822
酒、饮料和精制茶制造业	548	74121	827863	29391
酒的制造	137	17762	320720	8135
饮料制造	411	56359	507144	21255
烟草制品业	1	1612	2180	
纺织业	960	155111	2044424	587588
棉纺织及印染精加工	306	62573	826784	231960
毛纺织及染整精加工	41	8861	16928	7738
丝绢纺织及印染精加工	30	6029	91899	
化纤织造及印染精加工	128	19200	299053	25165
针织或钩针编织物及其制品制造	67	8215	139363	21657
家用纺织制成品制造	158	19246	234619	172387
产业用纺织制成品制造	230	30987	435779	128683
纺织服装、服饰业	626	104426	1633480	464750
机织服装制造	285	50183	1075290	217778
针织或钩针编织服装制造	259	42052	443715	148678
服饰制造	82	12190	114475	98294
皮革、毛皮、羽毛及其制品和制鞋业	388	88254	976373	166878
皮革鞣制加工	17	3039	48262	27674
皮革制品制造	121	24656	361778	29766
毛皮鞣制及制品加工	2	290	2035	
羽毛(绒)加工及制品制造	9	1872	7129	2217
制鞋业	239	58397	557168	107221
木材加工和木、竹、藤、棕、草制品业	127	16595	250228	21010
木材加工	10	1302	24274	4030
人造板制造	36	5194	36488	2922
木质制品制造	70	8385	134547	9213
竹、藤、棕、草等制品制造	11	1715	54920	4846

1-D-7　续表 2

行　　业	新产品开发项目数（项）	新产品开发经费支出（万元）	新产品销售收入（万元）	#出口
家具制造业	371	52245	525639	339107
木质家具制造	119	20889	151979	88717
金属家具制造	93	11234	93067	68971
塑料家具制造	12	399	2381	2123
其他家具制造	147	19724	278212	179297
造纸和纸制品业	623	304236	6506375	1051793
纸浆制造	9	2044		
造纸	285	217066	5613732	917145
纸制品制造	329	85125	892643	134647
印刷和记录媒介复制业	288	58997	754371	216344
印刷	283	58345	752981	216344
装订及印刷相关服务	5	652	1390	
文教、工美、体育和娱乐用品制造业	809	113166	1135963	705225
文教办公用品制造	83	7022	67162	44878
乐器制造	50	5267	50939	20167
工艺美术及礼仪用品制造	221	29748	312130	119233
体育用品制造	275	29435	328731	230653
玩具制造	133	24396	123164	63672
游艺器材及娱乐用品制造	47	17298	253837	226622
石油、煤炭及其他燃料加工业	127	33984	437771	117750
精炼石油产品制造	95	20474	88994	721
煤炭加工	32	13510	348777	117029
化学原料和化学制品制造业	3759	1076812	12980837	2071694
基础化学原料制造	587	222256	3417447	268188
肥料制造	100	30895	353139	3854
农药制造	192	74438	864190	410840
涂料、油墨、颜料及类似产品制造	671	127137	1419838	91496
合成材料制造	718	304341	3448427	615762
专用化学产品制造	1065	223066	2466038	543016
炸药、火工及焰火产品制造	2	481	10778	86
日用化学产品制造	424	94197	1000980	138452

1-D-7 续表 3

行业	新产品开发项目数(项)	新产品开发经费支出(万元)	新产品销售收入(万元)	#出口
医药制造业	4058	1277139	4051716	659362
化学药品原料药制造	422	91017	1001687	326494
化学药品制剂制造	1341	441632	1364717	13678
中药饮片加工	51	4843	16098	784
中成药生产	177	26063	168999	
兽用药品制造	226	28385	154345	958
生物药品制品制造	1369	605884	665489	95998
卫生材料及医药用品制造	350	57054	303853	95618
药用辅料及包装材料	122	22263	376529	125832
化学纤维制造业	264	95059	2030050	102453
纤维素纤维原料及纤维制造	36	16430	746177	2773
合成纤维制造	208	73414	1192134	99087
生物基材料制造	20	5216	91739	593
橡胶和塑料制品业	2542	483292	5284343	1272579
橡胶制品业	564	202912	2519384	289835
塑料制品业	1978	280380	2764959	982743
非金属矿物制品业	1370	353901	4245751	813675
水泥、石灰和石膏制造	69	16899	56189	
石膏、水泥制品及类似制品制造	101	11440	131772	8201
砖瓦、石材等建筑材料制造	118	18153	70513	14376
玻璃制造	114	28438	276502	118252
玻璃制品制造	250	68156	1216826	288335
玻璃纤维和玻璃纤维增强塑料制品制造	78	24377	80267	26433
陶瓷制品制造	179	35512	350706	170346
耐火材料制品制造	194	27614	337947	36318
石墨及其他非金属矿物制品制造	267	123312	1725028	151414
黑色金属冶炼和压延加工业	1211	620958	5004380	122149
炼钢	92	137661	2858894	58276
钢压延加工	1091	476170	2139395	63873
铁合金冶炼	28	7127	6091	

1-D-7　续表 4

行　业	新产品开发项目数(项)	新产品开发经费支出(万元)	新产品销售收入(万元)	
				#出口
有色金属冶炼和压延加工业	603	328801	8784369	594119
常用有色金属冶炼	95	42472	5028586	309254
稀有稀土金属冶炼	46	19336	238611	8656
有色金属合金制造	148	36168	306489	16532
有色金属压延加工	314	230825	3210683	259676
金属制品业	2691	475528	5532703	1769923
结构性金属制品制造	434	60289	658467	249291
金属工具制造	236	26703	181579	48117
集装箱及金属包装容器制造	343	64922	954588	517418
金属丝绳及其制品制造	119	35462	475974	57302
建筑、安全用金属制品制造	374	50493	476212	263209
金属表面处理及热处理加工	181	39532	125624	17585
搪瓷制品制造	21	1672	11153	7900
金属制日用品制造	139	24782	384864	190548
铸造及其他金属制品制造	844	171673	2264243	418553
通用设备制造业	7836	2045899	25613397	4885320
锅炉及原动设备制造	602	252182	3635171	116323
金属加工机械制造	901	145893	1344590	196086
物料搬运设备制造	900	416170	6606227	1269649
泵、阀门、压缩机及类似机械制造	1858	481543	5856559	1166315
轴承、齿轮和传动部件制造	603	112093	1134138	188080
烘炉、风机、包装等设备制造	1170	280732	3434545	848544
文化、办公用机械制造	213	89511	899414	634845
通用零部件制造	911	120176	1590653	374129
其他通用设备制造业	678	147600	1112101	91349
专用设备制造业	6568	1708527	12967299	3832883
采矿、冶金、建筑专用设备制造	828	365872	4809192	1576123
化工、木材、非金属加工专用设备制造	907	144097	1582609	414203
食品、饮料、烟草及饲料生产专用设备制造	96	20883	96802	37186
印刷、制药、日化及日用品生产专用设备制造	328	62498	967591	321257

1-D-7 续表 5

行业	新产品开发项目数(项)	新产品开发经费支出(万元)	新产品销售收入(万元)	
				#出口
纺织、服装和皮革加工专用设备制造	140	29603	502549	178015
电子和电工机械专用设备制造	715	329012	1280749	334759
农、林、牧、渔专用机械制造	235	33916	228603	43667
医疗仪器设备及器械制造	2244	561742	1793384	657212
环保、邮政、社会公共服务及其他专用设备制造	1075	160904	1705820	270461
汽车制造业	10122	7139734	101118636	10092113
汽车整车制造	628	3734305	61396194	4280343
汽车用发动机制造	137	147617	2905038	26266
改装汽车制造	94	17342	326475	13137
低速汽车制造	8	2720		
汽车车身、挂车制造	98	36561	595213	117005
汽车零部件及配件制造	9157	3201188	35895716	5655363
铁路、船舶、航空航天和其他运输设备制造业	1269	403474	6146885	3338488
电气机械和器材制造业	5629	2096961	29091389	8050797
电机制造	865	289714	3741499	1397860
输配电及控制设备制造	2006	710948	9588841	1298204
电线、电缆、光缆及电工器材制造	660	227258	3142569	389623
电池制造	379	159472	3206933	1905213
家用电力器具制造	835	547067	7835530	2387830
非电力家用器具制造	104	30386	151237	31868
照明器具制造	701	116430	1229807	526980
其他电气机械及器材制造	79	15686	194973	113220
计算机、通信和其他电子设备制造业	9740	6681341	93255166	57463936
计算机制造	957	595212	17699599	16333869
通信设备制造	843	1650711	20403634	12259806
广播电视设备制造	183	48277	293154	119724
雷达及配套设备制造	42	7088	3262	
非专业视听设备制造	307	201500	3250763	1649683
智能消费设备制造	575	534326	12426679	7502555
电子器件制造	2990	2354056	19437981	9252733

1-D-7　续表 6

行　　业	新产品开发项目数(项)	新产品开发经费支出(万元)	新产品销售收入(万元)	#出口
电子元件及电子专用材料制造	3523	1120724	17924292	9878717
其他电子设备制造	320	169447	1815801	466849
仪器仪表制造业	2018	417848	3971450	804714
通用仪器仪表制造	1189	268301	2114957	515237
专用仪器仪表制造	509	114452	1680305	216029
钟表与计时仪器制造	16	1129		
光学仪器制造	220	22946	103620	49831
衡器制造	64	8859	60277	16992
其他仪器仪表制造业	20	2161	12291	6626
其他制造业	226	113859	1216219	960582
日用杂品制造	148	100047	1089997	915940
其他未列明制造业	78	13812	126222	44643
废弃资源综合利用业	26	2586	60854	
金属废料和碎屑加工处理	10	435	146	
非金属废料和碎屑加工处理	16	2151	60709	
金属制品、机械和设备修理业	264	62430	124534	64935
金属制品修理			112	112
专用设备修理	14	749	285	
铁路、船舶、航空航天等运输设备修理	228	59774	87793	64823
其他机械和设备修理业	22	1907	36344	
电力、热力、燃气及水生产和供应业	**498**	**142027**	**2459979**	
电力、热力生产和供应业	118	29729	391992	
电力生产	107	26562	383538	
热力生产和供应	11	3166	8454	
燃气生产和供应业	330	107972	2042061	
燃气生产和供应业	330	107972	2042061	
水的生产和供应业	50	4326	25925	
自来水生产和供应	27	2797	20774	
污水处理及其再生利用	23	1529	5152	

1-D-8 各地区企业新产品开发及销售情况

地区	新产品开发项目数(项)	新产品开发经费支出(万元)	新产品销售收入(万元)	#出口
全国	**1204643**	**275638464**	**3413340364**	**554797551**
北京	18031	7032647	56484637	8982306
天津	17475	3060245	41246491	6385926
河北	39967	9014152	111738833	11013762
山西	8629	1909004	33068331	4210583
内蒙古	5477	1949972	25748596	1320288
辽宁	17457	3927147	44915467	6311439
吉林	5287	2138062	18184662	840264
黑龙江	7235	939316	10539364	495623
上海	29520	12572812	103849988	17792835
江苏	141304	40743988	495617097	114808572
浙江	207990	29587234	418362856	82909771
安徽	45238	11570656	195925423	22760235
福建	35207	9216778	77141442	16641154
江西	38801	6785937	124701285	16547101
山东	120033	24971529	471245878	53348886
河南	30162	6115299	94255387	25187682
湖北	32209	10682056	147224070	5771171
湖南	53825	11203893	156312569	7371846
广东	241406	58461092	518774584	130155246
广西	12372	2368579	29752124	1971036
海南	2535	435042	3116309	440408
重庆	23069	5534886	75867349	12903945
四川	32723	5926139	60814817	3389225
贵州	5920	836460	11072480	477236
云南	7108	1872295	22045901	253018
西藏	118	13731	146836	
陕西	16419	3459332	32682050	1600948
甘肃	2830	631067	13770262	597185
青海	364	211329	2056030	22957
宁夏	2699	802872	8138665	156921
新疆	3233	1664914	8540581	129984

1-D-9　各地区大中型企业新产品开发及销售情况

地　区	新产品开发项目数(项)	新产品开发经费支出(万元)	新产品销售收入(万元)	#出口
全　国	**373518**	**183058075**	**2487564696**	**475853430**
北　京	7967	5331189	43836813	8090634
天　津	6567	2007785	31819069	5534461
河　北	11834	6507684	87533319	9916951
山　西	4137	1480327	29049162	4040314
内蒙古	3356	1640869	23385088	1284860
辽　宁	7128	2772615	34591495	5555667
吉　林	2210	1859567	16220234	762299
黑龙江	2782	632844	8321793	378585
上　海	11335	9403561	83885543	15981747
江　苏	44022	24946388	366343833	101191100
浙　江	49636	16728439	280590224	61330009
安　徽	13577	7548302	139033776	20226739
福　建	13718	6363415	61109096	14582527
江　西	9551	3653001	74773672	15141827
山　东	34720	15830602	328111554	44146425
河　南	11408	4040700	77926247	24568822
湖　北	10954	6604311	90743290	4778519
湖　南	14243	5393512	85624846	6278926
广　东	64911	43848357	412208235	112269813
广　西	5336	1760145	24746120	1656110
海　南	1076	287546	2523235	417256
重　庆	10687	3778054	58236703	12057495
四　川	15155	3994709	48433503	2847659
贵　州	2778	529333	9088324	411260
云　南	3362	1228904	17561746	185819
西　藏	49	7606	70241	
陕　西	6724	2415880	25393241	1401167
甘　肃	1314	424812	10671052	556019
青　海	150	176533	1764102	22957
宁　夏	1171	517154	7300165	118521
新　疆	1660	1343934	6668978	118946

1-D-10 各地区内资企业新产品开发及销售情况

地区	新产品开发项目数(项)	新产品开发经费支出(万元)	新产品销售收入(万元)	#出口
全国	**1069652**	**223568696**	**2711802539**	**340978745**
北京	15047	4950626	26742492	1436216
天津	14993	2488104	32542806	3031598
河北	37142	7203678	85516222	5621037
山西	8377	1846449	30466668	2965832
内蒙古	5090	1821247	23377947	1196792
辽宁	14639	2742900	34879046	4754265
吉林	4707	1562798	15866561	814580
黑龙江	7029	906684	10461950	491926
上海	21399	7491231	50098690	10768912
江苏	116090	30272515	363589647	64147991
浙江	189229	24245573	349738037	68063152
安徽	42024	10537694	172915282	16200811
福建	29133	7352398	57082401	8756178
江西	36682	6027423	110069958	12815392
山东	110053	22083395	407279873	37792068
河南	29021	5790130	72416209	8329673
湖北	30043	9615798	132684575	4344360
湖南	51691	10315242	143439104	4097010
广东	204022	44989471	354870531	72703283
广西	11368	1899862	22818047	1412174
海南	2263	349960	1883142	243507
重庆	21093	4646647	60077830	5029129
四川	31086	5515305	57529090	2871030
贵州	5750	804981	10830307	468660
云南	6837	1822976	21592961	221841
西藏	116	12986	131726	
陕西	15784	3099594	31876228	1536304
甘肃	2793	625450	13742928	595802
青海	362	211127	2056030	22957
宁夏	2603	773214	7991739	117162
新疆	3186	1563241	7234514	129104

1-D-11　各地区港澳台投资企业新产品开发及销售情况

地　区	新产品开发项目数(项)	新产品开发经费支出(万元)	新产品销售收入(万元)	#出口
全　国	**66855**	**24912212**	**352470969**	**112757495**
北　京	1039	1161146	19577815	6803372
天　津	885	179783	3419440	944815
河　北	1059	1173048	19774682	3989297
山　西	78	6480	2082812	1177043
内蒙古	182	92735	389630	57340
辽　宁	575	346704	1878252	260949
吉　林	84	31675	295600	8351
黑龙江	120	26940	50365	3362
上　海	2813	1309998	10051536	2679791
江　苏	9753	4868144	60720847	24687780
浙　江	9055	2782605	33970578	6490613
安　徽	1746	490134	12136548	4863818
福　建	3934	1235461	14765803	6274230
江　西	1085	357245	7560723	2376631
山　东	4421	1247777	30856683	3450306
河　南	549	113462	17428054	16413677
湖　北	706	440596	3609045	118755
湖　南	1382	628831	9653465	3008720
广　东	24992	7611931	96879795	28452034
广　西	314	60760	605523	65299
海　南	125	28352	155282	29613
重　庆	702	379614	4205670	438243
四　川	761	226117	1769244	122315
贵　州	101	16734	142057	4693
云　南	147	32109	246105	30475
西　藏				
陕　西	171	40892	171050	5266
甘　肃	10	209	189	
青　海	2	202		
宁　夏	31	16962	45649	468
新　疆	33	5570	28526	242

1-D-12 各地区外商投资企业新产品开发及销售情况

地　区	新产品开发项目数(项)	新产品开发经费支出(万元)	新产品销售收入(万元)	#出口
全　国	**68136**	**27157556**	**349066856**	**101061311**
北　京	1945	920876	10164331	742718
天　津	1597	392359	5284245	2409512
河　北	1766	637426	6447929	1403428
山　西	174	56075	518851	67709
内蒙古	205	35990	1981019	66155
辽　宁	2243	837544	8158168	1296224
吉　林	496	543589	2022501	17333
黑龙江	86	5693	27048	336
上　海	5308	3771583	43699762	4344131
江　苏	15461	5603330	71306603	25972802
浙　江	9706	2559056	34654242	8356006
安　徽	1468	542829	10873593	1695606
福　建	2140	628920	5293239	1610746
江　西	1034	401270	7070603	1355078
山　东	5559	1640358	33109322	12106513
河　南	592	211706	4411124	444332
湖　北	1460	625662	10930450	1308057
湖　南	752	259820	3220000	266116
广　东	12392	5859689	67024258	28999930
广　西	690	407957	6328555	493563
海　南	147	56730	1077885	167288
重　庆	1274	508626	11583849	7436573
四　川	876	184718	1516484	395880
贵　州	69	14745	100117	3884
云　南	124	17211	206835	703
西　藏	2	745	15110	
陕　西	464	318845	634771	59379
甘　肃	27	5408	27146	1383
青　海				
宁　夏	65	12696	101277	39291
新　疆	14	96103	1277541	638

E.企业自主知识产权及相关情况

1-E-1　分登记注册统计类别企业自主知识产权及相关情况

登记注册统计类别	专利申请数(件)	#发明专利	有效发明专利数(件)	拥有注册商标数(件)	形成国家或行业标准数(项)
总　计	**1565960**	**613602**	**2227602**	**1494057**	**50424**
内资企业	**1364273**	**527996**	**1900810**	**1254063**	**44726**
有限责任公司	1052619	376668	1383927	821759	29011
股份有限公司	303740	147744	505901	424051	15417
非公司企业法人	5940	3195	9296	5284	263
个人独资企业	1441	256	1177	1869	29
合伙企业	522	131	496	1098	6
其他内资企业	11	2	13	2	
港澳台投资企业	**102724**	**41888**	**165138**	**126652**	**3119**
港澳台投资有限责任公司	66036	24448	99311	75144	2205
港澳台投资股份有限公司	33704	15913	58547	49411	853
港澳台投资合伙企业	1869	1163	6339	1215	23
其他港澳台投资企业	1115	364	941	882	38
外商投资企业	**98963**	**43718**	**161654**	**113342**	**2579**
外商投资有限责任公司	70472	29151	113555	64003	1750
外商投资股份有限公司	25264	13001	44194	47718	790
外商投资合伙企业	850	292	1271	500	17
其他外商投资企业	2377	1274	2634	1121	22

1-E-2 分登记注册统计类别大中型企业自主知识产权及相关情况

登记注册统计类别	专利申请数（件）	#发明专利	有效发明专利数（件）	拥有注册商标数（件）	形成国家或行业标准数（项）
总计	**786384**	**399241**	**1315227**	**866221**	**31537**
内资企业	**645246**	**331836**	**1071065**	**686443**	**27138**
有限责任公司	408963	208981	677828	360638	15477
股份有限公司	231335	120027	385435	320138	11459
非公司企业法人	4750	2798	7523	4621	193
个人独资企业	116	17	203	580	5
合伙企业	82	13	76	466	4
其他内资企业					
港澳台投资企业	**74504**	**33465**	**127414**	**94237**	**2425**
港澳台投资有限责任公司	41617	17737	68849	49072	1679
港澳台投资股份有限公司	30593	14442	52104	43546	690
港澳台投资合伙企业	1449	999	5889	1095	18
其他港澳台投资企业	845	287	572	524	38
外商投资企业	**66634**	**33940**	**116748**	**85541**	**1974**
外商投资有限责任公司	44165	22067	77108	43017	1227
外商投资股份有限公司	20843	11014	36587	41778	720
外商投资合伙企业	505	195	786	461	14
其他外商投资企业	1121	664	2267	285	13

1-E-3 分行业企业自主知识产权及相关情况

行业	专利申请数(件)	#发明专利	有效发明专利数(件)	拥有注册商标数(件)	形成国家或行业标准数(项)
总计	**1565960**	**613602**	**2227602**	**1494057**	**50424**
采矿业	**19326**	**9643**	**23704**	**1992**	**448**
煤炭开采和洗选业	6614	2128	3769	651	57
烟煤和无烟煤开采洗选	6188	1969	3597	646	57
褐煤开采洗选	416	159	137	5	
其他煤炭采选	10		35		
石油和天然气开采业	5247	3849	9071	2	192
石油开采	4012	2846	7528		90
天然气开采	1235	1003	1543	2	102
黑色金属矿采选业	1567	719	3103	396	28
铁矿采选	1555	714	3077	392	28
锰矿、铬矿采选	12	5	26	4	
有色金属矿采选业	1683	463	1633	259	24
常用有色金属矿采选	809	260	924	97	7
贵金属矿采选	549	100	443	9	5
稀有稀土金属矿采选	325	103	266	153	12
非金属矿采选业	1670	478	1465	498	20
土砂石开采	987	250	811	148	2
化学矿开采	264	90	276	31	7
采盐	266	88	196	292	8
石棉及其他非金属矿采选	153	50	182	27	3
开采专业及辅助性活动	2542	2003	4660	186	127
石油和天然气开采专业及辅助性活动	2516	1996	4652	186	127
其他开采专业及辅助性活动	26	7	8		
其他采矿业	3	3	3		
其他采矿业	3	3	3		
制造业	**1488008**	**562766**	**2130386**	**1489176**	**48468**
农副食品加工业	16990	4610	20586	47854	576
谷物磨制	2318	704	2480	5247	37
饲料加工	4306	1305	5855	10729	109
植物油加工	1438	385	1932	4392	79
制糖业	186	26	195	411	15
屠宰及肉类加工	2674	656	2800	9792	136

1-E-3 续表 1

行业	专利申请数(件)	#发明专利	有效发明专利数(件)	拥有注册商标数(件)	形成国家或行业标准数(项)
水产品加工	1186	275	1438	2759	41
蔬菜、菌类、水果和坚果加工	2440	593	2550	6574	64
其他农副食品加工	2442	666	3336	7950	95
食品制造业	15884	5204	23987	95349	696
焙烤食品制造	1558	330	1506	7778	34
糖果、巧克力及蜜饯制造	694	145	850	4978	26
方便食品制造	1808	384	1737	6864	71
乳制品制造	2186	775	3193	18907	59
罐头食品制造	688	138	726	3436	45
调味品、发酵制品制造	2244	696	3871	12671	74
其他食品制造	6706	2736	12104	40715	387
酒、饮料和精制茶制造业	6457	1617	6961	70848	269
酒的制造	2579	649	2798	46096	149
饮料制造	1823	414	2035	14144	56
精制茶加工	2055	554	2128	10608	64
烟草制品业	11044	4060	10651	28179	132
烟叶复烤	110	39	146		18
卷烟制造	10522	3829	9978	27412	106
其他烟草制品制造	412	192	527	767	8
纺织业	21268	4909	22655	20898	772
棉纺织及印染精加工	7489	1887	8123	6240	277
毛纺织及染整精加工	716	203	833	937	31
麻纺织及染整精加工	327	59	342	162	10
丝绢纺织及印染精加工	434	105	617	754	24
化纤织造及印染精加工	2849	663	2840	1437	105
针织或钩针编织物及其制品制造	1492	249	1274	864	15
家用纺织制成品制造	2299	513	2483	5543	71
产业用纺织制成品制造	5662	1230	6143	4961	239
纺织服装、服饰业	8824	1622	7054	29367	347
机织服装制造	5091	975	4148	17188	178
针织或钩针编织服装制造	2480	417	2079	9469	156
服饰制造	1253	230	827	2710	13
皮革、毛皮、羽毛及其制品和制鞋业	8367	1152	5205	14179	214
皮革鞣制加工	270	73	551	249	35
皮革制品制造	2204	267	1374	2531	24

1-E-3　续表 2

行　　业	专　利申请数（件）	#发明专利	有　效发　明专利数（件）	拥　有注　册商标数（件）	形成国家或行业标准数（项）
毛皮鞣制及制品加工	168	22	262	204	17
羽毛(绒)加工及制品制造	269	55	216	337	2
制鞋业	5456	735	2802	10858	136
木材加工和木、竹、藤、棕、草制品业	5774	1376	5478	7702	435
木材加工	470	121	461	923	152
人造板制造	2716	666	2238	3555	131
木质制品制造	1935	437	2135	2515	136
竹、藤、棕、草等制品制造	653	152	644	709	16
家具制造业	17590	2358	10191	22460	365
木质家具制造	8130	965	4859	12736	226
竹、藤家具制造	203	19	102	58	6
金属家具制造	4868	787	2878	3158	68
塑料家具制造	314	33	171	257	13
其他家具制造	4075	554	2181	6251	52
造纸和纸制品业	10689	2324	11963	12612	328
纸浆制造	211	47	433	165	3
造纸	3950	982	5438	3548	194
纸制品制造	6528	1295	6092	8899	131
印刷和记录媒介复制业	10655	2307	12245	4263	233
印刷	10314	2209	11768	3994	226
装订及印刷相关服务	298	85	385	248	2
记录媒介复制	43	13	92	21	5
文教、工美、体育和娱乐用品制造业	17635	2720	14228	33462	500
文教办公用品制造	2732	448	2210	9375	79
乐器制造	550	57	628	1028	39
工艺美术及礼仪用品制造	6486	1025	4688	7800	150
体育用品制造	3198	519	2584	4652	129
玩具制造	3406	448	3190	8869	25
游艺器材及娱乐用品制造	1263	223	928	1738	78
石油、煤炭及其他燃料加工业	5266	2098	7921	3781	126
精炼石油产品制造	3268	1657	6536	3383	83
煤炭加工	1611	338	1030	312	32
核燃料加工	15	9	8		
生物质燃料加工	372	94	347	86	11
化学原料和化学制品制造业	66480	28055	113474	144633	4269

1-E-3 续表 3

行业	专利申请数（件）	#发明专利	有效发明专利数（件）	拥有注册商标数（件）	形成国家或行业标准数（项）
基础化学原料制造	14846	5587	21208	7740	751
肥料制造	4376	1258	6110	11220	196
农药制造	3072	1666	7501	44166	407
涂料、油墨、颜料及类似产品制造	8187	3449	17245	14940	847
合成材料制造	11708	5511	17582	8949	605
专用化学产品制造	17303	7929	33177	15598	1151
炸药、火工及焰火产品制造	1025	227	1212	553	29
日用化学产品制造	5963	2428	9439	41467	283
医药制造业	34308	17766	81600	167932	3959
化学药品原料药制造	5236	2796	13794	9726	480
化学药品制剂制造	7189	4703	19641	55597	1668
中药饮片加工	2609	877	3704	6385	284
中成药生产	5165	2433	15729	47551	813
兽用药品制造	1495	752	4549	7741	199
生物药品制品制造	6389	4178	15575	25029	379
卫生材料及医药用品制造	5133	1670	7095	14355	111
药用辅料及包装材料	1092	357	1513	1548	25
化学纤维制造业	5194	1743	7523	5249	494
纤维素纤维原料及纤维制造	680	210	977	873	59
合成纤维制造	3892	1275	5574	2754	370
生物基材料制造	622	258	972	1622	65
橡胶和塑料制品业	54614	12981	60608	43693	1692
橡胶制品业	10735	2768	11790	11697	526
塑料制品业	43879	10213	48818	31996	1166
非金属矿物制品业	61783	16490	68978	36738	2036
水泥、石灰和石膏制造	4433	692	2836	1016	75
石膏、水泥制品及类似制品制造	12966	3084	12670	4849	346
砖瓦、石材等建筑材料制造	7940	2169	9824	7885	335
玻璃制造	4172	1354	4278	1392	124
玻璃制品制造	5314	1272	6133	2409	107
玻璃纤维和玻璃纤维增强塑料制品制造	3500	1069	5085	3145	153
陶瓷制品制造	8641	2245	9123	10546	244
耐火材料制品制造	4074	1138	5811	1328	207
石墨及其他非金属矿物制品制造	10743	3467	13218	4168	445
黑色金属冶炼和压延加工业	26053	11221	31917	4002	622

1-E-3　续表 4

行　　业	专　利申请数(件)	#发明专利	有　效发　明专利数(件)	拥　有注　册商标数(件)	形成国家或行业标准数(项)
炼铁	229	79	202	31	2
炼钢	1806	608	1574	98	41
钢压延加工	23083	10353	29127	3736	524
铁合金冶炼	935	181	1014	137	55
有色金属冶炼和压延加工业	25074	8299	31028	11179	1230
常用有色金属冶炼	6686	2159	5146	1261	215
贵金属冶炼	595	192	1045	675	60
稀有稀土金属冶炼	1265	651	3122	600	137
有色金属合金制造	3771	1523	6404	1138	196
有色金属压延加工	12757	3774	15311	7505	622
金属制品业	69091	15528	74624	42594	1823
结构性金属制品制造	19759	4391	20741	9317	291
金属工具制造	5459	1329	6668	6541	243
集装箱及金属包装容器制造	4811	1269	5638	1473	259
金属丝绳及其制品制造	2582	664	2986	884	131
建筑、安全用金属制品制造	8973	1514	8626	8437	226
金属表面处理及热处理加工	3504	746	3688	991	73
搪瓷制品制造	246	38	235	110	12
金属制日用品制造	6237	925	3988	8856	100
铸造及其他金属制品制造	17520	4652	22054	5985	488
通用设备制造业	136327	41253	169207	76044	5334
锅炉及原动设备制造	9577	3850	14592	4594	454
金属加工机械制造	17452	4952	23173	8903	577
物料搬运设备制造	15428	4779	20388	8009	841
泵、阀门、压缩机及类似机械制造	23067	6256	26560	14646	1110
轴承、齿轮和传动部件制造	9210	2176	9831	4170	583
烘炉、风机、包装等设备制造	24555	7591	29065	16258	940
文化、办公用机械制造	4060	1434	8157	4626	166
通用零部件制造	15731	3707	16781	4891	280
其他通用设备制造业	17247	6508	20660	9947	383
专用设备制造业	146402	50378	187218	97969	3700
采矿、冶金、建筑专用设备制造	23903	8546	29852	7435	785
化工、木材、非金属加工专用设备制造	17239	4556	21137	5261	542
食品、饮料、烟草及饲料生产专用设备制造	3183	828	4748	1951	127
印刷、制药、日化及日用品生产专用设备制造	6008	1568	7200	2437	188

1-E-3 续表 5

行业	专利申请数（件）	#发明专利	有效发明专利数（件）	拥有注册商标数（件）	形成国家或行业标准数（项）
纺织、服装和皮革加工专用设备制造	4278	1068	6190	3234	224
电子和电工机械专用设备制造	24178	9046	27075	8915	241
农、林、牧、渔专用机械制造	6141	1427	6220	4629	139
医疗仪器设备及器械制造	31850	13393	42700	46064	611
环保、邮政、社会公共服务及其他专用设备制造	29622	9946	42096	18043	843
汽车制造业	108329	44398	107857	69613	1780
汽车整车制造	37614	24092	34280	44851	483
汽车用发动机制造	2707	1061	1459	318	23
改装汽车制造	3250	812	5333	1731	130
低速汽车制造	222	75	130	90	5
电车制造	118	33	188	94	1
汽车车身、挂车制造	1258	307	1690	869	15
汽车零部件及配件制造	63160	18018	64777	21660	1123
铁路、船舶、航空航天和其他运输设备制造业	29716	10567	40155	15000	707
电气机械和器材制造业	239281	86380	271989	130203	6458
电机制造	15434	4856	20996	7766	806
输配电及控制设备制造	59290	19499	67768	30286	2318
电线、电缆、光缆及电工器材制造	18181	5673	22471	11370	1070
电池制造	51536	24583	48119	12141	449
家用电力器具制造	72476	27149	90438	48783	1123
非电力家用器具制造	2905	612	2738	2581	158
照明器具制造	16278	3132	15839	14865	389
其他电气机械及器材制造	3181	876	3620	2411	145
计算机、通信和其他电子设备制造业	271007	160017	652396	215119	6527
计算机制造	23950	11954	45816	19405	300
通信设备制造	76046	63256	313643	100569	821
广播电视设备制造	5613	2338	7584	6032	82
雷达及配套设备制造	1277	691	1838	892	14
非专业视听设备制造	8622	3666	16458	7270	90
智能消费设备制造	22529	9544	23389	29331	316
电子器件制造	70068	43458	155861	22806	761
电子元件及电子专用材料制造	50951	21078	74442	17809	3934
其他电子设备制造	11951	4032	13365	11005	209
仪器仪表制造业	45748	17801	59786	29527	2568
通用仪器仪表制造	30348	12077	39980	18274	1974

1-E-3　续表 6

行　　业	专　利 申请数 (件)	#发明专利	有　效 发　明 专利数 (件)	拥　有 注　册 商标数 (件)	形成国家 或行业 标准数 (项)
专用仪器仪表制造	8178	3063	10580	6604	312
钟表与计时仪器制造	975	142	800	1307	79
光学仪器制造	4033	1765	5588	1577	101
衡器制造	734	185	695	1104	18
其他仪器仪表制造业	1480	569	2143	661	84
其他制造业	5512	1327	5511	7412	83
日用杂品制造	3507	837	3085	5109	31
核辐射加工	55	14	13		
其他未列明制造业	1950	476	2413	2303	52
废弃资源综合利用业	4435	1570	5283	1023	153
金属废料和碎屑加工处理	2287	832	2453	396	85
非金属废料和碎屑加工处理	2148	738	2830	627	68
金属制品、机械和设备修理业	2211	635	2107	292	40
金属制品修理	68	16	39	15	2
通用设备修理	149	27	99	63	2
专用设备修理	594	210	682	72	10
铁路、船舶、航空航天等运输设备修理	1029	266	889	90	23
电气设备修理	208	80	116	14	
仪器仪表修理	11	4	50	1	
其他机械和设备修理业	152	32	232	37	3
电力、热力、燃气及水生产和供应业	**58626**	**41193**	**73512**	**2889**	**1508**
电力、热力生产和供应业	54785	40126	69637	1284	1356
电力生产	18873	8419	9011	871	160
电力供应	34903	31443	59533	331	1177
热力生产和供应	1009	264	1093	82	19
燃气生产和供应业	1491	343	1293	543	45
燃气生产和供应业	1476	335	1280	542	45
生物质燃气生产和供应业	15	8	13	1	
水的生产和供应业	2350	724	2582	1062	107
自来水生产和供应	653	174	392	286	25
污水处理及其再生利用	1622	509	2093	714	71
海水淡化处理	28	10	32	25	4
其他水的处理、利用与分配	47	31	65	37	7

1-E-4 分行业大中型企业自主知识产权及相关情况

行业	专利申请数(件)	#发明专利	有效发明专利数(件)	拥有注册商标数(件)	形成国家或行业标准数(项)
总计	**786384**	**399241**	**1315227**	**866221**	**31537**
采矿业	**16484**	**8866**	**20840**	**1436**	**417**
煤炭开采和洗选业	6363	2098	3541	642	57
烟煤和无烟煤开采洗选	5972	1947	3424	639	57
褐煤开采洗选	391	151	117	3	
石油和天然气开采业	5140	3819	8872	1	186
石油开采	3988	2840	7522		90
天然气开采	1152	979	1350	1	96
黑色金属矿采选业	1241	615	2842	344	25
铁矿采选	1234	614	2829	344	25
锰矿、铬矿采选	7	1	13		
有色金属矿采选业	1004	298	981	54	19
常用有色金属矿采选	478	171	528	37	4
贵金属矿采选	366	71	285	4	5
稀有稀土金属矿采选	160	56	168	13	10
非金属矿采选业	470	148	433	255	10
土砂石开采	100	17	78	13	
化学矿开采	180	73	170	9	6
采盐	175	54	136	230	4
石棉及其他非金属矿采选	15	4	49	3	
开采专业及辅助性活动	2263	1885	4168	140	120
石油和天然气开采专业及辅助性活动	2254	1883	4165	140	120
其他开采专业及辅助性活动	9	2	3		
其他采矿业	3	3	3		
其他采矿业	3	3	3		
制造业	**720981**	**352295**	**1228540**	**862859**	**29760**
农副食品加工业	2712	865	4398	17048	211
谷物磨制	149	72	290	1191	12
饲料加工	544	235	990	4448	14
植物油加工	153	52	428	986	38
制糖业	114	13	158	134	15
屠宰及肉类加工	664	148	694	4509	70

1-E-4　续表 1

行　　业	专　利 申请数 （件）	#发明专利	有　效 发　明 专利数 （件）	拥　有 注　册 商标数 （件）	形成国家 或行业 标准数 （项）
水产品加工	313	102	543	806	9
蔬菜、菌类、水果和坚果加工	265	67	348	1999	11
其他农副食品加工	510	176	947	2975	42
食品制造业	5365	1979	9562	49702	307
焙烤食品制造	443	73	464	3574	10
糖果、巧克力及蜜饯制造	137	45	228	2007	13
方便食品制造	700	164	607	3720	27
乳制品制造	1578	596	2407	15602	48
罐头食品制造	209	43	248	1879	32
调味品、发酵制品制造	918	345	2137	8508	38
其他食品制造	1380	713	3471	14412	139
酒、饮料和精制茶制造业	2372	623	2692	49828	156
酒的制造	1760	494	1893	41070	114
饮料制造	456	90	546	6713	33
精制茶加工	156	39	253	2045	9
烟草制品业	10160	3792	9683	26148	119
烟叶复烤	105	38	132		13
卷烟制造	10029	3740	9412	26127	106
其他烟草制品制造	26	14	139	21	
纺织业	6428	1772	8086	11750	438
棉纺织及印染精加工	3294	910	3997	4606	183
毛纺织及染整精加工	292	117	469	658	26
麻纺织及染整精加工	141	23	199	116	3
丝绢纺织及印染精加工	135	38	223	590	21
化纤织造及印染精加工	745	244	923	499	71
针织或钩针编织物及其制品制造	318	78	406	392	10
家用纺织制成品制造	552	117	645	3853	35
产业用纺织制成品制造	951	245	1224	1036	89
纺织服装、服饰业	3979	748	3500	22369	281
机织服装制造	2696	502	2180	13296	146
针织或钩针编织服装制造	1061	192	987	7466	134
服饰制造	222	54	333	1607	1
皮革、毛皮、羽毛及其制品和制鞋业	3263	478	2219	10018	180
皮革鞣制加工	70	23	277	160	22

1-E-4 续表 2

行 业	专利申请数(件)	#发明专利	有效发明专利数(件)	拥有注册商标数(件)	形成国家或行业标准数(项)
皮革制品制造	279	35	355	795	19
毛皮鞣制及制品加工	42	7	55	73	11
羽毛(绒)加工及制品制造	55	7	37	170	1
制鞋业	2817	406	1495	8820	127
木材加工和木、竹、藤、棕、草制品业	994	338	1355	3442	319
木材加工	69	37	116	380	148
人造板制造	369	151	468	1386	70
木质制品制造	479	131	555	1506	92
竹、藤、棕、草等制品制造	77	19	216	170	9
家具制造业	9533	1128	3261	14115	261
木质家具制造	4237	333	1411	7986	165
竹、藤家具制造	27	5	11	3	6
金属家具制造	2591	478	1144	1690	42
塑料家具制造	59	6	70	28	9
其他家具制造	2619	306	625	4408	39
造纸和纸制品业	3242	885	4566	7646	239
纸浆制造	152	36	293	41	1
造纸	1733	537	2863	2777	156
纸制品制造	1357	312	1410	4828	82
印刷和记录媒介复制业	2366	641	3284	1711	137
印刷	2278	608	3163	1502	135
装订及印刷相关服务	88	33	121	209	2
文教、工美、体育和娱乐用品制造业	6232	845	4265	18606	245
文教办公用品制造	1150	205	738	7049	23
乐器制造	153	16	172	307	19
工艺美术及礼仪用品制造	2373	280	1172	4083	80
体育用品制造	942	127	672	1796	36
玩具制造	1289	169	1331	4715	23
游艺器材及娱乐用品制造	325	48	180	656	64
石油、煤炭及其他燃料加工业	3431	1580	5760	1612	87
精炼石油产品制造	2031	1285	4836	1328	61
煤炭加工	1355	276	878	277	23
核燃料加工	15	9	8		
生物质燃料加工	30	10	38	7	3

1-E-4　续表 3

行　业	专　利 申请数 (件)	#发明专利	有　效 发　明 专利数 (件)	拥　有 注　册 商标数 (件)	形成国家 或行业 标准数 (项)
化学原料和化学制品制造业	21607	11662	41037	68881	2173
基础化学原料制造	6020	2741	10141	4813	465
肥料制造	2016	554	2709	4031	111
农药制造	1472	1020	4214	23255	271
涂料、油墨、颜料及类似产品制造	1704	1053	5349	7612	355
合成材料制造	4718	3018	7004	4915	365
专用化学产品制造	3396	2263	8128	4878	399
炸药、火工及焰火产品制造	294	76	467	215	16
日用化学产品制造	1987	937	3025	19162	191
医药制造业	15171	10443	44460	107719	2802
化学药品原料药制造	2259	1623	8006	6973	343
化学药品制剂制造	4782	3741	13609	42114	1346
中药饮片加工	242	105	517	1500	107
中成药生产	2469	1540	9885	34608	580
兽用药品制造	410	289	1797	2212	93
生物药品制品制造	3267	2475	8295	15592	261
卫生材料及医药用品制造	1386	513	1887	4485	57
药用辅料及包装材料	356	157	464	235	15
化学纤维制造业	2471	898	3632	2248	356
纤维素纤维原料及纤维制造	441	124	633	712	54
合成纤维制造	1942	738	2820	1360	255
生物基材料制造	88	36	179	176	47
橡胶和塑料制品业	13590	4106	16946	19035	776
橡胶制品业	4488	1217	4015	7395	310
塑料制品业	9102	2889	12931	11640	466
非金属矿物制品业	17311	5692	21975	16617	863
水泥、石灰和石膏制造	1800	251	1151	379	41
石膏、水泥制品及类似制品制造	1616	596	2105	2388	97
砖瓦、石材等建筑材料制造	626	231	1129	1931	58
玻璃制造	1974	787	2216	863	89
玻璃制品制造	1772	566	2805	1053	32
玻璃纤维和玻璃纤维增强塑料制品制造	895	472	2242	2154	75
陶瓷制品制造	4753	1223	4784	6558	164
耐火材料制品制造	758	218	1308	198	43
石墨及其他非金属矿物制品制造	3117	1348	4235	1093	264

1-E-4 续表 4

行业	专利申请数（件）	#发明专利	有效发明专利数（件）	拥有注册商标数（件）	形成国家或行业标准数（项）
黑色金属冶炼和压延加工业	21239	10113	26958	2652	522
炼铁	205	65	152	23	2
炼钢	1763	592	1523	95	41
钢压延加工	18807	9384	24673	2495	438
铁合金冶炼	464	72	610	39	41
有色金属冶炼和压延加工业	12370	4632	14565	6905	852
常用有色金属冶炼	5634	1882	3997	1072	196
贵金属冶炼	364	101	750	649	50
稀有稀土金属冶炼	494	297	1234	466	42
有色金属合金制造	1012	553	2133	352	81
有色金属压延加工	4866	1799	6451	4366	483
金属制品业	17714	4801	20120	17822	892
结构性金属制品制造	3611	1067	3842	3300	90
金属工具制造	1761	541	2248	3466	120
集装箱及金属包装容器制造	1535	514	2160	706	182
金属丝绳及其制品制造	640	189	682	313	64
建筑、安全用金属制品制造	2638	404	2574	3204	114
金属表面处理及热处理加工	465	141	483	187	25
搪瓷制品制造	40	9	50	39	12
金属制日用品制造	2887	442	1354	4522	66
铸造及其他金属制品制造	4137	1494	6727	2085	219
通用设备制造业	46595	18441	64623	32123	3134
锅炉及原动设备制造	6134	3022	9780	3107	363
金属加工机械制造	4167	1310	6589	3455	270
物料搬运设备制造	6972	2699	10895	4574	656
泵、阀门、压缩机及类似机械制造	6823	2395	7811	4948	533
轴承、齿轮和传动部件制造	2714	788	3117	1752	425
烘炉、风机、包装等设备制造	10383	4364	11639	6850	498
文化、办公用机械制造	1886	856	5762	2205	108
通用零部件制造	2689	827	3208	1577	103
其他通用设备制造业	4827	2180	5822	3655	178
专用设备制造业	55304	22880	72102	43256	1739
采矿、冶金、建筑专用设备制造	11280	4951	13448	3739	462

1-E-4　续表 5

行　　业	专　利申请数（件）	#发明专利	有　效发　明专利数（件）	拥　有注　册商标数（件）	形成国家或行业标准数（项）
化工、木材、非金属加工专用设备制造	4531	1601	6468	1574	369
食品、饮料、烟草及饲料生产专用设备制造	493	188	1048	579	21
印刷、制药、日化及日用品生产专用设备制造	1996	562	2377	701	62
纺织、服装和皮革加工专用设备制造	1175	293	2160	1475	103
电子和电工机械专用设备制造	10131	3808	11555	3569	84
农、林、牧、渔专用机械制造	2786	698	1950	2127	55
医疗仪器设备及器械制造	15905	7788	20890	23624	333
环保、邮政、社会公共服务及其他专用设备制造	7007	2991	12206	5868	250
汽车制造业	68781	35251	66913	57193	1284
汽车整车制造	35931	23342	33619	43734	478
汽车用发动机制造	2388	964	1153	266	20
改装汽车制造	1211	344	2937	434	63
低速汽车制造	167	50	98	1	5
电车制造	15		27		
汽车车身、挂车制造	383	112	466	329	12
汽车零部件及配件制造	28686	10439	28613	12429	706
铁路、船舶、航空航天和其他运输设备制造业	16400	7108	24171	8334	524
电气机械和器材制造业	147216	63869	177046	74784	4661
电机制造	7083	2753	12450	4250	621
输配电及控制设备制造	24762	10352	28510	14492	1583
电线、电缆、光缆及电工器材制造	5410	2436	8449	4683	755
电池制造	43251	21621	40559	8913	301
家用电力器具制造	59161	25021	80202	35031	989
非电力家用器具制造	1563	289	910	688	75
照明器具制造	5356	1240	5154	5991	269
其他电气机械及器材制造	630	157	812	736	68
计算机、通信和其他电子设备制造业	183427	126739	542915	155964	5094
计算机制造	13147	8127	33283	8677	129
通信设备制造	68483	60229	302717	94759	692
广播电视设备制造	3795	1835	4682	4111	43
雷达及配套设备制造	155	79	187	147	7
非专业视听设备制造	5667	2851	13728	4514	36
智能消费设备制造	13397	6167	14554	16451	200
电子器件制造	46990	33274	124592	12222	479

1-E-4 续表 6

行业	专利申请数(件)	#发明专利	有效发明专利数(件)	拥有注册商标数(件)	形成国家或行业标准数(项)
电子元件及电子专用材料制造	24753	11583	41291	8731	3371
其他电子设备制造	7040	2594	7881	6352	137
仪器仪表制造业	17631	8420	24606	11638	1024
通用仪器仪表制造	11752	5711	16622	7591	813
专用仪器仪表制造	2773	1242	3786	2261	110
钟表与计时仪器制造	320	53	376	486	50
光学仪器制造	2149	1114	2934	439	29
衡器制造	228	69	257	801	
其他仪器仪表制造业	409	231	631	60	22
其他制造业	2104	653	1604	3372	27
日用杂品制造	1779	546	1324	2927	17
其他未列明制造业	325	107	280	445	10
废弃资源综合利用业	828	470	1119	250	25
金属废料和碎屑加工处理	595	364	858	116	14
非金属废料和碎屑加工处理	233	106	261	134	11
金属制品、机械和设备修理业	1145	443	1117	71	32
通用设备修理	57	9	22		
专用设备修理	392	165	477	38	10
铁路、船舶、航空航天等运输设备修理	566	189	508	30	22
电气设备修理	87	65	58	1	
仪器仪表修理	5	3			
其他机械和设备修理业	38	12	52	2	
电力、热力、燃气及水生产和供应业	**48919**	**38080**	**65847**	**1926**	**1360**
电力、热力生产和供应业	47602	37641	64482	855	1284
电力生产	12794	6264	5057	666	107
电力供应	34664	31346	59339	167	1171
热力生产和供应	144	31	86	22	6
燃气生产和供应业	642	171	609	438	24
燃气生产和供应业	642	171	609	438	24
水的生产和供应业	675	268	756	633	52
自来水生产和供应	382	119	258	267	23
污水处理及其再生利用	280	136	472	345	29
其他水的处理、利用与分配	13	13	26	21	

1-E-5　分行业内资企业自主知识产权及相关情况

行　业	专　利申请数（件）	#发明专利	有　效发　明专利数（件）	拥　有注　册商标数（件）	形成国家或行业标准数（项）
总　计	**1364273**	**527996**	**1900810**	**1254063**	**44726**
采矿业	**18622**	**9350**	**22464**	**1970**	**443**
煤炭开采和洗选业	6351	2061	3602	645	56
烟煤和无烟煤开采洗选	5925	1902	3430	640	56
褐煤开采洗选	416	159	137	5	
其他煤炭采选	10		35		
石油和天然气开采业	4991	3685	8260	2	192
石油开采	3775	2700	6765		90
天然气开采	1216	985	1495	2	102
黑色金属矿采选业	1509	695	3091	396	28
铁矿采选	1497	690	3065	392	28
锰矿、铬矿采选	12	5	26	4	
有色金属矿采选业	1625	443	1620	253	24
常用有色金属矿采选	760	240	914	91	7
贵金属矿采选	540	100	440	9	5
稀有稀土金属矿采选	325	103	266	153	12
非金属矿采选业	1629	469	1420	492	17
土砂石开采	955	245	798	145	2
化学矿开采	258	89	274	30	7
采盐	266	88	179	292	5
石棉及其他非金属矿采选	150	47	169	25	3
开采专业及辅助性活动	2514	1994	4468	182	126
石油和天然气开采专业及辅助性活动	2488	1987	4460	182	126
其他开采专业及辅助性活动	26	7	8		
其他采矿业	3	3	3		
其他采矿业	3	3	3		
制造业	**1289412**	**478318**	**1806329**	**1249471**	**42821**
农副食品加工业	15981	4362	19331	41525	522
谷物磨制	2266	660	2354	5163	34
饲料加工	4002	1248	5469	8905	108
植物油加工	1403	370	1865	4279	64
制糖业	186	26	175	397	14
屠宰及肉类加工	2406	626	2616	6872	114

1-E-5 续表 1

行业	专利申请数（件）	#发明专利	有效发明专利数（件）	拥有注册商标数（件）	形成国家或行业标准数（项）
水产品加工	1080	256	1334	2428	39
蔬菜、菌类、水果和坚果加工	2317	556	2408	5898	56
其他农副食品加工	2321	620	3110	7583	93
食品制造业	13823	4480	20688	78516	622
焙烤食品制造	1417	313	1412	7162	29
糖果、巧克力及蜜饯制造	613	120	683	3695	13
方便食品制造	1605	352	1536	6252	68
乳制品制造	1447	520	2375	11742	46
罐头食品制造	634	128	677	2788	43
调味品、发酵制品制造	2036	611	3337	11531	73
其他食品制造	6071	2436	10668	35346	350
酒、饮料和精制茶制造业	6032	1538	6553	65491	249
酒的制造	2413	618	2624	44450	139
饮料制造	1578	366	1805	10903	52
精制茶加工	2041	554	2124	10138	58
烟草制品业	10976	4052	10567	28169	132
烟叶复烤	110	39	146		18
卷烟制造	10511	3829	9978	27412	106
其他烟草制品制造	355	184	443	757	8
纺织业	18676	4221	19083	16415	610
棉纺织及印染精加工	6449	1586	6507	4488	226
毛纺织及染整精加工	546	146	710	808	29
麻纺织及染整精加工	293	46	293	134	10
丝绢纺织及印染精加工	413	101	551	388	19
化纤织造及印染精加工	2491	576	2422	1098	63
针织或钩针编织物及其制品制造	1385	229	1119	743	11
家用纺织制成品制造	1975	415	2188	4245	66
产业用纺织制成品制造	5124	1122	5293	4511	186
纺织服装、服饰业	7038	1288	5267	24442	271
机织服装制造	4055	758	2995	15211	142
针织或钩针编织服装制造	1957	349	1629	6783	116
服饰制造	1026	181	643	2448	13
皮革、毛皮、羽毛及其制品和制鞋业	7417	983	4414	12874	165
皮革鞣制加工	238	58	370	153	33
皮革制品制造	1881	224	1105	2207	23

1-E-5　续表 2

行　业	专　利申请数(件)	#发明专利	有　效发　明专利数(件)	拥　有注　册商标数(件)	形成国家或行业标准数(项)
毛皮鞣制及制品加工	165	21	259	158	15
羽毛(绒)加工及制品制造	250	52	206	313	2
制鞋业	4883	628	2474	10043	92
木材加工和木、竹、藤、棕、草制品业	5573	1300	5194	7420	350
木材加工	470	121	457	923	152
人造板制造	2609	616	2126	3506	127
木质制品制造	1881	425	1980	2315	55
竹、藤、棕、草等制品制造	613	138	631	676	16
家具制造业	14800	1944	9459	20951	334
木质家具制造	6917	858	4505	11803	222
竹、藤家具制造	176	19	95	56	6
金属家具制造	4310	563	2692	3076	42
塑料家具制造	288	31	164	257	13
其他家具制造	3109	473	2003	5759	51
造纸和纸制品业	8979	1858	9341	9344	241
纸浆制造	144	21	202	158	2
造纸	3261	762	3995	1980	134
纸制品制造	5574	1075	5144	7206	105
印刷和记录媒介复制业	9443	2023	10474	3642	194
印刷	9163	1939	10087	3379	187
装订及印刷相关服务	251	77	301	242	2
记录媒介复制	29	7	86	21	5
文教、工美、体育和娱乐用品制造业	15162	2370	11792	27571	432
文教办公用品制造	2568	425	1943	8825	71
乐器制造	494	49	518	863	23
工艺美术及礼仪用品制造	5787	952	4182	6307	127
体育用品制造	2679	454	2166	4104	126
玩具制造	2485	281	2122	5891	8
游艺器材及娱乐用品制造	1149	209	861	1581	77
石油、煤炭及其他燃料加工业	4932	1946	7366	3334	113
精炼石油产品制造	3055	1536	6059	2946	75
煤炭加工	1512	316	977	309	30
核燃料加工	15	9	8		
生物质燃料加工	350	85	322	79	8
化学原料和化学制品制造业	60813	25314	100574	122995	3840

1-E-5 续表 3

行　业	专利申请数(件)	#发明专利	有效发明专利数(件)	拥有注册商标数(件)	形成国家或行业标准数(项)
基础化学原料制造	13881	5209	19151	6781	667
肥料制造	4135	1206	5714	10716	181
农药制造	2860	1504	6632	38964	384
涂料、油墨、颜料及类似产品制造	7263	2988	14788	12311	759
合成材料制造	10858	5117	15665	7974	527
专用化学产品制造	15681	7077	29630	13358	1082
炸药、火工及焰火产品制造	1018	225	1211	550	29
日用化学产品制造	5117	1988	7783	32341	211
医药制造业	29081	14000	68781	141495	3485
化学药品原料药制造	4563	2306	11755	8186	425
化学药品制剂制造	5530	3290	15719	45551	1422
中药饮片加工	2575	863	3533	5485	281
中成药生产	4689	2154	14128	43704	717
兽用药品制造	1407	690	4174	7290	176
生物药品制品制造	4802	2929	11947	16877	342
卫生材料及医药用品制造	4603	1484	6281	13092	99
药用辅料及包装材料	912	284	1244	1310	23
化学纤维制造业	4468	1560	6545	4748	437
纤维素纤维原料及纤维制造	535	144	692	794	52
合成纤维制造	3330	1161	5001	2344	321
生物基材料制造	603	255	852	1610	64
橡胶和塑料制品业	48536	11528	53122	33217	1534
橡胶制品业	9498	2428	10287	9979	491
塑料制品业	39038	9100	42835	23238	1043
非金属矿物制品业	57971	15303	63788	33322	1888
水泥、石灰和石膏制造	4336	672	2786	1005	74
石膏、水泥制品及类似制品制造	12439	2957	12148	4465	329
砖瓦、石材等建筑材料制造	7701	2093	9359	7329	313
玻璃制造	3268	949	3176	769	85
玻璃制品制造	4829	1144	5558	2253	101
玻璃纤维和玻璃纤维增强塑料制品制造	3218	998	4646	3001	136
陶瓷制品制造	8140	2128	8394	9401	238
耐火材料制品制造	3869	1084	5384	1215	188
石墨及其他非金属矿物制品制造	10171	3278	12337	3884	424
黑色金属冶炼和压延加工业	23881	9943	28401	3723	567

1-E-5　续表 4

行　业	专利申请数(件)	#发明专利	有效发明专利数(件)	拥有注册商标数(件)	形成国家或行业标准数(项)
炼铁	229	79	202	31	2
炼钢	1672	562	1396	98	40
钢压延加工	21090	9135	25887	3466	476
铁合金冶炼	890	167	916	128	49
有色金属冶炼和压延加工业	23731	7904	29162	9830	1034
常用有色金属冶炼	6443	2069	4892	1218	206
贵金属冶炼	559	184	983	674	59
稀有稀土金属冶炼	1234	640	3022	579	97
有色金属合金制造	3582	1445	6108	985	184
有色金属压延加工	11913	3566	14157	6374	488
金属制品业	62988	14285	66521	37426	1639
结构性金属制品制造	18844	4214	19461	8781	286
金属工具制造	4905	1179	5981	5367	216
集装箱及金属包装容器制造	4186	1135	4919	1331	232
金属丝绳及其制品制造	2334	608	2647	737	116
建筑、安全用金属制品制造	7709	1365	6718	7485	191
金属表面处理及热处理加工	3187	667	3433	942	67
搪瓷制品制造	221	32	211	92	7
金属制日用品制造	5551	830	3430	7714	96
铸造及其他金属制品制造	16051	4255	19721	4977	428
通用设备制造业	120542	36101	146285	66126	4602
锅炉及原动设备制造	8149	3237	12373	3906	414
金属加工机械制造	16078	4572	21374	8493	533
物料搬运设备制造	13538	4150	17366	7250	668
泵、阀门、压缩机及类似机械制造	20090	5390	22828	12968	974
轴承、齿轮和传动部件制造	8508	2032	9043	3902	555
烘炉、风机、包装等设备制造	21280	6385	25004	14376	769
文化、办公用机械制造	3176	1075	5107	3166	95
通用零部件制造	14143	3392	14878	3977	248
其他通用设备制造业	15580	5868	18312	8088	346
专用设备制造业	128394	42581	158591	77780	3189
采矿、冶金、建筑专用设备制造	21916	7819	27876	6535	695
化工、木材、非金属加工专用设备制造	14797	3914	17400	4396	424
食品、饮料、烟草及饲料生产专用设备制造	2979	796	4412	1817	127
印刷、制药、日化及日用品生产专用设备制造	5237	1410	6321	2187	172

1-E-5 续表 5

行业	专利申请数（件）	#发明专利	有效发明专利数（件）	拥有注册商标数（件）	形成国家或行业标准数（项）
纺织、服装和皮革加工专用设备制造	3693	898	4981	2464	215
电子和电工机械专用设备制造	21564	7693	22735	8018	238
农、林、牧、渔专用机械制造	5865	1381	5859	4330	131
医疗仪器设备及器械制造	24839	9422	30202	31877	410
环保、邮政、社会公共服务及其他专用设备制造	27504	9248	38805	16156	777
汽车制造业	82816	33327	84797	44161	1473
汽车整车制造	25465	17072	26261	26178	361
汽车用发动机制造	891	362	993	287	15
改装汽车制造	3033	763	5057	1682	117
低速汽车制造	172	50	117	3	5
电车制造	118	33	188	94	1
汽车车身、挂车制造	1120	267	1415	799	14
汽车零部件及配件制造	52017	14780	50766	15118	960
铁路、船舶、航空航天和其他运输设备制造业	26637	9745	37149	12875	632
电气机械和器材制造业	207178	74988	224977	109083	5606
电机制造	13419	4321	18232	6864	741
输配电及控制设备制造	54116	17739	61908	27835	2068
电线、电缆、光缆及电工器材制造	16623	5209	20204	10641	821
电池制造	39976	18899	25271	7108	400
家用电力器具制造	62914	24555	79552	39679	961
非电力家用器具制造	2714	577	2588	2278	141
照明器具制造	14383	2833	13789	12311	332
其他电气机械及器材制造	3033	855	3433	2367	142
计算机、通信和其他电子设备制造业	221643	130291	533900	179540	6074
计算机制造	16229	6739	23101	16912	283
通信设备制造	64227	53911	287352	86582	759
广播电视设备制造	4722	1863	5966	5410	75
雷达及配套设备制造	1173	644	1785	791	12
非专业视听设备制造	7302	3177	12574	5564	72
智能消费设备制造	16622	6244	15230	19621	271
电子器件制造	57217	36058	117533	18446	652
电子元件及电子专用材料制造	42891	17809	57763	15496	3776
其他电子设备制造	11260	3846	12596	10718	174
仪器仪表制造业	41349	16192	52960	26104	2331
通用仪器仪表制造	28070	11207	36134	16296	1825

1-E-5　续表 6

行　　业	专　利 申请数 （件）	#发明专利	有　效 发　明 专利数 （件）	拥　有 注　册 商标数 （件）	形成国家 或行业 标准数 （项）
专用仪器仪表制造	7499	2912	9981	6092	296
钟表与计时仪器制造	647	78	359	715	24
光学仪器制造	3064	1268	3944	1322	84
衡器制造	638	163	574	1064	18
其他仪器仪表制造业	1431	564	1968	615	84
其他制造业	4291	779	4328	6152	71
日用杂品制造	2513	372	2110	4029	27
核辐射加工	55	14	13		
其他未列明制造业	1723	393	2205	2123	44
废弃资源综合利用业	4279	1528	4963	938	145
金属废料和碎屑加工处理	2245	813	2372	386	85
非金属废料和碎屑加工处理	2034	715	2591	552	60
金属制品、机械和设备修理业	1982	584	1956	262	39
金属制品修理	59	7	38	1	2
通用设备修理	149	27	99	63	2
专用设备修理	577	210	677	72	10
铁路、船舶、航空航天等运输设备修理	839	230	747	79	22
电气设备修理	208	80	116	14	
仪器仪表修理	11	4	50	1	
其他机械和设备修理业	139	26	229	32	3
电力、热力、燃气及水生产和供应业	**56239**	**40328**	**72017**	**2622**	**1462**
电力、热力生产和供应业	53161	39468	68844	1264	1335
电力生产	17325	7806	8308	852	139
电力供应	34861	31401	59507	331	1177
热力生产和供应	975	261	1029	81	19
燃气生产和供应业	940	199	785	332	22
燃气生产和供应业	925	191	772	331	22
生物质燃气生产和供应业	15	8	13	1	
水的生产和供应业	2138	661	2388	1026	105
自来水生产和供应	574	150	348	283	25
污水处理及其再生利用	1502	483	1969	702	69
海水淡化处理	28	10	32	25	4
其他水的处理、利用与分配	34	18	39	16	7

1-E-6 分行业港澳台投资企业自主知识产权及相关情况

行业	专利申请数（件）	#发明专利	有效发明专利数（件）	拥有注册商标数（件）	形成国家或行业标准数（项）
总计	**102724**	**41888**	**165138**	**126652**	**3119**
采矿业	**435**	**161**	**484**	**17**	**1**
煤炭开采和洗选业	238	63	155	5	1
烟煤和无烟煤开采洗选	238	63	155	5	1
石油和天然气开采业	61	50	117		
石油开采	42	32	69		
天然气开采	19	18	48		
黑色金属矿采选业	56	24	8		
铁矿采选	56	24	8		
有色金属矿采选业	37	13	10	6	
常用有色金属矿采选	37	13	10	6	
非金属矿采选业	22	4	7	3	
土砂石开采	14	1	5	2	
化学矿开采	6	1	2	1	
石棉及其他非金属矿采选	2	2			
开采专业及辅助性活动	21	7	187	3	
石油和天然气开采专业及辅助性活动	21	7	187	3	
制造业	**100811**	**41103**	**163700**	**126460**	**3084**
农副食品加工业	398	135	595	1653	18
谷物磨制	39	38	119	58	2
饲料加工	75	27	186	253	
植物油加工	19	7	27	25	11
制糖业			2		
屠宰及肉类加工	77	15	101	644	3
水产品加工	64	8	37	230	1
蔬菜、菌类、水果和坚果加工	72	22	52	353	1
其他农副食品加工	52	18	71	90	
食品制造业	1045	428	1729	8301	49
焙烤食品制造	80	13	51	587	5
糖果、巧克力及蜜饯制造	65	18	161	1247	13

1-E-6　续表 1

行　　业	专　利申请数（件）	#发明专利	有　效发　明专利数（件）	拥　有注　册商标数（件）	形成国家或行业标准数（项）
方便食品制造	43	10	67	120	
乳制品制造	333	119	147	1745	3
罐头食品制造	26	10	19	564	
调味品、发酵制品制造	104	40	340	743	1
其他食品制造	394	218	944	3295	27
酒、饮料和精制茶制造业	209	50	148	3571	14
酒的制造	54	6	24	245	7
饮料制造	147	44	120	2856	1
精制茶加工	8		4	470	6
烟草制品业	57	8	84	10	
其他烟草制品制造	57	8	84	10	
纺织业	1867	485	2612	2665	144
棉纺织及印染精加工	751	208	1168	707	48
毛纺织及染整精加工	123	37	103	110	2
麻纺织及染整精加工	34	13	49	28	
丝绢纺织及印染精加工	19	3	45	6	1
化纤织造及印染精加工	250	54	310	295	41
针织或钩针编织物及其制品制造	80	18	112	94	4
家用纺织制成品制造	205	70	188	1109	5
产业用纺织制成品制造	405	82	637	316	43
纺织服装、服饰业	768	151	1276	3259	67
机织服装制造	356	99	940	1543	35
针织或钩针编织服装制造	248	31	222	1580	32
服饰制造	164	21	114	136	
皮革、毛皮、羽毛及其制品和制鞋业	655	110	529	707	35
皮革鞣制加工	23	12	146	93	2
皮革制品制造	246	33	179	312	1
毛皮鞣制及制品加工	3	1	3	46	2
羽毛(绒)加工及制品制造	3	3	1	14	
制鞋业	380	61	200	242	30
木材加工和木、竹、藤、棕、草制品业	146	60	91	91	76
人造板制造	82	42	66	41	3

1-E-6 续表 2

行业	专利申请数(件)	#发明专利	有效发明专利数(件)	拥有注册商标数(件)	形成国家或行业标准数(项)
木质制品制造	27	4	12	17	73
竹、藤、棕、草等制品制造	37	14	13	33	
家具制造业	1631	298	431	652	29
木质家具制造	1030	80	238	345	3
竹、藤家具制造	27		7	2	
金属家具制造	399	197	127	39	26
塑料家具制造	19	1	1		
其他家具制造	156	20	58	266	
造纸和纸制品业	1288	354	1465	1960	52
纸浆制造	65	25	230	7	1
造纸	542	157	623	656	33
纸制品制造	681	172	612	1297	18
印刷和记录媒介复制业	915	189	1388	580	39
印刷	865	176	1300	574	39
装订及印刷相关服务	36	7	82	6	
记录媒介复制	14	6	6		
文教、工美、体育和娱乐用品制造业	1609	257	1834	4021	43
文教办公用品制造	117	14	190	473	7
乐器制造	39	7	41	109	13
工艺美术及礼仪用品制造	340	54	415	927	12
体育用品制造	295	26	214	180	1
玩具制造	746	145	917	2180	9
游艺器材及娱乐用品制造	72	11	57	152	1
石油、煤炭及其他燃料加工业	267	138	485	330	11
精炼石油产品制造	181	112	417	323	8
煤炭加工	64	17	43		
生物质燃料加工	22	9	25	7	3
化学原料和化学制品制造业	2693	1261	6210	11318	197
基础化学原料制造	464	193	1049	693	45
肥料制造	60	5	122	39	
农药制造	77	56	177	947	3
涂料、油墨、颜料及类似产品制造	493	284	1595	1572	33

1-E-6　续表 3

行　　业	专　利申请数(件)	#发明专利	有　效发　明专利数(件)	拥　有注　册商标数(件)	形成国家或行业标准数(项)
合成材料制造	304	100	596	514	24
专用化学产品制造	785	358	1542	981	42
炸药、火工及焰火产品制造	7	2	1	3	
日用化学产品制造	503	263	1128	6569	50
医药制造业	2944	2168	6972	13416	337
化学药品原料药制造	333	228	1080	1022	35
化学药品制剂制造	1160	1033	2593	6201	184
中药饮片加工	14	1	53	896	
中成药生产	376	222	1245	2704	77
兽用药品制造	30	28	77	181	17
生物药品制品制造	663	523	1508	1967	21
卫生材料及医药用品制造	319	115	377	415	3
药用辅料及包装材料	49	18	39	30	
化学纤维制造业	358	117	589	321	35
纤维素纤维原料及纤维制造	132	66	279	79	7
合成纤维制造	213	50	277	242	27
生物基材料制造	13	1	33		1
橡胶和塑料制品业	3654	945	4721	8121	91
橡胶制品业	643	229	709	611	21
塑料制品业	3011	716	4012	7510	70
非金属矿物制品业	2024	530	2812	1843	92
水泥、石灰和石膏制造	56	13	39	5	
石膏、水泥制品及类似制品制造	448	104	419	371	12
砖瓦、石材等建筑材料制造	153	50	326	506	10
玻璃制造	396	135	572	166	34
玻璃制品制造	321	55	315	109	5
玻璃纤维和玻璃纤维增强塑料制品制造	191	38	196	72	13
陶瓷制品制造	172	51	378	381	2
耐火材料制品制造	34	1	95	40	7
石墨及其他非金属矿物制品制造	253	83	472	193	9
黑色金属冶炼和压延加工业	1145	602	554	230	21
炼钢	114	42	86		1

1-E-6 续表 4

行业	专利申请数(件)	#发明专利	有效发明专利数(件)	拥有注册商标数(件)	形成国家或行业标准数(项)
钢压延加工	1029	560	468	226	20
铁合金冶炼	2			4	
有色金属冶炼和压延加工业	766	179	1019	1052	85
常用有色金属冶炼	83	26	78	2	4
贵金属冶炼	29	7	53	1	
稀有稀土金属冶炼	9	2	45	2	
有色金属合金制造	71	27	118	79	7
有色金属压延加工	574	117	725	968	74
金属制品业	3253	635	4068	3227	76
结构性金属制品制造	516	119	629	415	1
金属工具制造	348	113	359	1116	23
集装箱及金属包装容器制造	269	45	306	116	4
金属丝绳及其制品制造	127	21	187	109	15
建筑、安全用金属制品制造	702	89	1298	618	4
金属表面处理及热处理加工	175	37	87	34	
搪瓷制品制造	18	3	13	16	5
金属制日用品制造	404	50	355	319	
铸造及其他金属制品制造	694	158	834	484	24
通用设备制造业	5603	1895	7166	4317	360
锅炉及原动设备制造	110	21	317	56	6
金属加工机械制造	417	103	549	163	24
物料搬运设备制造	464	113	450	158	23
泵、阀门、压缩机及类似机械制造	899	308	1038	751	77
轴承、齿轮和传动部件制造	272	69	388	127	26
烘炉、风机、包装等设备制造	1846	834	2572	1180	119
文化、办公用机械制造	393	119	585	583	68
通用零部件制造	509	127	755	489	11
其他通用设备制造业	693	201	512	810	6
专用设备制造业	8118	3573	12191	10627	278
采矿、冶金、建筑专用设备制造	435	150	672	151	41
化工、木材、非金属加工专用设备制造	1399	303	2009	449	79

1-E-6　续表 5

行　　业	专　利申请数(件)	#发明专利	有　效发　明专利数(件)	拥　有注　册商标数(件)	形成国家或行业标准数(项)
食品、饮料、烟草及饲料生产专用设备制造	107	24	193	38	
印刷、制药、日化及日用品生产专用设备制造	439	90	439	170	7
纺织、服装和皮革加工专用设备制造	266	63	355	164	4
电子和电工机械专用设备制造	847	323	900	229	1
农、林、牧、渔专用机械制造	107	19	112	185	5
医疗仪器设备及器械制造	3998	2434	6641	8916	127
环保、邮政、社会公共服务及其他专用设备制造	520	167	870	325	14
汽车制造业	10327	4555	7297	10526	84
汽车整车制造	5568	3022	2729	8096	25
汽车用发动机制造	1614	604	318		5
改装汽车制造	78	12	32	17	1
汽车车身、挂车制造	9	4	26	8	
汽车零部件及配件制造	3058	913	4192	2405	53
铁路、船舶、航空航天和其他运输设备制造业	1707	446	1619	1108	41
电气机械和器材制造业	20821	7835	32856	15985	390
电机制造	1056	268	1523	582	28
输配电及控制设备制造	2218	748	2653	1548	173
电线、电缆、光缆及电工器材制造	689	120	816	184	82
电池制造	10732	5351	22000	4607	31
家用电力器具制造	5126	1179	4876	7502	63
非电力家用器具制造	40	4	51	17	3
照明器具制造	877	153	868	1517	10
其他电气机械及器材制造	83	12	69	28	
计算机、通信和其他电子设备制造业	23602	12622	58725	14150	251
计算机制造	4648	3052	15807	2013	6
通信设备制造	3193	1964	10016	1179	49
广播电视设备制造	795	458	1265	501	7
非专业视听设备制造	853	304	2017	901	13
智能消费设备制造	3839	2243	5590	6167	43
电子器件制造	6036	2991	14627	1892	50
电子元件及电子专用材料制造	3808	1500	8969	1279	50
其他电子设备制造	430	110	434	218	33

1-E-6 续表 6

行业	专利申请数(件)	#发明专利	有效发明专利数(件)	拥有注册商标数(件)	形成国家或行业标准数(项)
仪器仪表制造业	2436	950	3580	1957	156
通用仪器仪表制造	1036	357	1461	1110	82
专用仪器仪表制造	176	48	121	44	2
钟表与计时仪器制造	321	64	440	592	55
光学仪器制造	826	458	1370	155	17
衡器制造	45	18	42	16	
其他仪器仪表制造业	32	5	146	40	
其他制造业	271	62	388	370	4
日用杂品制造	173	30	294	237	4
其他未列明制造业	98	32	94	133	
废弃资源综合利用业	119	31	177	68	8
金属废料和碎屑加工处理	36	17	70	10	
非金属废料和碎屑加工处理	83	14	107	58	8
金属制品、机械和设备修理业	115	34	89	24	1
金属制品修理	9	9		11	
专用设备修理	15				
铁路、船舶、航空航天等运输设备修理	91	25	89	10	1
其他机械和设备修理业				3	
电力、热力、燃气及水生产和供应业	**1478**	**624**	**954**	**175**	**34**
电力、热力生产和供应业	1109	490	525	20	18
电力生产	1038	445	467	19	18
电力供应	42	42	26		
热力生产和供应	29	3	32	1	
燃气生产和供应业	222	85	279	123	15
燃气生产和供应业	222	85	279	123	15
水的生产和供应业	147	49	150	32	1
自来水生产和供应	50	14	25	1	
污水处理及其再生利用	84	22	99	10	1
其他水的处理、利用与分配	13	13	26	21	

1-E-7　分行业外商投资企业自主知识产权及相关情况

行　业	专　利申请数(件)	#发明专利	有　效发　明专利数(件)	拥　有注　册商标数(件)	形成国家或行业标准数(项)
总　计	**98963**	**43718**	**161654**	**113342**	**2579**
采矿业	**269**	**132**	**756**	**5**	**4**
煤炭开采和洗选业	25	4	12	1	
烟煤和无烟煤开采洗选	25	4	12	1	
石油和天然气开采业	195	114	694		
石油开采	195	114	694		
黑色金属矿采选业	2		4		
铁矿采选	2		4		
有色金属矿采选业	21	7	3		
常用有色金属矿采选	12	7			
贵金属矿采选	9		3		
非金属矿采选业	19	5	38	3	3
土砂石开采	18	4	8	1	
采盐			17		3
石棉及其他非金属矿采选	1	1	13	2	
开采专业及辅助性活动	7	2	5	1	1
石油和天然气开采专业及辅助性活动	7	2	5	1	1
制造业	**97785**	**43345**	**160357**	**113245**	**2563**
农副食品加工业	611	113	660	4676	36
谷物磨制	13	6	7	26	1
饲料加工	229	30	200	1571	1
植物油加工	16	8	40	88	4
制糖业			18	14	1
屠宰及肉类加工	191	15	83	2276	19
水产品加工	42	11	67	101	1
蔬菜、菌类、水果和坚果加工	51	15	90	323	7
其他农副食品加工	69	28	155	277	2
食品制造业	1016	296	1570	8532	25
焙烤食品制造	61	4	43	29	

1-E-7 续表 1

行　　业	专　利申请数(件)	#发明专利	有　效发　明专利数(件)	拥　有注　册商标数(件)	形成国家或行业标准数(项)
糖果、巧克力及蜜饯制造	16	7	6	36	
方便食品制造	160	22	134	492	3
乳制品制造	406	136	671	5420	10
罐头食品制造	28		30	84	2
调味品、发酵制品制造	104	45	194	397	
其他食品制造	241	82	492	2074	10
酒、饮料和精制茶制造业	216	29	260	1786	6
酒的制造	112	25	150	1401	3
饮料制造	98	4	110	385	3
精制茶加工	6				
烟草制品业	11				
纺织业	725	203	960	1818	18
棉纺织及印染精加工	289	93	448	1045	3
毛纺织及染整精加工	47	20	20	19	
丝绢纺织及印染精加工	2	1	21	360	4
化纤织造及印染精加工	108	33	108	44	1
针织或钩针编织物及其制品制造	27	2	43	27	
家用纺织制成品制造	119	28	107	189	
产业用纺织制成品制造	133	26	213	134	10
纺织服装、服饰业	1018	183	511	1666	9
机织服装制造	680	118	213	434	1
针织或钩针编织服装制造	275	37	228	1106	8
服饰制造	63	28	70	126	
皮革、毛皮、羽毛及其制品和制鞋业	295	59	262	598	14
皮革鞣制加工	9	3	35	3	
皮革制品制造	77	10	90	12	
羽毛(绒)加工及制品制造	16		9	10	
制鞋业	193	46	128	573	14
木材加工和木、竹、藤、棕、草制品业	55	16	193	191	9
木材加工			4		
人造板制造	25	8	46	8	1

1-E-7　续表 2

行　　业	专　利申请数(件)	#发明专利	有　效发　明专利数(件)	拥　有注　册商标数(件)	形成国家或行业标准数(项)
木质制品制造	27	8	143	183	8
竹、藤、棕、草等制品制造	3				
家具制造业	1159	116	301	857	2
木质家具制造	183	27	116	588	1
金属家具制造	159	27	59	43	
塑料家具制造	7	1	6		
其他家具制造	810	61	120	226	1
造纸和纸制品业	422	112	1157	1308	35
纸浆制造	2	1	1		
造纸	147	63	820	912	27
纸制品制造	273	48	336	396	8
印刷和记录媒介复制业	297	95	383	41	
印刷	286	94	381	41	
装订及印刷相关服务	11	1	2		
文教、工美、体育和娱乐用品制造业	864	93	602	1870	25
文教办公用品制造	47	9	77	77	1
乐器制造	17	1	69	56	3
工艺美术及礼仪用品制造	359	19	91	566	11
体育用品制造	224	39	204	368	2
玩具制造	175	22	151	798	8
游艺器材及娱乐用品制造	42	3	10	5	
石油、煤炭及其他燃料加工业	67	14	70	117	2
精炼石油产品制造	32	9	60	114	
煤炭加工	35	5	10	3	2
化学原料和化学制品制造业	2974	1480	6690	10320	232
基础化学原料制造	501	185	1008	266	39
肥料制造	181	47	274	465	15
农药制造	135	106	692	4255	20
涂料、油墨、颜料及类似产品制造	431	177	862	1057	55
合成材料制造	546	294	1321	461	54
专用化学产品制造	837	494	2005	1259	27
日用化学产品制造	343	177	528	2557	22

1-E-7 续表 3

行业	专利申请数(件)	#发明专利	有效发明专利数(件)	拥有注册商标数(件)	形成国家或行业标准数(项)
医药制造业	2283	1598	5847	13021	137
化学药品原料药制造	340	262	959	518	20
化学药品制剂制造	499	380	1329	3845	62
中药饮片加工	20	13	118	4	3
中成药生产	100	57	356	1143	19
兽用药品制造	58	34	298	270	6
生物药品制品制造	924	726	2120	6185	16
卫生材料及医药用品制造	211	71	437	848	9
药用辅料及包装材料	131	55	230	208	2
化学纤维制造业	368	66	389	180	22
纤维素纤维原料及纤维制造	13		6		
合成纤维制造	349	64	296	168	22
生物基材料制造	6	2	87	12	
橡胶和塑料制品业	2424	508	2765	2355	67
橡胶制品业	594	111	794	1107	14
塑料制品业	1830	397	1971	1248	53
非金属矿物制品业	1788	657	2378	1573	56
水泥、石灰和石膏制造	41	7	11	6	1
石膏、水泥制品及类似制品制造	79	23	103	13	5
砖瓦、石材等建筑材料制造	86	26	139	50	12
玻璃制造	508	270	530	457	5
玻璃制品制造	164	73	260	47	1
玻璃纤维和玻璃纤维增强塑料制品制造	91	33	243	72	4
陶瓷制品制造	329	66	351	764	4
耐火材料制品制造	171	53	332	73	12
石墨及其他非金属矿物制品制造	319	106	409	91	12
黑色金属冶炼和压延加工业	1027	676	2962	49	34
炼钢	20	4	92		
钢压延加工	964	658	2772	44	28
铁合金冶炼	43	14	98	5	6

1-E-7　续表 4

行　　业	专　利申请数(件)	#发明专利	有　效发　明专利数(件)	拥　有注　册商标数(件)	形成国家或行业标准数(项)
有色金属冶炼和压延加工业	577	216	847	297	111
常用有色金属冶炼	160	64	176	41	5
贵金属冶炼	7	1	9		1
稀有稀土金属冶炼	22	9	55	19	40
有色金属合金制造	118	51	178	74	5
有色金属压延加工	270	91	429	163	60
金属制品业	2850	608	4035	1941	108
结构性金属制品制造	399	58	651	121	4
金属工具制造	206	37	328	58	4
集装箱及金属包装容器制造	356	89	413	26	23
金属丝绳及其制品制造	121	35	152	38	
建筑、安全用金属制品制造	562	60	610	334	31
金属表面处理及热处理加工	142	42	168	15	6
搪瓷制品制造	7	3	11	2	
金属制日用品制造	282	45	203	823	4
铸造及其他金属制品制造	775	239	1499	524	36
通用设备制造业	10182	3257	15756	5601	372
锅炉及原动设备制造	1318	592	1902	632	34
金属加工机械制造	957	277	1250	247	20
物料搬运设备制造	1426	516	2572	601	150
泵、阀门、压缩机及类似机械制造	2078	558	2694	927	59
轴承、齿轮和传动部件制造	430	75	400	141	2
烘炉、风机、包装等设备制造	1429	372	1489	702	52
文化、办公用机械制造	491	240	2465	877	3
通用零部件制造	1079	188	1148	425	21
其他通用设备制造业	974	439	1836	1049	31
专用设备制造业	9890	4224	16436	9562	233
采矿、冶金、建筑专用设备制造	1552	577	1304	749	49
化工、木材、非金属加工专用设备制造	1043	339	1728	416	39
食品、饮料、烟草及饲料生产专用设备制造	97	8	143	96	
印刷、制药、日化及日用品生产专用设备制造	332	68	440	80	9

1－E－7 续表 5

行业	专利申请数（件）	#发明专利	有效发明专利数（件）	拥有注册商标数（件）	形成国家或行业标准数（项）
纺织、服装和皮革加工专用设备制造	319	107	854	606	5
电子和电工机械专用设备制造	1767	1030	3440	668	2
农、林、牧、渔专用机械制造	169	27	249	114	3
医疗仪器设备及器械制造	3013	1537	5857	5271	74
环保、邮政、社会公共服务及其他专用设备制造	1598	531	2421	1562	52
汽车制造业	15186	6516	15763	14926	223
汽车整车制造	6581	3998	5290	10577	97
汽车用发动机制造	202	95	148	31	3
改装汽车制造	139	37	244	32	12
低速汽车制造	50	25	13	87	
汽车车身、挂车制造	129	36	249	62	1
汽车零部件及配件制造	8085	2325	9819	4137	110
铁路、船舶、航空航天和其他运输设备制造业	1372	376	1387	1017	34
电气机械和器材制造业	11282	3557	14156	5135	462
电机制造	959	267	1241	320	37
输配电及控制设备制造	2956	1012	3207	903	77
电线、电缆、光缆及电工器材制造	869	344	1451	545	167
电池制造	828	333	848	426	18
家用电力器具制造	4436	1415	6010	1602	99
非电力家用器具制造	151	31	99	286	14
照明器具制造	1018	146	1182	1037	47
其他电气机械及器材制造	65	9	118	16	3
计算机、通信和其他电子设备制造业	25762	17104	59771	21429	202
计算机制造	3073	2163	6908	480	11
通信设备制造	8626	7381	16275	12808	13
广播电视设备制造	96	17	353	121	
雷达及配套设备制造	104	47	53	101	2
非专业视听设备制造	467	185	1867	805	5
智能消费设备制造	2068	1057	2569	3543	2
电子器件制造	6815	4409	23701	2468	59

1-E-7　续表 6

行　　业	专　利 申请数 (件)	#发明专利	有　效 发　明 专利数 (件)	拥　有 注　册 商标数 (件)	形成国家 或行业 标准数 (项)
电子元件及电子专用材料制造	4252	1769	7710	1034	108
其他电子设备制造	261	76	335	69	2
仪器仪表制造业	1963	659	3246	1466	81
通用仪器仪表制造	1242	513	2385	868	67
专用仪器仪表制造	503	103	478	468	14
钟表与计时仪器制造	7		1		
光学仪器制造	143	39	274	100	
衡器制造	51	4	79	24	
其他仪器仪表制造业	17		29	6	
其他制造业	950	486	795	890	8
日用杂品制造	821	435	681	843	
其他未列明制造业	129	51	114	47	8
废弃资源综合利用业	37	11	143	17	
金属废料和碎屑加工处理	6	2	11		
非金属废料和碎屑加工处理	31	9	132	17	
金属制品、机械和设备修理业	114	17	62	6	
金属制品修理			1	3	
专用设备修理	2		5		
铁路、船舶、航空航天等运输设备修理	99	11	53	1	
其他机械和设备修理业	13	6	3	2	
电力、热力、燃气及水生产和供应业	**909**	**241**	**541**	**92**	**12**
电力、热力生产和供应业	515	168	268		3
电力生产	510	168	236		3
热力生产和供应	5		32		
燃气生产和供应业	329	59	229	88	8
燃气生产和供应业	329	59	229	88	8
水的生产和供应业	65	14	44	4	1
自来水生产和供应	29	10	19	2	
污水处理及其再生利用	36	4	25	2	1

1-E-8 各地区企业自主知识产权及相关情况

地区	专利申请数（件）	#发明专利	有效发明专利数（件）	拥有注册商标数（件）	形成国家或行业标准数（项）
全国	**1565960**	**613602**	**2227602**	**1494057**	**50424**
北京	31980	20643	80347	55228	1545
天津	19635	7249	30392	16430	664
河北	34738	13170	44210	43709	1528
山西	9698	4017	13426	9695	356
内蒙古	11056	4064	9468	13225	185
辽宁	19606	6927	34185	10272	688
吉林	13009	8420	11455	7086	375
黑龙江	6186	2930	10546	9079	287
上海	45050	19761	88728	46837	1819
江苏	234666	83835	328671	131939	6789
浙江	180387	48296	181101	203024	10308
安徽	82018	34015	101197	45488	2044
福建	59409	23148	63781	60660	1471
江西	34785	12220	26071	22650	627
山东	123645	43358	156453	117441	4973
河南	45208	12661	49860	34517	1702
湖北	63597	27742	97938	33237	1662
湖南	40317	16701	60535	33449	1321
广东	366916	164853	661500	443228	7192
广西	11790	5136	15301	15746	382
海南	1685	701	3024	4567	88
重庆	27116	11321	29767	22450	605
四川	41770	17184	62570	51907	1743
贵州	8290	3883	8168	12263	272
云南	13189	5256	14217	19868	400
西藏	128	46	265	357	7
陕西	18424	7791	24558	20745	640
甘肃	7154	2285	6664	2270	419
青海	1744	896	1352	899	42
宁夏	5486	1955	5295	2619	115
新疆	7278	3138	6557	3172	175

1−E−9　各地区大中型企业自主知识产权及相关情况

地　区	专　利 申请数 (件)	#发明专利	有效发明 专利数 (件)	拥有注册 商标数 (件)	形成国家或 行业标准数 (项)
全　国	**786384**	**399241**	**1315227**	**866221**	**31537**
北　京	21069	15452	60065	31222	1181
天　津	9180	4367	14787	7207	345
河　北	18185	8311	20338	25849	819
山　西	5365	2543	7671	5519	183
内蒙古	8692	3424	6779	11577	142
辽　宁	9064	4604	16419	4136	357
吉　林	10490	7656	7904	3657	266
黑龙江	3460	2024	5945	5781	196
上　海	21156	12263	55650	27435	1057
江　苏	89955	41421	141395	68337	3733
浙　江	75272	26508	90272	109865	7138
安　徽	34926	18043	50927	22000	1069
福　建	34928	17940	36719	34232	811
江　西	11512	5179	10294	9360	309
山　东	59197	27623	82726	69665	3018
河　南	18841	7422	23806	19318	1200
湖　北	31369	19303	61208	20122	960
湖　南	17073	8197	31397	18569	883
广　东	224809	125101	493984	277861	4549
广　西	7691	4140	9505	9418	266
海　南	869	501	1321	2385	65
重　庆	15749	8027	16812	13662	413
四　川	21872	11521	34704	37099	1309
贵　州	4596	2807	4436	7404	153
云　南	8053	4156	7694	11618	193
西　藏	60	20	173	136	7
陕　西	10014	4633	11162	9160	396
甘　肃	4594	1590	3816	990	319
青　海	1453	812	915	458	26
宁　夏	2765	1249	2799	792	62
新　疆	4125	2404	3604	1387	112

1-E-10 各地区内资企业自主知识产权及相关情况

地　　区	专　利申请数(件)	#发明专利	有效发明专利数(件)	拥有注册商标数(件)	形成国家或行业标准数(项)
全　　国	**1364273**	**527996**	**1900810**	**1254063**	**44726**
北　　京	24582	15843	58974	42468	1482
天　　津	17178	6325	26628	14230	571
河　　北	28639	10305	39339	31331	1394
山　　西	9488	3968	13220	9531	348
内 蒙 古	10279	3817	8475	6882	157
辽　　宁	16685	5631	28387	9230	591
吉　　林	12104	8109	10567	6145	373
黑 龙 江	5872	2849	10269	8929	285
上　　海	32500	13583	60021	33043	1449
江　　苏	197366	69652	268452	99998	5729
浙　　江	159281	40757	147734	179087	9452
安　　徽	76691	31850	93694	43248	1921
福　　建	51300	20082	51463	48074	1149
江　　西	31537	10555	23699	20624	548
山　　东	111564	39320	143873	98063	4537
河　　南	42839	11730	45748	31026	1640
湖　　北	59530	25455	91424	29055	1449
湖　　南	37448	15339	54510	30172	1215
广　　东	302978	136790	557118	365691	5772
广　　西	9985	4309	12721	12856	318
海　　南	1589	668	2777	4338	67
重　　庆	24123	9812	27291	20798	565
四　　川	40494	16644	59568	50504	1711
贵　　州	8010	3780	7958	11826	255
云　　南	12939	5184	13707	19465	384
西　　藏	120	46	262	353	7
陕　　西	17799	7442	23624	18370	614
甘　　肃	7146	2277	6662	2269	419
青　　海	1743	896	1352	885	42
宁　　夏	5353	1877	4850	2464	112
新　　疆	7111	3101	6443	3108	170

1-E-11　各地区港澳台投资企业自主知识产权及相关情况

地　区	专　利申请数(件)	#发明专利	有效发明专　利　数(件)	拥有注册商　标　数(件)	形成国家或行业标准数(项)
全　国	**102724**	**41888**	**165138**	**126652**	**3119**
北　京	4531	3284	16161	5628	34
天　津	640	193	1242	658	77
河　北	4954	2473	2964	8839	51
山　西	68	20	94	124	6
内蒙古	255	96	326	230	10
辽　宁	483	141	911	429	32
吉　林	130	21	132	57	
黑龙江	284	74	169	131	1
上　海	4160	2361	10641	5835	75
江　苏	16636	7273	26133	19115	567
浙　江	9762	3413	15501	12473	487
安　徽	2839	1296	2745	1473	42
福　建	5243	2271	8555	9166	209
江　西	1309	453	785	528	55
山　东	4964	1831	5024	4783	191
河　南	717	206	879	458	9
湖　北	1245	560	2256	1725	30
湖　南	1926	1017	5110	2973	73
广　东	40147	13731	62044	48789	1097
广　西	226	79	331	193	9
海　南	73	26	165	152	21
重　庆	871	554	836	222	10
四　川	678	261	1250	759	12
贵　州	153	52	86	54	1
云　南	147	56	312	164	14
西　藏					
陕　西	197	121	400	1657	4
甘　肃	8	8	2	1	
青　海	1			14	
宁　夏	33	5	15	14	
新　疆	44	12	69	8	2

1-E-12 各地区外商投资企业自主知识产权及相关情况

地区	专利申请数(件)	#发明专利	有效发明专利数(件)	拥有注册商标数(件)	形成国家或行业标准数(项)
全国	**98963**	**43718**	**161654**	**113342**	**2579**
北京	2867	1516	5212	7132	29
天津	1817	731	2522	1542	16
河北	1145	392	1907	3539	83
山西	142	29	112	40	2
内蒙古	522	151	667	6113	18
辽宁	2438	1155	4887	613	65
吉林	775	290	756	884	2
黑龙江	30	7	108	19	1
上海	8390	3817	18066	7959	295
江苏	20664	6910	34086	12826	493
浙江	11344	4126	17866	11464	369
安徽	2488	869	4758	767	81
福建	2866	795	3763	3420	113
江西	1939	1212	1587	1498	24
山东	7117	2207	7556	14595	245
河南	1652	725	3233	3033	53
湖北	2822	1727	4258	2457	183
湖南	943	345	915	304	33
广东	23791	14332	42338	28748	323
广西	1579	748	2249	2697	55
海南	23	7	82	77	
重庆	2122	955	1640	1430	30
四川	598	279	1752	644	20
贵州	127	51	124	383	16
云南	103	16	198	239	2
西藏	8		3	4	
陕西	428	228	534	718	22
甘肃					
青海					
宁夏	100	73	430	141	3
新疆	123	25	45	56	3

第2篇

建筑业企业生产经营及财务状况篇

A.全社会建筑业企业

2-A-1　各地区全社会建筑业企业个数

单位：个

地　区	企业合计	总承包和专业承包企业	资质以外企业
全　国	**2722338**	**173153**	**2549185**
北　京	60252	2868	57384
天　津	32789	3567	29222
河　北	162503	4382	158121
山　西	76649	4487	72162
内蒙古	46993	1334	45659
辽　宁	69107	6938	62169
吉　林	29382	3820	25562
黑龙江	28289	3178	25111
上　海	33412	2630	30782
江　苏	261413	15434	245979
浙　江	102079	11339	90740
安　徽	158153	9651	148502
福　建	74423	9669	64754
江　西	71654	7177	64477
山　东	297365	13347	284018
河　南	227584	11116	216468
湖　北	139094	7300	131794
湖　南	66102	4417	61685
广　东	212705	12352	200353
广　西	40438	3152	37286
海　南	18305	415	17890
重　庆	38957	4241	34716
四　川	109789	10055	99734
贵　州	43160	2725	40435
云　南	66626	5292	61334
西　藏	12390	667	11723
陕　西	154240	4684	149556
甘　肃	40380	2963	37417
青　海	9498	706	8792
宁　夏	12523	879	11644
新　疆	26084	2368	23716

2-A-2 各地区全社会建筑业企业资产总计

单位：亿元

地　区	企业合计	总承包和专业承包企业	资质以外企业
全　国	**522994**	**381741**	**141254**
北　京	39441	35138	4303
天　津	11105	9609	1496
河　北	14461	9514	4947
山　西	13720	10748	2972
内蒙古	5376	2518	2858
辽　宁	10165	7192	2973
吉　林	4597	3611	986
黑龙江	3422	2718	704
上　海	20235	15960	4274
江　苏	54911	31618	23293
浙　江	34844	21157	13688
安　徽	18880	13433	5448
福　建	15207	10628	4579
江　西	13696	9942	3754
山　东	35776	26177	9599
河　南	21446	14390	7056
湖　北	26142	22088	4054
湖　南	13928	10814	3114
广　东	46565	35746	10819
广　西	7555	6043	1512
海　南	2041	884	1157
重　庆	11175	8678	2497
四　川	30234	24508	5727
贵　州	14498	9782	4715
云　南	13733	10578	3155
西　藏	1786	725	1061
陕　西	20911	14415	6496
甘　肃	6740	5583	1156
青　海	1376	1074	302
宁　夏	1429	910	519
新　疆	7601	5562	2038

2-A-3　各地区全社会建筑业企业负债合计

单位：亿元

地　区	企业合计	总承包和专业承包企业	资质以外企业
全　国	**366727**	**278605**	**88121**
北　京	27532	24439	3093
天　津	8702	7496	1206
河　北	10043	7250	2794
山　西	10052	8075	1977
内蒙古	3673	1768	1906
辽　宁	7462	5480	1982
吉　林	3107	2559	548
黑龙江	2539	2141	399
上　海	15780	12623	3157
江　苏	33767	19193	14574
浙　江	24590	15053	9537
安　徽	13844	10296	3548
福　建	8996	6559	2436
江　西	9707	7238	2469
山　东	26035	20302	5733
河　南	13024	10174	2850
湖　北	18052	16207	1845
湖　南	8851	7615	1236
广　东	35429	27659	7769
广　西	5529	4587	942
海　南	1382	671	710
重　庆	7658	6319	1339
四　川	21516	18194	3322
贵　州	10811	7773	3039
云　南	9222	7249	1973
西　藏	1136	478	659
陕　西	15984	11426	4558
甘　肃	4722	4064	657
青　海	1011	773	237
宁　夏	1009	653	356
新　疆	5563	4293	1271

2−A−4 各行业全社会建筑业企业个数

单位：个

行业	企业合计	总承包和专业承包企业	资质以外企业
总 计	**2722338**	**173153**	**2549185**
房屋建筑业	796847	83555	713292
土木工程建筑业	553969	47704	506265
铁路、道路、隧道和桥梁工程建筑	159021	29130	129891
水利和和内河港口工程建筑	14864	3615	11249
海洋工程建筑	432	60	372
工矿工程建筑	4997	1125	3872
架线和管道工程建筑	32969	5143	27826
建筑安装业	284398	16267	268131
建筑装饰业和其他建筑业	1087124	25627	1061497

2-A-5 各行业全社会建筑业企业资产总计

单位：亿元

行业	企业合计	总承包和专业承包企业	资质以外企业
总计	**522994**	**381741**	**141254**
房屋建筑业	228852	186331	42521
土木工程建筑业	215366	157937	57429
铁路、道路、隧道和桥梁工程建筑	135346	104482	30864
水利和和内河港口工程建筑	18868	15398	3470
海洋工程建筑	978	667	311
工矿工程建筑	6128	5496	631
架线和管道工程建筑	13976	11568	2408
建筑安装业	27773	18126	9647
建筑装饰业和其他建筑业	51003	19347	31656

2-A-6 各行业全社会建筑业企业负债合计

单位：亿元

行　　业	企业合计	总承包和专业承包企业	资质以外企业
总　计	**366727**	**278605**	**88121**
房屋建筑业	162962	136494	26468
土木工程建筑业	151385	115808	35576
铁路、道路、隧道和桥梁工程建筑	97271	78288	18983
水利和和内河港口工程建筑	13143	11204	1939
海洋工程建筑	522	348	173
工矿工程建筑	4297	4066	231
架线和管道工程建筑	9809	8323	1486
建筑安装业	18419	12507	5913
建筑装饰业和其他建筑业	33961	13796	20164

B.总承包和专业承包建筑业企业

1.综合

2-B-1.1　总承包和专业承包建筑业企业主要经济指标完成情况

指　　标	计量单位	2023年	2022年	2023年比2022年增减(%)
建筑业企业个数	个	159140	142906	11.4
其中：大型企业	个	3447	3243	6.3
中型企业	个	32868	30969	6.1
小微型企业	个	122825	108694	13.0
从事建筑业活动的平均人数	万人	6611	6174	7.1
签订合同额	亿元	728792	705126	3.4
#本年新签合同额	亿元	356349	359312	-0.8
建筑业总产值	亿元	314394	298675	5.3
建筑工程产值	亿元	278726	264550	5.4
安装工程产值	亿元	26455	24865	6.4
其他产值	亿元	9213	9260	-0.5
竣工产值	亿元	141290	132514	6.6
房屋施工面积	万平方米	1530925	1536111	-0.3
房屋竣工面积	万平方米	393401	396363	-0.7
年末自有施工机械设备净值	亿元	3692	3657	1.0
年末自有施工机械设备总功率	万千瓦	14845	16709	-11.2
实收资本	亿元	43326	46657	-7.1
资产合计	亿元	381741	346360	10.2
负债合计	亿元	278605	249813	11.5
营业收入	亿元	284235	271208	4.8
其中：大型企业	亿元	166550	160430	3.8
中型企业	亿元	86081	82556	4.3
小微型企业	亿元	31605	28222	12.0
利润总额	亿元	8902	8312	7.1
其中：大型企业	亿元	5339	5099	4.7
中型企业	亿元	2811	2542	10.6
小微型企业	亿元	752	671	12.1
税金总额	亿元	7019	6957	0.9

2-B-1.2 总承包和专业承包建筑业企业按登记注册统计类别划分的主要经济指标

指标	单位	合计	内资企业	港澳台投资企业	外商投资企业
企业个数	个	159140	158707	262	171
自有固定资产原价	亿元	24848	24664	77	107
自有施工机械设备总台数	万台	523	521	1	1
自有施工机械设备净值	亿元	3692	3686	4	2
自有施工机械设备总功率	万千瓦	14845	14812	26	7
建筑业总产值	亿元	314394	312217	1456	721
房屋施工面积	万平方米	1530925	1515914	12634	2377
房屋竣工面积	万平方米	393401	390126	2466	809
利润总额	亿元	8902	8793	62	47
税金总额	亿元	7019	6973	30	16
按总产值计算劳动生产率	元/人	475594	474966	576748	608399
技术装备率	元/人	7320	7339	2773	2705
动力装备率	千瓦/人	2.9	2.9	1.8	1.0
房屋竣工率	%	25.7	25.7	19.5	34.0
产值利润率	%	2.8	2.8	4.3	6.5
产值利税率	%	5.1	5.0	6.3	8.7

2-B-1.3　各地区总承包和专业承包建筑业企业签订合同情况

单位：万元

地　区	签订合同额	上年结转合同额	本年新签合同额
全国总计	**7287919324**	**3724428011**	**3563491314**
北　京	501539885	304763886	196775998
天　津	175481285	89150044	86331241
河　北	175218099	91020795	84197305
山　西	138419448	62195788	76223660
内蒙古	40167954	20191787	19976167
辽　宁	86248845	36197214	50051631
吉　林	45595898	22144471	23451428
黑龙江	33932543	17336187	16596356
上　海	385477214	232073191	153404023
江　苏	641820444	266379594	375440850
浙　江	477681953	248497146	229184807
安　徽	271340323	123427841	147912481
福　建	313339965	146872024	166467941
江　西	185332487	78699693	106632794
山　东	407200077	187861500	219338577
河　南	268176939	137942264	130234675
湖　北	566074549	294565453	271509096
湖　南	320550336	159700306	160850030
广　东	757962233	438234579	319727654
广　西	121041528	72504648	48536880
海　南	15826567	8944857	6881710
重　庆	173048589	80378183	92670406
四　川	458931769	247166314	211765455
贵　州	133944807	83798302	50146505
云　南	152928729	72316688	80612041
西　藏	4810568	2772132	2038436
陕　西	263327241	114748394	148578847
甘　肃	60715751	28305360	32410391
青　海	22976985	11677423	11299562
宁　夏	13426175	5570137	7856038
新　疆	75380138	38991809	36388330

2-B-1.4 各地区总承包和专业承包建筑业企业承包工程完成情况

单位：万元

地区	直接从建设单位承揽工程完成的产值	自行完成施工产值	分包出去工程的产值	从建设单位以外承揽工程完成的产值
全国总计	**3007619739**	**2865061632**	**142558107**	**278873679**
北京	147547131	118068486	29478645	25116273
天津	52960657	45391898	7568759	5643841
河北	70394862	69229011	1165851	3361159
山西	58188783	57268424	920359	4327916
内蒙古	15224405	14675776	548629	316814
辽宁	40397860	39590102	807758	3788454
吉林	19652577	19479553	173024	2711856
黑龙江	14437054	14306862	130192	265016
上海	110182001	84351329	25830672	16481694
江苏	387472539	385214294	2258245	37298208
浙江	229982140	224750062	5232078	19807903
安徽	109402054	107455465	1946589	16587301
福建	162400688	161928504	472184	12026110
江西	103729944	102384435	1345508	5636018
山东	188844739	174412588	14432151	13406348
河南	111329641	110283722	1045919	4648284
湖北	198464407	195717649	2746758	12070192
湖南	145362372	144292590	1069782	7299147
广东	254612873	222445070	32167803	31546982
广西	53005290	51003187	2002102	5890345
海南	5122138	4703492	418646	222236
重庆	86722394	84992538	1729856	10368932
四川	166696679	160258486	6438193	12466876
贵州	38270767	38180957	89809	1248321
云南	69753702	69438374	315328	9401060
西藏	2497813	2416512	81302	93327
陕西	88746545	88048679	697867	15104901
甘肃	26584491	26332010	252481	642777
青海	6380041	6125342	254699	132492
宁夏	7819904	7302187	517717	136366
新疆	35433250	35014048	419202	826532

2-B-1.5　各地区总承包和专业承包建筑业企业总产值和竣工产值

单位：万元

地　区	建筑业总产值	#装饰装修产值	#在外省完成的产值	按构成分组			竣工产值
				建筑工程产值	安装工程产值	其他产值	
全国总计	**3143935311**	**134711395**	**1052237054**	**2787259803**	**264549353**	**92126156**	**1412901932**
北　京	143184759	12847239	103475817	134405539	7526451	1252769	74915851
天　津	51035739	814562	34947811	45533568	3942921	1559250	16463696
河　北	72590170	1972312	24502141	61228651	9728822	1632696	26588551
山　西	61596340	1414513	21996845	54789361	5495748	1311231	18279062
内蒙古	14992590	277730	4280613	13622526	824423	545641	5858961
辽　宁	43378557	1222071	15010156	35928208	5521655	1928694	14739992
吉　林	22191409	699189	4123916	18754092	2444301	993016	9959180
黑龙江	14571878	212465	1829444	11853378	1745344	973157	4975863
上　海	100833022	9156705	55671366	87067380	11164026	2601616	51544811
江　苏	422512502	22428784	171868162	390821491	29102297	2588714	288218686
浙　江	244557965	17473187	54620780	217058970	21731473	5767522	143369282
安　徽	124042767	3097191	32010010	106157667	9385324	8499776	46987610
福　建	173954614	4579505	77255814	160836229	10177164	2941221	71155175
江　西	108020454	4076041	29012590	94615394	7469487	5935573	39715935
山　东	187818935	8907151	45053678	157661754	25310075	4847106	71802023
河　南	114932006	3320691	34871795	98554928	12184869	4192209	45933589
湖　北	207787842	6781434	84860417	184951661	17567255	5268926	83798911
湖　南	151591737	3628455	49476899	130135165	13806559	7650014	83558940
广　东	253992051	17678906	57247952	225931247	21860027	6200778	84772587
广　西	56893532	1105172	11164167	50224016	3608232	3061283	21486024
海　南	4925728	233347	305427	4292527	404313	228887	2542401
重　庆	95361470	3483649	26984620	84952604	6699766	3709100	39103115
四　川	172725363	4266957	38225397	152520577	12941360	7263425	67434971
贵　州	39429279	526574	14487524	33325422	4324477	1779380	8835062
云　南	78839434	954997	6392209	70084968	5364609	3389857	26419193
西　藏	2509839	35153	62155	2195436	188747	125656	1206500
陕　西	103153580	2626674	40789138	91547833	7977840	3627906	32891247
甘　肃	26974787	419582	3479413	23355849	2623388	995550	8919903
青　海	6257834	59995	2431440	5559289	497892	200652	2607166
宁　夏	7438553	42755	1275834	6568822	722418	147312	3105037
新　疆	35840580	368411	4523527	32725249	2208089	907241	15712607

2-B-1.6 各地区总承包和专业承包建筑业企业房屋建筑面积

地 区	房屋施工面积（万平方米）	#本年新开工	房屋竣工面积（万平方米）	房屋竣工率（%）
全国总计	**1530925**	**408330**	**393401**	**25.7**
北 京	88153	15655	13824	15.7
天 津	17885	3789	3540	19.8
河 北	34047	8194	7923	23.3
山 西	22404	5610	4229	18.9
内蒙古	6871	1177	1336	19.4
辽 宁	11759	2962	3545	30.1
吉 林	6198	1677	2133	34.4
黑龙江	3605	1178	1185	32.9
上 海	55422	10143	9788	17.7
江 苏	259218	73559	73100	28.2
浙 江	168024	45580	46600	27.7
安 徽	59858	21946	16165	27.0
福 建	99067	23101	20001	20.2
江 西	37076	14677	12938	34.9
山 东	97992	30454	23384	23.9
河 南	61393	10807	13419	21.9
湖 北	80349	22937	26976	33.6
湖 南	76672	23487	25599	33.4
广 东	117915	30613	27199	23.1
广 西	27563	5157	5951	21.6
海 南	2123	500	521	24.5
重 庆	31601	9065	11840	37.5
四 川	65040	19296	18710	28.8
贵 州	14416	2971	2525	17.5
云 南	16797	5918	5660	33.7
西 藏	367	137	223	60.9
陕 西	39663	9098	7785	19.6
甘 肃	11417	2718	2191	19.2
青 海	877	265	241	27.4
宁 夏	1717	646	585	34.1
新 疆	15438	5012	4287	27.8

2-B-1.7　各地区按主要用途分的总承包和专业承包建筑业企业房屋竣工面积

单位：万平方米

地　区	总计	住宅房屋	商业及服务用房屋	办公用房　屋	科研、教育和医疗用房屋
全国总计	**393401**	**237623**	**26694**	**13965**	**19915**
北　京	13824	8325	1558	626	1119
天　津	3540	2615	114	71	161
河　北	7923	5246	491	195	429
山　西	4229	2825	201	77	417
内蒙古	1336	954	60	27	58
辽　宁	3545	2576	151	48	72
吉　林	2133	1310	89	73	113
黑龙江	1185	748	66	12	29
上　海	9788	4761	1050	398	653
江　苏	73100	47742	2358	2619	2432
浙　江	46600	23576	3463	1676	1585
安　徽	16165	8968	838	425	624
福　建	20001	13590	1163	704	648
江　西	12938	6965	1218	574	756
山　东	23384	14483	1746	739	1761
河　南	13419	9253	619	403	662
湖　北	26976	15052	3163	1784	1448
湖　南	25599	16850	1666	1062	1569
广　东	27199	14575	1883	853	1444
广　西	5951	3131	394	173	631
海　南	521	301	86	22	68
重　庆	11840	7851	850	205	340
四　川	18710	11668	1586	486	1134
贵　州	2525	1319	170	81	317
云　南	5660	3399	533	200	429
西　藏	223	107	23	4	15
陕　西	7785	5370	546	207	491
甘　肃	2191	1456	116	56	156
青　海	241	99	19	39	19
宁　夏	585	322	26	31	53
新　疆	4287	2184	449	96	283

2-B-1.7 续表

单位：万平方米

地 区	文化、体育和娱乐用房屋	厂房及建筑物	仓 库	其他未列明的房屋建筑物
全国总计	**4537**	**71705**	**3566**	**15396**
北 京	141	1435	29	591
天 津	50	436	11	80
河 北	128	997	40	398
山 西	74	497	22	116
内蒙古	31	111	5	91
辽 宁	20	529	34	116
吉 林	33	353	8	154
黑龙江	5	138	9	177
上 海	247	1729	457	492
江 苏	788	15252	597	1312
浙 江	583	14282	666	768
安 徽	210	3931	104	1064
福 建	136	3450	94	215
江 西	165	2488	124	647
山 东	272	3360	138	886
河 南	169	1527	110	678
湖 北	281	3360	143	1745
湖 南	286	2839	184	1143
广 东	214	7016	234	980
广 西	143	1042	54	384
海 南	6	24	5	10
重 庆	111	1431	42	1011
四 川	139	2688	270	739
贵 州	33	327	51	227
云 南	73	508	49	467
西 藏	3	22	2	46
陕 西	112	752	8	299
甘 肃	38	251	10	109
青 海	4	35	4	22
宁 夏	7	110	4	32
新 疆	34	787	57	397

2-B-1.8 各地区按主要用途分的总承包和专业承包建筑业企业房屋竣工价值

单位：万元

地区	总计	住宅房屋	商业及服务用房屋	办公用房屋	科研、教育和医疗用房屋
全国总计	**838881282**	**492937740**	**63413110**	**36484120**	**59454248**
北京	43341702	23152321	4984563	2488625	4927238
天津	6577196	4248347	241086	208652	469627
河北	15085329	9381153	1356183	465381	1059900
山西	8775168	5063505	463196	194198	1314179
内蒙古	2678583	1766131	137692	73580	220288
辽宁	6617757	4664898	391656	81207	199960
吉林	4384088	2419780	222416	212663	358517
黑龙江	1391498	854150	96020	60270	83915
上海	29058966	12328230	4514100	1418674	2352459
江苏	179182849	117115640	6336862	7638311	7924973
浙江	98774244	53941512	7981852	4362557	5186771
安徽	25970877	14788071	1716049	823306	1405813
福建	45389424	30846437	2639742	1387578	2077174
江西	22735316	12780955	1854635	943265	1875956
山东	45629834	26593614	3768637	1891302	4633012
河南	20509239	13576923	887217	749508	1354193
湖北	52906988	26932246	6763455	5127741	3641254
湖南	47428757	29349632	3495137	2109968	3374938
广东	54643543	29042209	4183039	2153359	4888009
广西	13690084	7538711	759314	498447	1929795
海南	1403276	686045	297794	73455	257589
重庆	22059455	14361547	1753759	516920	850635
四川	39451180	23298452	3773751	1139077	3619882
贵州	5342786	2314464	272825	227297	813005
云南	12421435	7340366	1321601	473229	1071632
西藏	491455	270007	44939	14419	41192
陕西	18292861	10633473	1610218	678410	1978121
甘肃	4613141	2771803	438197	95783	418382
青海	517099	203893	68229	41858	53310
宁夏	1359616	716255	60431	81329	212126
新疆	8157538	3956970	978519	253754	860402

2-B-1.8 续表 单位：万元

地区	文化、体育和娱乐用房屋	厂房及建筑物	仓库	其他未列明的房屋建筑物
全国总计	**14559522**	**133596282**	**6613860**	**31822400**
北京	947225	4123016	68696	2650018
天津	260828	899562	59244	189850
河北	321484	1680240	65996	754991
山西	272170	1176536	58279	233106
内蒙古	154252	250113	7226	69302
辽宁	63480	901478	27802	287275
吉林	105248	815015	3943	246505
黑龙江	13978	181123	15599	86444
上海	943998	4199172	700607	2601728
江苏	2722013	32974550	1352465	3118034
浙江	1831323	22351791	1382970	1735468
安徽	178433	5987286	139647	932274
福建	619886	7023428	256919	538261
江西	406175	3783185	185756	905390
山东	678104	5892277	229911	1942976
河南	309199	2324109	122390	1185699
湖北	858458	5995361	252366	3336107
湖南	706527	4970596	317652	3104308
广东	782943	11846036	429357	1318591
广西	405174	1772424	124171	662048
海南	9728	41790	18404	18471
重庆	250165	3129177	63005	1134247
四川	452622	5128557	296412	1742428
贵州	71477	667787	143956	831975
云南	152156	1077801	65818	918834
西藏	9491	17301	6701	87407
陕西	778582	2160497	25398	428161
甘肃	145339	502104	25902	215632
青海	7135	86403	6994	49278
宁夏	23668	199012	7540	59256
新疆	78260	1438558	152736	438338

2-B-1.9　各地区总承包和专业承包建筑业企业施工机械设备情况

地　区	年末自有施工机械设备总台数(台)	年末自有施工机械设备总功率(千瓦)	年末自有施工机械设备净值(万元)
全国总计	**5232523**	**148445357**	**36920143**
北　京	68413	5466571	863227
天　津	57173	2283101	1040052
河　北	210639	5817581	939274
山　西	175027	7228453	1333064
内蒙古	32000	1788413	397356
辽　宁	70792	2582827	453950
吉　林	37703	1005024	308046
黑龙江	57220	1356114	271501
上　海	29406	1563748	756427
江　苏	1241458	32391158	8084297
浙　江	538373	9331650	2312154
安　徽	117157	2438336	628831
福　建	202742	6516040	1517539
江　西	111159	3178972	743277
山　东	428196	8604381	3066192
河　南	320119	9189915	1942365
湖　北	266800	7358498	2182970
湖　南	289554	7957583	1502951
广　东	246955	6859007	2390059
广　西	81311	1306987	293806
海　南	3789	83886	12162
重　庆	88490	3207075	954534
四　川	174552	6986646	1483575
贵　州	27057	1540472	294724
云　南	119983	2578928	732842
西　藏	1553	92704	24318
陕　西	101652	6017714	1362681
甘　肃	70380	1498200	353864
青　海	10402	462005	115172
宁　夏	19327	285210	83105
新　疆	33141	1468158	475829

2-B-1.10 各地区总承包和专业承包建筑业企业主要生产效益指标

地　区	建筑业企业个数（个）	从事建筑业活动的平均人数（人）	按总产值计算的劳动生产率（元/人）	人均竣工产值（元/人）	人均施工面积（平方米/人）	人均竣工面积（平方米/人）
全国总计	**159140**	**66105420**	**475594**	**213735**	**231.6**	**59.5**
北　京	2706	2280288	627924	328537	386.6	60.6
天　津	3379	782017	652617	210529	228.7	45.3
河　北	4118	1338827	542192	198596	254.3	59.2
山　西	3834	1345146	457916	135889	166.6	31.4
内蒙古	1135	305815	490250	191585	224.7	43.7
辽　宁	5962	709015	611814	207894	165.8	50.0
吉　林	2664	445416	498218	223593	139.1	47.9
黑龙江	2097	384190	379288	129516	93.8	30.8
上　海	2460	1480208	681208	348227	374.4	66.1
江　苏	14815	10532097	401167	273657	246.1	69.4
浙　江	10827	5853867	417772	244914	287.0	79.6
安　徽	9009	2540556	488250	184950	235.6	63.6
福　建	9281	5257745	330854	135334	188.4	38.0
江　西	6910	2148012	502886	184896	172.6	60.2
山　东	12570	3589251	523282	200047	273.0	65.2
河　南	10042	2770417	414855	165800	221.6	48.4
湖　北	6945	2946451	705214	284406	272.7	91.6
湖　南	4213	3115481	486576	268206	246.1	82.2
广　东	11576	4384000	579361	193368	269.0	62.0
广　西	2869	1197773	474994	179383	230.1	49.7
海　南	390	83804	587768	303375	253.4	62.1
重　庆	3924	2177159	438009	179606	145.1	54.4
四　川	9372	4219023	409397	159836	154.2	44.3
贵　州	2356	817786	482147	108036	176.3	30.9
云　南	4616	1674643	470784	157760	100.3	33.8
西　藏	525	48390	518669	249328	75.7	46.1
陕　西	4334	2036037	506639	161545	194.8	38.2
甘　肃	2760	537391	501958	165985	212.5	40.8
青　海	625	111257	562467	234337	78.9	21.6
宁　夏	772	200099	371744	155175	85.8	29.2
新　疆	2054	793259	451814	198077	194.6	54.0

2-B-1.11 各地区总承包和专业承包建筑业企业资产构成

单位：万元

地 区	资产合计	流动资产合计	#存货
全国总计	**3817408224**	**2980936341**	**321207478**
北 京	351376758	220227746	7484589
天 津	96088473	75150327	4051131
河 北	95140699	79344617	12903100
山 西	107475468	80278315	8139807
内蒙古	25183479	20211125	2546414
辽 宁	71918606	60406013	6487707
吉 林	36111007	29825392	3348082
黑龙江	27177996	23360751	2955505
上 海	159604392	125630290	8044739
江 苏	316175895	266591477	49007560
浙 江	211566396	175234896	28462250
安 徽	134326959	107649703	9339886
福 建	106280575	84257737	13865056
江 西	99418201	79080598	11090526
山 东	261767197	213912129	29687762
河 南	143895425	114716888	13939447
湖 北	220878518	168212045	13535487
湖 南	108137578	80190245	7590121
广 东	357463092	293447831	25234652
广 西	60430722	47874023	4431305
海 南	8841128	7729923	554195
重 庆	86777805	64282696	8849816
四 川	245077354	182641892	17320596
贵 州	97823367	81677376	8579644
云 南	105777470	72587079	4294878
西 藏	7252049	5731093	421355
陕 西	144148335	119931457	7918114
甘 肃	55833542	41249727	4029459
青 海	10736572	7879790	761084
宁 夏	9099157	7624775	1089560
新 疆	55624006	43998384	5243651

2-B-1.12 各地区总承包和专业承包建筑业企业固定资产情况

单位：万元

地区	固定资产原价	固定资产折旧	#本年折旧	在建工程
全国总计	**248479659**	**121347577**	**18212827**	**38621883**
北京	11138105	6128191	756261	572286
天津	7902936	4376503	498681	322263
河北	8197298	4594301	437796	662245
山西	7636794	4049842	651618	1286934
内蒙古	2967824	1461284	193207	327254
辽宁	7049409	4099804	441487	482845
吉林	3732790	1633000	219622	460137
黑龙江	2286254	1330620	149359	158294
上海	8988011	5108918	660002	579908
江苏	30741140	14714338	2094552	3609425
浙江	16673363	7807816	1054642	2721194
安徽	7816623	3720711	655543	1478416
福建	8039079	4135233	701387	936910
江西	6606958	2462764	512769	1459529
山东	18590850	8922982	1605237	3124825
河南	12104378	5759367	877407	1110683
湖北	13540029	6707865	954276	2273146
湖南	9046126	4254847	812058	1404922
广东	14887499	7405347	1137068	2301105
广西	3058787	1455601	251400	1957383
海南	264103	146030	27542	110964
重庆	5686410	2725782	451492	1833156
四川	14092180	5973421	1020241	4048427
贵州	2270817	1049943	171660	1098369
云南	6047216	2704745	545918	1246006
西藏	368888	142047	35903	38272
陕西	7939551	4181782	613836	504963
甘肃	4370906	1408743	246610	1537351
青海	915537	475643	63925	64322
宁夏	881569	435536	58216	50797
新疆	4638231	1974571	313115	859554

2-B-1.13　各地区总承包和专业承包建筑业企业负债及所有者权益

单位：万元

地　区	负债合计	#流动负债	#应付账款	所有者权益	#实收资本
全国总计	**2786050425**	**2371040467**	**1037688644**	**1031357798**	**433260405**
北　京	244387936	218763318	91881447	106988822	33144257
天　津	74956363	67664607	28570138	21132111	11016737
河　北	72496122	60568065	26695807	22644578	10696406
山　西	80747198	70231627	30721267	26728270	12403435
内蒙古	17678151	14789163	5847639	7505328	4211592
辽　宁	54796450	46427608	18065244	17122156	9311483
吉　林	25588590	21257402	7817184	10522417	4777823
黑龙江	21408111	18856499	7712678	5769885	4016614
上　海	126227279	117925426	64855423	33377113	15818525
江　苏	191929183	168176575	67328694	124246712	46267308
浙　江	150531734	136130258	59365105	61034661	28490516
安　徽	102960653	84507255	34558776	31366306	12995089
福　建	65593309	46707598	18300666	40687266	15052068
江　西	72383465	53830360	18939768	27034736	10528175
山　东	203015491	170704033	74504938	58751706	27143433
河　南	101742415	83599708	32709614	42153010	19273160
湖　北	162067913	133482682	70467267	58810606	21895883
湖　南	76150255	58742216	25172968	31987323	12188596
广　东	276591542	244141757	102986703	80871550	37208833
广　西	45874469	38628409	16825034	14556254	9053637
海　南	6713814	5669146	3173822	2127315	999739
重　庆	63192626	49261573	20711506	23585179	8349844
四　川	181940631	144352105	68888670	63136723	22075307
贵　州	77726806	65888170	24109834	20096561	6325313
云　南	72491636	63418311	26764367	33285834	20365805
西　藏	4776921	3389927	1162828	2475129	636655
陕　西	114255540	102388096	54478320	29892795	14377381
甘　肃	40641787	33673152	14297573	15191755	6377661
青　海	7731898	6466065	2965948	3004674	1511643
宁　夏	6526774	5589733	2781430	2572383	1507528
新　疆	42925366	35809624	15027985	12698641	5239962

2-B-1.14 各地区总承包和专业承包建筑业企业收入情况

单位：万元

地区	主营业务收入	主营业务成本	主营业务税金及附加
全国总计	**2764691901**	**2511242389**	**11809620**
北京	174750638	159742367	418117
天津	54907769	50237998	119002
河北	64212641	58701881	228595
山西	64749336	55951443	158226
内蒙古	16244834	14765827	64341
辽宁	38457440	32288586	125028
吉林	19571034	17847169	90235
黑龙江	15925029	14708081	62996
上海	139086165	129975102	302274
江苏	349158620	315732210	1736536
浙江	200657585	186653976	704131
安徽	104944570	96203032	362632
福建	126948194	115111847	832744
江西	67961651	61750732	375037
山东	176164240	161031019	684550
河南	95546907	85313792	492599
湖北	171237753	154834966	967096
湖南	109618857	97591759	1135074
广东	243274222	224241406	616045
广西	39765029	35940256	134520
海南	5296897	4834055	16594
重庆	70137729	62812959	479236
四川	155644347	140563043	681974
贵州	32830057	29967401	128973
云南	56166067	49913494	318433
西藏	2431435	2204401	9791
陕西	91214573	83478878	313828
甘肃	25790597	23641998	106778
青海	8738099	8040398	23754
宁夏	8113001	7539058	27598
新疆	35146587	29623257	92884

2-B-1.15　各地区总承包和专业承包建筑业企业费用情况

单位：万元

地　区	管理费用	销售费用	研发费用	财务费用	#利息收入	#利息支出
全国总计	**85690407**	**8060196**	**34787193**	**16103895**	**5816697**	**18452894**
北　京	4938558	748351	4338315	766570	1324467	1774735
天　津	1767545	182719	1294077	263914	181611	351600
河　北	2114485	121255	779324	511199	55271	286419
山　西	2048100	88997	1506393	431189	281375	547074
内蒙古	708147	18617	134346	88655	7192	66260
辽　宁	2003667	88647	330929	307473	42682	179032
吉　林	853629	26992	167845	192478	2301	116376
黑龙江	659669	30901	135734	82924	29575	88635
上　海	3498515	364818	2699958	346882	308522	482168
江　苏	9532550	1085288	1312604	1891281	311303	1022549
浙　江	6580040	666699	1870645	766520	203691	787615
安　徽	3170968	314651	1376590	634142	126800	464712
福　建	4323496	417360	682646	451413	62232	268602
江　西	2325950	237143	452618	547000	75366	321203
山　东	5532597	394072	2569064	1245985	264921	1017440
河　南	3103779	269253	1227211	766537	80700	571983
湖　北	4133201	443828	2805134	743612	369748	826578
湖　南	3349103	477483	2008452	710131	239659	514621
广　东	7538083	518740	3791386	1462181	506723	1395438
广　西	1321687	49780	418479	314430	48043	243137
海　南	202608	6062	35935	22510	4092	14138
重　庆	2703273	407505	434581	532958	108040	246299
四　川	4675031	552953	1883133	1080444	413788	927340
贵　州	992452	39575	277276	333708	30213	285966
云　南	2265056	229235	234274	593868	109345	584925
西　藏	171867	5856	4315	16832	18459	18842
陕　西	2425740	164925	1425389	406417	333920	546979
甘　肃	917202	55976	175937	242636	200720	4164979
青　海	307432	3417	171613	37155	21227	46531
宁　夏	322040	9486	39366	28312	3094	19549
新　疆	1203939	39612	203626	284540	51617	271169

2-B-1.16 各地区总承包和专业承包建筑业企业利润及税金情况

单位：万元

地区	利润总额	#应交所得税	税金总额	主营业务税金及附加	应交增值税
全国总计	**89022677**	**14277339**	**70188198**	**11809620**	**58378578**
北京	6532376	497251	2595582	418117	2177465
天津	1113426	159443	926515	119002	807513
河北	1259130	272089	1451969	228595	1223374
山西	1713696	156061	1549112	158226	1390886
内蒙古	475977	104738	506847	64341	442506
辽宁	517378	122781	1101750	125028	976722
吉林	566194	104858	666093	90235	575858
黑龙江	360454	89848	511338	62996	448342
上海	2496711	421616	2035860	302274	1733586
江苏	14192844	2737842	9702811	1736536	7966275
浙江	3521183	769639	5039602	704131	4335470
安徽	3374535	477124	2576444	362632	2213811
福建	5143034	962504	3626956	832744	2794212
江西	2622986	497841	2001579	375037	1626542
山东	5789890	869239	4453192	684550	3768642
河南	3152295	503206	2807206	492599	2314607
湖北	6861341	935163	4881108	967096	3914012
湖南	4473336	616581	3859049	1135074	2723975
广东	4988471	949642	5100156	616045	4484111
广西	1615775	212646	981683	134520	847162
海南	198269	44609	169524	16594	152929
重庆	2814557	436379	2600290	479236	2121055
四川	6370039	1091071	4141479	681974	3459504
贵州	1116883	148957	1002584	128973	873611
云南	2839551	346394	1802884	318433	1484451
西藏	88273	10051	92559	9791	82768
陕西	2913949	390581	1881955	313828	1568127
甘肃	840427	130111	897783	106778	791004
青海	177408	27234	196923	23754	173169
宁夏	147207	30805	203622	27598	176023
新疆	745083	161036	823746	92884	730862

2-B-1.17 各地区总承包和专业承包建筑业企业应收工程款及亏损情况

地区	应收工程款(万元)	企业个数(个)	#亏损企业个数	亏损企业的比重(%)
全国总计	**832095994**	**159140**	**35247**	**22.1**
北京	51749958	2706	812	30.0
天津	19165283	3379	1014	30.0
河北	21616438	4118	1012	24.6
山西	25358555	3834	1013	26.4
内蒙古	7095539	1135	320	28.2
辽宁	18370364	5962	1895	31.8
吉林	9822656	2664	561	21.1
黑龙江	5787970	2097	575	27.4
上海	29793738	2460	625	25.4
江苏	79160556	14815	2071	14.0
浙江	45840195	10827	3589	33.1
安徽	36898958	9009	1804	20.0
福建	22563840	9281	1618	17.4
江西	18826377	6910	1115	16.1
山东	65308276	12570	2656	21.1
河南	36367281	10042	1875	18.7
湖北	47469305	6945	959	13.8
湖南	19653303	4213	545	12.9
广东	76393340	11576	3297	28.5
广西	11706252	2869	973	33.9
海南	2057275	390	98	25.1
重庆	20867631	3924	686	17.5
四川	43709616	9372	1336	14.3
贵州	16642032	2356	752	31.9
云南	26878386	4616	1151	24.9
西藏	1217036	525	105	20.0
陕西	41532115	4334	905	20.9
甘肃	12498602	2760	712	25.8
青海	1813633	625	193	30.9
宁夏	2959078	772	273	35.4
新疆	12972408	2054	707	34.4

2-B-1.18 各地区总承包和专业承包建筑业企业主要经济效益指标

地　区	产值利润率 (%)	资本利润率 (%)	人均利润 (元/人)	资产负债率 (%)
全国总计	**2.8**	**20.5**	**13467**	**73.0**
北　京	4.6	19.7	28647	69.6
天　津	2.2	10.1	14238	78.0
河　北	1.7	11.8	9405	76.2
山　西	2.8	13.8	12740	75.1
内蒙古	3.2	11.3	15564	70.2
辽　宁	1.2	5.6	7297	76.2
吉　林	2.6	11.9	12712	70.9
黑龙江	2.5	9.0	9382	78.8
上　海	2.5	15.8	16867	79.1
江　苏	3.4	30.7	13476	60.7
浙　江	1.4	12.4	6015	71.2
安　徽	2.7	26.0	13283	76.6
福　建	3.0	34.2	9782	61.7
江　西	2.4	24.9	12211	72.8
山　东	3.1	21.3	16131	77.6
河　南	2.7	16.4	11378	70.7
湖　北	3.3	31.3	23287	73.4
湖　南	3.0	36.7	14358	70.4
广　东	2.0	13.4	11379	77.4
广　西	2.8	17.8	13490	75.9
海　南	4.0	19.8	23659	75.9
重　庆	3.0	33.7	12928	72.8
四　川	3.7	28.9	15098	74.2
贵　州	2.8	17.7	13657	79.5
云　南	3.6	13.9	16956	68.5
西　藏	3.5	13.9	18242	65.9
陕　西	2.8	20.3	14312	79.3
甘　肃	3.1	13.2	15639	72.8
青　海	2.8	11.7	15946	72.0
宁　夏	2.0	9.8	7357	71.7
新　疆	2.1	14.2	9393	77.2

2.按登记注册统计类别分组

2-B-2.1　各地区内资总承包和专业承包建筑业企业签订合同情况

单位：万元

地　区	签订合同额	上年结转合同额	本年新签合同额
全国总计	**7233184843**	**3692400102**	**3540784741**
北　京	497666986	302481963	195185024
天　津	175329242	89094923	86234319
河　北	167202630	85332248	81870382
山　西	138419434	62195788	76223646
内蒙古	40167954	20191787	19976167
辽　宁	85786474	35901892	49884582
吉　林	45393594	22066525	23327069
黑龙江	33919670	17332528	16587142
上　海	381004438	229441697	151562741
江　苏	636976217	264680902	372295315
浙　江	472067735	246392581	225675153
安　徽	267666052	121206337	146459716
福　建	311350224	145853923	165496301
江　西	184864517	78460655	106403863
山　东	405289274	186951601	218337673
河　南	267824551	137637376	130187175
湖　北	565676766	294349859	271326907
湖　南	320186903	159544904	160642000
广　东	741544023	426773480	314770543
广　西	121040527	72504585	48535942
海　南	15792363	8910652	6881710
重　庆	172650031	79982218	92667813
四　川	458858232	247128646	211729586
贵　州	133944807	83798302	50146505
云　南	152928729	72316688	80612041
西　藏	4810568	2772132	2038436
陕　西	262459863	114551181	147908681
甘　肃	60715624	28305360	32410264
青　海	22976985	11677423	11299562
宁　夏	13290292	5570137	7720155
新　疆	75380138	38991809	36388330

2-B-2.2 各地区内资总承包和专业承包建筑业企业承包工程完成情况

单位：万元

地　区	直接从建设单位承揽工程完成的产值			从建设单位以外承揽工程完成的产值
		自行完成施工产值	分包出去工程的产值	
全国总计	**2984650240**	**2844695749**	**139954490**	**277470435**
北　京	146332828	117305943	29026884	24743499
天　津	52873215	45309023	7564193	5629200
河　北	66893734	65727884	1165851	3361159
山　西	58188770	57268411	920359	4327916
内蒙古	15224405	14675776	548629	316814
辽　宁	40036820	39229102	807718	3776710
吉　林	19555646	19382622	173024	2711856
黑龙江	14429287	14299096	130192	265016
上　海	108074564	83022761	25051803	16149188
江　苏	384517793	382288658	2229135	37185006
浙　江	226593456	221381975	5211481	19594249
安　徽	108423265	106476677	1946589	16501289
福　建	161073587	160614328	459259	12012436
江　西	103465621	102120113	1345508	5636018
山　东	187879123	173446972	14432151	13406348
河　南	111258186	110212267	1045919	4630897
湖　北	198242690	195495932	2746758	12031669
湖　南	145004975	143935194	1069782	7299147
广　东	250043012	219067740	30975272	31399357
广　西	53005227	51003124	2002102	5890345
海　南	5117274	4698628	418646	222236
重　庆	86603489	84873633	1729856	10332228
四　川	166671345	160233152	6438193	12462239
贵　州	38270767	38180957	89809	1248321
云　南	69753702	69438374	315328	9401060
西　藏	2497813	2416512	81302	93327
陕　西	88537970	87845975	691996	15104741
甘　肃	26584364	26331884	252481	642777
青　海	6380041	6125342	254699	132492
宁　夏	7684021	7273651	410370	136366
新　疆	35433250	35014048	419202	826532

2-B-2.3　各地区内资总承包和专业承包建筑业企业总产值和竣工产值

单位：万元

地　区	建筑业总产值	#装饰装修产值	#在外省完成的产值	按构成分组			竣工产值
				建筑工程产值	安装工程产值	其他产值	
全国总计	**3122166185**	**130852476**	**1041286397**	**2767953233**	**262406576**	**91806376**	**1400838763**
北　京	142049442	12425828	102739029	133337181	7466649	1245612	73960294
天　津	50938222	812245	34897637	45501435	3886404	1550383	16454341
河　北	69089042	1949324	23041707	57842376	9702472	1544194	24834221
山　西	61596327	1414500	21996845	54789349	5495748	1311231	18279062
内蒙古	14992590	277730	4280613	13622526	824423	545641	5858961
辽　宁	43005811	1218610	14878660	35585378	5493218	1927216	14661002
吉　林	22094478	699189	4054116	18684312	2417151	993016	9932029
黑龙江	14564112	212199	1828226	11847330	1743625	973157	4975863
上　海	99171948	8766356	54608854	86076293	10595923	2499733	50896986
江　苏	419473664	20495685	169938957	388428380	28460815	2584469	285875755
浙　江	240976224	16719421	53268549	213750063	21467026	5759135	140814309
安　徽	122977966	3083221	31440995	105135171	9355489	8487306	46693274
福　建	172626763	4447087	76462094	159562349	10133390	2931024	70631238
江　西	107756131	4070917	28851684	94359572	7463775	5932784	39628776
山　东	186853320	8887151	44922947	156728032	25278182	4847106	71438150
河　南	114843163	3319845	34817513	98503912	12154145	4185107	45888074
湖　北	207527601	6780795	84859835	184691421	17567255	5268926	83786432
湖　南	151234341	3625248	49310280	129781071	13804594	7648675	83257674
广　东	250467097	17531508	55060526	222745441	21585828	6135829	82751160
广　西	56893469	1105172	11164167	50223953	3608232	3061283	21486024
海　南	4920863	233347	305427	4287663	404313	228887	2542401
重　庆	95205860	3483495	26978564	84798944	6697971	3708946	39102961
四　川	172695392	4262144	38203129	152511466	12920764	7263162	67426053
贵　州	39429279	526574	14487524	33325422	4324477	1779380	8835062
云　南	78839434	954997	6392209	70084968	5364609	3389857	26419193
西　藏	2509839	35153	62155	2195436	188747	125656	1206500
陕　西	102950716	2624120	40752480	91373246	7949563	3627906	32858383
甘　肃	26974660	419455	3479413	23355722	2623388	995550	8919776
青　海	6257834	59995	2431440	5559289	497892	200652	2607166
宁　夏	7410018	42755	1247299	6540287	722418	147312	3105037
新　疆	35840580	368411	4523527	32725249	2208089	907241	15712607

2-B-2.4 各地区内资总承包和专业承包建筑业企业房屋建筑面积

地　区	房屋施工面积（万平方米）	#本年新开工	房屋竣工面积（万平方米）	房屋竣工率（%）
全国总计	**1515914**	**404561**	**390126**	**25.7**
北　京	87464	15563	13662	15.6
天　津	17885	3789	3540	19.8
河　北	30745	7855	7224	23.5
山　西	22404	5611	4229	18.9
内蒙古	6871	1178	1336	19.4
辽　宁	11758	2962	3545	30.1
吉　林	6198	1677	2133	34.4
黑龙江	3605	1178	1185	32.9
上　海	54883	9916	9556	17.4
江　苏	259036	73535	73056	28.2
浙　江	165559	44446	45693	27.6
安　徽	57403	21411	16120	28.1
福　建	98550	22994	19839	20.1
江　西	36948	14651	12914	35.0
山　东	97801	30357	23336	23.9
河　南	61363	10807	13419	21.9
湖　北	80284	22902	26968	33.6
湖　南	76521	23484	25523	33.4
广　东	113792	29465	26341	23.1
广　西	27563	5157	5951	21.6
海　南	2123	500	521	24.5
重　庆	31601	9065	11840	37.5
四　川	65040	19296	18710	28.8
贵　州	14417	2971	2525	17.5
云　南	16797	5918	5660	33.7
西　藏	367	137	223	60.9
陕　西	39488	9098	7774	19.7
甘　肃	11417	2719	2191	19.2
青　海	877	265	241	27.4
宁　夏	1717	646	585	34.1
新　疆	15438	5012	4287	27.8

2-B-2.5　各地区按主要用途分的内资总承包和专业承包建筑业企业房屋竣工面积

单位：万平方米

地　区	总计	住宅房屋	商业及服务用房屋	办公用房　屋	科研、教育和医疗用房屋	文化、体育和娱乐用房屋	厂房及建筑物	仓　库	其他未列明的房屋建筑物
全国总计	**390126**	**235792**	**26508**	**13924**	**19777**	**4484**	**70721**	**3549**	**15371**
北　京	13661	8313	1497	626	1111	141	1354	29	591
天　津	3540	2615	114	71	161	50	436	11	80
河　北	7224	4809	484	160	355	87	911	40	379
山　西	4229	2825	201	77	417	74	497	22	116
内蒙古	1336	954	60	27	58	31	111	5	91
辽　宁	3545	2576	151	48	72	20	529	34	116
吉　林	2133	1310	89	73	113	33	353	8	154
黑龙江	1185	748	66	12	29	5	138	9	177
上　海	9556	4761	1040	398	653	247	1521	443	492
江　苏	73056	47742	2358	2618	2432	788	15210	597	1312
浙　江	45693	23204	3420	1674	1554	575	13833	665	768
安　徽	16120	8968	793	425	624	210	3931	104	1064
福　建	19839	13443	1163	704	648	136	3436	94	215
江　西	12914	6965	1201	571	756	162	2488	124	647
山　东	23336	14454	1743	739	1753	272	3351	138	886
河　南	13419	9253	619	403	662	169	1527	110	678
湖　北	26968	15052	3163	1784	1448	281	3358	143	1739
湖　南	25523	16786	1666	1062	1567	286	2831	183	1143
广　东	26341	13818	1883	853	1430	214	6929	234	980
广　西	5951	3131	394	173	631	143	1042	54	384
海　南	521	301	86	22	68	6	24	5	10
重　庆	11840	7851	850	205	340	111	1431	42	1011
四　川	18710	11668	1586	486	1134	139	2688	270	739
贵　州	2525	1319	170	81	317	33	327	51	227
云　南	5660	3399	533	200	429	73	508	49	467
西　藏	223	107	23	4	15	3	22	2	46
陕　西	7774	5359	546	207	491	112	752	8	299
甘　肃	2191	1456	116	56	156	38	251	10	109
青　海	241	99	19	39	19	4	35	4	22
宁　夏	585	322	26	31	53	7	110	4	32
新　疆	4287	2184	449	96	283	34	787	57	397

2-B-2.6 各地区按主要用途分的内资总承包和专业承包建筑业企业房屋竣工价值

单位：万元

地 区	总计	住宅房屋	商业及服务用房屋	办公用房屋	科研、教育和医疗用房屋
全国总计	**831903983**	**489060073**	**62938660**	**36357872**	**58953684**
北 京	42867868	23100610	4914754	2488625	4886012
天 津	6577196	4248347	241086	208652	469627
河 北	13335615	8403665	1329258	351222	831630
山 西	8775168	5063505	463196	194198	1314179
内蒙古	2678583	1766131	137692	73580	220288
辽 宁	6617607	4664898	391656	81207	199960
吉 林	4384088	2419780	222416	212663	358517
黑龙江	1391498	854150	96020	60270	83915
上 海	28831922	12328230	4504679	1418674	2352459
江 苏	179027266	117113189	6336862	7637012	7923226
浙 江	97093167	53179306	7836939	4353652	5072304
安 徽	25777909	14788071	1523080	823306	1405813
福 建	45021120	30508296	2639742	1387578	2077174
江 西	22701269	12780955	1838048	941440	1875956
山 东	45469359	26531099	3758267	1891302	4601595
河 南	20509239	13576923	887217	749508	1354193
湖 北	52898977	26932246	6761675	5127741	3641254
湖 南	47347146	29283868	3495137	2109909	3368247
广 东	52830623	27456379	4181361	2153359	4811264
广 西	13690084	7538711	759314	498447	1929795
海 南	1403276	686045	297794	73455	257589
重 庆	22059455	14361547	1753759	516920	850635
四 川	39451180	23298452	3773751	1139077	3619882
贵 州	5342786	2314464	272825	227297	813005
云 南	12421435	7340366	1321601	473229	1071632
西 藏	491455	270007	44939	14419	41192
陕 西	18261299	10601912	1610218	678410	1978121
甘 肃	4613141	2771803	438197	95783	418382
青 海	517099	203893	68229	41858	53310
宁 夏	1359616	716255	60431	81329	212126
新 疆	8157538	3956970	978519	253754	860402

2-B-2.6　续表　　单位：万元

地　区	文化、体育和娱乐用房屋	厂房及建筑物	仓　库	其他未列明的房屋建筑物
全国总计	**14348826**	**131860426**	**6591783**	**31792660**
北　京	947225	3812117	68507	2650018
天　津	260828	899562	59244	189850
河　北	154804	1471465	65996	727576
山　西	272170	1176536	58279	233106
内蒙古	154252	250113	7226	69302
辽　宁	63480	901328	27802	287275
吉　林	105248	815015	3943	246505
黑龙江	13978	181123	15599	86444
上　海	943998	3997844	684312	2601728
江　苏	2722013	32824464	1352465	3118034
浙　江	1803028	21733433	1379037	1735468
安　徽	178433	5987286	139647	932274
福　建	619886	6993265	256919	538261
江　西	390540	3783185	185756	905390
山　东	678104	5837255	229911	1941826
河　南	309199	2324109	122390	1185699
湖　北	858458	5990136	252366	3335102
湖　南	706441	4963244	315992	3104308
广　东	782943	11697538	429357	1318421
广　西	405174	1772424	124171	662048
海　南	9728	41790	18404	18471
重　庆	250165	3129177	63005	1134247
四　川	452622	5128557	296412	1742428
贵　州	71477	667787	143956	831975
云　南	152156	1077801	65818	918834
西　藏	9491	17301	6701	87407
陕　西	778582	2160497	25398	428161
甘　肃	145339	502104	25902	215632
青　海	7135	86403	6994	49278
宁　夏	23668	199012	7540	59256
新　疆	78260	1438558	152736	438338

2-B-2.7 各地区内资总承包和专业承包建筑业企业施工机械设备情况

地区	年末自有施工机械设备总台数(台)	年末自有施工机械设备总功率(千瓦)	年末自有施工机械设备净值(万元)
全国总计	**5212940**	**148122812**	**36862568**
北京	68093	5457121	862630
天津	57173	2283101	1040052
河北	210448	5798488	937744
山西	175027	7228453	1333064
内蒙古	32000	1788413	397356
辽宁	70716	2582542	453944
吉林	37223	978974	307779
黑龙江	57194	1353759	270895
上海	29345	1561858	756291
江苏	1233145	32327562	8075844
浙江	532719	9202459	2300629
安徽	117151	2438330	628813
福建	202203	6493386	1495190
江西	111155	3177880	743178
山东	428076	8594631	3064859
河南	320074	9188553	1941556
湖北	266468	7353576	2182229
湖南	289554	7957583	1502951
广东	244055	6837438	2383397
广西	81311	1306987	293806
海南	3789	83886	12162
重庆	88106	3200953	952899
四川	174442	6984615	1482795
贵州	27057	1540472	294724
云南	119983	2578928	732842
西藏	1553	92704	24318
陕西	101652	6017714	1362681
甘肃	70358	1497073	353836
青海	10402	462005	115172
宁夏	19327	285210	83105
新疆	33141	1468158	475829

2-B-2.8　各地区内资总承包和专业承包建筑业企业主要生产效益指标

地　区	建筑业企业个数（个）	从事建筑业活动的平均人数（人）	按总产值计算的劳动生产率（元/人）	人均竣工产值（元/人）	人均施工面积（平方米/人）	人均竣工面积（平方米/人）
全国总计	**158707**	**65734478**	**474966**	**213106**	**230.6**	**59.3**
北　京	2664	2250082	631308	328700	388.7	60.7
天　津	3367	781044	652181	210671	229.0	45.3
河　北	4114	1274730	541990	194819	241.2	56.7
山　西	3833	1345142	457917	135889	166.6	31.4
内蒙古	1135	305815	490250	191585	224.7	43.7
辽　宁	5940	705463	609611	207821	166.7	50.3
吉　林	2661	444761	496772	223312	139.4	48.0
黑龙江	2093	383644	379626	129700	94.0	30.9
上　海	2380	1448505	684650	351376	378.9	66.0
江　苏	14757	10472683	400541	272973	247.3	69.8
浙　江	10810	5789123	416257	243239	286.0	78.9
安　徽	8999	2528786	486312	184647	227.0	63.7
福　建	9257	5223316	330493	135223	188.7	38.0
江　西	6903	2142491	502948	184966	172.5	60.3
山　东	12551	3574857	522688	199835	273.6	65.3
河　南	10033	2768202	414866	165769	221.7	48.5
湖　北	6941	2945457	704568	284460	272.6	91.6
湖　南	4209	3108722	486484	267820	246.1	82.1
广　东	11484	4354348	575211	190043	261.3	60.5
广　西	2868	1197743	475006	179388	230.1	49.7
海　南	389	83684	588029	303810	253.7	62.2
重　庆	3921	2175132	437702	179773	145.3	54.4
四　川	9367	4218237	409402	159844	154.2	44.4
贵　州	2356	817786	482147	108036	176.3	30.9
云　南	4616	1674643	470784	157760	100.3	33.8
西　藏	525	48390	518669	249328	75.7	46.1
陕　西	4325	2030160	507106	161851	194.5	38.3
甘　肃	2759	537386	501961	165985	212.5	40.8
青　海	625	111257	562467	234337	78.9	21.6
宁　夏	771	199630	371188	155540	86.0	29.3
新　疆	2054	793259	451814	198077	194.6	54.0

2-B-2.9 各地区内资总承包和专业承包建筑业企业资产构成

单位：万元

地区	资产合计	流动资产合计	#存货
全国总计	**3766631784**	**2937367502**	**317225523**
北京	349293382	218329299	7229567
天津	95793493	74876787	4033609
河北	89930073	74586768	12888065
山西	107472660	80275540	8139807
内蒙古	25183479	20211125	2546414
辽宁	70912564	59514049	6392952
吉林	35982429	29711136	3319636
黑龙江	27139112	23325652	2950491
上海	157011430	123302778	7789054
江苏	311128530	262613716	48755724
浙江	206765954	171971482	28313360
安徽	131190250	104853158	9320016
福建	105375558	83723024	13743249
江西	99118394	78834258	11086436
山东	259827408	212269515	29505912
河南	143475936	114364485	13870119
湖北	220736885	168075230	13498686
湖南	107710341	79788604	7535214
广东	336760276	274645200	22916346
广西	60430657	47874023	4431305
海南	8837878	7728305	554190
重庆	85730579	63695117	8777987
四川	244955618	182533421	17300881
贵州	97823367	81677376	8579644
云南	105777470	72587079	4294878
西藏	7252049	5731093	421355
陕西	143942006	119727295	7908830
甘肃	55830913	41248407	4029441
青海	10736572	7879790	761084
宁夏	8882515	7415403	1087623
新疆	55624006	43998384	5243651

2-B-2.10　各地区内资总承包和专业承包建筑业企业固定资产情况

单位：万元

地　区	固定资产原价	固定资产折旧	#本年折旧	在建工程
全国总计	**246643518**	**120506002**	**18102681**	**38327088**
北　京	11087520	6096387	753549	571308
天　津	7873448	4353047	495440	320743
河　北	8098849	4571713	435478	652193
山　西	7636441	4049521	651613	1286934
内蒙古	2967824	1461284	193207	327254
辽　宁	6898882	4008777	437533	472585
吉　林	3716980	1624308	216633	460137
黑龙江	2280413	1328066	149294	158294
上　海	8900933	5054968	650911	578877
江　苏	30221368	14506233	2079025	3575469
浙　江	16576977	7760538	1050163	2690027
安　徽	7640985	3679624	648495	1469894
福　建	8001725	4117597	690834	933962
江　西	6599656	2459213	512285	1459529
山　东	18436743	8856462	1586132	3069555
河　南	12038850	5743057	875258	1109060
湖　北	13537890	6706567	953909	2273072
湖　南	9039994	4252988	811945	1402627
广　东	14643252	7267987	1123885	2166005
广　西	3058787	1455601	251400	1957383
海　南	264103	146030	27542	110964
重　庆	5649336	2700758	442668	1833156
四　川	14082369	5968392	1019575	4048427
贵　州	2270817	1049943	171660	1098369
云　南	6047216	2704745	545918	1246006
西　藏	368888	142047	35903	38272
陕　西	7934553	4177523	612226	504963
甘　肃	4370837	1408679	246610	1537351
青　海	915537	475643	63925	64322
宁　夏	844115	403731	56551	50797
新　疆	4638231	1974571	313115	859554

2-B-2.11 各地区内资总承包和专业承包建筑业企业负债及所有者权益

单位：万元

地 区	负债合计	#流动负债	#应付账款	所有者权益	#实收资本
全国总计	**2747934518**	**2337229569**	**1024635367**	**1018697266**	**429712989**
北 京	242718003	217644133	91336337	106575379	32921661
天 津	74762569	67472299	28471281	21030924	10960947
河 北	67860183	55959884	24016898	22069890	10496068
山 西	80745259	70229688	30719578	26727401	12401636
内蒙古	17678151	14789163	5847639	7505328	4211592
辽 宁	54312251	45973981	17862831	16600314	9066653
吉 林	25507489	21191624	7779060	10474940	4762223
黑龙江	21375430	18823818	7695519	5763682	4011124
上 海	124371898	116431966	63945184	32639532	15534330
江 苏	188986831	165421954	65747470	122141699	45979185
浙 江	146677302	132808513	58685063	60088652	28159689
安 徽	100221129	82310020	34433311	30969121	12835367
福 建	65029265	46307834	18099291	40346293	14962055
江 西	72163641	53614819	18819540	26954753	10495532
山 东	201714072	169429603	73847034	58113337	26976019
河 南	101422404	83338134	32566302	42053531	19237028
湖 北	161955701	133370471	70381152	58781184	21881363
湖 南	75901318	58495839	25087595	31809023	12171038
广 东	260796461	229904842	98404392	75963815	36095905
广 西	45874403	38628409	16825034	14556254	9053637
海 南	6711086	5667384	3173362	2126792	999216
重 庆	62447205	48711745	20544886	23283374	8150968
四 川	181858221	144273709	68884151	63097398	22057610
贵 州	77726806	65888170	24109834	20096561	6325313
云 南	72491636	63418311	26764367	33285834	20365805
西 藏	4776921	3389927	1162828	2475129	636655
陕 西	114148578	102292656	54418907	29793428	14358078
甘 肃	40641784	33673149	14297572	15189129	6377161
青 海	7731898	6466065	2965948	3004674	1511643
宁 夏	6401258	5491836	2715017	2481257	1477528
新 疆	42925366	35809624	15027985	12698641	5239962

2-B-2.12 各地区内资总承包和专业承包建筑业企业收入情况

单位：万元

地 区	主营业务收入	主营业务成本	主营业务税金及附加
全国总计	**2741593052**	**2491007691**	**11751580**
北 京	173085681	158253305	414515
天 津	54781317	50138162	118401
河 北	61522118	56159478	219594
山 西	64749323	55951431	158226
内蒙古	16244834	14765827	64341
辽 宁	38213911	32096264	122463
吉 林	19461552	17748182	89737
黑龙江	15913881	14697558	62927
上 海	136342422	127547623	296371
江 苏	346164139	313181021	1730245
浙 江	197521120	184115859	695686
安 徽	103890636	95393433	362519
福 建	125842560	114052368	829332
江 西	67749415	61567030	374555
山 东	175428058	160366593	682922
河 南	95457760	85249168	491783
湖 北	171100252	154712056	965652
湖 南	109264229	97308990	1133131
广 东	238188772	219644465	608081
广 西	39764963	35940190	134520
海 南	5292435	4829634	16594
重 庆	69956913	62649344	478531
四 川	155554671	140496237	681758
贵 州	32830057	29967401	128973
云 南	56166067	49913494	318433
西 藏	2431435	2204401	9791
陕 西	91022246	83309209	312260
甘 肃	25790481	23641911	106778
青 海	8738099	8040398	23754
宁 夏	7977118	7443403	26825
新 疆	35146587	29623257	92884

2-B-2.13 各地区内资总承包和专业承包建筑业企业费用情况

单位：万元

地 区	管理费用	销售费用	研发费用	财务费用	#利息收入	#利息支出
全国总计	**84811547**	**7684095**	**34411644**	**15939354**	**5774160**	**18286305**
北 京	4853719	725029	4320945	761034	1324315	1768352
天 津	1755846	179188	1290929	263801	181436	351349
河 北	2061788	121127	769941	502613	53484	275740
山 西	2048098	88997	1506393	431189	281375	547074
内蒙古	708147	18617	134346	88655	7192	66260
辽 宁	1966874	84822	323154	314646	42613	178102
吉 林	851129	26968	167845	192341	2180	116268
黑龙江	657378	30861	135734	82621	29373	88631
上 海	3350300	346966	2675284	352226	308863	480584
江 苏	9346244	1051396	1241124	1887614	302879	1007424
浙 江	6443138	396242	1821129	749348	178397	757050
安 徽	3163906	314360	1347808	623434	126768	463157
福 建	4309621	411845	677559	450578	62171	268216
江 西	2316799	237143	452298	545540	74979	319615
山 东	5513274	392691	2566379	1243243	263221	1015854
河 南	3096208	267908	1224930	765918	80642	571759
湖 北	4131566	443807	2805134	743267	369747	826277
湖 南	3339237	476704	2002427	711191	238532	514621
广 东	7411986	511019	3652305	1354139	503553	1304151
广 西	1321636	49780	418479	314430	48043	243137
海 南	202540	6062	35935	22510	4092	14138
重 庆	2695113	407505	430562	515220	107747	243431
四 川	4671650	546981	1879209	1079144	413789	926256
贵 州	992452	39575	277276	333708	30213	285966
云 南	2265056	229235	234274	593868	109345	584925
西 藏	171867	5856	4315	16832	18459	18842
陕 西	2420411	164924	1425389	408070	334094	546898
甘 肃	917180	55974	175937	242636	200720	4164979
青 海	307432	3417	171613	37155	21227	46531
宁 夏	317012	9486	39366	27842	3094	19549
新 疆	1203939	39612	203626	284540	51617	271169

2-B-2.14　各地区内资总承包和专业承包建筑业企业利润及税金情况

单位：万元

地　区	利润总额	#应交所得税	税金总额	主营业务税金及附加	应交增值税
全国总计	**87930519**	**14065974**	**69731343**	**11751580**	**57979763**
北　京	6476597	486384	2568836	414515	2154322
天　津	1106204	158470	922633	118401	804231
河　北	1191305	255114	1406180	219594	1186586
山　西	1713698	156061	1549111	158226	1390885
内蒙古	475977	104738	506847	64341	442506
辽　宁	492202	120674	1096589	122463	974127
吉　林	556639	104147	658300	89737	568563
黑龙江	360207	89816	509861	62927	446935
上　海	2313801	384597	1995547	296371	1699177
江　苏	13979315	2705976	9653421	1730245	7923176
浙　江	3527166	762078	5004870	695686	4309184
安　徽	3175315	445986	2499317	362519	2136798
福　建	5120137	956783	3602633	829332	2773300
江　西	2605663	492501	1997016	374555	1622460
山　东	5741619	856085	4442581	682922	3759659
河　南	3142464	501078	2802199	491783	2310416
湖　北	6850185	932426	4868656	965652	3903005
湖　南	4419365	605681	3840703	1133131	2707572
广　东	4872179	927034	5026795	608081	4418714
广　西	1615826	212646	981682	134520	847162
海　南	198288	44609	169523	16594	152929
重　庆	2810463	436377	2596659	478531	2118128
四　川	6365810	1090748	4140490	681758	3458732
贵　州	1116883	148957	1002584	128973	873611
云　南	2839551	346394	1802884	318433	1484451
西　藏	88273	10051	92559	9791	82768
陕　西	2893564	385628	1876280	312260	1564020
甘　肃	840422	130111	897781	106778	791003
青　海	177408	27234	196923	23754	173169
宁　夏	118911	26556	198139	26825	171314
新　疆	745083	161036	823746	92884	730862

2-B-2.15 各地区内资总承包和专业承包建筑业企业应收工程款及亏损情况

地区	应收工程款(万元)	企业个数(个)	#亏损企业个数	亏损企业的比重(%)
全国总计	**819564921**	**158707**	**35121**	**22.1**
北京	51011521	2664	798	30.0
天津	19113556	3367	1012	30.1
河北	21010607	4114	1012	24.6
山西	25356255	3833	1012	26.4
内蒙古	7095539	1135	320	28.2
辽宁	17938276	5940	1886	31.8
吉林	9782482	2661	561	21.1
黑龙江	5767316	2093	575	27.5
上海	29152687	2380	603	25.3
江苏	77704299	14757	2059	14.0
浙江	45198744	10810	3587	33.2
安徽	35454451	8999	1800	20.0
福建	22309739	9257	1614	17.4
江西	18768636	6903	1113	16.1
山东	64889736	12551	2652	21.1
河南	36241570	10033	1873	18.7
湖北	47394795	6941	959	13.8
湖南	19630216	4209	545	13.0
广东	71314559	11484	3255	28.3
广西	11706252	2868	972	33.9
海南	2057195	389	97	24.9
重庆	20652890	3921	684	17.4
四川	43658968	9367	1335	14.3
贵州	16642032	2356	752	31.9
云南	26878386	4616	1151	24.9
西藏	1217036	525	105	20.0
陕西	41476392	4325	904	20.9
甘肃	12498325	2759	712	25.8
青海	1813633	625	193	30.9
宁夏	2856420	771	273	35.4
新疆	12972408	2054	707	34.4

2-B-2.16　各地区内资总承包和专业承包建筑业企业主要经济效益指标

地　区	产值利润率 (%)	资本利润率 (%)	人均利润 (元/人)	资产负债率 (%)
全国总计	**2.8**	**20.5**	**13377**	**73.0**
北　京	4.6	19.7	28784	69.5
天　津	2.2	10.1	14163	78.0
河　北	1.7	11.4	9346	75.5
山　西	2.8	13.8	12740	75.1
内蒙古	3.2	11.3	15564	70.2
辽　宁	1.1	5.4	6977	76.6
吉　林	2.5	11.7	12515	70.9
黑龙江	2.5	9.0	9389	78.8
上　海	2.3	14.9	15974	79.2
江　苏	3.3	30.4	13348	60.7
浙　江	1.5	12.5	6093	70.9
安　徽	2.6	24.7	12557	76.4
福　建	3.0	34.2	9802	61.7
江　西	2.4	24.8	12162	72.8
山　东	3.1	21.3	16061	77.6
河　南	2.7	16.3	11352	70.7
湖　北	3.3	31.3	23257	73.4
湖　南	2.9	36.3	14216	70.5
广　东	1.9	13.5	11189	77.4
广　西	2.8	17.8	13491	75.9
海　南	4.0	19.8	23695	75.9
重　庆	3.0	34.5	12921	72.8
四　川	3.7	28.9	15091	74.2
贵　州	2.8	17.7	13657	79.5
云　南	3.6	13.9	16956	68.5
西　藏	3.5	13.9	18242	65.9
陕　西	2.8	20.2	14253	79.3
甘　肃	3.1	13.2	15639	72.8
青　海	2.8	11.7	15946	72.0
宁　夏	1.6	8.0	5957	72.1
新　疆	2.1	14.2	9393	77.2

2-B-2.17　各地区港澳台总承包和专业承包建筑业企业签订合同情况

单位：万元

地　区	签订合同额	上年结转合同额	本年新签合同额
全国总计	**35549263**	**20909604**	**14639659**
北　京	1466292	981287	485004
天　津	20271	9428	10843
河　北	8013983	5688546	2325436
山　西	14		14
内蒙古			
辽　宁	423708	284964	138744
吉　林	190326	77946	112380
黑龙江	300	300	
上　海	1571211	915934	655278
江　苏	1097900	424400	673499
浙　江	5356387	1941318	3415069
安　徽	3640965	2206240	1434725
福　建	1757800	1009888	747913
江　西	171027	64006	107021
山　东	1511219	788526	722693
河　南	47101	39725	7376
湖　北	4502	3250	1252
湖　南	145973	120960	25014
广　东	9682136	5942654	3739482
广　西	1001	63	938
海　南	34205	34205	
重　庆	254609	253796	814
四　川	65771	31499	34272
贵　州			
云　南			
西　藏			
陕　西	92563	90673	1890
甘　肃			
青　海			
宁　夏			
新　疆			

2-B-2.18　各地区港澳台总承包和专业承包建筑业企业承包工程完成情况

单位：万元

地　区	直接从建设单位承揽工程完成的产值			从建设单位以外承揽工程完成的产值
		自行完成施工产值	分包出去工程的产值	
全国总计	**15102447**	**13660089**	**1442358**	**898416**
北　京	567410	402336	165075	232835
天　津	13383	8816	4566	2093
河　北	3499805	3499805		
山　西	13	13		
内蒙古				
辽　宁	341908	341868	40	88
吉　林	84953	84953		
黑龙江	266	266		
上　海	568335	488388	79947	202758
江　苏	446615	446615		8824
浙　江	3245691	3225095	20597	206065
安　徽	943196	943196		86012
福　建	1122674	1109749	12925	13675
江　西	141803	141803		
山　东	722434	722434		
河　南	11661	11661		
湖　北	2812	2812		
湖　南	139937	139937		
广　东	3118346	1959137	1159209	145874
广　西	63	63		
海　南	4864	4864		
重　庆	4642	4642		
四　川	21275	21275		193
贵　州				
云　南				
西　藏				
陕　西	100363	100363		
甘　肃				
青　海				
宁　夏				
新　疆				

2-B-2.19 各地区港澳台总承包和专业承包建筑业企业总产值和竣工产值

单位：万元

地 区	建筑业总产值	#装饰装修产值	#在外省完成的产值	按构成分组			竣工产值
				建筑工程产值	安装工程产值	其他产值	
全国总计	**14558505**	**1727780**	**6605866**	**13240102**	**1130233**	**188171**	**7495412**
北 京	635171	373246	488730	575946	53272	5954	456847
天 津	10909		2115	10121	591	196	2719
河 北	3499805	22988	1459871	3386275	25028	88502	1753007
山 西	13	13		13			
内蒙古							
辽 宁	341956	3461	124129	329187	12615	153	59815
吉 林	84953		69801	69781	15172		15172
黑龙江	266	266		266			
上 海	691146	286131	400624	480045	210579	523	218027
江 苏	455439	31618	199923	257449	196142	1848	263092
浙 江	3431160	723702	1299499	3162858	259916	8386	2491605
安 徽	1029208	13970	569015	1020584	8625		273126
福 建	1123424	132418	624563	1069508	43719	10197	523937
江 西	141803	5124	118575	138085	929	2789	4645
山 东	722434	184		698739	23696		271127
河 南	11661			4559		7102	
湖 北	2812	639		2812			1932
湖 南	139937	3207	3251	136735	1965	1237	83807
广 东	2105011	126045	1189110	1795035	249109	60868	1044424
广 西	63			63			
海 南	4864			4864			
重 庆	4642	154	4488	2693	1795	154	154
四 川	21468	4616	16146	609	20596	263	416
贵 州							
云 南							
西 藏							
陕 西	100363		36028	93878	6485		31561
甘 肃							
青 海							
宁 夏							
新 疆							

2-B-2.20　各地区港澳台总承包和专业承包建筑业企业房屋建筑面积

地　区	房屋施工面积(万平方米)	#本年新开工	房屋竣工面积(万平方米)	房屋竣工率(%)
全国总计	**12634**	**3155**	**2466**	**19.5**
北　京	274		66	24.0
天　津				
河　北	3302	339	698	21.2
山　西				
内蒙古				
辽　宁	1			
吉　林				
黑龙江				
上　海	448	175	169	37.8
江　苏	71	15	9	13.2
浙　江	2363	1093	879	37.2
安　徽	2455	536	45	1.8
福　建	517	107	161	31.2
江　西	1			
山　东	142	63	23	16.5
河　南	30			
湖　北	2		1	43.0
湖　南	151	3	76	50.5
广　东	2747	823	326	11.9
广　西				
海　南				
重　庆				
四　川				
贵　州				
云　南				
西　藏				
陕　西	132		11	8.3
甘　肃				
青　海				
宁　夏				
新　疆				

2-B-2.21 各地区按主要用途分的港澳台总承包和专业承包建筑业企业房屋竣工面积

单位：万平方米

地区	总计	住宅房屋	商业及服务用房屋	办公用房屋	科研、教育和医疗用房屋	文化、体育和娱乐用房屋	厂房及建筑物	仓库	其他未列明的房屋建筑物
全国总计	**2466**	**1247**	**155**	**37**	**137**	**49**	**820**	**2**	**19**
北京	66	12	47		6				
天津									
河北	698	437	6	35	75	41	86		19
山西									
内蒙古									
辽宁									
吉林									
黑龙江									
上海	169		10				159		
江苏	9						9		
浙江	879	345	43	2	32	8	448	1	
安徽	45		45						
福建	161	147					14		
江西									
山东	23	5	2		8		8		
河南									
湖北	1						1		
湖南	76	64			2		8	1	
广东	326	226	1		13		86		
广西									
海南									
重庆									
四川									
贵州									
云南									
西藏									
陕西	11	11							
甘肃									
青海									
宁夏									
新疆									

2-B-2.22 各地区按主要用途分的港澳台总承包和专业承包建筑业企业房屋竣工价值

单位：万元

地区	总计	住宅房屋	商业及服务用房屋	办公用房屋	科研、教育和医疗用房屋
全国总计	**5256812**	**2821509**	**422998**	**123124**	**496325**
北京	125421	51711	36723		36988
天津					
河北	1749713	977489	26924	114159	228270
山西					
内蒙古					
辽宁					
吉林					
黑龙江					
上海	91160		9421		
江苏	14161				1747
浙江	1622757	703886	144913	8905	114467
安徽	192968		192968		
福建	368305	338141			
江西					
山东	108050	10090	10370		31418
河南					
湖北	1932				
湖南	81612	65763		60	6691
广东	869172	642868	1678		76745
广西					
海南					
重庆					
四川					
贵州					
云南					
西藏					
陕西	31561	31561			
甘肃					
青海					
宁夏					
新疆					

2-B-2.22 续表 单位：万元

地 区	文化、体育和娱乐用房屋	厂房及建筑物	仓 库	其他未列明的房屋建筑物
全国总计	**195061**	**1163468**	**5593**	**28735**
北 京				
天 津				
河 北	166680	208776		27415
山 西				
内蒙古				
辽 宁				
吉 林				
黑龙江				
上 海		81739		
江 苏		12414		
浙 江	28295	618358	3933	
安 徽				
福 建		30163		
江 西				
山 东		55022		1150
河 南				
湖 北		1932		
湖 南	86	7352	1660	
广 东		147711		170
广 西				
海 南				
重 庆				
四 川				
贵 州				
云 南				
西 藏				
陕 西				
甘 肃				
青 海				
宁 夏				
新 疆				

2-B-2.23　各地区港澳台总承包和专业承包建筑业企业施工机械设备情况

地　区	年末自有施工机械设备总台数(台)	年末自有施工机械设备总功率(千瓦)	年末自有施工机械设备净值(万元)
全国总计	**13714**	**256768**	**40031**
北　京	84	446	10
天　津			
河　北	170	19043	1529
山　西			
内蒙古			
辽　宁			
吉　林	480	26050	267
黑龙江			
上　海			
江　苏	7280	53245	7449
浙　江	4634	106961	7623
安　徽	6	6	18
福　建	539	22654	22348
江　西			
山　东	87	7650	644
河　南			
湖　北	18	1130	10
湖　南			
广　东	413	19580	132
广　西			
海　南			
重　庆	3	3	
四　川			
贵　州			
云　南			
西　藏			
陕　西			
甘　肃			
青　海			
宁　夏			
新　疆			

2-B-2.24 各地区港澳台总承包和专业承包建筑业企业主要生产效益指标

地区	建筑业企业个数（个）	从事建筑业活动的平均人数（人）	按总产值计算的劳动生产率（元/人）	人均竣工产值（元/人）	人均施工面积（平方米/人）	人均竣工面积（平方米/人）
全国总计	**262**	**252424**	**576748**	**296937**	**500.5**	**97.7**
北京	22	16716	379978	273299	163.6	39.3
天津	NA	182	599390	149379		
河北	NA	64054	546384	273676	515.5	109.0
山西	NA	4	32000			
内蒙古						
辽宁	9	2881	1186933	207617	1.9	
吉林	NA	321	2646505	472657		
黑龙江	NA	18	147667			
上海	40	16568	417157	131595	270.2	102.2
江苏	28	9507	479056	276735	74.5	9.8
浙江	15	59697	574763	417375	395.9	147.3
安徽	7	11519	893487	237109	2131.3	39.1
福建	21	33428	336073	156736	154.5	48.3
江西	5	1403	1010711	33107	9.1	
山东	11	10013	721496	270774	142.1	23.5
河南	NA	673	173262		447.0	
湖北	NA	236	119161	81881	95.3	40.9
湖南	NA	2281	613490	367414	660.3	333.1
广东	78	19318	1089663	540648	1421.9	168.8
广西	NA	30	21033			
海南	NA	120	405350			
重庆	NA	66	703303	23303		
四川	NA	465	461675	8935		
贵州						
云南						
西藏						
陕西	NA	2924	343237	107939	450.0	37.3
甘肃						
青海						
宁夏						
新疆						

2-B-2.25　各地区港澳台总承包和专业承包建筑业企业资产构成

单位：万元

地　区	资产合计	流动资产合计	#存货
全国总计	**32132680**	**27032733**	**1249139**
北　京	866314	829479	42830
天　津	137945	136565	2640
河　北	5199319	4747521	13896
山　西	2808	2775	
内蒙古			
辽　宁	937114	858738	91768
吉　林	107262	96719	27297
黑龙江	9224	7935	
上　海	1002077	851488	59654
江　苏	1162043	1057120	104683
浙　江	4741353	3221650	145999
安　徽	3005942	2783483	18532
福　建	579761	513371	121187
江　西	89273	38155	3810
山　东	987397	810248	174852
河　南	93568	91800	59045
湖　北	12905	12890	36
湖　南	51945	44975	9197
广　东	12103879	10327219	336708
广　西	66		
海　南	3251	1618	5
重　庆	854605	420557	13082
四　川	83028	76857	18448
贵　州			
云　南			
西　藏			
陕　西	101603	101570	5472
甘　肃			
青　海			
宁　夏			
新　疆			

2-B-2.26 各地区港澳台总承包和专业承包建筑业企业固定资产情况

单位：万元

地区	固定资产原价	固定资产折旧	#本年折旧	在建工程
全国总计	**770376**	**389556**	**47162**	**209370**
北京	16669	8933	1074	
天津	7256	6060	166	
河北	96044	20575	2277	10052
山西	354	321	5	
内蒙古				
辽宁	104893	74738	2482	7561
吉林	10703	6140	437	
黑龙江	1348	443		
上海	47127	27980	7072	254
江苏	61595	29087	5607	2531
浙江	92957	44592	3836	31167
安徽	35284	7814	1278	
福建	36342	17039	10524	2947
江西	5205	2169	347	
山东	28458	16603	1449	20075
河南	2110	613	67	
湖北	149	135	1	
湖南	1100	937	114	2293
广东	206677	117285	9670	132491
广西				
海南				
重庆	12781	6632	569	
四川	3198	1366	161	
贵州				
云南				
西藏				
陕西	129	96	26	
甘肃				
青海				
宁夏				
新疆				

2-B-2.27 各地区港澳台总承包和专业承包建筑业企业负债及所有者权益

单位：万元

地 区	负债合计	#流动负债	#应付账款	所有者权益	#实收资本
全国总计	**24530480**	**21273796**	**8212985**	**7602200**	**2373567**
北 京	600461	446005	232623	265853	106255
天 津	107076	107076	54284	30869	25389
河 北	4635204	4607447	2678392	564115	196338
山 西	1939	1939	1690	869	1799
内蒙古					
辽 宁	428728	407726	173241	508386	230305
吉 林	65808	65778	38124	41454	15600
黑龙江	7041	7041	7041	2183	166
上 海	666195	542733	312650	335882	128421
江 苏	758941	650402	316538	403102	152014
浙 江	3807361	3274674	657254	933992	320242
安 徽	2669682	2133577	74301	336260	140398
福 建	426652	397951	199858	153108	90014
江 西	36628	32345	21372	52645	14645
山 东	662076	639872	261682	325321	153039
河 南	83368	83248	62012	10201	4598
湖 北	5599	5599	3570	7306	4200
湖 南	34885	32325	23497	17060	11866
广 东	8800442	7295321	2971228	3303437	561682
广 西	65				
海 南	2728	1763	460	523	523
重 庆	585594	401150	71648	269011	188876
四 川	68662	65430	14	14366	11697
贵 州					
云 南					
西 藏					
陕 西	75346	74396	51505	26257	15500
甘 肃					
青 海					
宁 夏					
新 疆					

2-B-2.28 各地区港澳台总承包和专业承包建筑业企业收入情况

单位：万元

地　区	主营业务收　入	主营业务成　本	主营业务税金及附加
全国总计	**14866151**	**13032985**	**36078**
北　京	760616	672518	1743
天　津	18438	16537	103
河　北	2689072	2541387	8998
山　西	13	12	
内蒙古			
辽　宁	213927	173413	2421
吉　林	97981	89054	421
黑龙江			
上　海	814425	719745	1844
江　苏	703477	609048	1069
浙　江	3015575	2428675	8194
安　徽	1018458	790966	27
福　建	968361	932159	3156
江　西	138344	113790	281
山　东	630129	591065	1201
河　南	11807	10561	224
湖　北	2714	2306	6
湖　南	137168	122866	441
广　东	3470393	3071626	5170
广　西	66	65	
海　南	4463	4421	
重　庆	18335	16268	319
四　川	74864	54669	76
贵　州			
云　南			
西　藏			
陕　西	77526	71835	384
甘　肃			
青　海			
宁　夏			
新　疆			

2-B-2.29 各地区港澳台总承包和专业承包建筑业企业费用情况

单位：万元

地区	管理费用	销售费用	研发费用	财务费用	#利息收入	#利息支出
全国总计	**479404**	**303803**	**225241**	**152224**	**38622**	**142222**
北京	33848	6804	8770	937	-435	1410
天津	1789	205		-21		1
河北	52349	128	9384	8586	1787	10679
山西	2					
内蒙古						
辽宁	32014	3704	7256	-7791	38	284
吉林	1666	23		-11	122	108
黑龙江	6					
上海	59198	5724	14604	775	1025	960
江苏	30344	1454	7985	2197	4177	9723
浙江	126337	270457	49516	16880	25293	30274
安徽	3349	2	28781	10668	-5	1553
福建	12109	4355	5086	744	61	385
江西	4874			364	343	453
山东	13796	10	1021	2157	1689	998
河南	1108			-3	5	2
湖北	413					
湖南	1413	48		6		
广东	95265	5227	89316	98212	4348	81949
广西	50					
海南	68					
重庆	5521			17481	167	2584
四川	2535	5662	3523	995	-3	779
贵州						
云南						
西藏						
陕西	1350			47	11	81
甘肃						
青海						
宁夏						
新疆						

2-B-2.30 各地区港澳台总承包和专业承包建筑业企业利润及税金情况

单位：万元

地 区	利润总额	#应交所得税	税金总额	主营业务税金及附加	应交增值税
全国总计	**620704**	**111025**	**299026**	**36078**	**262949**
北 京	52047	6547	12963	1743	11220
天 津	-898	4	587	103	484
河 北	67724	16975	45763	8998	36765
山 西	-1		1		1
内蒙古					
辽 宁	19543	529	3812	2421	1391
吉 林	9042	580	7427	421	7006
黑龙江	2	1	2		2
上 海	42647	3968	17645	1844	15801
江 苏	52719	7940	6795	1069	5726
浙 江	-6238	7506	32040	8194	23845
安 徽	186203	27963	76273	27	76246
福 建	17688	4476	22164	3156	19009
江 西	19427	4904	2168	281	1887
山 东	27986	7422	8228	1201	7027
河 南	-69	55	1163	224	939
湖 北	10	3	328	6	322
湖 南	12069	367	5374	441	4933
广 东	117493	20511	51532	5170	46362
广 西	-50				
海 南	-18				
重 庆	-4095	1	2191	319	1872
四 川	3549	288	494	76	418
贵 州					
云 南					
西 藏					
陕 西	3924	985	2075	384	1691
甘 肃					
青 海					
宁 夏					
新 疆					

2-B-2.31　各地区港澳台总承包和专业承包建筑业企业应收工程款及亏损情况

地　区	应收工程款(万元)	企业个数(个)	#亏损企业个数	亏损企业的比重(%)
全国总计	**8443758**	**262**	**83**	**31.7**
北　京	308804	22	5	22.7
天　津	26556	NA	NA	33.3
河　北	605303	NA		
山　西	2300	NA	NA	100.0
内蒙古				
辽　宁	422248	9	4	44.4
吉　林	28196	NA		
黑龙江	5790	NA		
上　海	281636	40	11	27.5
江　苏	326446	28	5	17.9
浙　江	609760	15	2	13.3
安　徽	1441148	7	4	57.1
福　建	235226	21	4	19.0
江　西	10035	5	1	20.0
山　东	56241	11	3	27.3
河　南	12184	NA	NA	50.0
湖　北		NA		
湖　南	23087	NA		
广　东	3807957	78	36	46.2
广　西		NA	NA	100.0
海　南	79	NA	NA	100.0
重　庆	163492	NA	NA	100.0
四　川	43029	NA	NA	33.3
贵　州				
云　南				
西　藏				
陕　西	34241	NA		
甘　肃				
青　海				
宁　夏				
新　疆				

2-B-2.32 各地区港澳台总承包和专业承包建筑业企业主要经济效益指标

地 区	产值利润率 (%)	资本利润率 (%)	人均利润 (元/人)	资产负债率 (%)
全国总计	**4.3**	**26.2**	**24590**	**76.3**
北 京	8.2	49.0	31136	69.3
天 津	-8.2	-3.5	-49313	77.6
河 北	1.9	34.5	10573	89.2
山 西	-8.6	-0.1	-2750	69.0
内蒙古				
辽 宁	5.7	8.5	67834	45.7
吉 林	10.6	58.0	281685	61.4
黑龙江	0.8	1.3	1167	76.3
上 海	6.2	33.2	25741	66.5
江 苏	11.6	34.7	55453	65.3
浙 江	-0.2	-1.9	-1045	80.3
安 徽	18.1	132.6	161648	88.8
福 建	1.6	19.7	5291	73.6
江 西	13.7	132.7	138467	41.0
山 东	3.9	18.3	27950	67.1
河 南	-0.6	-1.5	-1024	89.1
湖 北	0.4	0.2	432	43.4
湖 南	8.6	101.7	52909	67.2
广 东	5.6	20.9	60820	72.7
广 西	-79.7		-16767	99.8
海 南	-0.4	-3.5	-1517	83.9
重 庆	-88.2	-2.2	-620455	68.5
四 川	16.5	30.3	76320	82.7
贵 州				
云 南				
西 藏				
陕 西	3.9	25.3	13421	74.2
甘 肃				
青 海				
宁 夏				
新 疆				

2-B-2.33　各地区外商总承包和专业承包建筑业企业签订合同情况

单位：万元

地　区	签订合同额	上年结转合同额	本年新签合同额
全国总计	**19185219**	**11118305**	**8066914**
北　京	2406607	1300637	1105970
天　津	131772	45693	86079
河　北	1487		1487
山　西			
内蒙古			
辽　宁	38663	10358	28305
吉　林	11978		11978
黑龙江	12573	3359	9215
上　海	2901565	1715560	1186005
江　苏	3746328	1274292	2472036
浙　江	257832	163247	94585
安　徽	33305	15265	18040
福　建	231940	8213	223727
江　西	296943	175033	121910
山　东	399584	121373	278211
河　南	305287	265163	40123
湖　北	393281	212344	180936
湖　南	217460	34443	183016
广　东	6736074	5518445	1217629
广　西			
海　南			
重　庆	143948	142169	1779
四　川	7766	6169	1597
贵　州			
云　南			
西　藏			
陕　西	774816	106540	668276
甘　肃	127		127
青　海			
宁　夏	135883		135883
新　疆			

2-B-2.34 各地区外商总承包和专业承包建筑业企业承包工程完成情况

单位：万元

地区	直接从建设单位承揽工程完成的产值	自行完成施工产值	分包出去工程的产值	从建设单位以外承揽工程完成的产值
全国总计	**7867053**	**6705794**	**1161259**	**504828**
北京	646893	360207	286686	139939
天津	74059	74059		12549
河北	1322	1322		
山西				
内蒙古				
辽宁	19133	19133		11657
吉林	11978	11978		
黑龙江	7500	7500		
上海	1539102	840180	698922	129748
江苏	2508132	2479022	29110	104377
浙江	142992	142992		7589
安徽	35593	35593		
福建	204427	204427		
江西	122520	122520		
山东	243181	243181		
河南	59795	59795		17387
湖北	218905	218905		38524
湖南	217460	217460		
广东	1451515	1418192	33323	1751
广西				
海南				
重庆	114264	114264		36704
四川	4059	4059		4444
贵州				
云南				
西藏				
陕西	108212	102342	5871	160
甘肃	127	127		
青海				
宁夏	135883	28535	107347	
新疆				

2-B-2.35　各地区外商总承包和专业承包建筑业企业总产值和竣工产值

单位：万元

地　区	建筑业总产值	#装饰装修产值	#在外省完成的产值	按构成分组			竣工产值
				建筑工程产值	安装工程产值	其他产值	
全国总计	**7210621**	**2131139**	**4344792**	**6066468**	**1012544**	**131609**	**4567756**
北　京	500146	48165	248058	492413	6530	1203	498710
天　津	86608	2317	48059	22012	55926	8671	6636
河　北	1322		564		1322		1322
山　西							
内蒙古							
辽　宁	30790		7367	13643	15822	1325	19175
吉　林	11978				11978		11978
黑龙江	7500		1218	5782	1719		
上　海	969928	104218	661888	511043	357524	101360	429798
江　苏	2583399	1901481	1729282	2135662	445340	2397	2079840
浙　江	150581	30065	52731	146049	4532		63368
安　徽	35593			1913	21210	12470	21210
福　建	204427		169158	204372	55		
江　西	122520		42332	117737	4783		82514
山　东	243181	19816	130731	234984	8197		92747
河　南	77182	846	54282	46458	30725		45516
湖　北	257429		583	257429			10547
湖　南	217460		163369	217358		101	217460
广　东	1419943	21354	998316	1390771	25091	4082	977004
广　西							
海　南							
重　庆	150968		1567	150968			
四　川	8503	198	6122	8503			8503
贵　州							
云　南							
西　藏							
陕　西	102501	2554	630	80710	21792		1303
甘　肃	127	127		127			127
青　海							
宁　夏	28535		28535	28535			
新　疆							

2-B-2.36 各地区外商总承包和专业承包建筑业企业房屋建筑面积

地　区	房屋施工面积(万平方米)	#本年新开工	房屋竣工面积(万平方米)	房屋竣工率(%)
全国总计	**2377**	**615**	**809**	**34.0**
北　京	415	92	96	23.2
天　津				
河　北				
山　西				
内蒙古				
辽　宁				100.0
吉　林				
黑龙江				
上　海	92	52	63	68.4
江　苏	111	9	34	30.8
浙　江	102	40	28	27.3
安　徽				
福　建				
江　西	127	26	23	18.4
山　东	49	35	25	51.0
河　南				
湖　北	63	35	8	12.2
湖　南				
广　东	1375	326	532	38.7
广　西				
海　南				
重　庆				
四　川				
贵　州				
云　南				
西　藏				
陕　西	43			
甘　肃				
青　海				
宁　夏				
新　疆				

2-B-2.37 各地区按主要用途分的外商总承包和专业承包建筑业企业房屋竣工面积

单位：万平方米

地 区	总计	住宅房屋	商业及服务用房屋	办公用房 屋	科研、教育和医疗用房屋	文化、体育和娱乐用房屋	厂房及建筑物	仓 库	其他未列明的房屋建筑物
全国总计	**809**	**584**	**31**	**3**	**2**	**3**	**164**	**15**	**6**
北 京	96		14		2		81		
天 津									
河 北									
山 西									
内蒙古									
辽 宁									
吉 林									
黑龙江									
上 海	63						48	15	
江 苏	34						34		
浙 江	28	28							
安 徽									
福 建									
江 西	23		17	3		3			
山 东	25	25							
河 南									
湖 北	8		1				1		6
湖 南									
广 东	532	531							
广 西									
海 南									
重 庆									
四 川									
贵 州									
云 南									
西 藏									
陕 西									
甘 肃									
青 海									
宁 夏									
新 疆									

2-B-2.38 各地区按主要用途分的外商总承包和专业承包建筑业企业房屋竣工价值

单位：万元

地区	总计	住宅房屋	商业及服务用房屋	办公用房屋	科研、教育和医疗用房屋
全国总计	**1720487**	**1056158**	**51452**	**3124**	**4239**
北京	348413		33086		4239
天津					
河北					
山西					
内蒙古					
辽宁	150				
吉林					
黑龙江					
上海	135884				
江苏	141422	2451		1299	
浙江	58320	58320			
安徽					
福建					
江西	34047		16587	1825	
山东	52425	52425			
河南					
湖北	6078		1780		
湖南					
广东	943748	942962			
广西					
海南					
重庆					
四川					
贵州					
云南					
西藏					
陕西					
甘肃					
青海					
宁夏					
新疆					

2-B-2.38　续表　　单位：万元

地　区	文化、体育和娱乐用房屋	厂房及建筑物	仓　库	其他未列明的房屋建筑物
全国总计	**15635**	**572389**	**16485**	**1005**
北　京		310899	189	
天　津				
河　北				
山　西				
内蒙古				
辽　宁		150		
吉　林				
黑龙江				
上　海		119589	16295	
江　苏		137672		
浙　江				
安　徽				
福　建				
江　西	15635			
山　东				
河　南				
湖　北		3293		1005
湖　南				
广　东		786		
广　西				
海　南				
重　庆				
四　川				
贵　州				
云　南				
西　藏				
陕　西				
甘　肃				
青　海				
宁　夏				
新　疆				

2-B-2.39 各地区外商总承包和专业承包建筑业企业施工机械设备情况

地区	年末自有施工机械设备总台数（台）	年末自有施工机械设备总功率（千瓦）	年末自有施工机械设备净值（万元）
全国总计	**5869**	**65777**	**17544**
北京	236	9004	587
天津			
河北	21	50	1
山西			
内蒙古			
辽宁	76	285	6
吉林			
黑龙江	26	2355	606
上海	61	1890	137
江苏	1033	10351	1004
浙江	1020	22230	3902
安徽			
福建			
江西	4	1092	99
山东	33	2100	689
河南	45	1362	809
湖北	314	3792	731
湖南			
广东	2487	1989	6530
广西			
海南			
重庆	381	6119	1635
四川	110	2031	780
贵州			
云南			
西藏			
陕西			
甘肃	22	1127	28
青海			
宁夏			
新疆			

2-B-2.40　各地区外商总承包和专业承包建筑业企业主要生产效益指标

地　区	建筑业企业个数（个）	从事建筑业活动的平均人数（人）	按总产值计算的劳动生产率（元/人）	人均竣工产值（元/人）	人均施工面积（平方米/人）	人均竣工面积（平方米/人）
全国总计	**171**	**118518**	**608399**	**385406**	**200.6**	**68.3**
北　京	20	13490	370753	369688	307.6	71.4
天　津	9	791	1094915	83893		
河　北	NA	43	307535	307535		
山　西						
内蒙古						
辽　宁	13	671	458863	285766	0.9	0.9
吉　林	NA	334	358620	358620		
黑龙江	NA	528	142053			
上　海	40	15135	640851	283976	60.7	41.5
江　苏	30	49907	517643	416743	22.3	6.9
浙　江	NA	5047	298357	125555	201.6	55.0
安　徽	NA	251	1418028	845008		
福　建	NA	1001	2042231			
江　西	NA	4118	297523	200374	307.8	56.5
山　东	8	4381	555081	211703	111.1	56.7
河　南	7	1542	500534	295172		
湖　北	NA	758	3396157	139140	831.9	101.5
湖　南	NA	4478	485618	485618		
广　东	14	10334	1374050	945426	1330.9	514.8
广　西						
海　南						
重　庆	NA	1961	769852			
四　川	NA	321	264900	264900		
贵　州						
云　南						
西　藏						
陕　西	6	2953	347109	4413	146.3	
甘　肃	NA	5	253600	253600		
青　海						
宁　夏	NA	469	608429			
新　疆						

2-B-2.41 各地区外商总承包和专业承包建筑业企业资产构成

单位：万元

地区	资产合计	流动资产合计	#存货
全国总计	**18643759**	**16536106**	**2732816**
北京	1217063	1068967	212193
天津	157036	136975	14882
河北	11308	10327	1140
山西			
内蒙古			
辽宁	68928	33226	2987
吉林	21316	17537	1149
黑龙江	29660	27164	5014
上海	1590885	1476024	196031
江苏	3885323	2920641	147153
浙江	59089	41765	2890
安徽	130766	13062	1338
福建	325256	21342	621
江西	210534	208185	281
山东	952392	832366	6999
河南	325921	260603	10283
湖北	128728	123924	36766
湖南	375292	356666	45711
广东	8598937	8475412	1981599
广西			
海南			
重庆	192621	167022	58747
四川	38708	31614	1268
贵州			
云南			
西藏			
陕西	104726	102591	3812
甘肃	2629	1321	18
青海			
宁夏	216643	209372	1937
新疆			

2-B-2.42　各地区外商总承包和专业承包建筑业企业固定资产情况

单位：万元

地　区	固定资产原价	固定资产折旧		在建工程
			#本年折旧	
全国总计	**1065765**	**452019**	**62984**	**85425**
北　京	33916	22871	1639	978
天　津	22232	17397	3075	1521
河　北	2405	2013	41	
山　西				
内蒙古				
辽　宁	45634	16288	1472	2699
吉　林	5106	2551	2551	
黑龙江	4493	2111	65	
上　海	39952	25970	2019	778
江　苏	458178	179018	9920	31426
浙　江	3429	2686	644	
安　徽	140354	33274	5769	8522
福　建	1013	597	29	
江　西	2097	1382	137	
山　东	125648	49917	17656	35195
河　南	63418	15697	2082	1623
湖　北	1990	1164	366	74
湖　南	5032	922		2
广　东	37571	20075	3513	2609
广　西				
海　南				
重　庆	24293	18392	8256	
四　川	6613	3663	505	
贵　州				
云　南				
西　藏				
陕　西	4870	4163	1584	
甘　肃	69	64		
青　海				
宁　夏	37454	31805	1664	
新　疆				

2-B-2.43 各地区外商总承包和专业承包建筑业企业负债及所有者权益

单位：万元

地区	负债合计	#流动负债	#应付账款	所有者权益	#实收资本
全国总计	**13585428**	**12537102**	**4840293**	**5058332**	**1173849**
北京	1069472	673181	312488	147591	116341
天津	86718	85232	44573	70318	30401
河北	734	734	517	10574	4000
山西					
内蒙古					
辽宁	55472	45901	29172	13456	14525
吉林	15293			6023	
黑龙江	25640	25640	10119	4020	5324
上海	1189186	950728	597589	401699	155774
江苏	2183412	2104219	1264685	1701911	136109
浙江	47071	47071	22788	12018	10585
安徽	69842	63658	51164	60925	19323
福建	137392	1812	1517	187865	
江西	183196	183196	98857	27338	17998
山东	639344	634558	396222	313048	14374
河南	236644	178326	81300	89278	31534
湖北	106612	106612	82545	22116	10320
湖南	214052	214052	61876	161240	5691
广东	6994639	6941595	1611083	1604298	551247
广西					
海南					
重庆	159827	148678	94972	32794	10000
四川	13748	12967	4505	24960	6000
贵州					
云南					
西藏					
陕西	31616	21044	7907	73110	3803
甘肃	3	3	1	2626	500
青海					
宁夏	125517	97897	66413	91126	30000
新疆					

2-B-2.44 各地区外商总承包和专业承包建筑业企业收入情况

单位：万元

地 区	主营业务收 入	主营业务成 本	主营业务税金及附加
全国总计	**8232698**	**7201713**	**21963**
北 京	904341	816545	1859
天 津	108015	83299	498
河 北	1451	1016	3
山 西			
内蒙古			
辽 宁	29602	18910	145
吉 林	11500	9934	77
黑龙江	11147	10522	69
上 海	1929318	1707735	4059
江 苏	2291004	1942141	5222
浙 江	120891	109442	252
安 徽	35475	18632	87
福 建	137273	127320	256
江 西	73892	69911	201
山 东	106053	73361	426
河 南	77341	54063	592
湖 北	134788	120604	1438
湖 南	217460	159903	1502
广 东	1615057	1525315	2793
广 西			
海 南			
重 庆	162481	147347	386
四 川	14812	12137	141
贵 州			
云 南			
西 藏			
陕 西	114800	97835	1185
甘 肃	116	87	
青 海			
宁 夏	135883	95655	773
新 疆			

2-B-2.45 各地区外商总承包和专业承包建筑业企业费用情况

单位：万元

地区	管理费用	销售费用	研发费用	财务费用	#利息收入	#利息支出
全国总计	**399455**	**72298**	**150308**	**12317**	**3915**	**24367**
北京	50991	16518	8599	4600	587	4973
天津	9910	3327	3148	134	174	251
河北	348					
山西						
内蒙古						
辽宁	4779	122	520	617	32	645
吉林	834			148		
黑龙江	2284	40	1	302	202	4
上海	89017	12128	10070	-6119	-1365	624
江苏	155961	32438	63495	1470	4247	5403
浙江	10565			292		292
安徽	3713	289		40	36	1
福建	1766	1161		91		
江西	4277		320	1097	44	1135
山东	5527	1372	1665	586	11	587
河南	6463	1345	2281	622	53	223
湖北	1222	21		345	1	301
湖南	8453	731	6024	-1066	1127	
广东	30831	2494	49765	9830	-1178	9339
广西						
海南						
重庆	2639		4019	257	127	285
四川	846	311	401	304	2	304
贵州						
云南						
西藏						
陕西	3979	1		-1701	-185	
甘肃	22	2				
青海						
宁夏	5028			470		
新疆						

2-B-2.46　各地区外商总承包和专业承包建筑业企业利润及税金情况

单位：万元

地　区	利润总额	#应交所得税	税金总额	主营业务税金及附加	应交增值税
全国总计	**471454**	**100340**	**157829**	**21963**	**135866**
北　京	3731	4320	13783	1859	11924
天　津	8120	969	3295	498	2797
河　北	101		26	3	23
山　西					
内蒙古					
辽　宁	5633	1578	1349	145	1204
吉　林	513	131	366	77	290
黑龙江	245	31	1474	69	1405
上　海	140262	33051	22668	4059	18609
江　苏	160811	23927	42595	5222	37374
浙　江	255	56	2692	252	2441
安　徽	13017	3175	854	87	767
福　建	5209	1245	2159	256	1904
江　西	-2104	436	2396	201	2195
山　东	20285	5733	2383	426	1957
河　南	9899	2073	3844	592	3252
湖　北	11146	2734	12124	1438	10686
湖　南	41902	10534	12972	1502	11470
广　东	-1201	2096	21829	2793	19036
广　西					
海　南					
重　庆	8189		1441	386	1055
四　川	680	35	495	141	354
贵　州					
云　南					
西　藏					
陕　西	16461	3968	3601	1185	2417
甘　肃	5		1		1
青　海					
宁　夏	28296	4249	5483	773	4709
新　疆					

2-B-2.47 各地区外商总承包和专业承包建筑业企业应收工程款及亏损情况

地 区	应收工程款（万元）	企业个数（个）	#亏损企业个数	亏损企业的比重（%）
全国总计	**4087315**	**171**	**43**	**25.1**
北 京	429632	20	9	45.0
天 津	25171	9	1	11.1
河 北	529	NA		
山 西				
内蒙古				
辽 宁	9840	13	5	38.5
吉 林	11978	NA		
黑龙江	14864	NA		
上 海	359414	40	11	27.5
江 苏	1129812	30	7	23.3
浙 江	31691	NA		
安 徽	3360	NA		
福 建	18875	NA		
江 西	47706	NA	NA	50.0
山 东	362298	8	1	12.5
河 南	113527	7	1	14.3
湖 北	74510	NA		
湖 南		NA		
广 东	1270824	14	6	42.9
广 西				
海 南				
重 庆	51248	NA		
四 川	7619	NA		
贵 州				
云 南				
西 藏				
陕 西	21482	6	1	16.7
甘 肃	278	NA		
青 海				
宁 夏	102659	NA		
新 疆				

2-B-2.48 各地区外商总承包和专业承包建筑业企业主要经济效益指标

地 区	产值利润率(%)	资本利润率(%)	人均利润(元/人)	资产负债率(%)
全国总计	**6.5**	**40.2**	**39779**	**72.9**
北 京	0.7	3.2	2766	87.9
天 津	9.4	26.7	102654	55.2
河 北	7.6	2.5	23512	6.5
山 西				
内蒙古				
辽 宁	18.3	38.8	83949	80.5
吉 林	4.3		15350	71.7
黑龙江	3.3	4.6	4644	86.4
上 海	14.5	90.0	92674	74.7
江 苏	6.2	118.1	32222	56.2
浙 江	0.2	2.4	505	79.7
安 徽	36.6	67.4	518614	53.4
福 建	2.5		52035	42.2
江 西	-1.7	-11.7	-5109	87.0
山 东	8.3	141.1	46302	67.1
河 南	12.8	31.4	64198	72.6
湖 北	4.3	108.0	147041	82.8
湖 南	19.3	736.2	93573	57.0
广 东	-0.1	-0.2	-1162	81.3
广 西				
海 南				
重 庆	5.4	81.9	41761	83.0
四 川	8.0	11.3	21171	35.5
贵 州				
云 南				
西 藏				
陕 西	16.1	432.8	55742	30.2
甘 肃	3.5	0.9	9000	
青 海				
宁 夏	99.2	94.3	603324	57.9
新 疆				

3.按行业分组

2−B−3.1 各行业建筑业企业签订合同情况

单位：万元

行业	签订合同额		
		上年结转合同额	本年新签合同额
总计	**7287919324**	**3724428011**	**3563491314**
房屋建筑业	4123648970	2097224816	2026424155
土木工程建筑业	2653137204	1435637246	1217499958
铁路、道路、隧道和桥梁工程建筑	1855066091	1054269477	800796613
水利和水运工程建筑	290464923	157892902	132572021
海洋工程建筑	5414455	2689014	2725441
工矿工程建筑	84699535	30999420	53700115
架线和管道工程建筑	169210860	72245517	96965343
建筑安装业	265718391	100235692	165482699
建筑装饰、装修和其他建筑业	245414759	91330257	154084503

2-B-3.2　各行业建筑业企业承包工程完成情况

单位：万元

行　　业	直接从建设单位承揽工程完成的产值	自行完成施工产值	分包出去工程的产值	从建设单位以外承揽工程完成的产值
总　计	**3007619739**	**2865061632**	**142558107**	**278873679**
房屋建筑业	1822028101	1757689241	64338860	117681449
土木工程建筑业	909302046	842530447	66771599	111551894
铁路、道路、隧道和桥梁工程建筑	613638759	570090799	43547960	86086117
水利和内河港口工程建筑	92337948	85373557	6964392	6512599
海洋工程建	2892811	1698247	1194565	305156
工矿工程建筑	37840448	35332102	2508347	1932571
架线和管道工程建筑	70734056	64092309	6641747	6907870
建筑安装业	138083970	131259933	6824038	22660422
建筑装饰、装修和其他建筑业	138205621	133582011	4623611	26979914

2-B-3.3 各行业建筑业企业总产值和竣工产值

单位：万元

行业	建筑业总产值	#装饰装修产值	#在外省完成的产值	按构成分组			竣工产值
				建筑工程产值	安装工程产值	其他产值	
总计	**3143935311**	**134711395**	**1052237054**	**2787259803**	**264549353**	**92126156**	**1412901932**
房屋建筑业	1875370690	58397265	566245106	1739289371	90347738	45733582	991305462
土木工程建筑业	954082341	5516167	386037653	849047184	73804693	31230464	284014789
铁路、道路、隧道和桥梁	656176915	3791850	271252351	626517670	12754141	16905105	183288459
水利和水运工程建筑	91886156	150329	38531889	85564825	2869799	3451531	22775533
海洋工程建筑	2003403	2585	529643	1054866	375563	572974	1793245
工矿工程建筑	37264672	180137	21217342	25069634	9965041	2229997	12677323
架线和管道工程建筑	71000179	381478	19317003	41036548	27131073	2832558	31148344
建筑安装业	153920355	2265506	55378186	61394785	85789897	6735673	71760473
建筑装饰、装修和其他建筑业	160561925	68532457	44576110	137528463	14607025	8426437	65821209

2-B-3.4　各行业建筑业企业房屋建筑面积

行　业	房　屋 施工面积 (万平方米)	#本　年 新开工	房　屋 竣工面积 (万平方米)	房屋竣工率 (%)
总　计	**1530925**	**408330**	**393401**	**25.7**
房屋建筑业	1400595	367897	357441	25.5
土木工程建筑业	95761	26313	24197	25.3
铁路、道路、隧道和桥梁工程建筑	65166	18928	16005	24.6
水利和水运工程建筑	8352	2307	1917	23.0
海洋工程建筑	13	1	1	6.8
工矿工程建筑	2893	595	689	23.8
架线和管道工程建筑	1999	454	465	23.3
建筑安装业	18997	7150	6275	33.0
建筑装饰、装修和其他建筑业	15572	6970	5489	35.2

2-B-3.5 按主要用途分的各行业建筑业企业房屋竣工面积

单位：万平方米

行业	合计	住宅房屋	商业及服务用房屋	办公用房屋	科研、教育和医疗用房屋	文化、体育和娱乐用房屋	厂房及建筑物	仓库	其他未列明的房屋建筑物
总　计	**393401**	**237623**	**26694**	**13965**	**19915**	**4537**	**71705**	**3566**	**15396**
房屋建筑业	357441	219968	23819	12792	17913	3957	63233	3291	12467
土木工程建筑业	24197	12387	1573	692	1508	350	5626	181	1878
铁路、道路、隧道和桥梁工程建筑	16005	7262	1150	482	1162	193	4306	85	1364
水利和水运工程建筑	1917	1098	122	60	79	112	276	14	156
海洋工程建筑	1						1		
工矿工程建筑	689	319	43	6	27		222	7	64
架线和管道工程建筑	465	118	43	33	71	3	93	28	77
建筑安装业	6275	2610	821	171	225	48	1713	51	636
建筑装饰、装修和其他建筑业	5489	2659	481	309	269	182	1132	42	415

2-B-3.6　按主要用途分的各行业建筑业企业房屋竣工价值

单位：万元

行　　业	合计	住宅房屋	商业及服务用房屋	办公用房　屋	科研、教育和医疗用房屋
总　　计	**838881282**	**492937740**	**63413110**	**36484120**	**59454248**
房屋建筑业	771766123	460700724	57249768	33863931	53748338
土木工程建筑业	52354662	26162918	3789673	1607004	4678602
铁路、道路、隧道和桥梁工程建筑	37584329	17967132	2840224	1144192	3761525
水利和内河港口工程建筑	3670604	2029657	328681	205315	230724
海洋工程建筑	1479				
工矿工程建筑	1621405	721207	77926	6776	88283
架线和管道工程建筑	1071800	238219	108179	58174	220079
建筑安装业	9186641	3554134	1732197	613895	775746
建筑装饰、装修和其他建筑业	5573857	2519965	641472	399289	251562

2-B-3.6 续表 单位：万元

行业	文化、体育和娱乐用房屋	厂房及建筑物	仓库	其他未列明的房屋建筑物
总计	**14559522**	**133596282**	**6613860**	**31822400**
房屋建筑业	13184013	119751909	6087971	27179469
土木工程建筑业	970470	10564337	398841	4182817
铁路、道路、隧道和桥梁工程建筑	764120	7668465	231315	3207356
水利和内河港口工程建筑	85596	599485	64397	126749
海洋工程建筑		1479		
工矿工程建筑		575859	5323	146032
架线和管道工程建筑	958	164197	4224	277771
建筑安装业	177247	2042457	85001	205963
建筑装饰、装修和其他建筑业	227792	1237579	42048	254151

2-B-3.7　各行业总承包和专业承包建筑业企业施工机械设备情况

行　　业	年末自有施工机械设备总台数（台）	年末自有施工机械设备总功率（千瓦）	年末自有施工机械设备净值（万元）
总　计	**5232523**	**148445357**	**36920143**
房屋建筑业	2933720	61784398	16595127
土木工程建筑业	1594682	73718162	17606967
铁路、道路、隧道和桥梁工程建筑	793299	45435194	10801265
水利和水运工程建筑	189293	11780145	2958134
海洋工程建筑	7320	292852	521568
工矿工程建筑	187338	6210136	1004660
架线和管道工程建筑	261831	5466327	1109746
建筑安装业	400275	5341299	1239894
建筑装饰、装修和其他建筑业	303846	7601498	1478155

2-B-3.8 各行业建筑业企业主要生产效益指标

行业	建筑业企业个数(个)	从事建筑业活动的平均人数(人)	按总产值计算的劳动生产率(元/人)	人均竣工产值(元/人)	人均施工面积(平方米/人)	人均竣工面积(平方米/人)
总　计	**159140**	**66105420**	**475594**	**213735**	**231.6**	**59.5**
房屋建筑业	76507	42510563	441154	233190	329.5	84.1
土木工程建筑业	44444	16243127	587376	174852	59.0	14.9
铁路、道路、隧道和桥梁工程建筑	27199	10900889	601948	168141	59.8	14.7
水利和水运工程建筑	3398	1495709	614332	152272	55.8	12.8
海洋工程建筑	55	15333	1306595	1169533	8.6	0.6
工矿工程建筑	1023	707829	526464	179101	40.9	9.7
架线和管道工程建筑	4792	1337336	530908	232913	14.9	3.5
建筑安装业	14987	3267230	471104	219637	58.1	19.2
建筑装饰、装修和其他建筑业	23202	4084500	393101	161149	38.1	13.4

2-B-3.9　各行业建筑业企业资产构成

单位：万元

行　　业	资产总计	#流动资产合　　计	#存货
总　　计	**3817408224**	**2980936341**	**321207478**
房屋建筑业	1863311762	1528245651	194945504
土木工程建筑业	1579374051	1133001896	92491731
铁路、道路、隧道和桥梁工程建筑	1044823124	757975709	60952369
水利和水运工程建筑	153984280	109377788	6101809
海洋工程建筑	6668089	3889882	159638
工矿工程建筑	54964395	44727638	2232048
架线和管道工程建筑	115679536	86842462	10480275
建筑安装业	181255707	153942870	16958399
建筑装饰、装修和其他建筑业	193466705	165745924	16811844

2-B-3.10 各行业建筑业企业固定资产情况

单位：万元

行业	固定资产原价	累计折旧	#本年折旧	在建工程
总计	**248479659**	**121347577**	**18212827**	**38621883**
房屋建筑业	97761961	44791414	7363476	19903708
土木工程建筑业	118441784	61003994	8253085	16129027
铁路、道路、隧道和桥梁工程建筑	68461386	36026238	5230249	11805824
水利和水运工程建筑	15494696	7686716	791536	1238546
海洋工程建筑	1797461	868153	97008	297943
工矿工程建筑	6771831	3788735	475264	173137
架线和管道工程建筑	14107151	7082194	851208	751477
建筑安装业	17342855	8411468	1255879	1238444
建筑装饰、装修和其他建筑业	14933059	7140701	1340387	1350705

2-B-3.11　各行业建筑业企业负债及所有者权益

单位：万元

行　　业	负债合计	#流动负债	#应付账款	所有者权益	#实收资本
总　计	**2786050425**	**2371040467**	**1037688644**	**1031357798**	**433260405**
房屋建筑业	1364937761	1153639412	497271956	498374001	213125600
土木工程建筑业	1158083566	991685278	433998684	421290485	167970891
铁路、道路、隧道和桥梁工程建筑	782876651	667309842	287817619	261946473	107929421
水利和水运工程建筑	112035619	97569892	47638647	41948661	18083339
海洋工程建筑	3482450	3107289	1786676	3185639	954636
工矿工程建筑	40658692	36813901	15934497	14305703	7097970
架线和管道工程建筑	83227239	71207668	31604928	32452297	12817923
建筑安装业	125065910	110076065	54721364	56189796	24400863
建筑装饰、装修和其他建筑业	137963188	115639713	51696641	55503517	27763052

2-B-3.12 各行业建筑业企业收入情况

单位：万元

行业	主营业务收入	主营业务成本	主营业务税金及附加
总计	**2764691901**	**2511242389**	**11809620**
房屋建筑业	1533964142	1403200543	7624888
土木工程建筑业	919480342	830237912	3067359
铁路、道路、隧道和桥梁工程建筑	598070465	541830692	1864192
水利和水运工程建筑	88668088	80119925	325747
海洋工程建筑	3531624	3232594	10017
工矿工程建筑	41459330	37447293	147993
架线和管道工程建筑	82988077	73856284	325667
建筑安装业	161618500	144779146	554961
建筑装饰、装修和其他建筑业	149628917	133024789	562412

2-B-3.13 各行业建筑业企业费用情况

单位：万元

行 业	管理费用	销售费用	研发费用	财务费用	#利息收入	#利息支出
总 计	**85690407**	**8060196**	**34787193**	**16103895**	**5816697**	**18452894**
房屋建筑业	39525363	3323531	15635298	8840173	2256422	6874294
土木工程建筑业	29408148	2134287	15495658	5656519	3228254	6647258
铁路、道路、隧道和桥梁工程建筑	15821293	1244914	10046089	3675038	2261630	4367165
水利和水运工程建筑	2793797	138697	1939245	398051	353392	602906
海洋工程建筑	75993	7825	106383	22062	5018	14235
工矿工程建筑	1592103	52899	684632	201769	114575	173735
架线和管道工程建筑	4417636	298502	946034	348378	188687	394720
建筑安装业	8423403	1004809	2069415	511732	213160	432962
建筑装饰、装修和其他建筑业	8333494	1597569	1586822	1095471	118862	4498381

2-B-3.14 各行业建筑业企业利润及税金情况

单位：万元

行业	利润总额	#所得税费用	税金总额	主营业务税金及附加	应交增值税
总计	**89022677**	**14277339**	**70188198**	**11809620**	**58378578**
房屋建筑业	47006235	7993276	41589367	7624888	33964479
土木工程建筑业	33854575	4800310	20313749	3067359	17246391
铁路、道路、隧道和桥梁工程建筑	22794522	3109269	12242765	1864192	10378574
水利和水运工程建筑	3040804	435205	2092057	325747	1766310
海洋工程建筑	165342	21076	61477	10017	51460
工矿工程建筑	1161212	211708	1208206	147993	1060213
架线和管道工程建筑	2484815	497432	2245671	325667	1920004
建筑安装业	4609065	844178	4233717	554961	3678756
建筑装饰、装修和其他建筑业	3552801	639575	4051364	562412	3488952

2-B-3.15　各行业总承包和专业承包建筑业企业应收工程款及亏损情况

行　　业	应收工程款(万元)	企业个数(个)		亏损企业的比重(%)
			#亏损企业个数	
总　　计	**832095994**	**159140**	**35247**	**22.1**
房屋建筑业	436576697	76507	15917	20.8
土木工程建筑业	276086295	44444	9792	22.0
铁路、道路、隧道和桥梁工程建筑	177285437	27199	6029	22.2
水利和水运工程建筑	27432876	3398	717	21.1
海洋工程建筑	1166055	55	12	21.8
工矿工程建筑	13907241	1023	185	18.1
架线和管道工程建筑	20332610	4792	993	20.7
建筑安装业	52204786	14987	3333	22.2
建筑装饰、装修和其他建筑业	67228216	23202	6205	26.7

2-B-3.16 各行业总承包和专业承包建筑业企业主要经济效益指标

行业	产值利润率(%)	资本利润率(%)	人均利润(元/人)	资产负债率(%)
总计	**2.8**	**20.5**	**13467**	**73.0**
房屋建筑业	2.5	22.1	11058	73.3
土木工程建筑业	3.5	20.2	20842	73.3
铁路、道路、隧道和桥梁工程建筑	3.5	21.1	20911	74.9
水利和水运工程建筑	3.3	16.8	20330	72.8
海洋工程建筑	8.3	17.3	107834	52.2
工矿工程建筑	3.1	16.4	16405	74.0
架线和管道工程建筑	3.5	19.4	18580	71.9
建筑安装业	3.0	18.9	14107	69.0
建筑装饰、装修和其他建筑业	2.2	12.8	8698	71.3

4.按中央、地方分组

2-B-4.1　各地区中央总承包和专业承包建筑业企业签订合同情况

单位：万元

地　区	签订合同额	上年结转合同额	本年新签合同额
全国总计	**2741626394**	**1570030660**	**1171595734**
北　京	379447034	236478838	142968196
天　津	143708697	73788561	69920136
河　北	72858942	40857900	32001043
山　西	51296680	28074122	23222558
内蒙古	15094259	8086957	7007302
辽　宁	47041829	21230966	25810863
吉　林	9652434	4432248	5220186
黑龙江	4925784	2777714	2148071
上　海	232666823	143966505	88700319
江　苏	79358693	44799909	34558784
浙　江	16794090	8923237	7870852
安　徽	89946825	39247529	50699295
福　建	56275001	35522665	20752335
江　西	24536730	13332794	11203936
山　东	144865109	75867273	68997836
河　南	114399496	62717629	51681867
湖　北	363697405	211664615	152032791
湖　南	149936333	89445270	60491063
广　东	331764293	196819359	134944934
广　西	20271800	13526977	6744823
海　南	1808102	605030	1203072
重　庆	52356443	30196694	22159749
四　川	97614662	59210605	38404058
贵　州	51335814	26851633	24484182
云　南	23729538	16910838	6818700
西　藏	361929	198181	163748
陕　西	122556687	60382889	62173798
甘　肃	11096805	5689384	5407421
青　海	13437195	6880814	6556380
宁　夏	2609373	1013013	1596360
新　疆	16181589	10530513	5651076

2-B-4.2 各地区中央总承包和专业承包建筑业企业承包工程完成情况

单位：万元

地 区	直接从建设单位承揽工程完成的产值	自行完成施工产值	分包出去工程的产值	从建设单位以外承揽工程完成的产值
全国总计	**716883386**	**640293100**	**76590286**	**97751063**
北 京	99881754	73340324	26541430	16336892
天 津	38768591	32656344	6112247	1917636
河 北	18276629	17625651	650978	1704136
山 西	17694769	17325904	368865	1252870
内蒙古	3790521	3790521		102244
辽 宁	14929312	14531258	398054	2710544
吉 林	2541822	2421647	120175	1639155
黑龙江	1560752	1458578	102173	14006
上 海	48518860	39599007	8919853	4724929
江 苏	27150938	26133640	1017298	4468835
浙 江	4980911	3902775	1078137	3284880
安 徽	22455997	21589669	866328	4842129
福 建	16419258	16395403	23855	4388015
江 西	7905394	7905394		542921
山 东	42940066	34067348	8872717	6005604
河 南	34958393	34851073	107320	1175974
湖 北	87145316	85749487	1395829	3654620
湖 南	33215815	33215815		3289446
广 东	89470084	72531769	16938316	16182358
广 西	9533441	7994565	1538876	2426036
海 南	366896	366896		8560
重 庆	11680974	11363147	317826	4926747
四 川	22390453	21824844	565608	901697
贵 州	12257059	12257059		600944
云 南	4752662	4752662		762072
西 藏	97221	90535	6686	17667
陕 西	32003788	31855184	148604	9730919
甘 肃	2617927	2608771	9156	1730
青 海	2836990	2718234	118756	31919
宁 夏	1161839	920202	241637	
新 疆	4578955	4449392	129563	105579

2-B-4.3　各地区中央总承包和专业承包建筑业企业总产值和竣工产值

单位：万元

地　区	建筑业总产值	#装饰装修产值	#在外省完成的产值	按构成分组			竣工产值
				建筑工程产值	安装工程产值	其他产值	
全国总计	**738044163**	**12424754**	**487603331**	**666822680**	**58279385**	**12942098**	**239332827**
北　京	89677216	3114328	81158086	84192449	4802733	682034	42153591
天　津	34573980	67745	29728227	32277809	1626998	669173	10584034
河　北	19329787	289757	13992686	14710412	4160841	458534	3926185
山　西	18578774	90279	15001669	17134994	1188434	255347	1759805
内蒙古	3892765	83246	3271929	3786285	106481		1126309
辽　宁	17241802	49510	10794280	14621627	2266288	353887	3760760
吉　林	4060802	194696	1915815	3033109	920017	107677	611667
黑龙江	1472585		421434	691488	767785	13312	1076649
上　海	44323936	1642076	37178861	40901970	2596601	825365	14422840
江　苏	30602475	4886	17046235	27037401	3203384	361690	12031894
浙　江	7187654	692248	2356999	5800387	1336031	51237	1717320
安　徽	26431798	69125	15865418	23765990	1939278	726531	8705387
福　建	20783418	59811	8071692	19540026	1184544	58849	5694584
江　西	8448315	71142	5464424	6564571	1563275	320469	1299232
山　东	40072953	785253	21961200	36107122	3463792	502038	8139885
河　南	36027048	710440	21984694	32239396	3070822	716830	10215260
湖　北	89404107	1141712	65350391	81558621	6869131	976355	38090005
湖　南	36505261	448323	28763825	33447940	2182105	875216	20502903
广　东	88714127	2022764	32518500	82608806	5296347	808973	23759369
广　西	10420602	45637	4815424	9494499	315112	610991	1013086
海　南	375456	20139	86413	352316	1338	21802	67884
重　庆	16289894	226120	9565383	15281343	574743	433808	6247542
四　川	22726541	231520	11025714	19428484	1696142	1601916	7695527
贵　州	12858002	47372	9769561	9781160	2582440	494403	1136083
云　南	5514734	24416	3013551	5239871	191241	83622	359768
西　藏	108201		8002	57135	51067		19825
陕　西	41586104	244915	30877502	38110620	2704222	771262	9150679
甘　肃	2610501	44408	1117673	2125952	428193	56356	600062
青　海	2750153		2263119	2451820	230480	67853	1640025
宁　夏	920202		579099	566457	330929	22817	341410
新　疆	4554970	2890	1635526	3912623	628594	13754	1483262

2-B-4.4 各地区中央总承包和专业承包建筑业企业房屋建筑面积

地区	房屋施工面积（万平方米）	#本年新开工	房屋竣工面积（万平方米）	房屋竣工率（%）
全国总计	**339020**	**70406**	**52976**	**15.6**
北京	65178	11323	9472	14.5
天津	12579	2754	2385	19.0
河北	5796	1311	468	8.1
山西	3879	844	677	17.4
内蒙古	3623	83	283	7.8
辽宁	3059	697	296	9.7
吉林	511	97	45	8.9
黑龙江	67	15	1	0.9
上海	24635	4183	2987	12.1
江苏	7458	1484	1199	16.1
浙江	3052	173	156	5.1
安徽	10127	3490	2491	24.6
福建	10241	2831	1006	9.8
江西	1099	175	81	7.3
山东	20505	6151	2069	10.1
河南	24785	1502	1134	4.6
湖北	40378	7341	9858	24.4
湖南	28881	5822	6140	21.3
广东	42904	12211	7858	18.3
广西	1279	389	158	12.4
海南	157	111	40	25.4
重庆	4195	1136	885	21.1
四川	9369	3199	1529	16.3
贵州	2034	634	291	14.3
云南	194	87	92	47.3
西藏				
陕西	7972	1579	853	10.7
甘肃	767	89	28	3.7
青海	279	103	23	8.4
宁夏	48	4	3	5.3
新疆	3971	587	469	11.8

2-B-4.5 各地区按主要用途分的中央总承包和专业承包建筑业企业房屋竣工面积

单位：万平方米

地 区	总计	住宅房屋	商业及服务用房屋	办公用房屋	科研、教育和医疗用房屋	文化、体育和娱乐用房屋	厂房及建筑物	仓 库	其他未列明的房屋建筑物
全国总计	**52976**	**31101**	**5549**	**2499**	**3818**	**736**	**5615**	**338**	**3322**
北 京	9472	5797	1010	412	795	94	968	4	393
天 津	2385	2022	28	32	86	34	154	5	25
河 北	468	294	24	2	53	6	58	1	30
山 西	677	485	19	17	52	7	62	8	27
内蒙古	283	222		3	6	15	16		21
辽 宁	296	210	15	3	5		46	1	17
吉 林	45	41				4			
黑龙江	1								1
上 海	2987	1643	460	7	77	92	449	73	186
江 苏	1199	880	21	80	74	11	129		3
浙 江	156	72	10	2	16		55		1
安 徽	2491	1579	40	83	116	24	110	20	519
福 建	1006	704	80		10	30	174		7
江 西	81	16	7				56	1	
山 东	2069	1038	547	31	240	70	101		43
河 南	1134	427	82	49	74	47	293		162
湖 北	9858	4134	1859	1142	819	112	586	36	1171
湖 南	6140	3968	448	255	276	73	524	38	557
广 东	7858	5147	533	223	550	67	1242	64	32
广 西	158	72	9		55		22		1
海 南	40	26	7	2			6		
重 庆	885	503	121	14	14	1	204		28
四 川	1529	824	88	88	316	12	119	59	23
贵 州	291	107	19	37	43	12	5	10	57
云 南	92	2	69	2	8		7	2	
西 藏									
陕 西	853	513	47	9	70	11	186		16
甘 肃	28	7	3	2	4	7	5		
青 海	23	16		1	6		1		
宁 夏	3	3							
新 疆	469	351	1	3	54	7	37	15	2

2-B-4.6 各地区按主要用途分的中央总承包和专业承包建筑业企业房屋竣工价值

单位：万元

地区	总计	住宅房屋	商业及服务用房屋	办公用房屋	科研、教育和医疗用房屋
全国总计	**131852335**	**66648993**	**15654042**	**8041905**	**13706166**
北京	28341019	15427049	3518507	1479980	3308292
天津	4309181	2998213	107851	152386	286512
河北	955607	295468	233477	13524	115137
山西	1248651	809293	40708	35413	103381
内蒙古	657923	486144		12073	29966
辽宁	800604	461540	108405	12587	19604
吉林	117172	91611		214	
黑龙江	1685				
上海	9055602	3347815	2304326	26121	254079
江苏	2342881	1696433	45987	183246	205141
浙江	349459	141450	19090	5466	36193
安徽	4442922	3186364	95023	230899	278261
福建	3245274	1877440	264544	1500	97846
江西	142948	52595	25669	315	220
山东	5720985	2504225	1066800	90392	1118352
河南	2563425	922032	105690	99450	235961
湖北	23763335	8599189	4290418	4031813	2317369
湖南	14800382	8222104	1184062	720383	924754
广东	17306457	10198531	1444951	460732	2239969
广西	446285	45348	21247	654	295868
海南	90769	42700	23558	11491	
重庆	2890611	1590446	238819	64729	63904
四川	3970104	1953427	226892	240445	1029407
贵州	948269	240576	45872	104804	182580
云南	123672	5099	46510	1389	43130
西藏					
陕西	1944750	779210	177243	45185	375184
甘肃	272505	20469	5842	5634	3849
青海	59268	28352		3305	21447
宁夏	10726	10726			
新疆	929865	615145	12550	7776	119759

2-B-4.6　续表　　　　单位：万元

地　区	文化、体育和娱乐用房屋	厂房及建筑物	仓　库	其他未列明的房屋建筑物
全国总计	**3227906**	**14101705**	**829597**	**9642022**
北　京	512788	2636832	18540	1439031
天　津	246032	419249	42133	56805
河　北	12114	126183	5118	154587
山　西	5003	121525	29749	103580
内蒙古	74963	30021		24756
辽　宁		79369	1641	117457
吉　林	25347			
黑龙江				1685
上　海	361439	927714	135409	1698699
江　苏	44950	148322		18802
浙　江	2300	143326		1635
安　徽	11109	282040	12412	346814
福　建	311384	687344		5215
江　西		55632	8516	
山　东	262016	613091	629	65480
河　南	91134	591248	3571	514339
湖　北	450469	1638712	103300	2332064
湖　南	207530	1362863	73879	2104807
广　东	351707	2373348	186139	51080
广　西		80539		2628
海　南		13020		
重　庆	22287	807608		102819
四　川	81362	290104	99678	48790
贵　州	35211	16376	28126	294724
云　南	79	20903	5915	648
西　藏				
陕　西	54858	394777	70	118224
甘　肃	52069	177393		7249
青　海		2206		3958
宁　夏				
新　疆	11756	61962	74775	26143

2-B-4.7 各地区中央总承包和专业承包建筑业企业施工机械设备情况

地区	年末自有施工机械设备总台数（台）	年末自有施工机械设备总功率（千瓦）	年末自有施工机械设备净值（万元）
全国总计	**711209**	**43061968**	**9674852**
北京	27390	2247680	563178
天津	45863	1894282	975626
河北	54718	2610258	304109
山西	39743	4751577	737860
内蒙古	3133	127562	8100
辽宁	42164	1756155	290506
吉林	10011	368276	54619
黑龙江	34016	620478	122674
上海	14785	939705	395790
江苏	40148	2351412	850545
浙江	19999	359212	83534
安徽	14798	1070989	230015
福建	14146	742753	121121
江西	7953	361826	42454
山东	26996	1226752	249199
河南	49594	2664442	270777
湖北	54895	3455203	880074
湖南	35813	3207881	304177
广东	32330	2244276	1072279
广西	10704	203653	35018
海南	91	10560	1105
重庆	14517	1581788	529233
四川	35077	1800529	396764
贵州	12264	1090515	189734
云南	9515	723341	114289
西藏			
陕西	33804	3557921	652325
甘肃	9973	485327	60672
青海	7945	397204	91341
宁夏	2967	63991	14944
新疆	5857	146420	32793

2-B-4.8　各地区中央总承包和专业承包建筑业企业主要生产效益指标

地　区	建筑业企业个数(个)	从事建筑业活动的平均人数(人)	按总产值计算的劳动生产率(元/人)	人均竣工产值(元/人)	人均施工面积(平方米/人)	人均竣工面积(平方米/人)
全国总计	**1634**	**9050838**	**815443**	**264432**	**374.6**	**58.5**
北　京	162	1204973	744226	349830	540.9	78.6
天　津	79	311661	1109346	339601	403.6	76.5
河　北	58	195568	988392	200758	296.4	23.9
山　西	47	383803	484071	45852	101.1	17.6
内蒙古	4	37804	1029723	297934	958.5	74.9
辽　宁	71	162434	1061465	231525	188.3	18.2
吉　林	32	33995	1194529	179928	150.3	13.3
黑龙江	16	26298	559961	409403	25.3	0.2
上　海	59	410330	1080202	351494	600.4	72.8
江　苏	66	358153	854453	335943	208.2	33.5
浙　江	46	84009	855581	204421	363.3	18.6
安　徽	54	291159	907813	298991	347.8	85.6
福　建	50	581443	357446	97939	176.1	17.3
江　西	28	61850	1365936	210062	177.7	13.0
山　东	96	409183	979341	198930	501.1	50.6
河　南	63	412077	874280	247897	601.5	27.5
湖　北	86	773227	1156247	492611	522.2	127.5
湖　南	34	456370	799905	449261	632.8	134.5
广　东	214	1111529	798127	213754	386.0	70.7
广　西	38	144848	719416	69941	88.3	10.9
海　南	8	2561	1466052	265068	613.6	155.7
重　庆	52	212324	767219	294246	197.6	41.7
四　川	51	357369	635940	215338	262.2	42.8
贵　州	21	193750	663639	58637	105.0	15.0
云　南	24	90537	609114	39737	21.4	10.1
西　藏	7	1165	928767	170174		
陕　西	96	600896	692068	152284	132.7	14.2
甘　肃	21	22633	1153405	265127	338.8	12.4
青　海	9	18362	1497741	893162	151.8	12.8
宁　夏	6	10628	865828	321236	44.8	2.4
新　疆	36	89899	506676	164992	441.7	52.2

2-B-4.9 各地区中央总承包和专业承包建筑业企业资产构成

单位：万元

地 区	资产合计	#流动资产合计	#存货
全国总计	**1032304642**	**721844541**	**21210834**
北 京	247062834	135768375	1684068
天 津	60084044	42755570	1240639
河 北	22184032	18881712	1441179
山 西	36485672	28180675	872489
内蒙古	2473677	1964966	79796
辽 宁	22111892	19074855	742576
吉 林	4130773	3368034	306308
黑龙江	3943361	3624373	605441
上 海	70799953	50739046	882601
江 苏	25974125	21493682	832710
浙 江	7871276	6410026	509808
安 徽	28928328	21817586	1077258
福 建	13291922	10573391	661009
江 西	8729384	7825277	261417
山 东	45839199	35132346	1730794
河 南	35945137	29722065	902620
湖 北	102851889	73343832	1950466
湖 南	36977799	26167256	687870
广 东	110651987	78275723	1302265
广 西	11386989	7518989	165852
海 南	472827	416573	5111
重 庆	15655571	10028480	307456
四 川	29167099	20469968	738073
贵 州	20361432	17573913	565651
云 南	7345422	5255705	110535
西 藏	661986	487593	394
陕 西	45211997	33581569	1101483
甘 肃	3838776	2582886	82866
青 海	4622482	2944518	179469
宁 夏	941797	801082	29927
新 疆	6300982	5064478	152705

2-B-4.10　各地区中央总承包和专业承包建筑业企业固定资产情况

单位：万元

地　区	固定资产原价	固定资产折旧	#本年折旧	在建工程
全国总计	**55693180**	**31978156**	**4028189**	**1894229**
北　京	6274987	3466883	486464	242761
天　津	5542938	3050886	332737	118652
河　北	2579513	1816555	108805	21611
山　西	2715945	1845272	365454	9742
内蒙古	144123	84735	8709	
辽　宁	1734072	1139396	107942	35859
吉　林	375169	217839	26039	111
黑龙江	580302	411330	21916	9440
上　海	3418837	1867482	243834	80374
江　苏	2649699	1393980	198244	190800
浙　江	604553	322160	43509	11688
安　徽	1507972	788277	94018	30750
福　建	810293	478874	63813	6108
江　西	655913	434144	56722	137645
山　东	2672957	1619048	250043	84336
河　南	2312344	1454784	162266	31959
湖　北	5214013	2820145	376711	263597
湖　南	2379667	1176953	182140	97726
广　东	4409170	2129758	351989	294280
广　西	673036	423506	25897	12001
海　南	18313	14529	3216	
重　庆	1254378	817129	92044	44304
四　川	1488291	932422	83452	40159
贵　州	569317	276173	35238	2521
云　南	456081	251612	36109	31615
西　藏	33812	18897	14691	
陕　西	3365949	2042067	205397	56201
甘　肃	259177	169821	14336	17747
青　海	462287	251195	16030	16434
宁　夏	105353	53626	2138	
新　疆	424722	208680	18287	5809

2-B-4.11 各地区中央总承包和专业承包建筑业企业负债及所有者权益

单位：万元

地区	负债合计	#流动负债	#应付账款	所有者权益	#实收资本
全国总计	**802434012**	**732923836**	**339940139**	**229870630**	**91219186**
北京	165053340	149210080	59953576	82009494	21721212
天津	47563114	44558399	18310282	12520930	5772256
河北	18240201	16894170	7418035	3943830	2368461
山西	31351384	29162851	12895590	5134289	2585036
内蒙古	2128263	2078147	843348	345414	196034
辽宁	19388710	18343429	8013819	2723182	2159180
吉林	3503662	3247581	1763325	627111	424944
黑龙江	4210185	4172179	1699506	-266823	557393
上海	55491431	54271519	27510138	15308522	6886089
江苏	20645470	19506398	9438002	5328655	2629369
浙江	6169747	5741505	3155888	1701529	874881
安徽	23622968	22547804	10028644	5305360	2220077
福建	10704725	9220076	5549312	2587197	1230404
江西	8000323	7493360	3751343	729060	598264
山东	37408251	34427369	17803442	8430948	3807162
河南	29930645	28069252	12741769	6014493	2925969
湖北	80551960	69808127	34919493	22299929	7267824
湖南	29469788	27077656	14652399	7508011	3232792
广东	89535657	78257432	38593866	21116330	9590952
广西	8479335	7461280	2682440	2907654	1423438
海南	400638	254542	126147	72189	43471
重庆	12802079	10971176	5147464	2853491	1429802
四川	24377683	23091166	12082906	4789416	2616770
贵州	17906464	17020283	6796633	2454968	1883948
云南	5768135	4640198	1785743	1577287	551252
西藏	453079	276391	88812	208907	120371
陕西	36571393	33611004	16295015	8640604	4511035
甘肃	3336902	3080418	1554830	501874	339612
青海	3492679	2863247	1605798	1129802	306772
宁夏	724247	719646	360694	217551	156753
新疆	5151554	4847152	2371881	1149428	787664

2-B-4.12　各地区中央总承包和专业承包建筑业企业收入情况

单位：万元

地　区	主营业务收　入	主营业务成　本	主营业务税金及附加
全国总计	**746942057**	**691531201**	**1386829**
北　京	115186115	105648276	219055
天　津	36929578	33931815	64760
河　北	18410963	16445562	35603
山　西	23274917	21703359	43183
内蒙古	2703217	2538224	8707
辽　宁	14459330	13499274	32253
吉　林	3887846	3660379	10481
黑龙江	2140250	2058716	4516
上　海	66852127	62893797	103776
江　苏	27084247	25097423	40825
浙　江	7193179	6758502	14746
安　徽	27405378	25623767	46194
福　建	13671359	12813358	24033
江　西	6228136	5758596	12279
山　东	44370579	41880116	81856
河　南	29684605	27568427	51921
湖　北	82252229	75358816	197015
湖　南	30356708	27743386	55995
广　东	86313723	80307091	123047
广　西	7081414	6293172	10716
海　南	350132	320636	573
重　庆	9968311	9187347	17218
四　川	24101457	22376407	36512
贵　州	11913346	11160565	48272
云　南	3976555	3535668	10630
西　藏	186180	167242	800
陕　西	37995523	35322038	60074
甘　肃	2772330	2561973	7368
青　海	4295335	3909686	9723
宁　夏	1155527	1099352	3425
新　疆	4741460	4308234	11277

2-B-4.13 各地区中央总承包和专业承包建筑业企业费用情况

单位：万元

地区	管理费用	销售费用	研发费用	财务费用	#利息收入	#利息支出
全国总计	**12161970**	**940032**	**17437433**	**2888347**	**3078226**	**4949972**
北京	2214488	207796	3208940	542516	1123748	1433191
天津	587657	59454	1146458	125427	152732	257815
河北	424938	46221	406941	98019	22484	73281
山西	284959	8090	593302	90771	72544	139123
内蒙古	40367	7401	3558	15376	1389	15988
辽宁	383289	10035	217934	131162	21003	93960
吉林	96105	1425	77414	10433	4797	10620
黑龙江	56147	5303	21150	11004	1775	11172
上海	834798	121466	1244460	171693	204518	318657
江苏	431177	44490	586243	54004	62981	79876
浙江	171748	6620	177074	-4350	25282	22008
安徽	342472	10584	644915	58349	29495	55339
福建	157682	9447	286218	31271	20324	40418
江西	188965	17605	147634	30801	22234	34275
山东	523738	73654	962289	100042	126296	172626
河南	457547	18149	728028	166203	57611	200595
湖北	1211392	60486	2099325	217266	307588	446814
湖南	442244	17224	931908	158607	106618	216011
广东	1189708	53210	1637062	423010	346388	631351
广西	142329	5836	108869	64322	14211	68228
海南	5300	82	9295	1602	1155	2166
重庆	214961	32446	220568	69739	33280	60213
四川	489942	52144	590041	12208	120289	126580
贵州	196736	2315	178224	129549	12543	133914
云南	123309	3792	131244	45846	8357	56313
西藏	10539	500		-2769	16243	13200
陕西	632542	59391	777920	79762	130499	166397
甘肃	58112	3962	31587	5774	4469	5893
青海	112266	433	143369	20083	19668	32723
宁夏	21497	62	19716	2445	1423	1437
新疆	115016	412	105748	28183	6284	29789

2-B-4.14 各地区中央总承包和专业承包建筑业企业利润及税金情况

单位：万元

地区	利润总额	#应交所得税	税金总额	主营业务税金及附加	应交增值税
全国总计	**21985305**	**2253996**	**9534021**	**1386829**	**8147192**
北京	5539150	342174	1351526	219055	1132471
天津	882447	101044	408179	64760	343419
河北	420834	81750	253304	35603	217702
山西	485198	25598	264637	43183	221454
内蒙古	56689	20170	45363	8707	36657
辽宁	-6522	13139	258091	32253	225838
吉林	55367	8456	79902	10481	69421
黑龙江	-9456	5768	45782	4516	41266
上海	1604967	197561	561881	103776	458105
江苏	833686	105410	315178	40825	274353
浙江	132229	24158	146921	14746	132176
安徽	838408	102263	347508	46194	301314
福建	333772	37469	181192	24033	157159
江西	142157	24018	114743	12279	102464
山东	1319930	131534	483831	81856	401975
河南	536891	63136	327793	51921	275873
湖北	2842803	242676	1247600	197015	1050585
湖南	964430	102743	491743	55995	435748
广东	2250644	290790	1074764	123047	951716
广西	456751	53377	145685	10716	134970
海南	13223	1431	5105	573	4533
重庆	248082	34903	179719	17218	162502
四川	618882	94033	365965	36512	329452
贵州	98891	-4505	175103	48272	126831
云南	84157	11737	65054	10630	54424
西藏	8993	862	2534	800	1734
陕西	911527	101379	418370	60074	358296
甘肃	74286	5481	43609	7368	36241
青海	109361	12697	46005	9723	36282
宁夏	10130	1385	7568	3425	4143
新疆	127400	21362	79369	11277	68092

2-B-4.15 各地区中央总承包和专业承包建筑业企业应收工程款及亏损情况

地区	应收工程款（万元）	企业个数（个）	#亏损企业个数	亏损企业的比重（%）
全国总计	**160407087**	**1634**	**125**	**7.6**
北京	27991537	162	24	14.8
天津	8867856	79	5	6.3
河北	3718258	58	8	13.8
山西	6750147	47	2	4.3
内蒙古	409606	4		
辽宁	4301835	71	10	14.1
吉林	884103	32	2	6.3
黑龙江	480728	16	4	25.0
上海	9142997	59	2	3.4
江苏	4612042	66	2	3.0
浙江	1646127	46	2	4.3
安徽	5588350	54	1	1.9
福建	2116558	50	2	4.0
江西	2112006	28		
山东	6569094	96	8	8.3
河南	8026528	63	5	7.9
湖北	17642656	86	6	7.0
湖南	5866678	34	1	2.9
广东	17520435	214	12	5.6
广西	1433156	38	4	10.5
海南	90092	8		
重庆	3526738	52	3	5.8
四川	4824894	51	4	7.8
贵州	3764564	21	3	14.3
云南	1827339	24	2	8.3
西藏	76820	7		
陕西	7819857	96	9	9.4
甘肃	759754	21	1	4.8
青海	607099	9	1	11.1
宁夏	211101	6		
新疆	1218133	36	2	5.6

2-B-4.16　各地区中央总承包和专业承包建筑业企业主要经济效益指标

地　区	产值利润率(%)	资本利润率(%)	人均利润(元/人)	资产负债率(%)
全国总计	**3.0**	**24.1**	**24291**	**77.7**
北　京	6.2	25.5	45969	66.8
天　津	2.6	15.3	28314	79.2
河　北	2.2	17.8	21519	82.2
山　西	2.6	18.8	12642	85.9
内蒙古	1.5	28.9	14995	86.0
辽　宁		-0.3	-402	87.7
吉　林	1.4	13.0	16287	84.8
黑龙江	-0.6	-1.7	-3596	106.8
上　海	3.6	23.3	39114	78.4
江　苏	2.7	31.7	23277	79.5
浙　江	1.8	15.1	15740	78.4
安　徽	3.2	37.8	28796	81.7
福　建	1.6	27.1	5740	80.5
江　西	1.7	23.8	22984	91.6
山　东	3.3	34.7	32258	81.6
河　南	1.5	18.3	13029	83.3
湖　北	3.2	39.1	36765	78.3
湖　南	2.6	29.8	21133	79.7
广　东	2.5	23.5	20248	80.9
广　西	4.4	32.1	31533	74.5
海　南	3.5	30.4	51632	84.7
重　庆	1.5	17.4	11684	81.8
四　川	2.7	23.7	17318	83.6
贵　州	0.8	5.2	5104	87.9
云　南	1.5	15.3	9295	78.5
西　藏	8.3	7.5	77191	68.4
陕　西	2.2	20.2	15169	80.9
甘　肃	2.8	21.9	32822	86.9
青　海	4.0	35.6	59558	75.6
宁　夏	1.1	6.5	9531	76.9
新　疆	2.8	16.2	14171	81.8

2-B-4.17 各地区地方总承包和专业承包建筑业企业签订合同情况

单位：万元

地区	签订合同额	上年结转合同额	本年新签合同额
全国总计	**4546292930**	**2154397351**	**2391895579**
北京	122092851	68285049	53807802
天津	31772589	15361484	16411105
河北	102359157	50162895	52196262
山西	87122768	34121666	53001102
内蒙古	25073695	12104830	12968865
辽宁	39207016	14966248	24240768
吉林	35943464	17712223	18231242
黑龙江	29006759	14558473	14448286
上海	152810391	88106687	64703704
江苏	562461751	221579685	340882066
浙江	460887864	239573909	221313955
安徽	181393498	84180312	97213186
福建	257064964	111349359	145715606
江西	160795757	65366899	95428858
山东	262334968	111994227	150340741
河南	153777443	75224635	78552808
湖北	202377144	82900839	119476305
湖南	170614003	70255037	100358967
广东	426197940	241415220	184782720
广西	100769728	58977671	41792057
海南	14018465	8339827	5678639
重庆	120692146	50181488	70510657
四川	361317107	187955709	173361397
贵州	82608993	56946669	25662323
云南	129199191	55405850	73793341
西藏	4448638	2573950	1874688
陕西	140770554	54365505	86405049
甘肃	49618946	22615976	27002970
青海	9539790	4796609	4743182
宁夏	10816802	4557125	6259677
新疆	59198549	28461296	30737253

2-B-4.18　各地区地方总承包和专业承包建筑业企业承包工程完成情况

单位：万元

地　区	直接从建设单位承揽工程完成的产值	自行完成施工产值	分包出去工程的产值	从建设单位以外承揽工程完成的产值
全国总计	**2290736354**	**2224768532**	**65967821**	**181122616**
北　京	47665377	44728162	2937215	8779381
天　津	14192066	12735554	1456512	3726206
河　北	52118232	51603360	514872	1657022
山　西	40494014	39942520	551495	3075047
内蒙古	11433884	10885255	548629	214570
辽　宁	25468548	25058845	409704	1077910
吉　林	17110754	17057905	52849	1072701
黑龙江	12876302	12848284	28018	251010
上　海	61663141	44752322	16910819	11756765
江　苏	360321601	359080654	1240947	32829373
浙　江	225001229	220847287	4153941	16523023
安　徽	86946057	85865796	1080261	11745172
福　建	145981430	145533101	448329	7638095
江　西	95824549	94479041	1345508	5093097
山　东	145904673	140345239	5559434	7400743
河　南	76371248	75432649	938599	3472310
湖　北	111319091	109968162	1350929	8415572
湖　南	112146557	111076776	1069782	4009701
广　东	165142789	149913301	15229488	15364623
广　西	43471849	43008622	463227	3464308
海　南	4755242	4336596	418646	213675
重　庆	75041421	73629391	1412030	5442185
四　川	144306227	138433642	5872585	11565179
贵　州	26013708	25923898	89809	647378
云　南	65001040	64685711	315328	8638989
西　藏	2400592	2325977	74615	75661
陕　西	56742757	56193495	549263	5373982
甘　肃	23966564	23723239	243325	641047
青　海	3543051	3407108	135943	100573
宁　夏	6658065	6381984	276080	136366
新　疆	30854296	30564657	289639	720953

2-B-4.19 各地区地方总承包和专业承包建筑业企业总产值和竣工产值

单位：万元

地 区	建筑业总产值	#装饰装修产值	#在外省完成的产值	按构成分组			竣工产值
				建筑工程产值	安装工程产值	其他产值	
全国总计	**2405891148**	**122286640**	**564633724**	**2120437123**	**206269968**	**79184057**	**1173569105**
北 京	53507543	9732911	22317731	50213090	2723718	570735	32762260
天 津	16461759	746817	5219584	13255760	2315922	890077	5879662
河 北	53260382	1682555	10509455	46518239	5567981	1174162	22662367
山 西	43017566	1324234	6995176	37654368	4307315	1055884	16519257
内蒙古	11099824	194484	1008684	9836241	717943	545641	4732653
辽 宁	26136755	1172561	4215875	21306581	3255367	1574807	10979232
吉 林	18130607	504493	2208101	15720983	1524284	885339	9347513
黑龙江	13099294	212465	1408011	11161890	977559	959845	3899214
上 海	56509087	7514629	18492505	46165411	8567424	1776252	37121971
江 苏	391910027	22423898	154821927	363784090	25898913	2227024	276186793
浙 江	237370310	16780939	52263780	211258583	20395442	5716285	141651962
安 徽	97610968	3028065	16144592	82391677	7446046	7773245	38282223
福 建	153171196	4519694	69184122	141296203	8992620	2882372	65460591
江 西	99572138	4004899	23548166	88050823	5906212	5615103	38416703
山 东	147745983	8121899	23092478	121554632	21846283	4345068	63662139
河 南	78904959	2610252	12887102	66315532	9114047	3475379	35718330
湖 北	118383734	5639723	19510026	103393040	10698124	4292570	45708906
湖 南	115086477	3180132	20713074	96687225	11624454	6774797	63056038
广 东	165277925	15656142	24729453	143322441	16563679	5391805	61013219
广 西	46472930	1059535	6348742	40729517	3293120	2450292	20472939
海 南	4550272	213208	219015	3940211	402975	207086	2474517
重 庆	79071576	3257529	17419237	69671261	6125024	3275291	32855573
四 川	149998821	4035438	27199683	133092094	11245218	5661510	59739445
贵 州	26571276	479202	4717962	23544262	1742038	1284977	7698979
云 南	73324700	930581	3378658	64845097	5173368	3306235	26059425
西 藏	2401637	35153	54154	2138301	137680	125656	1186675
陕 西	61567476	2381759	9911636	53437214	5273619	2856644	23740568
甘 肃	24364286	375174	2361739	21229897	2195195	939194	8319841
青 海	3507681	59995	168321	3107469	267413	132799	967141
宁 夏	6518350	42755	696735	6002366	391489	124496	2763627
新 疆	31285609	365521	2888000	28812626	1579496	893487	14229345

2-B-4.20　各地区地方总承包和专业承包建筑业企业房屋建筑面积

地　区	房屋施工面积(万平方米)	#本年新开工	房屋竣工面积(万平方米)	房屋竣工率(%)
全国总计	**1191906**	**337924**	**340424**	**28.6**
北　京	22975	4333	4352	18.9
天　津	5307	1034	1154	21.8
河　北	28250	6882	7455	26.4
山　西	18525	4766	3552	19.2
内蒙古	3248	1095	1053	32.4
辽　宁	8700	2265	3249	37.3
吉　林	5687	1580	2088	36.7
黑龙江	3538	1163	1184	33.5
上　海	30788	5961	6801	22.1
江　苏	251760	72076	71901	28.6
浙　江	164973	45406	46444	28.2
安　徽	49731	18456	13674	27.5
福　建	88825	20270	18994	21.4
江　西	35977	14501	12857	35.7
山　东	77487	24303	21316	27.5
河　南	36608	9305	12286	33.6
湖　北	39971	15596	17118	42.8
湖　南	47791	17665	19460	40.7
广　东	75011	18402	19341	25.8
广　西	26284	4768	5792	22.0
海　南	1966	389	481	24.4
重　庆	27406	7929	10955	40.0
四　川	55671	16097	17181	30.9
贵　州	12382	2337	2234	18.0
云　南	16603	5832	5568	33.5
西　藏	367	137	223	60.9
陕　西	31691	7519	6932	21.9
甘　肃	10650	2629	2163	20.3
青　海	599	162	217	36.3
宁　夏	1669	642	582	34.9
新　疆	11468	4425	3817	33.3

2-B-4.21 各地区按主要用途分的地方总承包和专业承包建筑业企业房屋竣工面积

单位：万平方米

地 区	总计	住宅房屋	商业及服务用房屋	办公用房 屋	科研、教育和医疗用房屋	文化、体育和娱乐用房屋	厂房及建筑物	仓 库	其他未列明的房屋建筑物
全国总计	**340424**	**206522**	**21146**	**11466**	**16097**	**3801**	**66090**	**3228**	**12074**
北 京	4352	2529	549	214	324	48	466	25	198
天 津	1154	593	87	39	75	17	282	6	56
河 北	7455	4951	467	193	376	122	939	39	368
山 西	3552	2340	182	60	365	67	435	13	90
内蒙古	1053	732	60	24	52	16	95	5	70
辽 宁	3249	2366	136	44	67	20	484	34	98
吉 林	2088	1269	89	73	113	29	353	8	154
黑龙江	1184	748	66	13	29	5	138	9	177
上 海	6801	3118	590	390	577	155	1280	384	307
江 苏	71901	46862	2337	2538	2358	777	15124	597	1309
浙 江	46444	23504	3453	1675	1569	583	14227	666	767
安 徽	13674	7389	798	343	508	186	3822	84	545
福 建	18994	12886	1082	704	638	107	3276	94	208
江 西	12857	6949	1211	574	756	165	2432	123	647
山 东	21316	13446	1199	709	1522	202	3259	138	842
河 南	12286	8826	537	354	588	121	1234	110	516
湖 北	17118	10919	1304	642	628	169	2775	108	574
湖 南	19460	12882	1218	807	1294	213	2314	147	586
广 东	19341	9429	1350	630	894	146	5774	170	949
广 西	5792	3059	385	172	576	143	1020	54	384
海 南	481	275	79	20	68	6	18	5	10
重 庆	10955	7348	728	191	326	110	1227	42	983
四 川	17181	10843	1498	398	818	127	2569	211	716
贵 州	2234	1212	151	44	274	21	322	41	169
云 南	5568	3397	463	198	422	73	501	47	467
西 藏	223	108	23	4	15	3	22	2	46
陕 西	6932	4857	499	198	421	100	565	8	282
甘 肃	2163	1449	112	54	153	31	246	10	110
青 海	217	83	19	38	13	4	34	4	22
宁 夏	582	319	26	31	53	7	110	4	32
新 疆	3817	1833	448	93	229	28	750	42	395

2-B-4.22　各地区按主要用途分的地方总承包和专业承包建筑业企业房屋竣工价值

单位：万元

地　区	总计	住宅房屋	商业及服务用房屋	办公用房　屋	科研、教育和医疗用房屋
全国总计	**707028947**	**426288747**	**47759068**	**28442214**	**45748082**
北　京	15000683	7725272	1466055	1008645	1618946
天　津	2268015	1250135	133234	56266	183115
河　北	14129721	9085686	1122705	451857	944763
山　西	7526518	4254212	422488	158785	1210799
内蒙古	2020660	1279987	137692	61506	190322
辽　宁	5817153	4203358	283251	68619	180356
吉　林	4266917	2328169	222416	212450	358517
黑龙江	1389813	854150	96020	60270	83915
上　海	20003364	8980414	2209774	1392553	2098380
江　苏	176839969	115419207	6290875	7455065	7719832
浙　江	98424785	53800062	7962762	4357091	5150578
安　徽	21527955	11601707	1621025	592407	1127552
福　建	42144150	28968997	2375198	1386078	1979328
江　西	22592368	12728360	1828965	942950	1875736
山　东	39908849	24089389	2701837	1800910	3514660
河　南	17945814	12654892	781527	650058	1118231
湖　北	29143653	18333057	2473037	1095928	1323884
湖　南	32628375	21127527	2311075	1389585	2450184
广　东	37337085	18843677	2738088	1692627	2648040
广　西	13243799	7493363	738067	497793	1633927
海　南	1312506	643345	274236	61964	257589
重　庆	19168844	12771101	1514941	452191	786731
四　川	35481076	21345025	3546859	898632	2590475
贵　州	4394516	2073888	226952	122493	630425
云　南	12297763	7335267	1275091	471840	1028503
西　藏	491455	270007	44939	14419	41192
陕　西	16348110	9854263	1432975	633226	1602937
甘　肃	4340637	2751334	432355	90149	414533
青　海	457831	175541	68229	38553	31864
宁　夏	1348891	705529	60431	81329	212126
新　疆	7227673	3341825	965969	245978	740644

2-B-4.22 续表 单位：万元

地 区	文化、体育和娱乐用房屋	厂房及建筑物	仓 库	其他未列明的房屋建筑物
全国总计	**11331616**	**119494577**	**5784264**	**22180378**
北 京	434437	1486184	50157	1210987
天 津	14796	480313	17112	133045
河 北	309370	1554058	60878	600404
山 西	267167	1055011	28530	129526
内蒙古	79288	220093	7226	44546
辽 宁	63480	822109	26161	169818
吉 林	79901	815015	3943	246505
黑龙江	13978	181123	15599	84759
上 海	582559	3271458	565198	903028
江 苏	2677063	32826229	1352465	3099232
浙 江	1829023	22208465	1382970	1733834
安 徽	167324	5705246	127235	585459
福 建	308502	6336084	256919	533046
江 西	406175	3727553	177240	905390
山 东	416089	5279186	229282	1877496
河 南	218065	1732862	118819	671360
湖 北	407989	4356649	149066	1004043
湖 南	498997	3607733	243773	999501
广 东	431236	9472688	243219	1267511
广 西	405174	1691885	124171	659419
海 南	9728	28770	18404	18471
重 庆	227878	2321569	63005	1031428
四 川	371260	4838453	196734	1693638
贵 州	36266	651410	115830	537251
云 南	152077	1056898	59903	918185
西 藏	9491	17301	6701	87407
陕 西	723724	1765720	25328	309937
甘 肃	93270	324711	25902	208383
青 海	7135	84197	6994	45320
宁 夏	23668	199012	7540	59256
新 疆	66504	1376596	77961	412195

2-B-4.23　各地区地方总承包和专业承包建筑业企业施工机械设备情况

地　区	年末自有施工机械设备总台数（台）	年末自有施工机械设备总功率（千瓦）	年末自有施工机械设备净值（万元）
全国总计	**4521314**	**105383389**	**27245291**
北　京	41023	3218891	300049
天　津	11310	388819	64426
河　北	155921	3207323	635165
山　西	135284	2476876	595204
内蒙古	28867	1660851	389256
辽　宁	28628	826672	163444
吉　林	27692	636748	253428
黑龙江	23204	735636	148827
上　海	14621	624043	360637
江　苏	1201310	30039746	7233752
浙　江	518374	8972438	2228621
安　徽	102359	1367347	398816
福　建	188596	5773287	1396417
江　西	103206	2817146	700823
山　东	401200	7377629	2816992
河　南	270525	6525473	1671588
湖　北	211905	3903295	1302896
湖　南	253741	4749702	1198774
广　东	214625	4614731	1317781
广　西	70607	1103334	258788
海　南	3698	73326	11057
重　庆	73973	1625287	425301
四　川	139475	5186117	1086811
贵　州	14793	449957	104990
云　南	110468	1855587	618553
西　藏	1553	92704	24318
陕　西	67848	2459793	710356
甘　肃	60407	1012873	293192
青　海	2457	64801	23831
宁　夏	16360	221219	68162
新　疆	27284	1321738	443035

2-B-4.24 各地区地方总承包和专业承包建筑业企业主要生产效益指标

地区	建筑业企业个数（个）	从事建筑业活动的平均人数（人）	按总产值计算的劳动生产率（元/人）	人均竣工产值（元/人）	人均施工面积（平方米/人）	人均竣工面积（平方米/人）
全国总计	**157506**	**57054582**	**421682**	**205692**	**208.9**	**59.7**
北　京	2544	1075315	497599	304676	213.7	40.5
天　津	3300	470356	349985	125004	112.8	24.5
河　北	4060	1143259	465865	198226	247.1	65.2
山　西	3787	961343	447474	171835	192.7	37.0
内蒙古	1131	268011	414156	176584	121.2	39.3
辽　宁	5891	546581	478186	200871	159.2	59.4
吉　林	2632	411421	440683	227201	138.2	50.8
黑龙江	2081	357892	366012	108949	98.9	33.1
上　海	2401	1069878	528183	346974	287.8	63.6
江　苏	14749	10173944	385210	271465	247.5	70.7
浙　江	10781	5769858	411397	245503	285.9	80.5
安　徽	8955	2249397	433943	170189	221.1	60.8
福　建	9231	4676302	327548	139984	189.9	40.6
江　西	6882	2086162	477298	184150	172.5	61.6
山　东	12474	3180068	464600	200191	243.7	67.0
河　南	9979	2358340	334578	151455	155.2	52.1
湖　北	6859	2173224	544738	210328	183.9	78.8
湖　南	4179	2659111	432801	237132	179.7	73.2
广　东	11362	3272471	505055	186444	229.2	59.1
广　西	2831	1052925	441370	194439	249.6	55.0
海　南	382	81243	560082	304582	242.0	59.2
重　庆	3872	1964835	402434	167218	139.5	55.8
四　川	9321	3861654	388432	154699	144.2	44.5
贵　州	2335	624036	425797	123374	198.4	35.8
云　南	4592	1584106	462877	164506	104.8	35.1
西　藏	518	47225	508552	251281	77.6	47.3
陕　西	4238	1435141	428999	165423	220.8	48.3
甘　肃	2739	514758	473315	161626	206.9	42.0
青　海	616	92895	377596	104111	64.4	23.4
宁　夏	766	189471	344029	145860	88.1	30.7
新　疆	2018	703360	444802	202305	163.0	54.3

2-B-4.25　各地区地方总承包和专业承包建筑业企业资产构成

单位：万元

地　区	资产合计	#流动资产合计	#存货
全国总计	**2785103582**	**2259091800**	**299996644**
北　京	104313924	84459371	5800521
天　津	36004429	32394757	2810493
河　北	72956668	60462904	11461922
山　西	70989796	52097640	7267318
内蒙古	22709802	18246159	2466618
辽　宁	49806715	41331158	5745131
吉　林	31980234	26457358	3041775
黑龙江	23234635	19736379	2350064
上　海	88804438	74891245	7162138
江　苏	290201770	245097795	48174849
浙　江	203695119	168824870	27952442
安　徽	105398631	85832117	8262628
福　建	92988653	73684347	13204048
江　西	90688817	71255321	10829110
山　东	215927998	178779783	27956968
河　南	107950288	84994823	13036826
湖　北	118026630	94868213	11585021
湖　南	71159779	54022990	6902251
广　东	246811105	215172108	23932388
广　西	49043734	40355034	4265453
海　南	8368302	7313351	549085
重　庆	71122234	54254217	8542360
四　川	215910255	162171924	16582523
贵　州	77461936	64103463	8013994
云　南	98432048	67331375	4184343
西　藏	6590064	5243500	420961
陕　西	98936338	86349887	6816631
甘　肃	51994765	38666842	3946594
青　海	6114091	4935272	581614
宁　夏	8157360	6823693	1059634
新　疆	49323025	38933906	5090946

2-B-4.26 各地区地方总承包和专业承包建筑业企业固定资产情况

单位：万元

地　区	固定资产原价	固定资产折旧	#本年折旧	在建工程
全国总计	**192786480**	**89369420**	**14184638**	**36727654**
北　京	4863118	2661308	269797	329525
天　津	2359998	1325617	165944	203612
河　北	5617785	2777746	328991	640634
山　西	4920850	2204570	286165	1277192
内蒙古	2823701	1376549	184498	327254
辽　宁	5315337	2960408	333545	446985
吉　林	3357621	1415161	193583	460026
黑龙江	1705952	919289	127443	148854
上　海	5569175	3241436	416168	499534
江　苏	28091441	13320358	1896308	3418625
浙　江	16068810	7485656	1011133	2709506
安　徽	6308651	2932434	561524	1447666
福　建	7228787	3656359	637574	930801
江　西	5951044	2028620	456047	1321884
山　东	15917892	7303934	1355194	3040489
河　南	9792033	4304583	715141	1078724
湖　北	8326016	3887720	577565	2009549
湖　南	6666459	3077894	629918	1307196
广　东	10478329	5275588	785079	2006824
广　西	2385751	1032095	225504	1945383
海　南	245790	131501	24327	110964
重　庆	4432033	1908653	359448	1788852
四　川	12603889	5041000	936789	4008269
贵　州	1701501	773771	136422	1095848
云　南	5591135	2453133	509808	1214391
西　藏	335076	123151	21212	38272
陕　西	4573602	2139716	408439	448762
甘　肃	4111729	1238923	232275	1519604
青　海	453251	224448	47895	47889
宁　夏	776216	381910	56078	50797
新　疆	4213509	1765891	294828	853745

2-B-4.27　各地区地方总承包和专业承包建筑业企业负债及所有者权益

单位：万元

地　区	负债合计	#流动负债	#应付账款	所有者权益	#实收资本
全国总计	**1983616413**	**1638116631**	**697748505**	**801487168**	**342041219**
北　京	79334596	69553238	31927871	24979329	11423045
天　津	27393248	23106208	10259856	8611181	5244480
河　北	54255920	43673895	19277772	18700748	8327946
山　西	49395814	41068776	17825677	21593982	9818399
内蒙古	15549888	12711016	5004290	7159914	4015558
辽　宁	35407741	28084179	10051425	14398974	7152303
吉　林	22084928	18009821	6053859	9895306	4352879
黑龙江	17197926	14684319	6013172	6036708	3459221
上　海	70735848	63653907	37345284	18068590	8932435
江　苏	171283713	148670177	57890692	118918056	43637939
浙　江	144361987	130388753	56209217	59333132	27615635
安　徽	79337685	61959451	24530132	26060946	10775012
福　建	54888584	37487522	12751354	38100069	13821665
江　西	64383142	46337000	15188426	26305675	9929910
山　东	165607240	136276664	56701496	50320758	23336271
河　南	71811770	55530457	19967845	36138517	16347191
湖　北	81515952	63674554	35547774	36510677	14628059
湖　南	46680467	31664560	10520569	24479312	8955803
广　东	187055885	165884325	64392838	59755221	27617881
广　西	37395134	31167129	14142594	11648600	7630198
海　南	6313176	5414604	3047675	2055126	956268
重　庆	50390547	38290396	15564042	20731688	6920042
四　川	157562948	121260940	56805764	58347307	19458537
贵　州	59820342	48867888	17313201	17641593	4441365
云　南	66723501	58778113	24978624	31708547	19814553
西　藏	4323841	3113536	1074017	2266222	516284
陕　西	77684147	68777091	38183305	21252191	9866346
甘　肃	37304885	30592734	12742743	14689881	6038049
青　海	4239219	3602818	1360150	1874872	1204872
宁　夏	5802528	4870088	2420736	2354832	1350775
新　疆	37773812	30962472	12656104	11549213	4452298

2-B-4.28 各地区地方总承包和专业承包建筑业企业收入情况

单位：万元

地　区	主营业务收　入	主营业务成　本	主营业务税金及附加
全国总计	**2017749844**	**1819711189**	**10422791**
北　京	59564524	54094091	199062
天　津	17978191	16306184	54242
河　北	45801678	42256319	192992
山　西	41474419	34248085	115043
内蒙古	13541617	12227603	55634
辽　宁	23998110	18789312	92775
吉　林	15683188	14186790	79754
黑龙江	13784779	12649365	58480
上　海	72234038	67081305	198498
江　苏	322074372	290634787	1695711
浙　江	193464406	179895475	689386
安　徽	77539192	70579265	316439
福　建	113276835	102298489	808711
江　西	61733516	55992136	362758
山　东	131793661	119150903	602694
河　南	65862302	57745364	440678
湖　北	88985525	79476150	770081
湖　南	79262149	69848373	1079079
广　东	156960499	143934315	492998
广　西	32683614	29647084	123805
海　南	4946765	4513419	16022
重　庆	60169418	53625612	462018
四　川	131542889	118186636	645462
贵　州	20916711	18806836	80701
云　南	52189511	46377826	307803
西　藏	2245255	2037159	8990
陕　西	53219050	48156840	253754
甘　肃	23018267	21080025	99410
青　海	4442764	4130712	14031
宁　夏	6957474	6439706	24174
新　疆	30405127	25315023	81606

2-B-4.29　各地区地方总承包和专业承包建筑业企业费用情况

单位：万元

地　区	管理费用	销售费用	研发费用	财务费用	#利息收入	#利息支出
全国总计	**73528438**	**7120164**	**17349760**	**13215548**	**2738470**	**13502923**
北　京	2724070	540555	1129375	224054	200719	341544
天　津	1179888	123266	147619	138487	28879	93785
河　北	1689546	75034	372383	413180	32787	213138
山　西	1763141	80907	913091	340418	208830	407951
内蒙古	667780	11216	130788	73279	5803	50272
辽　宁	1620378	78613	112996	176310	21679	85072
吉　林	757525	25567	90430	182045	-2496	105756
黑龙江	603521	25598	114584	71920	27800	77464
上　海	2663718	243352	1455498	175189	104005	163511
江　苏	9101373	1040798	726361	1837278	248322	942673
浙　江	6408292	660080	1693571	770871	178409	765607
安　徽	2828495	304067	731674	575793	97305	409372
福　建	4165815	407913	396428	420143	41908	228184
江　西	2136985	219539	304984	516200	53132	286928
山　东	5008859	320418	1606776	1145943	138625	844814
河　南	2646232	251104	499184	600334	23090	371389
湖　北	2921809	383342	705809	526346	62160	379764
湖　南	2906859	460259	1076544	551524	133041	298610
广　东	6348375	465530	2154324	1039171	160335	764087
广　西	1179358	43944	309609	250108	33832	174909
海　南	197308	5980	26640	20908	2937	11972
重　庆	2488312	375059	214013	463219	74760	186086
四　川	4185089	500809	1293092	1068235	293499	800760
贵　州	795717	37260	99052	204160	17670	152052
云　南	2141747	225443	103031	548021	100989	528612
西　藏	161328	5356	4315	19601	2215	5643
陕　西	1793198	105534	647469	326655	203421	380582
甘　肃	859090	52015	144350	236862	196251	4159086
青　海	195165	2984	28244	17072	1559	13808
宁　夏	300543	9424	19650	25867	1671	18112
新　疆	1088923	39200	97878	256357	45334	241381

2-B-4.30 各地区地方总承包和专业承包建筑业企业利润及税金情况

单位：万元

地区	利润总额	#应交所得税	税金总额	主营业务税金及附加	应交增值税
全国总计	**67037372**	**12023343**	**60654177**	**10422791**	**50231386**
北京	993226	155078	1244056	199062	1044994
天津	230979	58400	518336	54242	464094
河北	838296	190340	1198665	192992	1005673
山西	1228498	130463	1284475	115043	1169432
内蒙古	419288	84569	461483	55634	405850
辽宁	523900	109642	843659	92775	750884
吉林	510827	96402	586191	79754	506437
黑龙江	369910	84080	465555	58480	407075
上海	891743	224055	1473979	198498	1275481
江苏	13359158	2632432	9387634	1695711	7691923
浙江	3388953	745481	4892681	689386	4203295
安徽	2536127	374861	2228936	316439	1912497
福建	4809261	925035	3445764	808711	2637053
江西	2480829	473823	1886837	362758	1524079
山东	4469960	737705	3969361	602694	3366668
河南	2615404	440070	2479413	440678	2038735
湖北	4018538	692487	3633509	770081	2863427
湖南	3508907	513839	3367306	1079079	2288227
广东	2737827	658851	4025392	492998	3532395
广西	1159024	159269	835997	123805	712193
海南	185046	43178	164418	16022	148397
重庆	2566476	401476	2420571	462018	1958553
四川	5751157	997038	3775514	645462	3130052
贵州	1017992	153462	827481	80701	746780
云南	2755395	334657	1737830	307803	1430027
西藏	79280	9189	90025	8990	81035
陕西	2002422	289202	1463586	253754	1209831
甘肃	766140	124631	854174	99410	754763
青海	68047	14537	150918	14031	136887
宁夏	137077	29420	196054	24174	171880
新疆	617683	139674	744377	81606	662770

2-B-4.31　各地区地方总承包和专业承包建筑业企业应收工程款及亏损情况

地　区	应收工程款(万元)	企业个数(个)	#亏损企业个数	亏损企业的比重(%)
全国总计	**671688907**	**157506**	**35122**	**22.3**
北　京	23758421	2544	788	31.0
天　津	10297427	3300	1009	30.6
河　北	17898180	4060	1004	24.7
山　西	18608408	3787	1011	26.7
内蒙古	6685933	1131	320	28.3
辽　宁	14068529	5891	1885	32.0
吉　林	8938554	2632	559	21.2
黑龙江	5307241	2081	571	27.4
上　海	20650741	2401	623	26.0
江　苏	74548514	14749	2069	14.0
浙　江	44194068	10781	3587	33.3
安　徽	31310608	8955	1803	20.1
福　建	20447282	9231	1616	17.5
江　西	16714370	6882	1115	16.2
山　东	58739182	12474	2648	21.2
河　南	28340753	9979	1870	18.7
湖　北	29826649	6859	953	13.9
湖　南	13786625	4179	544	13.0
广　东	58872906	11362	3285	28.9
广　西	10273095	2831	969	34.2
海　南	1967183	382	98	25.7
重　庆	17340893	3872	683	17.6
四　川	38884722	9321	1332	14.3
贵　州	12877468	2335	749	32.1
云　南	25051048	4592	1149	25.0
西　藏	1140216	518	105	20.3
陕　西	33712258	4238	896	21.1
甘　肃	11738848	2739	711	26.0
青　海	1206535	616	192	31.2
宁　夏	2747978	766	273	35.6
新　疆	11754275	2018	705	34.9

2-B-4.32 各地区地方总承包和专业承包建筑业企业主要经济效益指标

地区	产值利润率(%)	资本利润率(%)	人均利润(元/人)	资产负债率(%)
全国总计	**2.8**	**19.6**	**11750**	**71.2**
北京	1.9	8.7	9237	76.1
天津	1.4	4.4	4911	76.1
河北	1.6	10.1	7333	74.4
山西	2.9	12.5	12779	69.6
内蒙古	3.8	10.4	15644	68.5
辽宁	2.0	7.3	9585	71.1
吉林	2.8	11.7	12416	69.1
黑龙江	2.8	10.7	10336	74.0
上海	1.6	10.0	8335	79.7
江苏	3.4	30.6	13131	59.0
浙江	1.4	12.3	5874	70.9
安徽	2.6	23.5	11275	75.3
福建	3.1	34.8	10284	59.0
江西	2.5	25.0	11892	71.0
山东	3.0	19.2	14056	76.7
河南	3.3	16.0	11090	66.5
湖北	3.4	27.5	18491	69.1
湖南	3.0	39.2	13196	65.6
广东	1.7	9.9	8366	75.8
广西	2.5	15.2	11008	76.2
海南	4.1	19.4	22777	75.4
重庆	3.2	37.1	13062	70.9
四川	3.8	29.6	14893	73.0
贵州	3.8	22.9	16313	77.2
云南	3.8	13.9	17394	67.8
西藏	3.3	15.4	16788	65.6
陕西	3.3	20.3	13953	78.5
甘肃	3.1	12.7	14884	71.7
青海	1.9	5.6	7325	69.3
宁夏	2.1	10.1	7235	71.1
新疆	2.0	13.9	8782	76.6

C.总承包建筑业企业

2-C-1　各地区总承包建筑业企业签订合同情况

单位：万元

地　区	签订合同额	上年结转合同额	本年新签合同额
全国总计	**6793907364**	**3529963863**	**3263943500**
北　京	478139357	295036051	183103307
天　津	160706426	82695388	78011038
河　北	168012031	88749553	79262478
山　西	133114651	60019005	73095646
内蒙古	38998187	19796352	19201835
辽　宁	75283590	32970428	42313162
吉　林	38432326	19963353	18468973
黑龙江	31726633	16333177	15393456
上　海	368931842	225476417	143455425
江　苏	583758230	247502944	336255286
浙　江	436374068	232123675	204250393
安　徽	245990241	113977542	132012699
福　建	291724699	138390989	153333711
江　西	169534177	71586989	97947188
山　东	380672538	180332430	200340109
河　南	247313479	132171821	115141659
湖　北	540343008	281432337	258910671
湖　南	305083336	154824140	150259196
广　东	671644853	396988002	274656851
广　西	116331565	70365239	45966326
海　南	14581308	8322650	6258657
重　庆	162879590	76267204	86612387
四　川	436126737	237823348	198303389
贵　州	130284727	82026398	48258329
云　南	144200796	69028419	75172377
西　藏	4728554	2757912	1970642
陕　西	252428084	110449115	141978969
甘　肃	58120462	27359381	30761081
青　海	22370265	11534618	10835646
宁　夏	12961050	5440816	7520234
新　疆	73110556	38218172	34892385

2-C-2 各地区总承包建筑业企业承包工程完成情况

单位：万元

地区	直接从建设单位承揽工程完成的产值			从建设单位以外承揽工程完成的产值
		自行完成施工产值	分包出去工程的产值	
全国总计	**2741135828**	**2607472899**	**133662928**	**223261956**
北京	136361654	107619200	28742454	18711257
天津	45027863	39126991	5900872	2924665
河北	66066607	64975317	1091290	2928323
山西	55400366	54527760	872606	3709609
内蒙古	14656630	14133988	522642	280292
辽宁	33850300	33184686	665613	3400309
吉林	17272832	17103015	169817	2016709
黑龙江	13250844	13130718	120127	215789
上海	101839854	76490940	25348915	12991306
江苏	350909622	348955269	1954353	27075751
浙江	205253858	200392879	4860979	14109962
安徽	96112813	94244513	1868301	13179896
福建	149821142	149465123	356020	10700501
江西	95777488	94693689	1083799	5139155
山东	172911321	159042811	13868509	10322781
河南	98401547	97592002	809544	2839582
湖北	185648618	183064088	2584530	10093760
湖南	134993674	134038877	954797	6378641
广东	214410535	184839872	29570663	25163042
广西	50823081	48888613	1934468	5602958
海南	4496011	4098994	397017	162996
重庆	81101095	79614650	1486445	9154492
四川	155969799	149827362	6142438	11214631
贵州	36762420	36679563	82857	1160779
云南	65243698	65022357	221342	8520031
西藏	2434528	2353738	80790	92783
陕西	83410158	82788205	621953	13870023
甘肃	25131588	24915163	216425	395845
青海	6021535	5774626	246909	118633
宁夏	7480957	6966550	514407	123689
新疆	34293391	33921342	372049	663769

2-C-3 各地区总承包建筑业企业总产值和竣工产值

单位：万元

地 区	建筑业总产值	#装饰装修产值	#在外省完成的产值	按构成分组			竣工产值
				建筑工程产值	安装工程产值	其他产值	
全国总计	**2830734855**	**63795576**	**968219424**	**2555351449**	**198177231**	**77206175**	**1282658725**
北 京	126330457	6385480	94669001	119545876	5731312	1053269	66319221
天 津	42051655	191914	32900132	39385781	2108850	557024	13414673
河 北	67903640	1423483	23592571	57821320	8502482	1579838	24490259
山 西	58237369	1032519	21317402	52498343	4691980	1047046	16892711
内蒙古	14414279	239888	4260952	13336749	565848	511682	5648328
辽 宁	36584996	439558	13600196	31210651	3892870	1481476	12674455
吉 林	19119724	236997	3679888	16744112	1494198	881414	8623262
黑龙江	13346507	46530	1700496	11049425	1557884	739198	4639210
上 海	89482246	4829208	51123585	78670334	8522446	2289465	46224665
江 苏	376031020	7136721	155727006	353918934	20087167	2024918	258389472
浙 江	214502840	7927952	48964877	194780559	15120560	4601722	129881001
安 徽	107424409	1644581	27718308	94736042	6294211	6394156	41639815
福 建	160165624	2206652	72652312	149746004	7988352	2431268	66825380
江 西	99832844	1592185	26346579	87951339	6270482	5611023	37371082
山 东	169365592	4727601	41651833	144952438	20717704	3695449	64208590
河 南	100431584	1371167	32688757	88688998	8614024	3128562	40228073
湖 北	193157848	4918182	81297978	174793927	13830290	4533630	76682458
湖 南	140417519	2463493	45326548	122812883	10570072	7034563	78110104
广 东	210002915	5637095	46416554	192607355	13057244	4338316	73779124
广 西	54491571	916483	11040296	48384066	3089857	3017647	20977658
海 南	4261990	105263	266473	3906560	175931	179499	2353324
重 庆	88769142	1946336	25113928	80510557	5186239	3072346	37084934
四 川	161041992	2894160	35705317	144785244	9486634	6770114	62219971
贵 州	37840343	382844	14278063	32243442	3911296	1685605	8210700
云 南	73542387	607662	5989043	66236046	4249028	3057313	24376815
西 藏	2446521	30344	61175	2140011	183828	122682	1174178
陕 西	96658228	1886633	38611077	86356865	7039952	3261411	31326781
甘 肃	25311008	282043	3366252	22087736	2290788	932485	8243938
青 海	5893259	58946	2406515	5250415	442988	199857	2472333
宁 夏	7090239	30106	1246695	6259764	690209	140265	2919471
新 疆	34585110	203549	4499614	31939673	1812506	832932	15256739

2−C−4 各地区总承包建筑业企业房屋建筑面积

地 区	房屋施工面积(万平方米)	#本年新开工	房屋竣工面积(万平方米)	房屋竣工率(%)
全国总计	**1479755**	**386817**	**375804**	**25.4**
北 京	87314	15344	13648	15.6
天 津	16975	3579	3239	19.1
河 北	33357	7864	7662	23.0
山 西	21796	5306	4025	18.5
内蒙古	6834	1149	1330	19.5
辽 宁	11395	2853	3433	30.1
吉 林	5601	1500	1989	35.5
黑龙江	3542	1164	1157	32.7
上 海	54873	9876	9359	17.1
江 苏	255598	72330	72072	28.2
浙 江	161181	42411	43997	27.3
安 徽	49778	16778	14803	29.7
福 建	97080	22376	19298	19.9
江 西	35884	13996	12342	34.4
山 东	93059	29083	21260	22.8
河 南	59816	10221	12528	20.9
湖 北	77611	22192	25520	32.9
湖 南	74725	22831	24309	32.5
广 东	111047	27350	25735	23.2
广 西	27275	5095	5881	21.6
海 南	2085	490	511	24.5
重 庆	30735	8601	11274	36.7
四 川	63561	18566	17742	27.9
贵 州	14105	2820	2453	17.4
云 南	16025	5522	5302	33.1
西 藏	366	136	206	56.3
陕 西	38865	8806	7508	19.3
甘 肃	11364	2702	2174	19.1
青 海	872	263	236	27.0
宁 夏	1711	643	580	33.9
新 疆	15325	4968	4232	27.6

2-C-5　各地区按主要用途分的总承包建筑业企业房屋竣工面积

单位：万平方米

地　区	总计	住宅房屋	商业及服务用房屋	办公用房　屋	科研、教育和医疗用房屋	文化、体育和娱乐用房屋	厂房及建筑物	仓　库	其他未列明的房屋建筑物
全国总计	**375804**	**230489**	**25354**	**13356**	**19291**	**4248**	**65660**	**3176**	**14230**
北　京	13648	8287	1550	624	1116	141	1311	29	589
天　津	3239	2508	70	41	139	37	359	10	76
河　北	7662	5139	465	183	422	126	924	38	365
山　西	4025	2719	174	72	414	73	442	21	109
内蒙古	1330	950	58	26	58	31	111	5	91
辽　宁	3433	2515	139	45	70	20	496	33	115
吉　林	1989	1210	83	57	109	29	344	6	149
黑龙江	1157	732	66	12	29	5	129	9	175
上　海	9359	4757	1043	398	637	246	1480	307	492
江　苏	72072	47340	2266	2605	2419	775	14802	590	1275
浙　江	43997	22948	3358	1645	1553	527	12696	601	668
安　徽	14803	8411	757	333	596	188	3386	95	1036
福　建	19298	13243	1104	680	625	130	3232	91	193
江　西	12342	6646	1160	561	735	150	2366	120	604
山　东	21260	13535	1665	678	1686	244	2665	126	661
河　南	12528	8783	571	379	615	117	1342	96	624
湖　北	25520	14563	2860	1656	1393	264	3103	134	1547
湖　南	24309	16205	1641	1031	1485	285	2423	116	1123
广　东	25735	14139	1749	801	1373	203	6509	216	746
广　西	5881	3124	388	172	631	142	1001	52	370
海　南	511	295	86	22	64	6	24	5	10
重　庆	11274	7544	805	198	294	97	1331	41	964
四　川	17742	11090	1502	461	1097	120	2507	258	708
贵　州	2453	1279	152	80	310	33	322	51	226
云　南	5302	3186	504	191	411	61	465	44	440
西　藏	206	94	23	4	15	3	22	2	42
陕　西	7508	5202	512	182	487	111	724	8	282
甘　肃	2174	1453	111	55	156	37	247	10	106
青　海	236	97	18	39	19	4	35	2	22
宁　夏	580	321	26	31	53	7	108	4	31
新　疆	4232	2174	445	95	280	34	756	55	393

2-C-6 各地区按主要用途分的总承包建筑业企业房屋竣工价值

单位：万元

地 区	总计	住宅房屋	商业及服务用房屋	办公用房屋	科研、教育和医疗用房屋
全国总计	**818535235**	**485375895**	**60900295**	**35260532**	**58404444**
北 京	42992216	23040686	4962894	2482351	4919913
天 津	6308250	4178320	194435	183037	448414
河 北	14633791	9285908	1129032	450133	1035051
山 西	8653168	5037125	450213	187330	1302530
内蒙古	2667754	1759988	135162	72410	220288
辽 宁	6494036	4607290	376751	74622	193159
吉 林	4201014	2359888	215802	166185	353182
黑龙江	1377483	843880	96010	60265	83915
上 海	28906526	12326381	4508844	1418079	2350169
江 苏	177779597	116516266	6208552	7611517	7908451
浙 江	95514360	53001522	7725805	4330218	5116036
安 徽	24081524	14130537	1585732	594240	1355361
福 建	44517192	30514457	2564488	1339490	2037587
江 西	22026471	12377916	1809358	931588	1835627
山 东	44218311	26242904	3672403	1815219	4551166
河 南	19792846	13247163	827054	722605	1322063
湖 北	49801700	25979518	5871300	4610515	3278002
湖 南	46387565	28640038	3469614	2089732	3328378
广 东	53224095	28655399	4022624	2119861	4800386
广 西	13577057	7524267	743928	497022	1929581
海 南	1382277	677574	297297	72584	246429
重 庆	21636933	14128125	1698673	507039	831629
四 川	38427965	22723697	3685145	1116823	3565614
贵 州	5283874	2308183	263938	226047	780837
云 南	11768236	6945976	1244596	434685	1059889
西 藏	471272	259938	44919	14399	40774
陕 西	17971600	10535411	1565457	663523	1974840
甘 肃	4584509	2766819	432359	95127	416689
青 海	494149	188272	66509	40802	53304
宁 夏	1351240	715766	60431	81307	210519
新 疆	8008227	3856681	970972	251779	854665

2-C-6　续表　　　　　　　　　　　　　　　　　　　　　　　　　　单位：万元

地　区	文化、体育和娱乐用房屋	厂房及建筑物	仓　库	其他未列明的房屋建筑物
全国总计	**14260653**	**127166240**	**6405923**	**30761253**
北　京	947225	3923318	68035	2647795
天　津	254394	809385	58173	182093
河　北	320029	1612623	64340	736674
山　西	272156	1123305	57273	223236
内蒙古	154252	249127	7226	69302
辽　宁	63396	870139	24874	283805
吉　林	79901	805405	3297	217354
黑龙江	13978	177493	15599	86344
上　海	940608	4085031	676256	2601158
江　苏	2673045	32437744	1340700	3083323
浙　江	1791434	20570267	1338159	1640919
安　徽	166541	5229361	130777	888975
福　建	611382	6692126	251525	506135
江　西	378517	3646957	182065	864442
山　东	641857	5245943	219037	1829782
河　南	277195	2142362	104200	1150203
湖　北	846403	5815363	247370	3153230
湖　南	705507	4799935	280779	3073581
广　东	765720	11324778	412782	1122545
广　西	404625	1715892	122548	639196
海　南	9728	41790	18404	18471
重　庆	246924	3063593	62721	1098229
四　川	443748	4902324	294904	1695712
贵　州	71078	658475	143956	831360
云　南	142029	990839	63256	886965
西　藏	9491	17291	6601	77860
陕　西	776378	2019623	25151	411218
甘　肃	144120	498638	25902	204856
青　海	7135	85115	4736	48278
宁　夏	23599	195823	7437	56358
新　疆	78260	1416174	147839	431857

2－C－7 各地区总承包建筑业企业施工机械设备情况

地 区	年末自有施工机械设备总台数（台）	年末自有施工机械设备总功率（千瓦）	年末自有施工机械设备净值（万元）
全国总计	**4583626**	**135086780**	**32877393**
北 京	54382	5061894	759072
天 津	47559	2027102	667672
河 北	195791	5538877	808684
山 西	164265	6925981	1212155
内蒙古	31512	1741982	386919
辽 宁	64192	2483010	421554
吉 林	28251	960689	282281
黑龙江	54588	1310562	251394
上 海	27731	1451241	694291
江 苏	1049291	27465795	6767380
浙 江	491349	8562118	2025322
安 徽	107085	2277141	575188
福 建	180321	5862353	1365370
江 西	96891	2595930	649910
山 东	317378	7529163	2835101
河 南	283234	8360853	1726921
湖 北	241207	6935604	2049641
湖 南	257028	7724471	1425492
广 东	211945	6203394	2134392
广 西	78329	1250340	283350
海 南	2953	67142	9013
重 庆	80721	3055877	911582
四 川	155948	6647106	1393104
贵 州	26240	1528558	285536
云 南	108288	2387176	660412
西 藏	1533	92328	24302
陕 西	97375	5515858	1322118
甘 肃	67807	1454796	339474
青 海	10133	457527	113918
宁 夏	18668	261084	71221
新 疆	31631	1350828	424628

2-C-8　各地区总承包建筑业企业主要生产效益指标

地　区	建筑业企业个数（个）	从事建筑业活动的平均人数（人）	按总产值计算的劳动生产率（元/人）	人均竣工产值（元/人）	人均施工面积（平方米/人）	人均竣工面积（平方米/人）
全国总计	**113332**	**58257811**	**485898**	**220169**	**254.0**	**64.5**
北　京	972	1839627	686718	360504	474.6	74.2
天　津	1061	459118	915923	292184	369.7	70.5
河　北	3241	1231256	551499	198905	270.9	62.2
山　西	2600	1251373	465388	134993	174.2	32.2
内蒙古	1003	291108	495152	194029	234.7	45.7
辽　宁	3539	573658	637749	220941	198.6	59.8
吉　林	1870	376522	507798	229024	148.8	52.8
黑龙江	1648	340598	391855	136208	104.0	34.0
上　海	1382	1267186	706149	364782	433.0	73.9
江　苏	9675	9225202	407613	280091	277.1	78.1
浙　江	7915	5165073	415295	251460	312.1	85.2
安　徽	6979	2137523	502565	194804	232.9	69.3
福　建	6817	4814155	332697	138810	201.7	40.1
江　西	5867	1989030	501917	187886	180.4	62.0
山　东	8293	3123746	542187	205550	297.9	68.1
河　南	6665	2323987	432152	173099	257.4	53.9
湖　北	5124	2686392	719023	285448	288.9	95.0
湖　南	3333	2824332	497171	276561	264.6	86.1
广　东	6770	3492155	601356	211271	318.0	73.7
广　西	2507	1148733	474362	182616	237.4	51.2
海　南	292	72417	588534	324968	287.9	70.6
重　庆	2845	1946793	455976	190492	157.9	57.9
四　川	7805	3909096	411967	159167	162.6	45.4
贵　州	1999	771691	490356	106399	182.8	31.8
云　南	3708	1525595	482057	159786	105.0	34.8
西　藏	499	46975	520813	249958	77.9	43.8
陕　西	3523	1864148	518512	168049	208.5	40.3
甘　肃	2408	507394	498843	162476	224.0	42.9
青　海	540	100523	586260	245947	86.7	23.4
宁　夏	661	190336	372512	153385	89.9	30.5
新　疆	1791	762069	453832	200202	201.1	55.5

2-C-9 各地区总承包建筑业企业资产构成

单位：万元

地　区	资产合计	#流动资产合计	#存货
全国总计	**3427747279**	**2654969552**	**286655316**
北　京	322642402	195722612	5953798
天　津	78352647	60521489	2991161
河　北	87241586	72504973	11571168
山　西	100912188	74743696	7636809
内蒙古	23861395	19345370	2393099
辽　宁	59945376	50525314	5104524
吉　林	32127607	26470349	2991325
黑龙江	25362612	21829549	2706159
上　海	143589777	111918712	6584215
江　苏	266516417	226204706	43774079
浙　江	181366373	150086836	24627012
安　徽	118368302	95051735	8332944
福　建	94762406	74891216	12845372
江　西	93048993	74351395	10417984
山　东	234015113	190378308	26482057
河　南	126629014	100329609	12709685
湖　北	205339911	155270464	12433609
湖　南	99286967	72911883	6904232
广　东	297229351	240728906	20677027
广　西	57244233	45340920	4195673
海　南	8009934	7042429	491684
重　庆	78439450	57500355	8211787
四　川	230477073	170562826	16180279
贵　州	94389151	78842234	8274876
云　南	99837272	67461975	3834321
西　藏	7147089	5643217	405575
陕　西	135492177	112354486	7291029
甘　肃	53371257	39214804	3846710
青　海	10237910	7444600	718293
宁　夏	8636292	7262718	1048883
新　疆	53867006	42511868	5019949

2-C-10　各地区总承包建筑业企业固定资产情况

单位：万元

地　区	固定资产原价	固定资产折旧	#本年折旧	在建工程
全国总计	**212830003**	**103884868**	**15255631**	**35368518**
北　京	9420968	5231989	657765	487315
天　津	5738569	3221956	342433	189944
河　北	7485460	4196916	387771	619276
山　西	6863890	3675908	583445	1216871
内蒙古	2631405	1302659	176511	323371
辽　宁	5615067	3293536	345751	413617
吉　林	3326719	1407168	177012	394620
黑龙江	2067035	1209477	128347	135362
上　海	7470286	4321991	548947	488101
江　苏	24894446	12055116	1642974	3027996
浙　江	13294467	6282794	820290	2459708
安　徽	6559612	3093724	510901	1347657
福　建	6892158	3554146	589815	845289
江　西	6005614	2157734	444844	1393516
山　东	16184306	7764205	1362446	2884535
河　南	10507485	5019759	742814	974022
湖　北	12257810	6109054	845475	2163785
湖　南	8107314	3751482	706860	1343876
广　东	11477073	5819196	849323	1978705
广　西	2769533	1309049	225523	1938903
海　南	172563	90355	16639	80820
重　庆	5137980	2450996	393265	1623588
四　川	12735352	5295683	909634	3813608
贵　州	2037201	973264	150339	1080023
云　南	5332947	2322392	481173	1203000
西　藏	360115	139824	35321	37145
陕　西	7368095	3874216	562588	435093
甘　肃	4138159	1289072	219997	1514509
青　海	875158	452150	58926	60510
宁　夏	769427	384599	50208	44044
新　疆	4333790	1834458	288297	849710

2-C-11 各地区总承包建筑业企业负债及所有者权益

单位：万元

地 区	负债合计	#流动负债	#应付账款	所有者权益	#实收资本
全国总计	**2516189453**	**2145772883**	**935391628**	**911557827**	**377413676**
北 京	222320863	198131231	81840132	100321538	29032711
天 津	63098300	57651642	24317865	15254347	8370615
河 北	66990618	55687150	24705859	20250967	9620907
山 西	76497427	66665335	28951158	24414761	11136379
内蒙古	16958746	14196452	5553845	6902649	4051922
辽 宁	46852348	40686292	15589877	13093028	7266874
吉 林	22942962	19051280	6834261	9184645	4147412
黑龙江	20319531	18049984	7309351	5043081	3657303
上 海	114942923	108484316	60341965	28646854	13728639
江 苏	162104290	142472321	54727157	104412127	38150398
浙 江	129112540	116407949	50320107	52253834	24034575
安 徽	91325602	76033295	30908105	27042700	11553827
福 建	58752039	41692862	16269608	36010367	12777475
江 西	67985916	50528818	17881965	25063077	9444803
山 东	182583879	154166265	66843693	51431235	23939707
河 南	91847626	75429707	29599087	34781387	15818460
湖 北	151105523	124650227	66178121	54234388	19789514
湖 南	70139151	54110387	23067514	29147817	11117668
广 东	232129001	205787333	86495089	65100350	30120906
广 西	43361155	36684562	15926934	13883077	8670609
海 南	6209807	5293296	2996764	1800127	886405
重 庆	57265658	45082848	18948101	21173792	7401829
四 川	171398847	136088088	64928959	59078226	20501879
贵 州	74997504	64128952	23443609	19391647	6058348
云 南	68323843	59866698	24932341	31513430	19436125
西 藏	4709835	3352353	1151161	2437254	618747
陕 西	107670250	96689810	51810729	27821927	13301127
甘 肃	39004816	32313242	13600418	14366442	4985849
青 海	7364962	6143869	2750986	2872948	1441843
宁 夏	6263937	5401760	2690724	2372355	1393984
新 疆	41609555	34844561	14476144	12257451	4956836

2-C-12　各地区总承包建筑业企业收入情况

单位：万元

地　区	主营业务收　入	主营业务成　本	主营业务税金及附加
全国总计	**2463581847**	**2245003255**	**10606847**
北　京	154588191	141889677	349364
天　津	43400990	39911044	85940
河　北	59190481	54098312	210250
山　西	60996819	52966027	147477
内蒙古	15418081	14054832	60768
辽　宁	32061117	27446394	94286
吉　林	16398864	14981259	78883
黑龙江	14498673	13422173	57216
上　海	126055993	118392211	261435
江　苏	307191813	278693732	1560876
浙　江	172994812	161945386	626213
安　徽	89605750	82352555	307608
福　建	115316798	104782090	762624
江　西	63362519	57672023	349001
山　东	156399217	143805804	605818
河　南	82448654	73725728	421730
湖　北	158253817	143232523	884378
湖　南	100234059	89423190	1052261
广　东	199958566	185457122	507240
广　西	37714075	34169200	126566
海　南	4664560	4281593	14062
重　庆	65079946	58340813	458965
四　川	143907869	130073268	629892
贵　州	31461813	28808106	125522
云　南	51034371	45456770	291171
西　藏	2367154	2148683	9604
陕　西	85018333	77916738	290111
甘　肃	24286879	22342490	100467
青　海	8273958	7622502	22129
宁　夏	7755153	7220943	26584
新　疆	33642524	28370067	88407

2-C-13 各地区总承包建筑业企业费用情况

单位：万元

地区	管理费用	销售费用	研发费用	财务费用		
					#利息收入	#利息支出
全国总计	**68004090**	**5224272**	**31422485**	**14216048**	**5519971**	**13468390**
北京	3667858	243076	4065873	697475	1297203	1709545
天津	1074094	93692	1155979	203593	176675	310085
河北	1870490	104565	740251	474053	49282	271214
山西	1739020	67673	1435430	405777	277798	531908
内蒙古	620062	15644	130807	86588	7044	65049
辽宁	1387220	43547	268782	287022	40692	166121
吉林	645036	19589	146426	171719	695	109234
黑龙江	539918	27062	130834	75644	29394	84101
上海	2579900	177832	2482055	291104	297881	447351
江苏	7328983	808516	999458	1577711	245887	889089
浙江	5055759	246230	1550399	634597	169422	666019
安徽	2422795	155288	1229377	555904	114909	413745
福建	3646299	327730	637141	379457	59576	232361
江西	2033722	210596	434046	482940	70256	273440
山东	4323258	260108	2318114	1108981	253444	936329
河南	2353045	176407	1122087	686155	83062	551120
湖北	3567354	343525	2661204	677710	357852	788560
湖南	2860264	398210	1880432	663371	202921	501879
广东	4983806	205445	3052980	1063712	477565	1136840
广西	1167128	43065	376636	304803	46290	236458
海南	152375	2763	33437	18969	4114	13007
重庆	2339988	352870	403426	503624	103081	231386
四川	4085091	452779	1773534	1013746	405942	896574
贵州	870124	15437	266331	314530	28199	279865
云南	1907060	200496	198808	570912	105836	571980
西藏	165348	5043	4315	16368	18452	18801
陕西	2116730	136066	1351748	376190	321945	520186
甘肃	828472	45782	163584	232228	199530	283764
青海	273972	2858	170992	35787	21108	45393
宁夏	289207	8888	38376	26486	3005	18586
新疆	1109714	33490	199621	278897	50911	268402

2-C-14　各地区总承包建筑业企业利润及税金情况

单位：万元

地　区	利润总额	#应交所得税	税金总额	主营业务税金及附加	应交增值税
全国总计	**81043105**	**12907781**	**61672850**	**10606847**	**51066003**
北　京	6313732	449037	2147162	349364	1797798
天　津	846029	124234	621869	85940	535929
河　北	1176674	257804	1308480	210250	1098230
山　西	1611271	145395	1428047	147477	1280570
内蒙古	453679	101651	477697	60768	416930
辽　宁	330731	95518	884332	94286	790046
吉　林	498761	94664	565201	78883	486318
黑龙江	341911	84438	469241	57216	412025
上　海	2298900	376881	1698870	261435	1437435
江　苏	12421319	2442048	8573925	1560876	7013049
浙　江	3019011	669463	4454519	626213	3828307
安　徽	2943457	427519	2174515	307608	1866906
福　建	4822852	905293	3267712	762624	2505088
江　西	2468083	466857	1847902	349001	1498901
山　东	5153228	783818	3865792	605818	3259974
河　南	2607598	430157	2306956	421730	1885227
湖　北	6451984	865775	4418021	884378	3533643
湖　南	4147611	566878	3466125	1052261	2413864
广　东	4398480	765938	3988620	507240	3481380
广　西	1573605	207810	921973	126566	795408
海　南	178809	38902	144575	14062	130514
重　庆	2618952	402949	2406990	458965	1948025
四　川	5974135	1025801	3814163	629892	3184271
贵　州	1097903	143286	955504	125522	829982
云　南	2679370	325244	1636177	291171	1345005
西　藏	86278	9796	90049	9604	80445
陕　西	2726930	370075	1732028	290111	1441917
甘　肃	785778	120939	850331	100467	749864
青　海	167134	25516	181490	22129	159362
宁　夏	139960	29587	192510	26584	165926
新　疆	708942	154510	782073	88407	693666

2-C-15 各地区总承包建筑业企业应收工程款及亏损情况

地 区	应收工程款（万元）	企业个数（个）	#亏损企业个数	亏损企业的比重（%）
全国总计	**703311411**	**113332**	**24083**	**21.2**
北 京	41719901	972	253	26.0
天 津	13635889	1061	318	30.0
河 北	19296402	3241	810	25.0
山 西	23345910	2600	664	25.5
内蒙古	6723976	1003	288	28.7
辽 宁	14952825	3539	1055	29.8
吉 林	8342628	1870	390	20.9
黑龙江	5260643	1648	436	26.5
上 海	24294604	1382	316	22.9
江 苏	62574540	9675	1241	12.8
浙 江	37011658	7915	2711	34.3
安 徽	31462230	6979	1373	19.7
福 建	18596243	6817	1149	16.9
江 西	17425546	5867	908	15.5
山 东	54670989	8293	1776	21.4
河 南	29579887	6665	1168	17.5
湖 北	42310823	5124	635	12.4
湖 南	16896611	3333	405	12.2
广 东	56079709	6770	1844	27.2
广 西	10919800	2507	835	33.3
海 南	1772805	292	71	24.3
重 庆	17836556	2845	408	14.3
四 川	39849551	7805	1059	13.6
贵 州	15849197	1999	654	32.7
云 南	24763226	3708	889	24.0
西 藏	1187100	499	96	19.2
陕 西	38492676	3523	703	20.0
甘 肃	11663832	2408	601	25.0
青 海	1615717	540	163	30.2
宁 夏	2789010	661	236	35.7
新 疆	12390928	1791	628	35.1

2-C-16　各地区总承包建筑业企业主要经济效益指标

地　区	产值利润率(%)	资本利润率(%)	人均利润(元/人)	资产负债率(%)
全国总计	**2.9**	**21.5**	**13911**	**73.4**
北　京	5.0	21.7	34321	68.9
天　津	2.0	10.1	18427	80.5
河　北	1.7	12.2	9557	76.8
山　西	2.8	14.5	12876	75.8
内蒙古	3.1	11.2	15585	71.1
辽　宁	0.9	4.6	5765	78.2
吉　林	2.6	12.0	13247	71.4
黑龙江	2.6	9.3	10039	80.1
上　海	2.6	16.7	18142	80.0
江　苏	3.3	32.6	13465	60.8
浙　江	1.4	12.6	5845	71.2
安　徽	2.7	25.5	13770	77.2
福　建	3.0	37.7	10018	62.0
江　西	2.5	26.1	12408	73.1
山　东	3.0	21.5	16497	78.0
河　南	2.6	16.5	11220	72.5
湖　北	3.3	32.6	24017	73.6
湖　南	3.0	37.3	14685	70.6
广　东	2.1	14.6	12595	78.1
广　西	2.9	18.1	13699	75.7
海　南	4.2	20.2	24692	77.5
重　庆	3.0	35.4	13453	73.0
四　川	3.7	29.1	15283	74.4
贵　州	2.9	18.1	14227	79.5
云　南	3.6	13.8	17563	68.4
西　藏	3.5	13.9	18367	65.9
陕　西	2.8	20.5	14628	79.5
甘　肃	3.1	15.8	15487	73.1
青　海	2.8	11.6	16626	71.9
宁　夏	2.0	10.0	7353	72.5
新　疆	2.0	14.3	9303	77.2

2-C-17 各地区按资质等级划分的总承包建筑业企业单位数

单位：个

地　区	合计	特级	一级	二级及以下
全国总计	**113332**	**802**	**9934**	**102596**
北　京	972	61	256	655
天　津	1061	20	117	924
河　北	3241	14	248	2979
山　西	2600	24	142	2434
内蒙古	1003	4	90	909
辽　宁	3539	14	212	3313
吉　林	1870	6	82	1782
黑龙江	1648	5	102	1541
上　海	1382	22	209	1151
江　苏	9675	93	887	8695
浙　江	7915	82	943	6890
安　徽	6979	38	583	6358
福　建	6817	37	657	6123
江　西	5867	27	424	5416
山　东	8293	69	770	7454
河　南	6665	36	453	6176
湖　北	5124	42	594	4488
湖　南	3333	23	333	2977
广　东	6770	35	748	5987
广　西	2507	17	197	2293
海　南	292	NA	35	256
重　庆	2845	8	294	2543
四　川	7805	36	776	6993
贵　州	1999	13	102	1884
云　南	3708	13	119	3576
西　藏	499		6	493
陕　西	3523	39	319	3165
甘　肃	2408	9	93	2306
青　海	540	NA	22	516
宁　夏	661	NA	26	632
新　疆	1791	9	95	1687

2-C-18　各地区按资质等级划分的总承包企业建筑业总产值

单位：万元

地　区	合计	特级	一级	二级及以下
全国总计	**2830734855**	**957022397**	**1045891634**	**827820824**
北　京	126330457	85719286	34521340	6089831
天　津	42051655	27365145	9966999	4719512
河　北	67903640	13084552	33262164	21556923
山　西	58237369	26233798	16692831	15310740
内蒙古	14414279	4431925	4386848	5595506
辽　宁	36584996	6375135	13578448	16631413
吉　林	19119724	956936	6966251	11196536
黑龙江	13346507	2316557	6055824	4974126
上　海	89482246	48068877	28662043	12751326
江　苏	376031020	160765358	121317201	93948460
浙　江	214502840	69747467	87493300	57262073
安　徽	107424409	37027040	33354049	37043320
福　建	160165624	32091413	86961936	41112275
江　西	99832844	18046588	50079735	31706521
山　东	169365592	69361514	63258385	36745693
河　南	100431584	35466789	32508527	32456269
湖　北	193157848	88263244	65180760	39713843
湖　南	140417519	44051878	51732436	44633204
广　东	210002915	41393194	103284936	65324785
广　西	54491571	16161799	18282791	20046981
海　南	4261990	90078	2054551	2117361
重　庆	88769142	9082543	38925457	40761143
四　川	161041992	44261930	54946170	61833892
贵　州	37840343	12694746	12888181	12257416
云　南	73542387	15614590	11253143	46674654
西　藏	2446521		80418	2366103
陕　西	96658228	36619560	34287708	25750960
甘　肃	25311008	3149171	9575607	12586230
青　海	5893259	2484208	774144	2634908
宁　夏	7090239	1112655	1670226	4307358
新　疆	34585110	4984420	11889228	17711462

2-C-19 各地区按资质等级划分的总承包建筑业企业签订合同额

单位：万元

地区	合计			
		特级	一级	二级及以下
全国总计	**6793907364**	**2983033991**	**2390734707**	**1420138665**
北京	478139357	357661903	111081177	9396277
天津	160706426	113691613	37238437	9776376
河北	168012031	34345015	93690578	39976437
山西	133114651	67778324	35868206	29468122
内蒙古	38998187	16957035	10974783	11066369
辽宁	75283590	17053599	33704482	24525508
吉林	38432326	2171312	15050533	21210482
黑龙江	31726633	6764002	15401956	9560675
上海	368931842	283941704	63802335	21187803
江苏	583758230	249121542	201592943	133043745
浙江	436374068	159540163	173511320	103322585
安徽	245990241	120148513	61994015	63847713
福建	291724699	78572688	143989499	69162512
江西	169534177	29181400	91148104	49204673
山东	380672538	184548199	127361715	68762624
河南	247313479	104015397	82620188	60677894
湖北	540343008	352598377	128802355	58942276
湖南	305083336	155999554	90783136	58300646
广东	671644853	173331472	352848471	145464910
广西	116331565	35272303	43867382	37191880
海南	14581308	454862	8001533	6124914
重庆	162879590	26136560	84146628	52596403
四川	436126737	147291243	168061042	120774451
贵州	130284727	46820325	48843319	34621083
云南	144200796	51962569	24748768	67489459
西藏	4728554		280169	4448385
陕西	252428084	126483933	83047546	42896604
甘肃	58120462	9512546	23702931	24904985
青海	22370265	12032406	5203681	5134178
宁夏	12961050	2368531	3336436	7256083
新疆	73110556	17276901	26031040	29802615

2-C-20　各地区按资质等级划分的总承包建筑业企业竣工产值

单位：万元

地　区	合计	特级	一级	二级及以下
全国总计	**1282658725**	**450994174**	**451368142**	**380296409**
北　京	66319221	47004539	16198395	3116287
天　津	13414673	8649458	3547485	1217730
河　北	24490259	5095627	10164658	9229974
山　西	16892711	5441569	4962722	6488420
内蒙古	5648328	1730120	1834388	2083820
辽　宁	12674455	866569	4439488	7368398
吉　林	8623262	462988	2606918	5553355
黑龙江	4639210	1149905	1557588	1931718
上　海	46224665	24568250	14171700	7484715
江　苏	258389472	112786003	83123745	62479724
浙　江	129881001	50296150	49156266	30428585
安　徽	41639815	13485554	13678154	14476107
福　建	66825380	13820755	38034443	14970182
江　西	37371082	6243527	15582571	15544983
山　东	64208590	24522930	24245682	15439978
河　南	40228073	13571682	11945197	14711195
湖　北	76682458	32430220	27434013	16818225
湖　南	78110104	24141224	20156864	33812016
广　东	73779124	13423237	39051541	21304346
广　西	20977658	7968472	6715378	6293808
海　南	2353324	276627	1325758	750939
重　庆	37084934	2693933	16330643	18060359
四　川	62219971	15416464	23244457	23559051
贵　州	8210700	2431108	2977574	2802018
云　南	24376815	2143541	3338874	18894401
西　藏	1174178		11819	1162359
陕　西	31326781	16586869	6816145	7923767
甘　肃	8243938	540751	2586433	5116754
青　海	2472333	1451196	253036	768100
宁　夏	2919471	301074	1057974	1560424
新　疆	15256739	1493833	4818233	8944672

2-C-21 各地区按资质等级划分的总承包建筑业企业房屋施工面积

单位：万平方米

地 区	合计	特级	一级	二级及以下
全国总计	**1479755**	**633156**	**528895**	**317704**
北 京	87314	65098	21290	926
天 津	16975	12052	4188	735
河 北	33357	7691	15380	10287
山 西	21796	13989	3386	4420
内蒙古	6834	4119	1084	1631
辽 宁	11395	1403	3874	6118
吉 林	5601	619	1536	3445
黑龙江	3542	828	1447	1267
上 海	54873	40039	12103	2731
江 苏	255598	132275	74844	48479
浙 江	161181	67738	61725	31718
安 徽	49778	16448	20050	13279
福 建	97080	20821	46365	29894
江 西	35884	8735	16083	11066
山 东	93059	45545	31017	16497
河 南	59816	29894	17983	11939
湖 北	77611	44963	22053	10596
湖 南	74725	38106	18958	17662
广 东	111047	16444	63120	31483
广 西	27275	9462	11310	6503
海 南	2085	78	1297	710
重 庆	30735	3184	18412	9139
四 川	63561	19273	28257	16031
贵 州	14105	4902	5164	4039
云 南	16025	3605	4327	8092
西 藏	366		3	363
陕 西	38865	21003	11083	6779
甘 肃	11364	1343	6404	3617
青 海	872	278	166	428
宁 夏	1711	152	578	981
新 疆	15325	3068	5410	6848

2-C-22　各地区按资质等级划分的总承包建筑业企业房屋竣工面积

单位：万平方米

地　区	合计	特级	一级	二级及以下
全国总计	**375804**	**130892**	**133454**	**111459**
北　京	13648	10564	2931	154
天　津	3239	2486	571	182
河　北	7662	1689	2834	3139
山　西	4025	2008	927	1090
内蒙古	1330	509	332	489
辽　宁	3433	245	870	2318
吉　林	1989	122	581	1286
黑龙江	1157	230	560	368
上　海	9359	6292	2304	763
江　苏	72072	33845	21375	16853
浙　江	43997	18001	16144	9851
安　徽	14803	3342	6263	5198
福　建	19298	4389	11250	3659
江　西	12342	2185	4287	5869
山　东	21260	9597	6588	5075
河　南	12528	3223	4042	5262
湖　北	25520	9735	10030	5754
湖　南	24309	7705	6017	10587
广　东	25735	3277	14366	8091
广　西	5881	1924	1985	1972
海　南	511	23	220	267
重　庆	11274	870	5293	5111
四　川	17742	3401	7408	6933
贵　州	2453	595	942	916
云　南	5302	453	926	3923
西　藏	206		1	205
陕　西	7508	3525	2007	1976
甘　肃	2174	162	1041	971
青　海	236	22	54	159
宁　夏	580	72	227	281
新　疆	4232	400	1079	2754

2-C-23 各地区按资质等级划分的总承包建筑业企业自有施工机械设备台数

单位：台

地 区	合计	特级	一级	二级及以下
全国总计	**4583626**	**1163661**	**1547229**	**1872736**
北 京	54382	17299	28062	9021
天 津	47559	9124	35633	2802
河 北	195791	29613	61765	104413
山 西	164265	34788	54134	75343
内蒙古	31512	2390	14884	14238
辽 宁	64192	14210	28754	21228
吉 林	28251	4632	13352	10267
黑龙江	54588	25281	19622	9685
上 海	27731	15974	7959	3798
江 苏	1049291	460139	283090	306062
浙 江	491349	69358	167280	254711
安 徽	107085	47645	26759	32681
福 建	180321	23553	86983	69785
江 西	96891	12168	37406	47317
山 东	317378	60180	117868	139330
河 南	283234	72804	76020	134410
湖 北	241207	64515	96965	79727
湖 南	257028	35952	70936	150140
广 东	211945	21899	114192	75854
广 西	78329	11842	31986	34501
海 南	2953	901	177	1875
重 庆	80721	11677	34860	34184
四 川	155948	44878	53857	57213
贵 州	26240	18797	3070	4373
云 南	108288	10671	11410	86207
西 藏	1533		26	1507
陕 西	97375	28874	32572	35929
甘 肃	67807	6320	19946	41541
青 海	10133	5366	2730	2037
宁 夏	18668	1014	2348	15306
新 疆	31631	1797	12583	17251

2-C-24　各地区按资质等级划分的总承包建筑业企业自有施工机械设备总功率

单位：万千瓦

地　区	合计	特级	一级	二级及以下
全国总计	**13509**	**5005**	**4554**	**3949**
北　京	506	141	336	29
天　津	203	77	115	11
河　北	554	153	209	193
山　西	693	384	205	104
内蒙古	174	9	69	96
辽　宁	248	74	121	54
吉　林	96	11	53	33
黑龙江	131	53	54	24
上　海	145	103	35	7
江　苏	2747	1279	643	825
浙　江	856	195	344	317
安　徽	228	107	76	44
福　建	586	118	306	162
江　西	260	51	103	105
山　东	753	190	249	314
河　南	836	341	230	265
湖　北	694	267	221	205
湖　南	772	330	163	279
广　东	620	143	324	153
广　西	125	19	45	61
海　南	7		3	3
重　庆	306	67	156	82
四　川	665	331	189	144
贵　州	153	132	9	11
云　南	239	71	42	126
西　藏	9			9
陕　西	552	262	169	121
甘　肃	145	39	39	68
青　海	46	35	6	5
宁　夏	26	7	5	14
新　疆	135	17	34	84

2-C-25 各地区按资质等级划分的总承包建筑业企业实收资本

单位：万元

地 区	合计	特级	一级	二级及以下
全国总计	**377413676**	**108499174**	**132618676**	**136295825**
北 京	29032711	18715535	8349075	1968101
天 津	8370615	4520273	2261933	1588409
河 北	9620907	1108890	4100863	4411154
山 西	11136379	4025538	2314180	4796661
内蒙古	4051922	321860	1398321	2331741
辽 宁	7266874	856257	2636081	3774536
吉 林	4147412	249967	1075641	2821804
黑龙江	3657303	659991	1529545	1467768
上 海	13728639	5560506	5002126	3166007
江 苏	38150398	6271110	11655173	20224116
浙 江	24034575	4933255	9596426	9504895
安 徽	11553827	4083955	3306509	4163363
福 建	12777475	1694614	5720321	5362540
江 西	9444803	816605	4606755	4021443
山 东	23939707	5906748	8041263	9991697
河 南	15818460	3568564	4903975	7345922
湖 北	19789514	6124243	8606857	5058415
湖 南	11117668	4011429	3899114	3207125
广 东	30120906	6764037	13590100	9766768
广 西	8670609	1296762	5292693	2081154
海 南	886405	30000	396739	459666
重 庆	7401829	648238	3691588	3062002
四 川	20501879	3780992	9316928	7403958
贵 州	6058348	1983381	1820641	2254326
云 南	19436125	13521713	1559438	4354974
西 藏	618747		13071	605676
陕 西	13301127	4699809	4115181	4486137
甘 肃	4985849	1202938	1430438	2352474
青 海	1441843	227015	432221	782607
宁 夏	1393984	156726	279571	957688
新 疆	4956836	758225	1675912	2522699

2-C-26　各地区按资质等级划分的总承包建筑业企业资产

单位：万元

地区	合计	特级	一级	二级及以下
全国总计	**3427747279**	**1304692313**	**1134140614**	**988914353**
北　京	322642402	243656273	68735485	10250643
天　津	78352647	45381712	21961379	11009555
河　北	87241586	18575419	37609953	31056214
山　西	100912188	54283391	21327726	25301072
内蒙古	23861395	3550036	7997666	12313693
辽　宁	59945376	10952201	21696692	27296483
吉　林	32127607	2167552	10158303	19801752
黑龙江	25362612	6614906	10782062	7965645
上　海	143589777	75816682	47992148	19780947
江　苏	266516417	76408631	85776949	104330837
浙　江	181366373	57901187	66660609	56804578
安　徽	118368302	50859969	30356013	37152320
福　建	94762406	21135010	45061416	28565979
江　西	93048993	12756752	40604668	39687573
山　东	234015113	78944887	80920812	74149415
河　南	126629014	39124233	38599824	48904957
湖　北	205339911	110726406	54585523	40027982
湖　南	99286967	38814370	31732078	28740519
广　东	297229351	77673961	150337854	69217536
广　西	57244233	21233551	19702253	16308428
海　南	8009934	450054	4420399	3139481
重　庆	78439450	9947113	38751399	29740939
四　川	230477073	66617286	82625739	81234048
贵　州	94389151	29604417	23288291	41496443
云　南	99837272	49629806	18220945	31986521
西　藏	7147089		352390	6794699
陕　西	135492177	68598020	34812316	32081841
甘　肃	53371257	15667408	17439643	20264207
青　海	10237910	4108178	2298202	3831530
宁　夏	8636292	1176828	2150269	5309195
新　疆	53867006	12316074	17181609	24369323

2-C-27　各地区按资质等级划分的总承包建筑业企业所有者权益

单位：万元

地　区	合计	特级	一级	二级及以下
全国总计	**911557827**	**321315767**	**276314775**	**313927285**
北　京	100321538	82481419	15238590	2601529
天　津	15254347	8603608	3507053	3143685
河　北	20250967	3354631	7318043	9578293
山　西	24414761	11024558	4687111	8703092
内蒙古	6902649	605709	2376192	3920748
辽　宁	13093028	1739777	3743326	7609926
吉　林	9184645	563913	2270355	6350378
黑龙江	5043081	139651	2116918	2786512
上　海	28646854	13514967	9035527	6096360
江　苏	104412127	29247474	30326941	44837712
浙　江	52253834	15985242	18379098	17889494
安　徽	27042700	9947184	7501977	9593540
福　建	36010367	8126746	15764722	12118899
江　西	25063077	3043357	10869937	11149783
山　东	51431235	16712307	17502251	17216677
河　南	34781387	7543252	10203924	17034211
湖　北	54234388	24880094	16935326	12418969
湖　南	29147817	9635804	9213929	10298084
广　东	65100350	15057182	30469777	19573392
广　西	13883077	4115807	5301875	4465396
海　南	1800127	40034	713989	1046104
重　庆	21173792	2023793	8142038	11007961
四　川	59078226	12063549	19704487	27310191
贵　州	19391647	3882185	5519789	9989673
云　南	31513430	17577012	3520600	10415817
西　藏	2437254		77064	2360190
陕　西	27821927	11359318	6788159	9674450
甘　肃	14366442	4421209	3529548	6415686
青　海	2872948	985823	733146	1153979
宁　夏	2372355	258434	545449	1568472
新　疆	12257451	2381730	4277636	5598084

2-C-28　各地区按资质等级划分的总承包建筑业企业负债

单位：万元

地　区	合计	特级	一级	二级及以下
全国总计	**2516189453**	**983376546**	**857825839**	**674987068**
北　京	222320863	161174855	53496895	7649114
天　津	63098300	36778104	18454326	7865870
天　津	66990618	15220788	30291909	21477921
山　西	76497427	43258832	16640615	16597980
内蒙古	16958746	2944327	5621474	8392945
辽　宁	46852348	9212424	17953366	19686558
吉　林	22942962	1603639	7887948	13451375
黑龙江	20319531	6475255	8665144	5179133
上　海	114942923	62301716	38956621	13684587
江　苏	162104290	47161157	55450008	59493125
浙　江	129112540	41915945	48281512	38915084
安　徽	91325602	40912785	22854037	27558780
福　建	58752039	13008264	29296695	16447080
江　西	67985916	9713395	29734731	28537790
山　东	182583879	62232580	63418561	56932737
河　南	91847626	31580981	28395899	31870746
湖　北	151105523	85846312	37650198	27609013
湖　南	70139151	29178566	22518149	18442435
广　东	232129001	62616779	119868077	49644144
广　西	43361155	17117745	14400379	11843032
海　南	6209807	410021	3706410	2093377
重　庆	57265658	7923319	30609361	18732978
四　川	171398847	54553737	62921252	53923858
贵　州	74997504	25722232	17768502	31506770
云　南	68323843	32052794	14700345	21570703
西　藏	4709835		275326	4434508
陕　西	107670250	57238702	28024157	22407391
甘　肃	39004816	11246199	13910095	13848521
青　海	7364962	3122355	1565056	2677551
宁　夏	6263937	918394	1604819	3740724
新　疆	41609555	9934344	12903972	18771239

2-C-29　各地区按资质等级划分的总承包建筑业企业营业收入

单位：万元

地　区	合计	特级	一级	二级及以下
全国总计	**2526578097**	**936068263**	**865558978**	**724950856**
北　京	155595311	112502194	36375733	6717384
天　津	43921557	26405176	12087981	5428400
河　北	59686174	11092613	28670326	19923236
山　西	62241038	32997977	12926394	16316668
内蒙古	15758944	3758860	5001011	6999073
辽　宁	33115042	5663352	11343403	16108288
吉　林	17707991	848203	6356856	10502932
黑龙江	15367456	2757209	6596403	6013843
上　海	126776262	77970234	31967812	16838216
江　苏	310913829	131697750	97653390	81562689
浙　江	174314175	54126781	69078735	51108659
安　徽	91730481	35219784	24766817	31743880
福　建	121284602	25291414	62176288	33816900
江　西	66337046	11053183	30853386	24430478
山　东	160499287	67440764	55595457	37463065
河　南	84250300	28218591	25965833	30065876
湖　北	160096733	81160916	48757543	30178275
湖　南	109302036	36028105	37885835	35388095
广　东	205770019	46250696	100633008	58886314
广　西	38494822	12361672	12271206	13861945
海　南	4749517	105618	2574804	2069095
重　庆	67918343	7206450	27270655	33441238
四　川	147724958	43590684	51998352	52135922
贵　州	33262511	11712869	9764482	11785159
云　南	51426211	14151179	8826570	28448461
西　藏	2878236		81585	2796651
陕　西	88217508	43037430	23887821	21292257
甘　肃	25828207	3360287	9741070	12726850
青　海	8490699	3634606	1398561	3457532
宁　夏	7808699	1240941	1699664	4868094
新　疆	35110104	5182724	11351999	18575381

2-C-30　各地区按资质等级划分的总承包建筑业企业利税总额

单位：万元

地　区	合计	特级	一级	二级及以下
全国总计	**142715955**	**44453959**	**47204702**	**51057294**
北　京	8460895	6800276	1407889	252730
天　津	1467897	769572	434059	264267
河　北	2485154	371934	1178428	934792
山　西	3039318	1576629	544980	917709
内蒙古	931376	175280	318207	437889
辽　宁	1215063	-11687	383263	843487
吉　林	1063962	30097	337600	696266
黑龙江	811152	96152	377332	337668
上　海	3997770	2197839	993687	806245
江　苏	20995245	7074519	6893853	7026873
浙　江	7473531	2141608	2929855	2402068
安　徽	5117972	1545929	1545740	2026303
福　建	8090564	1310857	4269925	2509782
江　西	4315985	574888	1723943	2017155
山　东	9019020	3457100	3052300	2509620
河　南	4914554	825989	1374986	2713578
湖　北	10870005	4198266	3599567	3072173
湖　南	7613736	1649581	2686017	3278138
广　东	8387100	1696116	4053792	2637192
广　西	2495578	828193	798828	868558
海　南	323385	6494	156567	160324
重　庆	5025941	345050	1557601	3123291
四　川	9788298	2520501	3309757	3958040
贵　州	2053406	570606	489185	993615
云　南	4315546	1483739	360725	2471083
西　藏	176327		5922	170405
陕　西	4458958	1607314	1258664	1592979
甘　肃	1636109	283439	472309	880360
青　海	348624	114609	95266	138750
宁　夏	332470	63208	48869	220392
新　疆	1491014	149862	545591	795561

2－C－31 各地区按资质等级划分的总承包建筑业企业利润总额

单位：万元

地 区	合计	特级	一级	二级及以下
全国总计	**81043105**	**29394894**	**25638939**	**26009272**
北 京	6313732	5474287	761894	77551
天 津	846029	500073	220107	125849
河 北	1176674	177220	644282	355172
山 西	1611271	1005404	220906	384961
内蒙古	453679	103137	159786	190756
辽 宁	330731	-97085	146547	281269
吉 林	498761	19692	147915	331154
黑龙江	341911	36096	186358	119457
上 海	2298900	1568709	419082	311109
江 苏	12421319	4032097	4096161	4293061
浙 江	3019011	936207	1228046	854758
安 徽	2943457	1038750	875801	1028906
福 建	4822852	774567	2595774	1452511
江 西	2468083	322327	986083	1159674
山 东	5153228	2440502	1452502	1260224
河 南	2607598	438243	697563	1471792
湖 北	6451984	2860397	1976245	1615341
湖 南	4147611	1095733	1444887	1606991
广 东	4398480	908428	2322640	1167412
广 西	1573605	553151	534233	486221
海 南	178809	4889	91263	82657
重 庆	2618952	194148	733298	1691506
四 川	5974135	1908950	1968939	2096246
贵 州	1097903	355218	214990	527695
云 南	2679370	1159426	165285	1354659
西 藏	86278		4680	81598
陕 西	2726930	1184651	755563	786716
甘 肃	785778	187200	220466	378113
青 海	167134	83776	48601	34757
宁 夏	139960	42101	17246	80612
新 疆	708942	86601	301797	320543

2-C-32　各地区按资质等级划分的总承包建筑业企业税金总额

单位：万元

地　区	合计	特级	一级	二级及以下
全国总计	**61672850**	**15059065**	**21565763**	**25048022**
北　京	2147162	1325989	645995	175179
天　津	621869	269499	213952	138418
河　北	1308480	194714	534146	579620
山　西	1428047	571225	324074	532748
内蒙古	477697	72143	158421	247133
辽　宁	884332	85398	236715	562219
吉　林	565201	10405	189684	365112
黑龙江	469241	60056	190974	218212
上　海	1698870	629130	574605	495136
江　苏	8573925	3042422	2797692	2733812
浙　江	4454519	1205400	1701809	1547310
安　徽	2174515	507179	669939	997396
福　建	3267712	536290	1674151	1057271
江　西	1847902	252561	737860	857481
山　东	3865792	1016598	1599798	1249396
河　南	2306956	387746	677423	1241787
湖　北	4418021	1337869	1623321	1456831
湖　南	3466125	553848	1241131	1671147
广　东	3988620	787688	1731152	1469780
广　西	921973	275042	264595	382336
海　南	144575	1605	65304	77666
重　庆	2406990	150902	824303	1431784
四　川	3814163	611551	1340818	1861794
贵　州	955504	215388	274195	465921
云　南	1636177	324313	195440	1116424
西　藏	90049		1242	88807
陕　西	1732028	422663	503101	806264
甘　肃	850331	96240	251843	502248
青　海	181490	30833	46665	103992
宁　夏	192510	21107	31624	139780
新　疆	782073	63261	243793	475018

2-C-33 各地区按资质等级划分的总承包建筑业企业主营业务收入

单位：万元

地区	合计	特级	一级	二级及以下
全国总计	**2463581847**	**929415597**	**848789013**	**685377237**
北京	154588191	111988745	35954648	6644798
天津	43400990	26234368	11845245	5321377
河北	59190481	11014225	28478892	19697364
山西	60996819	32879221	12699579	15418019
内蒙古	15418081	3753969	4982148	6681964
辽宁	32061117	5589453	11148315	15323350
吉林	16398864	845910	6206863	9346091
黑龙江	14498673	2741221	6477425	5280027
上海	126055993	77839200	31605333	16611461
江苏	307191813	131201725	96863047	79127041
浙江	172994812	53891722	68694726	50408364
安徽	89605750	34022306	24611426	30972018
福建	115316798	25244218	59530598	30541983
江西	63362519	11022152	30290396	22049972
山东	156399217	66741906	54830760	34826552
河南	82448654	27886490	25608521	28953642
湖北	158253817	80777323	48359433	29117062
湖南	100234059	35874578	34170669	30188812
广东	199958566	45793283	98712376	55452907
广西	37714075	12311197	11999353	13403526
海南	4664560	102258	2532457	2029845
重庆	65079946	7168520	26545489	31365937
四川	143907869	43389184	50721390	49797295
贵州	31461813	11648117	9604828	10208867
云南	51034371	14016974	8768394	28249004
西藏	2367154		80107	2287047
陕西	85018333	42139003	23432476	19446854
甘肃	24286879	3288995	9688627	11309257
青海	8273958	3610094	1369322	3294542
宁夏	7755153	1239782	1689463	4825908
新疆	33642524	5159460	11286711	17196352

2−C−34　各地区按资质等级划分的总承包建筑业企业管理费用

单位：万元

地　区	合计	特级	一级	二级及以下
全国总计	**68004090**	**14162511**	**21358390**	**32483189**
北　京	3667858	1909007	1217663	541188
天　津	1074094	403901	340526	329667
河　北	1870490	288196	724503	857791
山　西	1739020	523172	401857	813991
内蒙古	620062	58686	208546	352831
辽　宁	1387220	163024	369441	854755
吉　林	645036	24252	160273	460511
黑龙江	539918	64532	178294	297091
上　海	2579900	809812	835868	934220
江　苏	7328983	1667993	2048005	3612985
浙　江	5055759	841664	1740803	2473292
安　徽	2422795	586907	537492	1298397
福　建	3646299	341866	1638797	1665636
江　西	2033722	223111	839979	970633
山　东	4323258	834293	1464893	2024072
河　南	2353045	501049	635119	1216877
湖　北	3567354	1166266	1128538	1272550
湖　南	2860264	550406	987659	1322199
广　东	4983806	653416	1857537	2472852
广　西	1167128	259791	329860	577477
海　南	152375	1952	65626	84798
重　庆	2339988	126164	746882	1466942
四　川	4085091	702867	1271687	2110537
贵　州	870124	174513	201225	494386
云　南	1907060	265297	259822	1381941
西　藏	165348		7442	157906
陕　西	2116730	730262	530596	855872
甘　肃	828472	72661	254258	501554
青　海	273972	88459	37085	148428
宁　夏	289207	26633	45370	217204
新　疆	1109714	102357	292748	714609

2−C−35 各地区按资质等级划分的总承包建筑业企业财务费用

单位：万元

地 区	合计	特级	一级	二级及以下
全国总计	**14216048**	**5326607**	**4806723**	**4082718**
北 京	697475	584825	103196	9454
天 津	203593	104105	66246	33243
河 北	474053	104642	177974	191436
山 西	405777	273908	92148	39721
内蒙古	86588	20005	21995	44588
辽 宁	287022	67702	98210	121109
吉 林	171719	11751	79254	80714
黑龙江	75644	33975	28831	12838
上 海	291104	162876	110624	17604
江 苏	1577711	546057	485921	545734
浙 江	634597	193118	232253	209226
安 徽	555904	271004	121997	162903
福 建	379457	89619	183944	105894
江 西	482940	100952	197930	184058
山 东	1108981	302225	467698	339058
河 南	686155	301122	193796	191237
湖 北	677710	343936	180573	153201
湖 南	663371	254607	191458	217306
广 东	1063712	272306	553477	237929
广 西	304803	92737	153230	58837
海 南	18969	2487	8066	8416
重 庆	503624	60052	269705	173867
四 川	1013746	217197	370709	425840
贵 州	314530	148575	92793	73162
云 南	570912	382259	62733	125919
西 藏	16368		-544	16912
陕 西	376190	179125	90218	106847
甘 肃	232228	67120	91556	73552
青 海	35787	19587	10322	5878
宁 夏	26486	4618	9010	12857
新 疆	278897	114118	61399	103380

2-C-36　各地区按资质等级划分的总承包建筑业企业应收工程款

单位：万元

地　区	合计	特级	一级	二级及以下
全国总计	**703311411**	**219910789**	**258904005**	**224496616**
北　京	41719901	26140328	13141330	2438242
天　津	13635889	5544632	5610563	2480694
河　北	19296402	3522040	8103624	7670737
山　西	23345910	9670921	7138692	6536297
内蒙古	6723976	951482	2790593	2981901
辽　宁	14952825	2677874	4898480	7376471
吉　林	8342628	805925	2807882	4728821
黑龙江	5260643	803044	2458993	1998606
上　海	24294604	11011843	8920413	4362348
江　苏	62574540	17006092	21777158	23791290
浙　江	37011658	10425667	14817939	11768052
安　徽	31462230	12152410	8995135	10314685
福　建	18596243	2759194	9780456	6056594
江　西	17425546	2326521	8544279	6554747
山　东	54670989	17228679	21232787	16209523
河　南	29579887	7815626	9307593	12456668
湖　北	42310823	18488402	14180806	9641616
湖　南	16896611	5275794	5999086	5621732
广　东	56079709	10413108	29487376	16179225
广　西	10919800	3519717	3335165	4064918
海　南	1772805	9444	977001	786361
重　庆	17836556	2240159	8451994	7144404
四　川	39849551	8546715	16471426	14831410
贵　州	15849197	4962901	5183128	5703168
云　南	24763226	10189957	5521357	9051912
西　藏	1187100		69872	1117228
陕　西	38492676	20516295	9612644	8363737
甘　肃	11663832	2312333	3989317	5362182
青　海	1615717	494234	285960	835524
宁　夏	2789010	278587	652451	1857972
新　疆	12390928	1820868	4360506	6209555

D.专业承包建筑业企业

2-D-1 各地区专业承包建筑业企业签订合同情况

单位：万元

地　区	签订合同额	上年结转合同额	本年新签合同额
全国总计	**494011961**	**194464147**	**299547813**
北　京	23400527	9727836	13672691
天　津	14774860	6454657	8320203
河　北	7206069	2271242	4934827
山　西	5304797	2176783	3128014
内蒙古	1169767	395435	774332
辽　宁	10965256	3226786	7738469
吉　林	7163572	2181118	4982454
黑龙江	2205910	1003010	1202900
上　海	16545372	6596774	9948598
江　苏	58062215	18876650	39185564
浙　江	41307885	16373471	24934414
安　徽	25350082	9450299	15899783
福　建	21615266	8481035	13134230
江　西	15798310	7112704	8685606
山　东	26527539	7529070	18998469
河　南	20863460	5770443	15093017
湖　北	25731542	13133116	12598425
湖　南	15467000	4876166	10590834
广　东	86317381	41246577	45070803
广　西	4709963	2139409	2570554
海　南	1245259	622207	623053
重　庆	10168999	4110979	6058020
四　川	22805032	9342966	13462066
贵　州	3660080	1771904	1888176
云　南	8727933	3288269	5439664
西　藏	82013	14219	67794
陕　西	10899157	4299280	6599878
甘　肃	2595289	945979	1649310
青　海	606720	142805	463916
宁　夏	465125	129321	335804
新　疆	2269582	773637	1495945

2-D-2　各地区专业承包建筑业企业承包工程完成情况

单位：万元

地　区	直接从建设单位承揽工程完成的产值	自行完成施工产值	分包出去工程的产值	从建设单位以外承揽工程完成的产值
全国总计	**266483912**	**257588733**	**8895179**	**55611723**
北　京	11185477	10449286	736191	6405016
天　津	7932794	6264907	1667887	2719177
河　北	4328255	4253694	74561	432836
山　西	2788417	2740664	47753	618307
内蒙古	567776	541789	25987	36522
辽　宁	6547561	6405416	142145	388145
吉　林	2379744	2376537	3207	695148
黑龙江	1186209	1176144	10065	49227
上　海	8342147	7860389	481758	3490388
江　苏	36562917	36259025	303892	10222457
浙　江	24728282	24357183	371099	5697941
安　徽	13289241	13210952	78288	3407406
福　建	12579545	12463381	116164	1325609
江　西	7952456	7690747	261709	496863
山　东	15933418	15369776	563642	3083567
河　南	12928094	12691720	236374	1808702
湖　北	12815789	12653561	162228	1976433
湖　南	10368698	10253713	114985	920506
广　东	40202338	37605198	2597141	6383939
广　西	2182209	2114575	67634	287387
海　南	626127	604498	21630	59240
重　庆	5621299	5377888	243411	1214439
四　川	10726880	10431125	295755	1252246
贵　州	1508346	1501394	6952	87542
云　南	4510004	4416017	93987	881030
西　藏	63286	62774	512	544
陕　西	5336388	5260474	75914	1234878
甘　肃	1452903	1416847	36056	246932
青　海	358506	350716	7790	13859
宁　夏	338947	335637	3310	12678
新　疆	1139860	1092706	47153	162763

2-D-3 各地区专业承包建筑业企业总产值和竣工产值

单位：万元

地区	建筑业总产值	#装饰装修产值	#在外省完成的产值	按构成分组			竣工产值
				建筑工程产值	安装工程产值	其他产值	
全国总计	**313200456**	**70915819**	**84017630**	**231908354**	**66372122**	**14919980**	**130243207**
北京	16854302	6461759	8806816	14859663	1795139	199500	8596630
天津	8984084	622648	2047679	6147787	1834071	1002226	3049023
河北	4686530	548828	909570	3407332	1226340	52858	2098292
山西	3358972	381994	679443	2291018	803768	264185	1386351
内蒙古	578310	37842	19660	285777	258575	33959	210633
辽宁	6793561	782513	1409959	4717557	1628785	447218	2065537
吉林	3071685	462193	444028	2009980	950103	111602	1335918
黑龙江	1225371	165935	128948	803952	187460	233959	336653
上海	11350777	4327497	4547781	8397046	2641580	312151	5320146
江苏	46481482	15292063	16141156	36902557	9015130	563796	29829215
浙江	30055124	9545235	5655903	22278411	6610913	1165800	13488280
安徽	16618358	1452610	4291702	11421625	3091113	2105620	5347794
福建	13788990	2372853	4603501	11090225	2188812	509953	4329795
江西	8187609	2483856	2666011	6664055	1199005	324549	2344854
山东	18453343	4179550	3401845	12709316	4592371	1151657	7593434
河南	14500422	1949524	2183039	9865930	3570845	1063647	5705516
湖北	14629994	1863252	3562439	10157734	3736964	735295	7116452
湖南	11174219	1164962	4150351	7322282	3236487	615451	5448837
广东	43989137	12041811	10831398	33323892	8802783	1862462	10993464
广西	2401961	188688	123871	1839950	518375	43636	508367
海南	663738	128084	38954	385968	228382	49388	189077
重庆	6592328	1537313	1870692	4442047	1513527	636754	2018180
四川	11683371	1372797	2520080	7735333	3454726	493311	5215000
贵州	1588936	143729	209460	1081980	413182	93774	624362
云南	5297047	347335	403166	3848922	1115582	332544	2042377
西藏	63318	4809	981	55425	4919	2974	32323
陕西	6495352	740041	2178061	5190968	937888	366496	1564467
甘肃	1663779	137539	113161	1268113	332600	63065	675965
青海	364574	1049	24925	308874	54904	796	134834
宁夏	348314	12649	29139	309058	32209	7047	185566
新疆	1255470	164862	23913	785577	395584	74309	455869

2-D-4　各地区专业承包建筑业企业房屋建筑面积

地　区	房屋施工面积（万平方米）	#本年新开工	房屋竣工面积（万平方米）	房屋竣工率（%）
全国总计	**51171**	**21514**	**17596**	**34.4**
北　京	839	312	175	20.9
天　津	910	210	301	33.0
河　北	689	330	261	37.8
山　西	608	305	204	33.6
内蒙古	38	29	7	18.3
辽　宁	363	108	112	30.9
吉　林	597	177	145	24.3
黑龙江	63	13	27	43.2
上　海	549	267	430	78.2
江　苏	3621	1229	1028	28.4
浙　江	6843	3168	2604	38.0
安　徽	10080	5169	1362	13.5
福　建	1987	725	702	35.3
江　西	1192	681	596	50.0
山　东	4932	1371	2124	43.1
河　南	1576	586	892	56.6
湖　北	2738	745	1457	53.2
湖　南	1947	656	1290	66.3
广　东	6868	3263	1464	21.3
广　西	288	62	70	24.2
海　南	38	10	10	24.9
重　庆	866	464	566	65.3
四　川	1478	730	967	65.4
贵　州	311	152	72	23.1
云　南	773	397	358	46.3
西　藏	1	1	17	
陕　西	797	292	277	34.8
甘　肃	53	17	17	31.1
青　海	5	1	5	92.7
宁　夏	6	3	4	70.4
新　疆	113	44	54	48.2

2-D-5 各地区按主要用途分的专业承包建筑业企业房屋竣工面积

单位：万平方米

地 区	总计	住宅房屋	商业及服务用房屋	办公用房屋	科研、教育和医疗用房屋	文化、体育和娱乐用房屋	厂房及建筑物	仓 库	其他未列明的房屋建筑物
全国总计	**17596**	**7134**	**1340**	**609**	**625**	**289**	**6044**	**390**	**1166**
北 京	175	38	8	2	3		123		1
天 津	301	108	44	31	22	14	77	1	5
河 北	261	107	25	11	7	1	73	2	33
山 西	204	106	27	5	2	1	55	1	7
内蒙古	7	3	2	1					
辽 宁	112	61	12	3	2		33	1	1
吉 林	145	100	6	16	3	4	9	2	4
黑龙江	27	16					9		2
上 海	430	5	7		16	1	249	150	1
江 苏	1028	402	92	14	13	13	450	6	38
浙 江	2604	628	105	31	33	56	1585	65	100
安 徽	1362	557	81	92	28	22	546	9	29
福 建	702	347	59	24	23	6	218	4	22
江 西	596	319	58	13	21	15	122	4	44
山 东	2124	948	81	61	75	28	694	12	224
河 南	892	470	48	24	46	51	185	14	54
湖 北	1457	490	303	127	55	17	258	10	198
湖 南	1290	645	25	31	84	2	415	68	20
广 东	1464	437	134	52	71	11	507	18	235
广 西	70	7	5	1			41	2	14
海 南	10	6			3				
重 庆	566	307	45	7	46	13	100	1	47
四 川	967	578	83	25	37	19	181	12	31
贵 州	72	40	18	1	7		5		
云 南	358	213	28	10	19	12	44	5	27
西 藏	17	13							4
陕 西	277	169	35	25	3	1	27		17
甘 肃	17	3	4	1	1		4		4
青 海	5	2	1					1	
宁 夏	4						2		1
新 疆	54	10	3	1	3		31	2	4

2-D-6　各地区按主要用途分的专业承包建筑业企业房屋竣工价值

单位：万元

地　区	总计	住宅房屋	商业及服务用房屋	办公用房　屋	科研、教育和医疗用房屋
全国总计	**20346047**	**7561845**	**2512815**	**1223588**	**1049804**
北　京	349486	111636	21669	6274	7326
天　津	268946	70027	46650	25615	21213
河　北	451538	95245	227151	15248	24850
山　西	122000	26380	12983	6867	11649
内蒙古	10829	6143	2530	1170	
辽　宁	123721	57609	14905	6585	6801
吉　林	183074	59892	6614	46479	5336
黑龙江	14015	10270	10	5	
上　海	152441	1849	5256	595	2290
江　苏	1403252	599374	128310	26794	16522
浙　江	3259884	939991	256047	32339	70735
安　徽	1889354	657534	130316	229065	50452
福　建	872233	331980	75254	48087	39587
江　西	708845	403039	45277	11677	40328
山　东	1411523	350710	96235	76082	81847
河　南	716393	329760	60163	26903	32130
湖　北	3105287	952729	892155	517226	363252
湖　南	1041192	709593	25522	20236	46560
广　东	1419448	386809	160415	33498	87622
广　西	113027	14445	15386	1426	214
海　南	20998	8471	497	871	11160
重　庆	422522	233422	55086	9881	19006
四　川	1023215	574755	88606	22254	54268
贵　州	58912	6281	8887	1250	32169
云　南	653200	394390	77005	38544	11743
西　藏	20184	10069	20	20	418
陕　西	321261	98063	44761	14888	3281
甘　肃	28632	4984	5838	656	1693
青　海	22949	15621	1720	1055	7
宁　夏	8377	489		22	1608
新　疆	149312	100289	7547	1976	5738

2-D-6 续表 单位：万元

地区	文化、体育和娱乐用房屋	厂房及建筑物	仓库	其他未列明的房屋建筑物
全国总计	**298869**	**6430042**	**207938**	**1061147**
北京		199697	662	2223
天津	6434	90177	1071	7757
河北	1455	67617	1656	18317
山西	15	53230	1006	9870
内蒙古		986		
辽宁	84	31340	2928	3470
吉林	25347	9610	646	29151
黑龙江		3630		100
上海	3391	114140	24351	570
江苏	48968	536806	11766	34712
浙江	39889	1781524	44811	94549
安徽	11892	757925	8870	43299
福建	8503	331302	5393	32126
江西	27657	136228	3691	40948
山东	36247	646335	10874	113194
河南	32005	181747	18190	35496
湖北	12055	179999	4995	182877
湖南	1020	170660	36873	30727
广东	17224	521257	16576	196046
广西	550	56532	1623	22852
海南				
重庆	3241	65584	284	36018
四川	8875	226234	1507	46716
贵州	399	9312		615
云南	10126	86961	2562	31868
西藏		10	100	9547
陕西	2205	140874	247	16944
甘肃	1219	3466		10776
青海		1288	2258	1000
宁夏	69	3189	103	2898
新疆		22384	4897	6481

2-D-7　各地区专业承包建筑业企业施工机械设备情况

地　区	年末自有施工机械设备总台数（台）	年末自有施工机械设备总功率（千瓦）	年末自有施工机械设备净值（万元）
全国总计	**648897**	**13358577**	**4042750**
北　京	14031	404677	104154
天　津	9614	255999	372379
河　北	14848	278704	130590
山　西	10762	302472	120909
内蒙古	488	46431	10438
辽　宁	6600	99817	32396
吉　林	9452	44335	25765
黑龙江	2632	45552	20107
上　海	1675	112507	62136
江　苏	192167	4925363	1316917
浙　江	47024	769532	286833
安　徽	10072	161195	53643
福　建	22421	653687	152169
江　西	14268	583042	93366
山　东	110818	1075218	231090
河　南	36885	829062	215444
湖　北	25593	422894	133330
湖　南	32526	233112	77460
广　东	35010	655613	255668
广　西	2982	56647	10457
海　南	836	16744	3149
重　庆	7769	151198	42952
四　川	18604	339540	90472
贵　州	817	11914	9188
云　南	11695	191752	72430
西　藏	20	376	16
陕　西	4277	501856	40563
甘　肃	2573	43404	14390
青　海	269	4478	1254
宁　夏	659	24126	11885
新　疆	1510	117330	51201

2-D-8 各地区专业承包建筑业企业主要生产效益指标

地区	建筑业企业个数（个）	从事建筑业活动的平均人数（人）	按总产值计算的劳动生产率（元/人）	人均竣工产值（元/人）	人均施工面积（平方米/人）	人均竣工面积（平方米/人）
全国总计	**45808**	**7847609**	**399103**	**165965**	**65.2**	**22.4**
北　京	1734	440661	382478	195085	19.0	4.0
天　津	2318	322899	278232	94427	28.2	9.3
河　北	877	107571	435669	195061	64.1	24.2
山　西	1234	93773	358202	147841	64.9	21.8
内蒙古	132	14707	393221	143219	25.6	4.7
辽　宁	2423	135357	501899	152599	26.9	8.3
吉　林	794	68894	445857	193909	86.6	21.0
黑龙江	449	43592	281100	77228	14.4	6.2
上　海	1078	213022	532845	249746	25.8	20.2
江　苏	5140	1306895	355663	228245	27.7	7.9
浙　江	2912	688794	436344	195825	99.4	37.8
安　徽	2030	403033	412332	132689	250.1	33.8
福　建	2464	443590	310850	97608	44.8	15.8
江　西	1043	158982	515002	147492	75.0	37.5
山　东	4277	465505	396416	163122	106.0	45.6
河　南	3377	446430	324808	127803	35.3	20.0
湖　北	1821	260059	562564	273648	105.3	56.0
湖　南	880	291149	383797	187149	66.9	44.3
广　东	4806	891845	493237	123267	77.0	16.4
广　西	362	49040	489796	103664	58.8	14.2
海　南	98	11387	582891	166046	33.7	8.4
重　庆	1079	230366	286168	87608	37.6	24.5
四　川	1567	309927	376972	168265	47.7	31.2
贵　州	357	46095	344709	135451	67.6	15.6
云　南	908	149048	355392	137028	51.8	24.0
西　藏	26	1415	447476	228428	4.7	122.3
陕　西	811	171889	377881	91016	46.4	16.1
甘　肃	352	29997	554648	225344	17.8	5.5
青　海	85	10734	339644	125614	5.0	4.7
宁　夏	111	9763	356770	190070	6.0	4.2
新　疆	263	31190	402523	146159	36.2	17.5

2-D-9　各地区专业承包建筑业企业资产构成

单位：万元

地　区	资产合计	#流动资产合计	#存货
全国总计	**389660944**	**325966789**	**34552162**
北　京	28734357	24505133	1530792
天　津	17735827	14628838	1059971
河　北	7899114	6839644	1331932
山　西	6563280	5534619	502998
内蒙古	1322084	865755	153315
辽　宁	11973230	9880699	1383183
吉　林	3983400	3355044	356758
黑龙江	1815384	1531202	249346
上　海	16014614	13711578	1460524
江　苏	49659478	40386772	5233480
浙　江	30200022	25148060	3835238
安　徽	15958657	12597967	1006942
福　建	11518169	9366521	1019685
江　西	6369208	4729202	672542
山　东	27752084	23533820	3205705
河　南	17266411	14387279	1229761
湖　北	15538608	12941581	1101878
湖　南	8850611	7278363	685889
广　东	60233741	52718926	4557625
广　西	3186490	2533103	235632
海　南	831195	687495	62511
重　庆	8338355	6782341	638029
四　川	14600281	12079066	1140317
贵　州	3434216	2835143	304768
云　南	5940198	5125105	460557
西　藏	104961	87877	15779
陕　西	8656158	7576971	627085
甘　肃	2462285	2034924	182749
青　海	498662	435190	42791
宁　夏	462866	362057	40677
新　疆	1757001	1486516	223702

2-D-10 各地区专业承包建筑业企业固定资产情况

单位：万元

地区	固定资产原价	固定资产折旧	#本年折旧	在建工程
全国总计	**35649656**	**17462709**	**2957196**	**3253365**
北京	1717137	896202	98497	84971
天津	2164367	1154547	156248	132319
河北	711838	397385	50025	42969
山西	772904	373934	68173	70063
内蒙古	336418	158625	16696	3883
辽宁	1434341	806268	95736	69228
吉林	406071	225832	42610	65517
黑龙江	219219	121143	21012	22932
上海	1517725	786927	111055	91807
江苏	5846694	2659222	451578	581429
浙江	3378895	1525022	234353	261486
安徽	1257011	626987	144642	130759
福建	1146922	581087	111572	91620
江西	601344	305030	67925	66014
山东	2406544	1158777	242791	240290
河南	1596893	739607	134592	136661
湖北	1282219	598811	108802	109362
湖南	938812	503365	105198	61045
广东	3410426	1586150	287745	322400
广西	289254	146553	25877	18481
海南	91540	55676	10903	30144
重庆	548430	274786	58228	209569
四川	1356828	677738	110607	234819
贵州	233617	76679	21321	18346
云南	714269	382353	64745	43006
西藏	8773	2223	582	1127
陕西	571456	307566	51248	69870
甘肃	232747	119671	26614	22842
青海	40379	23493	4999	3813
宁夏	112141	50936	8008	6753
新疆	304442	140112	24819	9843

2-D-11　各地区专业承包建筑业企业负债及所有者权益

单位：万元

地　区	负债合计	#流动负债	#应付账款	所有者权益	#实收资本
全国总计	**269860973**	**225267585**	**102297016**	**119799972**	**55846729**
北　京	22067073	20632087	10041315	6667284	4111546
天　津	11858063	10012965	4252273	5877764	2646121
河　北	5505503	4880916	1989948	2393611	1075499
山　西	4249770	3566293	1770109	2313509	1267056
内蒙古	719405	592712	293794	602679	159670
辽　宁	7944103	5741316	2475367	4029128	2044609
吉　林	2645629	2206122	982923	1337772	630411
黑龙江	1088580	806515	403327	726804	359310
上　海	11284356	9441110	4513458	4730259	2089886
江　苏	29824893	25704254	12601537	19834585	8116910
浙　江	21419195	19722309	9044998	8780828	4455941
安　徽	11635051	8473960	3650672	4323606	1441262
福　建	6841270	5014736	2031058	4676900	2274593
江　西	4397549	3301543	1057804	1971659	1083372
山　东	20431612	16537767	7661245	7320472	3203725
河　南	9894789	8170002	3110528	7371622	3454700
湖　北	10962390	8832455	4289145	4576218	2106369
湖　南	6011104	4631829	2105454	2839507	1070928
广　东	44462541	38354424	16491614	15771200	7087928
广　西	2513313	1943847	898100	673176	383028
海　南	504007	375850	177058	327188	113334
重　庆	5926968	4178725	1763405	2411387	948015
四　川	10541784	8264017	3959711	4058497	1573429
贵　州	2729302	1759218	666225	704914	266966
云　南	4167794	3551612	1832027	1772405	929679
西　藏	67086	37574	11667	37875	17907
陕　西	6585290	5698286	2667591	2070868	1076254
甘　肃	1636971	1359910	697155	825314	1391812
青　海	366936	322196	214962	131726	69801
宁　夏	262837	187973	90706	200029	113544
新　疆	1315811	965063	551842	441190	283126

2-D-12 各地区专业承包建筑业企业收入情况

单位：万元

地区	主营业务收入	主营业务成本	主营业务税金及附加
全国总计	**301110053**	**266239134**	**1202773**
北京	20162448	17852690	68753
天津	11506779	10326955	33062
河北	5022160	4603568	18345
山西	3752518	2985416	10749
内蒙古	826753	710995	3573
辽宁	6396323	4842192	30743
吉林	3172170	2865910	11352
黑龙江	1426356	1285907	5780
上海	13030172	11582891	40839
江苏	41966807	37038478	175659
浙江	27662773	24708590	77919
安徽	15338820	13850477	55024
福建	11631395	10329757	70120
江西	4599132	4078709	26036
山东	19765023	17225214	78731
河南	13098253	11588063	70869
湖北	12983936	11602443	82718
湖南	9384798	8168570	82812
广东	43315656	38784285	108805
广西	2050954	1771056	7955
海南	632337	552461	2533
重庆	5057783	4472146	20271
四川	11736478	10489775	52082
贵州	1368244	1159295	3451
云南	5131696	4456725	27262
西藏	64281	55718	186
陕西	6196240	5562140	23718
甘肃	1503718	1299508	6311
青海	464141	417897	1625
宁夏	357848	318115	1014
新疆	1504063	1253190	4477

2-D-13　各地区专业承包建筑业企业费用情况

单位：万元

地　区	管理费用	销售费用	研发费用	财务费用		
					#利息收入	#利息支出
全国总计	**17686317**	**2835925**	**3364708**	**1887847**	**296725**	**4984505**
北　京	1270700	505276	272442	69096	27264	65189
天　津	693452	89027	138098	60320	4935	41515
河　北	243995	16690	39073	37147	5989	15205
山　西	309080	21324	70963	25412	3577	15166
内蒙古	88085	2973	3538	2067	148	1211
辽　宁	616447	45100	62147	20451	1990	12911
吉　林	208594	7403	21419	20759	1606	7142
黑龙江	119751	3839	4900	7280	181	4535
上　海	918615	186986	217903	55777	10641	34817
江　苏	2203567	276772	313146	313570	65416	133460
浙　江	1524281	420469	320245	131924	34269	121596
安　徽	748173	159363	147212	78238	11890	50967
福　建	677198	89631	45505	71956	2656	36241
江　西	292228	26547	18572	64061	5110	47764
山　东	1209339	133964	250950	137005	11478	81111
河　南	750734	92846	105124	80382	-2362	20864
湖　北	565847	100303	143930	65902	11896	38018
湖　南	488839	79273	128020	46761	36738	12743
广　东	2554277	313295	738405	398469	29158	258598
广　西	154559	6715	41843	9627	1753	6679
海　南	50232	3298	2498	3542	-22	1131
重　庆	363285	54635	31155	29334	4959	14913
四　川	589940	100173	109598	66698	7846	30766
贵　州	122328	24138	10946	19179	2014	6100
云　南	357996	28739	35466	22956	3509	12944
西　藏	6520	814		464	7	42
陕　西	309010	28859	73640	30227	11975	26793
甘　肃	88730	10194	12353	10408	1190	3881216
青　海	33460	560	621	1369	120	1138
宁　夏	32833	599	991	1826	88	963
新　疆	94225	6122	4005	5643	706	2768

2-D-14 各地区专业承包建筑业企业利润及税金情况

单位：万元

地区	利润总额	#应交所得税	税金总额	主营业务税金及附加	应交增值税
全国总计	**7979571**	**1369559**	**8515348**	**1202773**	**7312575**
北京	218643	48214	448420	68753	379667
天津	267397	35210	304646	33062	271584
河北	82456	14285	143489	18345	125144
山西	102426	10666	121065	10749	110316
内蒙古	22298	3087	29149	3573	25577
辽宁	186647	27263	217418	30743	186675
吉林	67433	10194	100892	11352	89540
黑龙江	18544	5410	42096	5780	36316
上海	197811	44735	336990	40839	296151
江苏	1771525	295795	1128886	175659	953227
浙江	502171	100176	585082	77919	507163
安徽	431078	49605	401929	55024	346905
福建	320181	57211	359245	70120	289125
江西	154903	30984	153678	26036	127642
山东	636663	85421	587400	78731	508668
河南	544697	73049	500250	70869	429381
湖北	409357	69388	463087	82718	380369
湖南	325725	49704	392924	82812	310111
广东	589991	183704	1111536	108805	1002731
广西	42170	4836	59709	7955	51754
海南	19460	5707	24949	2533	22416
重庆	195606	33430	193301	20271	173030
四川	395904	65270	327315	52082	275233
贵州	18981	5671	47081	3451	43630
云南	160181	21150	166708	27262	139445
西藏	1995	256	2510	186	2323
陕西	187019	20506	149928	23718	126210
甘肃	54649	9172	47452	6311	41141
青海	10274	1717	15432	1625	13807
宁夏	7247	1218	11112	1014	10097
新疆	36141	6526	41673	4477	37197

2-D-15　各地区专业承包建筑业企业应收工程款及亏损情况

地　区	应收工程款(万元)	企业个数(个)	#亏损企业个数	亏损企业的比重(%)
全国总计	**128784583**	**45808**	**11164**	**24.4**
北　京	10030057	1734	559	32.2
天　津	5529394	2318	696	30.0
河　北	2320037	877	202	23.0
山　西	2012645	1234	349	28.3
内蒙古	371563	132	32	24.2
辽　宁	3417539	2423	840	34.7
吉　林	1480028	794	171	21.5
黑龙江	527327	449	139	31.0
上　海	5499134	1078	309	28.7
江　苏	16586016	5140	830	16.1
浙　江	8828537	2912	878	30.2
安　徽	5436728	2030	431	21.2
福　建	3967596	2464	469	19.0
江　西	1400830	1043	207	19.8
山　东	10637287	4277	880	20.6
河　南	6787394	3377	707	20.9
湖　北	5158482	1821	324	17.8
湖　南	2756692	880	140	15.9
广　东	20313632	4806	1453	30.2
广　西	786451	362	138	38.1
海　南	284470	98	27	27.6
重　庆	3031074	1079	278	25.8
四　川	3860065	1567	277	17.7
贵　州	792836	357	98	27.5
云　南	2115160	908	262	28.9
西　藏	29936	26	9	34.6
陕　西	3039439	811	202	24.9
甘　肃	834771	352	111	31.5
青　海	197916	85	30	35.3
宁　夏	170068	111	37	33.3
新　疆	581480	263	79	30.0

2-D-16 各地区专业承包建筑业企业主要经济效益指标

地　区	产值利润率 (%)	资本利润率 (%)	人均利润 (元/人)	资产负债率 (%)
全国总计	**2.5**	**14.3**	**10168**	**69.3**
北　京	1.3	5.3	4962	76.8
天　津	3.0	10.1	8281	66.9
河　北	1.8	7.7	7665	69.7
山　西	3.0	8.1	10923	64.8
内蒙古	3.9	14.0	15162	54.4
辽　宁	2.7	9.1	13789	66.3
吉　林	2.2	10.7	9788	66.4
黑龙江	1.5	5.2	4254	60.0
上　海	1.7	9.5	9286	70.5
江　苏	3.8	21.8	13555	60.1
浙　江	1.7	11.3	7291	70.9
安　徽	2.6	29.9	10696	72.9
福　建	2.3	14.1	7218	59.4
江　西	1.9	14.3	9743	69.0
山　东	3.5	19.9	13677	73.6
河　南	3.8	15.8	12201	57.3
湖　北	2.8	19.4	15741	70.5
湖　南	2.9	30.4	11188	67.9
广　东	1.3	8.3	6615	73.8
广　西	1.8	11.0	8599	78.9
海　南	2.9	17.2	17090	60.6
重　庆	3.0	20.6	8491	71.1
四　川	3.4	25.2	12774	72.2
贵　州	1.2	7.1	4118	79.5
云　南	3.0	17.2	10747	70.2
西　藏	3.2	11.1	14100	63.9
陕　西	2.9	17.4	10880	76.1
甘　肃	3.3	3.9	18218	66.5
青　海	2.8	14.7	9571	73.6
宁　夏	2.1	6.4	7423	56.8
新　疆	2.9	12.8	11587	74.9

2-D-17　各地区按资质等级划分的专业承包建筑业企业单位数

单位：个

地　区	合计	一级	二级及以下
全国总计	**45808**	**9975**	**35833**
北　京	1734	579	1155
天　津	2318	284	2034
河　北	877	170	707
山　西	1234	173	1061
内蒙古	132	18	114
辽　宁	2423	331	2092
吉　林	794	84	710
黑龙江	449	71	378
上　海	1078	324	754
江　苏	5140	972	4168
浙　江	2912	790	2122
安　徽	2030	696	1334
福　建	2464	661	1803
江　西	1043	144	899
山　东	4277	978	3299
河　南	3377	831	2546
湖　北	1821	331	1490
湖　南	880	281	599
广　东	4806	1036	3770
广　西	362	57	305
海　南	98	27	71
重　庆	1079	189	890
四　川	1567	283	1284
贵　州	357	47	310
云　南	908	237	671
西　藏	26	4	22
陕　西	811	249	562
甘　肃	352	62	290
青　海	85	NA	83
宁　夏	111	15	96
新　疆	263	49	214

2-D-18 各地区按资质等级划分的专业承包企业建筑业总产值

单位：万元

地区	合计	一级	二级及以下
全国总计	**313200456**	**171759029**	**141441427**
北京	16854302	11801807	5052495
天津	8984084	2908759	6075325
河北	4686530	1666746	3019784
山西	3358972	1256754	2102218
内蒙古	578310	110027	468283
辽宁	6793561	2598848	4194713
吉林	3071685	982626	2089059
黑龙江	1225371	339512	885860
上海	11350777	7856362	3494415
江苏	46481482	27299251	19182231
浙江	30055124	18209459	11845665
安徽	16618358	9976379	6641979
福建	13788990	7105204	6683786
江西	8187609	3654420	4533189
山东	18453343	10915337	7538006
河南	14500422	8279601	6220821
湖北	14629994	7346240	7283754
湖南	11174219	6011780	5162439
广东	43989137	27603128	16386009
广西	2401961	1285366	1116595
海南	663738	201920	461818
重庆	6592328	2059284	4533043
四川	11683371	4988263	6695108
贵州	1588936	522081	1066855
云南	5297047	2262248	3034799
西藏	63318	5785	57533
陕西	6495352	3381082	3114270
甘肃	1663779	632237	1031542
青海	364574	69121	295454
宁夏	348314	57786	290529
新疆	1255470	371619	883851

2-D-19　各地区按资质等级划分的专业承包建筑业企业签订合同额

单位：万元

地　区	合计	一级	二级及以下
全国总计	**494011961**	**276893120**	**217118841**
北　京	23400527	16803374	6597153
天　津	14774860	7273296	7501564
河　北	7206069	2906559	4299510
山　西	5304797	2110889	3193908
内蒙古	1169767	202676	967091
辽　宁	10965256	5368915	5596341
吉　林	7163572	4339644	2823929
黑龙江	2205910	581609	1624301
上　海	16545372	11948896	4596477
江　苏	58062215	35597763	22464451
浙　江	41307885	24281009	17026875
安　徽	25350082	14744313	10605768
福　建	21615266	11161795	10453470
江　西	15798310	5396563	10401747
山　东	26527539	16231442	10296097
河　南	20863460	12128877	8734583
湖　北	25731542	11234509	14497033
湖　南	15467000	9350895	6116105
广　东	86317381	53438321	32879060
广　西	4709963	2207976	2501988
海　南	1245259	416308	828952
重　庆	10168999	3560257	6608742
四　川	22805032	12478277	10326756
贵　州	3660080	1127075	2533005
云　南	8727933	4285165	4442768
西　藏	82013	12090	69923
陕　西	10899157	5914750	4984407
甘　肃	2595289	836094	1759195
青　海	606720	145741	460979
宁　夏	465125	76046	389079
新　疆	2269582	731996	1537586

2-D-20 各地区按资质等级划分的专业承包建筑业企业竣工产值

单位：万元

地 区	合计	一级	二级及以下
全国总计	**130243207**	**69933930**	**60309276**
北 京	8596630	6117165	2479465
天 津	3049023	1806640	1242383
河 北	2098292	726184	1372108
山 西	1386351	488406	897945
内蒙古	210633	14704	195929
辽 宁	2065537	757697	1307840
吉 林	1335918	526346	809571
黑龙江	336653	86176	250477
上 海	5320146	3593529	1726616
江 苏	29829215	18533507	11295707
浙 江	13488280	7169813	6318468
安 徽	5347794	3403251	1944544
福 建	4329795	2152621	2177174
江 西	2344854	807755	1537099
山 东	7593434	4391977	3201456
河 南	5705516	2948556	2756960
湖 北	7116452	1810411	5306042
湖 南	5448837	2516106	2932731
广 东	10993464	6803869	4189594
广 西	508367	193074	315292
海 南	189077	50606	138471
重 庆	2018180	606436	1411744
四 川	5215000	2411108	2803892
贵 州	624362	149743	474618
云 南	2042377	643629	1398748
西 藏	32323	6368	25955
陕 西	1564467	713951	850516
甘 肃	675965	295059	380907
青 海	134834	15550	119283
宁 夏	185566	16128	169438
新 疆	455869	177565	278304

2-D-21　各地区按资质等级划分的专业承包建筑业企业房屋施工面积

单位：万平方米

地　区	合计		
		一级	二级及以下
全国总计	**51171**	**27295**	**23876**
北　京	839	579	260
天　津	910	42	869
河　北	689	51	638
山　西	608	276	332
内蒙古	38		38
辽　宁	363	55	309
吉　林	597	314	282
黑龙江	63		62
上　海	549	456	93
江　苏	3621	1169	2451
浙　江	6843	4204	2639
安　徽	10080	9035	1045
福　建	1987	791	1196
江　西	1192	141	1051
山　东	4932	2934	1998
河　南	1576	616	961
湖　北	2738	459	2278
湖　南	1947	930	1017
广　东	6868	3419	3449
广　西	288	188	100
海　南	38		38
重　庆	866	132	734
四　川	1478	389	1089
贵　州	311	195	117
云　南	773	443	330
西　藏	1		1
陕　西	797	431	367
甘　肃	53	26	27
青　海	5		5
宁　夏	6		6
新　疆	113	20	93

2-D-22 各地区按资质等级划分的专业承包建筑业企业房屋竣工面积

单位：万平方米

地 区	合计	一级	二级及以下
全国总计	**17596**	**7242**	**10354**
北 京	175	90	85
天 津	301	14	286
河 北	261	13	248
山 西	204	7	198
内蒙古	7		7
辽 宁	112	14	99
吉 林	145	49	96
黑龙江	27		27
上 海	430	414	16
江 苏	1028	276	752
浙 江	2604	1415	1188
安 徽	1362	879	482
福 建	702	360	343
江 西	596	71	525
山 东	2124	1277	847
河 南	892	340	552
湖 北	1457	376	1081
湖 南	1290	477	813
广 东	1464	474	990
广 西	70	38	32
海 南	10		10
重 庆	566	36	529
四 川	967	347	620
贵 州	72	38	34
云 南	358	179	179
西 藏	17	13	5
陕 西	277	39	238
甘 肃	17	2	15
青 海	5		5
宁 夏	4		4
新 疆	54	6	49

2-D-23　各地区按资质等级划分的专业承包建筑业企业自有施工机械设备台数

单位：台

地　区	合计	一级	二级及以下
全国总计	**648897**	**325351**	**323546**
北　京	14031	7766	6265
天　津	9614	6118	3496
河　北	14848	9638	5210
山　西	10762	2853	7909
内蒙古	488	5	483
辽　宁	6600	1686	4914
吉　林	9452	420	9032
黑龙江	2632	1205	1427
上　海	1675	392	1283
江　苏	192167	83407	108760
浙　江	47024	24967	22057
安　徽	10072	7890	2182
福　建	22421	13231	9190
江　西	14268	1118	13150
山　东	110818	85170	25648
河　南	36885	21820	15065
湖　北	25593	16817	8776
湖　南	32526	3439	29087
广　东	35010	19902	15108
广　西	2982	1299	1683
海　南	836	347	489
重　庆	7769	2609	5160
四　川	18604	7094	11510
贵　州	817	170	647
云　南	11695	3186	8509
西　藏	20	8	12
陕　西	4277	1307	2970
甘　肃	2573	893	1680
青　海	269	3	266
宁　夏	659	7	652
新　疆	1510	584	926

2-D-24 各地区按资质等级划分的专业承包建筑业企业自有施工机械设备总功率

单位：万千瓦

地区	合计	一级	二级及以下
全国总计	**1336**	**514**	**821**
北京	40	24	16
天津	26	21	5
河北	28	17	10
山西	30	10	20
内蒙古	5		5
辽宁	10	5	5
吉林	4	1	4
黑龙江	5	2	3
上海	11	2	9
江苏	493	129	364
浙江	77	38	39
安徽	16	8	8
福建	65	45	20
江西	58	2	57
山东	108	48	60
河南	83	42	41
湖北	42	20	23
湖南	23	6	18
广东	66	29	37
广西	6	2	4
海南	2		2
重庆	15	4	12
四川	34	12	22
贵州	1		1
云南	19	8	11
西藏			
陕西	50	40	10
甘肃	4	1	3
青海			
宁夏	2		2
新疆	12	1	11

2-D-25　各地区按资质等级划分的专业承包建筑业企业实收资本

单位：万元

地区	合计		
		一级	二级及以下
全国总计	**55846729**	**27280572**	**28566158**
北　京	4111546	2685373	1426173
天　津	2646121	1188611	1457511
河　北	1075499	442436	633063
山　西	1267056	403123	863933
内蒙古	159670	38508	121162
辽　宁	2044609	786463	1258146
吉　林	630411	187327	443084
黑龙江	359310	92313	266997
上　海	2089886	1210247	879639
江　苏	8116910	3320189	4796720
浙　江	4455941	2439274	2016667
安　徽	1441262	881049	560213
福　建	2274593	1254976	1019617
江　西	1083372	339434	743937
山　东	3203725	1441266	1762460
河　南	3454700	2027659	1427041
湖　北	2106369	781693	1324676
湖　南	1070928	630400	440528
广　东	7087928	4260299	2827629
广　西	383028	208869	174159
海　南	113334	45787	67548
重　庆	948015	462671	485344
四　川	1573429	810506	762923
贵　州	266966	55821	211145
云　南	929679	438859	490820
西　藏	17907	300	17607
陕　西	1076254	550129	526125
甘　肃	1391812	189127	1202685
青　海	69801	7017	62783
宁　夏	113544	31564	81981
新　疆	283126	69284	213843

2-D-26 各地区按资质等级划分的专业承包建筑业企业资产

单位：万元

地区	合计	一级	二级及以下
全国总计	**389660944**	**211102524**	**178558421**
北京	28734357	19132520	9601837
天津	17735827	9210643	8525184
河北	7899114	2621865	5277249
山西	6563280	2739458	3823822
内蒙古	1322084	452966	869118
辽宁	11973230	4133238	7839992
吉林	3983400	1395940	2587460
黑龙江	1815384	426399	1388985
上海	16014614	10743343	5271271
江苏	49659478	28567689	21091790
浙江	30200022	17850047	12349976
安徽	15958657	9320590	6638067
福建	11518169	6036881	5481289
江西	6369208	1839874	4529334
山东	27752084	15209965	12542119
河南	17266411	9645445	7620966
湖北	15538608	7642018	7896589
湖南	8850611	5329719	3520891
广东	60233741	36831302	23402439
广西	3186490	1463995	1722495
海南	831195	207512	623683
重庆	8338355	3507081	4831274
四川	14600281	7079393	7520888
贵州	3434216	583676	2850540
云南	5940198	2843747	3096451
西藏	104961	21249	83712
陕西	8656158	4572567	4083591
甘肃	2462285	931035	1531250
青海	498662	125651	373011
宁夏	462866	111748	351117
新疆	1757001	524964	1232036

2-D-27 各地区按资质等级划分的专业承包建筑业企业所有者权益

单位：万元

地 区	合计	一级	二级及以下
全国总计	**119799972**	**64030406**	**55769566**
北 京	6667284	4704162	1963122
天 津	5877764	3915618	1962146
河 北	2393611	772124	1621487
山 西	2313509	927334	1386175
内蒙古	602679	291126	311553
辽 宁	4029128	1545750	2483378
吉 林	1337772	365107	972664
黑龙江	726804	178445	548359
上 海	4730259	2848191	1882068
江 苏	19834585	10678539	9156046
浙 江	8780828	5373711	3407117
安 徽	4323606	2536299	1787308
福 建	4676900	2520914	2155986
江 西	1971659	584254	1387405
山 东	7320472	3590196	3730275
河 南	7371622	4200683	3170940
湖 北	4576218	1936462	2639755
湖 南	2839507	1639272	1200235
广 东	15771200	9884316	5886883
广 西	673176	359661	313516
海 南	327188	96477	230711
重 庆	2411387	949099	1462288
四 川	4058497	1708085	2350412
贵 州	704914	108432	596481
云 南	1772405	841726	930678
西 藏	37875	7626	30249
陕 西	2070868	1007306	1063562
甘 肃	825314	280210	545103
青 海	131726	14003	117724
宁 夏	200029	51528	148501
新 疆	441190	113751	327439

2-D-28 各地区按资质等级划分的专业承包建筑业企业负债

单位：万元

地　区	合计	一级	二级及以下
全国总计	**269860973**	**147072118**	**122788855**
北　京	22067073	14428358	7638715
天　津	11858063	5295026	6563037
河　北	5505503	1849741	3655763
山　西	4249770	1812124	2437647
内蒙古	719405	161841	557564
辽　宁	7944103	2587489	5356614
吉　林	2645629	1030833	1614795
黑龙江	1088580	247954	840626
上　海	11284356	7895153	3389203
江　苏	29824893	17889150	11935743
浙　江	21419195	12476335	8942859
安　徽	11635051	6784292	4850759
福　建	6841270	3515967	3325303
江　西	4397549	1255620	3141929
山　东	20431612	11619769	8811843
河　南	9894789	5444763	4450026
湖　北	10962390	5705556	5256834
湖　南	6011104	3690448	2320657
广　东	44462541	26946986	17515556
广　西	2513313	1104334	1408979
海　南	504007	111035	392972
重　庆	5926968	2557982	3368985
四　川	10541784	5371309	5170476
贵　州	2729302	475244	2254058
云　南	4167794	2002021	2165772
西　藏	67086	13623	53463
陕　西	6585290	3565260	3020030
甘　肃	1636971	650825	986146
青　海	366936	111649	255287
宁　夏	262837	60220	202617
新　疆	1315811	411214	904597

2-D-29　各地区按资质等级划分的专业承包建筑业企业营业收入

单位：万元

地　区	合计	一级	二级及以下
全国总计	**315770156**	**168138283**	**147631873**
北　京	20334164	13348276	6985889
天　津	11748284	4679810	7068474
河　北	5071248	1874927	3196321
山　西	4091343	1468187	2623156
内蒙古	864222	204091	660131
辽　宁	6976312	2303338	4672975
吉　林	3440270	1041326	2398945
黑龙江	1547392	367419	1179973
上　海	13307775	8953675	4354100
江　苏	43078231	24417013	18661218
浙　江	28039451	16063905	11975547
安　徽	15513471	8965382	6548089
福　建	12382846	6166078	6216768
江　西	4926881	1765398	3161482
山　东	21144368	12280515	8863853
河　南	13834413	7579616	6254797
湖　北	13145486	6353247	6792239
湖　南	12095648	5565994	6529655
广　东	45902415	28190107	17712308
广　西	2144156	1059468	1084688
海　南	666483	185278	481204
重　庆	5919606	2102830	3816776
四　川	12289810	5859694	6430117
贵　州	1573729	387516	1186213
云　南	5166228	2365117	2801111
西　藏	82276	10990	71285
陕　西	6323574	3466880	2856694
甘　肃	1655800	536551	1119250
青　海	475689	92416	383273
宁　夏	364606	66437	298169
新　疆	1663981	416805	1247176

2-D-30 各地区按资质等级划分的专业承包建筑业企业利税总额

单位：万元

地区	合计	一级	二级及以下
全国总计	**16494920**	**8252658**	**8242262**
北京	667063	453615	213448
天津	572043	287278	284766
河北	225945	87083	138862
山西	223491	93080	130411
内蒙古	51448	12573	38874
辽宁	404064	161397	242668
吉林	168325	50365	117960
黑龙江	60640	27635	33005
上海	534801	327249	207552
江苏	2900411	1516892	1383519
浙江	1087254	686651	400602
安徽	833007	454900	378108
福建	679426	310246	369180
江西	308580	55891	252690
山东	1224062	663510	560553
河南	1044947	517830	527117
湖北	872444	390077	482367
湖南	718649	335807	382842
广东	1701527	960079	741448
广西	101880	61238	40641
海南	44409	7964	36445
重庆	388907	90217	298690
四川	723219	313709	409510
贵州	66061	17263	48798
云南	326889	151127	175762
西藏	4505	173	4332
陕西	336946	169414	167532
甘肃	102101	27525	74575
青海	25706	7491	18215
宁夏	18359	3892	14467
新疆	77814	10487	67327

2-D-31　各地区按资质等级划分的专业承包建筑业企业利润总额

单位：万元

地　区	合计	一级	二级及以下
全国总计	**7979571**	**4037482**	**3942089**
北　京	218643	142715	75929
天　津	267397	198591	68806
河　北	82456	32050	50406
山　西	102426	48702	53724
内蒙古	22298	6024	16275
辽　宁	186647	89740	96907
吉　林	67433	13412	54021
黑龙江	18544	14967	3577
上　海	197811	125416	72395
江　苏	1771525	894249	877276
浙　江	502171	368197	133975
安　徽	431078	254682	176396
福　建	320181	137881	182300
江　西	154903	12025	142878
山　东	636663	333834	302829
河　南	544697	262304	282393
湖　北	409357	182543	226814
湖　南	325725	152512	173213
广　东	589991	311692	278298
广　西	42170	31219	10952
海　南	19460	2351	17109
重　庆	195606	31145	164461
四　川	395904	181736	214168
贵　州	18981	7459	11522
云　南	160181	85485	74696
西　藏	1995	-51	2046
陕　西	187019	88231	98788
甘　肃	54649	17182	37467
青　海	10274	5414	4860
宁　夏	7247	1234	6013
新　疆	36141	4543	31598

2-D-32 各地区按资质等级划分的专业承包建筑业企业税金总额

单位：万元

地　区	合计	一级	二级及以下
全国总计	**8515348**	**4215176**	**4300172**
北　京	448420	310901	137519
天　津	304646	88686	215960
河　北	143489	55034	88456
山　西	121065	44377	76687
内蒙古	29149	6550	22600
辽　宁	217418	71657	145761
吉　林	100892	36953	63939
黑龙江	42096	12669	29428
上　海	336990	201833	135157
江　苏	1128886	622643	506243
浙　江	585082	318455	266628
安　徽	401929	200218	201712
福　建	359245	172365	186880
江　西	153678	43866	109812
山　东	587400	329676	257723
河　南	500250	255525	244724
湖　北	463087	207534	255553
湖　南	392924	183295	209629
广　东	1111536	648386	463150
广　西	59709	30020	29690
海　南	24949	5613	19336
重　庆	193301	59072	134228
四　川	327315	131974	195342
贵　州	47081	9804	37277
云　南	166708	65642	101065
西　藏	2510	224	2286
陕　西	149928	81183	68745
甘　肃	47452	10344	37108
青　海	15432	2077	13355
宁　夏	11112	2658	8454
新　疆	41673	5944	35729

2-D-33　各地区按资质等级划分的专业承包建筑业企业主营业务收入

单位：万元

地　区	合计	一级	二级及以下
全国总计	**301110053**	**164390195**	**136719859**
北　京	20162448	13238537	6923911
天　津	11506779	4651011	6855768
河　北	5022160	1863382	3158779
山　西	3752518	1450187	2302331
内蒙古	826753	201590	625163
辽　宁	6396323	2254006	4142317
吉　林	3172170	994626	2177544
黑龙江	1426356	346027	1080329
上　海	13030172	8873602	4156570
江　苏	41966807	24152993	17813814
浙　江	27662773	15910565	11752209
安　徽	15338820	8899581	6439240
福　建	11631395	5961676	5669720
江　西	4599132	1718942	2880190
山　东	19765023	11942536	7822487
河　南	13098253	7341656	5756598
湖　北	12983936	6326019	6657918
湖　南	9384798	5030667	4354131
广　东	43315656	27399707	15915950
广　西	2050954	1021419	1029534
海　南	632337	184948	447389
重　庆	5057783	1905514	3152269
四　川	11736478	5543117	6193361
贵　州	1368244	363097	1005148
云　南	5131696	2354612	2777083
西　藏	64281	10990	53291
陕　西	6196240	3446090	2750149
甘　肃	1503718	531167	972551
青　海	464141	88421	375720
宁　夏	357848	66080	291768
新　疆	1504063	317434	1186629

2-D-34 各地区按资质等级划分的专业承包建筑业企业管理费用

单位：万元

地 区	合计	一级	二级及以下
全国总计	**17686317**	**7815680**	**9870637**
北 京	1270700	700122	570578
天 津	693452	165738	527714
河 北	243995	88574	155420
山 西	309080	93299	215782
内蒙古	88085	17646	70439
辽 宁	616447	177503	438944
吉 林	208594	59951	148643
黑龙江	119751	23827	95924
上 海	918615	478184	440432
江 苏	2203567	1054609	1148958
浙 江	1524281	714247	810034
安 徽	748173	375627	372545
福 建	677198	302927	374270
江 西	292228	125651	166578
山 东	1209339	547788	661550
河 南	750734	368236	382499
湖 北	565847	261873	303974
湖 南	488839	198109	290729
广 东	2554277	1235230	1319047
广 西	154559	63741	90818
海 南	50232	13806	36426
重 庆	363285	127688	235597
四 川	589940	247262	342678
贵 州	122328	21247	101081
云 南	357996	136337	221659
西 藏	6520	1285	5235
陕 西	309010	150737	158273
甘 肃	88730	25982	62748
青 海	33460	3658	29802
宁 夏	32833	7866	24967
新 疆	94225	26932	67293

2-D-35　各地区按资质等级划分的专业承包建筑业企业财务费用

单位：万元

地区	合计	一级	二级及以下
全国总计	**1887847**	**963492**	**924355**
北　京	69096	41412	27684
天　津	60320	29971	30350
河　北	37147	8380	28766
山　西	25412	8218	17194
内蒙古	2067	662	1405
辽　宁	20451	3651	16799
吉　林	20759	7806	12952
黑龙江	7280	914	6365
上　海	55777	28116	27661
江　苏	313570	112963	200607
浙　江	131924	76433	55491
安　徽	78238	51167	27072
福　建	71956	49114	22842
江　西	64061	27395	36665
山　东	137005	75391	61613
河　南	80382	27039	53344
湖　北	65902	41029	24872
湖　南	46761	16511	30250
广　东	398469	276943	121526
广　西	9627	3850	5777
海　南	3542	1648	1894
重　庆	29334	14321	15013
四　川	66698	23105	43592
贵　州	19179	3316	15863
云　南	22956	10087	12869
西　藏	464	36	428
陕　西	30227	15288	14939
甘　肃	10408	6183	4225
青　海	1369	170	1199
宁　夏	1826	212	1614
新　疆	5643	2159	3484

2-D-36 各地区按资质等级划分的专业承包建筑业企业应收工程款

单位：万元

地区	合计		
		一级	二级及以下
全国总计	**128784583**	**74253658**	**54530925**
北京	10030057	6599972	3430085
天津	5529394	2350997	3178398
河北	2320037	977503	1342534
山西	2012645	712895	1299750
内蒙古	371563	88373	283190
辽宁	3417539	1510753	1906785
吉林	1480028	482228	997800
黑龙江	527327	135799	391528
上海	5499134	3821043	1678090
江苏	16586016	9456286	7129730
浙江	8828537	5808712	3019825
安徽	5436728	3546389	1890339
福建	3967596	2215331	1752265
江西	1400830	547032	853798
山东	10637287	6398438	4238848
河南	6787394	4044851	2742543
湖北	5158482	2874775	2283707
湖南	2756692	1500631	1256061
广东	20313632	14036490	6277141
广西	786451	421673	364778
海南	284470	90715	193755
重庆	3031074	1286394	1744680
四川	3860065	1799209	2060857
贵州	792836	179589	613246
云南	2115160	1078879	1036281
西藏	29936	10769	19168
陕西	3039439	1741476	1297963
甘肃	834771	271313	563458
青海	197916	66064	131853
宁夏	170068	46955	123113
新疆	581480	152123	429357

附　录

主要指标解释

研究与试验发展(R&D)　指为增加知识总量（也包括有关人类、文化和社会的知识），以及设计已有知识的新应用而进行的创造性、系统性工作，包括基础研究、应用研究、试验发展三类活动。国际上通常采用 R&D 活动的规模和强度指标反映一国的科技实力和核心竞争力。

R&D 人员　指报告期 R&D 活动单位中从事基础研究、应用研究和试验发展活动的人员。包括直接参加上述三类 R&D 活动的人员，以及与上述三类 R&D 活动相关的管理人员和直接服务人员，即直接为 R&D 活动提供资料文献、材料供应、设备维护等服务的人员。不包括为 R&D 活动提供间接服务的人员，如餐饮服务、安保人员等。

R&D 人员全时当量　指报告期 R&D 人员按实际从事 R&D 活动时间计算的工作量，以“人年”为计量单位。为国际上比较科技人力投入而制定的可比指标。

R&D 经费内部支出　指报告期调查单位内部为实施 R&D 活动而实际发生的全部经费，按支出性质分为日常性支出和资产性支出。不包括调查单位委托其他单位或与其他单位合作开展 R&D 活动而转拨给其他单位的全部经费。

R&D 经费支出中政府资金　指 R&D 经费支出中来自各级政府财政的各类资金，包括财政科学技术支出和财政其他功能支出的资金用于 R&D 活动的实际支出。

R&D 经费支出中企业资金　指 R&D 经费支出中来自企业的各类资金。对企业而言，企业资金指企业自有资金、接受其他企业委托开展 R&D 活动而获得的资金，以及从金融机构贷款获得的开展 R&D 活动的资金；对科研院所、高校等事业单位而言，企业资金是指从企业委托开展 R&D 活动而获得的各类资金。

新产品销售收入　指报告期企业销售新产品实现的销售收入。新产品是指采用新技术原理、新设计构思研制的全新产品，或是在已有产品的基础上，对结构、材料、工艺、性能等方面有较大改进，较原产品有突破性变革，显著提升产品性能的产品。既包括政府有关部门认定并在有效期内的新产品，也包括企业自行研制开发，未经政府部门认定，从投产之日起 2 年之内的新产品。